創価学会秘録

池田大作と謀略と裏切りの半世紀

高橋篤史

Atsushi Takahashi

宝島社

創価学会秘録

池田大作と謀略と裏切りの半世紀

装幀　國枝達也

創価学会秘録　池田大作と謀略と裏切りの半世紀　目次

プロローグ

終の棲家「第二別館」

晩秋の穏やかな陽光が西に傾きかけた頃、数人の中年男女が、淡黄色の塀と立派な庭木に遮《さえぎ》られた二階建ての日本家屋に向かい、八日前に亡くなった故人の冥福を祈りつつ、俯《うつむ》きながらそっと静かに両手を合わせていた。

その建物は創価学会のおびただしい施設という施設が群れ固まる東京・信濃町の通称「学会村」の奥まった場所にひっそりと佇《たたず》んでいる。

人々がひっきりなしに行き交うJR信濃町駅を四谷三丁目方面に出ると、十年前に落成した「広宣流布大誓堂《こうせんるふだいせいどう》」の威容がすぐ目に飛び込んでくる。その横を通り過ぎて裏手に回った途中で左に折れると、そこは全国各地から贈り物を持ってやって来る学会員を「接遇《せつぐう》」するため三年前に完成した「創価宝光会館《そうかほうこうかいかん》」だ。それを通り過ぎて右に曲がると、こんどは右前方に「世界青年会館」、そして左手に「創価教育文化センター」があり、ここまで来ると道行く人の姿はめっきり少なくなる。二つの建物の間の道をしばらく行くと、こんどは左手に学会職員が寝泊まりする「春風寮《しゅんぷう》」、さらに「大光寮《だいこう》」が並び建っている。すると、「第三芙蓉寮《ふよう》」の手前に左へと入る道があり、かつて聖教新聞社屋があった場所へと続くそれは少々急な上り坂だ。その途中の左手にさきほどの木造瓦《かわら》葺きの日本家屋はある。所有者として登記されているのは池田大作だ。

もともとそこは播磨造船所が所有する社宅で、実力者の六岡周三《むつおかしゅうぞう》（合併後の石川島播磨重工業で会長）が長らく住んでいた。一九六六年三月に創価学会が購入すると、三カ月後には改装工事が始められた。延べ床面積二百三十三平方メートルと当初でもかなり広々とした屋敷だったが、二階部分を大幅に建て増した結果、延べ床面積は三百四十四平方メートルとなった。新宿区による完了検査が済んだのは八月末のことだ。ほどなくして、第三代会長に就任してから七年目の池田は家族四人とともにここへと移り住むこととなる。それまで居たのは蒲田駅から西に一キロほど離れた大田区小林町（現在の東矢口近辺）で十一年前に月賦購入した一軒家だった。一九七四年七月、その理由は定かでないものの、土地建物の所有権は売買により学会から池田に移転された。

池田邸の前にはいつも外郭企業「日光警備保障」の職員が制服のジャンパーを着込んで立ち番をしており、一般の民家とは異なる信濃町特有の張り詰めた空気を感じ取ることができるものの、この場所を知っている学会員はかなり少ないはずだ。だから、池田の創価学会葬が行われた二〇二三年十一月二十三日にわざわざここまでやって来て健気に合掌している学会員は結構な事情通と言っていい。

しかし、そんな赤誠《せきせい》の心を台無しにするかのような薄暗い秘密を数多く抱えているのが、創価学会という組織である。じつのところ長年、池田はもはやこの屋敷に住んでいないのだ。ここから広宣流布大誓堂の裏手まで戻り、左に折れ曲がって、「香風寮《こうふう》」や「青雲寮《せいうん》」の前の路地をしばらく行った先に茶色い門扉で仕切られた通用口が見えてくる。池田はその「第二別館」を自宅代わりとしてきた。さすがにここで手を合わせる学会員はこの日なかった。

一九八七年頃、池田邸の北側の一段高い場所にあった隣家が取り壊され、そこは駐車場となった。二階部分がほぼ丸見えになってしまったことを嫌ったことが、第二別館への転居の理由とされる。同年十二月、池田の妻・かね（香峯子《かねこ》）の兄弟と思しき男性が、ひと回り大きな地下一階地上二階建ての鉄筋コンクリート住宅に建て替える計画を新宿区に対し申請しているが、結局、それは行われず、以来、池田邸には長男の博正《ひろまさ》が住む形となった。

かつて「白雲寮」とも呼ばれた第二別館は会長の原田稔《みのる》ら大幹部でもめったに立ち入ることを許されない特別な場所だとされる。およそ五十メートル四方の敷地を創価学会が取得したのは一九六七年のことで、四年後、地下一階付きで一部二階建ての施設が完成した。一九八六年、二階部分が大幅に増築され、ほぼ現在の姿となった。その後の二〇〇六年に増築された車庫と倉庫部分も合わせ延べ床面積は約一千四百九十三平方メートルである。真ん中はちょっとした中庭になっている。

第二別館もまた、二段構えの高い塀と、池田専用ベンツ以外誰も出入りすることがなかった赤茶色をした大型の正門、そして鬱蒼《うっそう》と茂る植栽に視界を遮られて中の様子を窺《うかが》うことはできないが、入ったことのある元職員によれば、内部はおおよそ次のようになっているのだという。

まず敷地の北西角にあたる通用口を入ると左手に事務所棟があり、池田の身辺警護にあたる「第一警備」の当番職員が常時詰める部屋と、これまた池田専用の秘書集団である「第一庶務」の男性職員二人が本部棟から派遣されて事務作業を行う部屋の二区画があるという。そして本館に入ると、左手に第一庶務の女性秘書、通称「マル女」の五、六人が机を並べる部屋がある。マル女には夜間宿直もあり、毎晩二人がシフト制でそれにあたった。晩年は女性しか信用しなかったとされる池田が主として君臨する本館は基本的に男子禁制の場なのである。通路をさらに進むと畳敷きの仏間があり、そのあたりから右手に進んで行くと、そこが池田の執務室だ。絨毯《じゅうたん》が敷かれた広々とした部屋の壁際には様々な陶磁器などが並べられているのだという。晩年は建物のあちらこちらに手すりが設置されるようになり、看護師資格も持つマル女のベテラン職員に歯を磨かせている池田の姿が見られることもあったという。

登記上、礼拝所となっている一階部分はあらかたこのような構造らしいが、同様に居宅とされる三百五十六平方メートルに及ぶ二階部分はほぼ誰も見たことがない秘密の空間だ。池田は夫人とともにここで寝起きしていた。当初の四年間は家賃が払われることはなく、おそらく税務当局の指摘があったからだろう、一九九一年から支払われるようになり、その額は毎月五十万円弱ほどとされた。周知のように、宗教法人の所有施設には固定資産税がかからない。だが、池田のプライベートな空間としかみなしようがない第二別館の二階部分は課税施設扱いである。

創価学会葬の五日前にインターネット公開された会長・原田と長男・博正による録画会見によれば、十一月十五日の夜半、名誉会長の池田は「居宅」において老衰により九十五年の生涯を閉じたのだという。自宅ではなく、「居宅」で、だ。事故死でもないかぎり、こういった類の発表で死亡場所とされるのは自宅か病院であることが大半である。「居宅」なる普段あまり使われることのない言葉を持ち出したのは、第二別館に当てはめるべき穏当な言葉がほかになかったからだろう。今述べたように、確かに登記上、第二別館の二階部分は「居宅」なのである。池田にとって公私の別など些細《ささい》な問題に過ぎなかった。

空白の十三年間

その死去まで十三年間にわたり、池田の動静はほとんど外部に伝えられることがなかった。二〇一〇年五月十三日に信濃町から少し離れた千駄ヶ谷の「創価国際友好会館」で行われた「新時代第四十回」と銘打った本部幹部会とそれに続く授与式が、池田の姿が多くの学会員に目撃された最後の公式行事である。授与式は中国の清華《せいか》大学が池田に「名誉教授」の称号を授けるもので、晩年の池田にとってはすっかりお馴染みとなった、見ている側がどうにも気恥ずかしくなるような、とにもかくにも栄《は》えある式典だった。

「きょうは晴天で、皆、喜んでいます。うれしいです。輝かしい歴史が築かれました」

翌日付の『聖教新聞』によれば、かつて創価大学の留学生だった駐日中国大使の程永華《ていえいか》も見守るなか、清華大学学長の顧秉林《こへいりん》から証書を手渡された池田はそう感謝の言葉を述べたという。そして演壇に立つと、数千字に及ぶ原稿をもとにスピーチを始めた。

「一、中国・清華大学の諸先生方、遠方から、ようこそお越しくださいました。また祝辞を述べてくださった中国の程永華駐日大使の日本語が、とても上手だったことに驚きました。私の後ろで聞いていた妻も、大変に感動しておりました」

ここで会場は割れんばかりの拍手に包まれる。この後、スピーチの要所要所で会場に所狭しと居並ぶ各地各層の幹部から大きな拍手が起こり、池田の呼び掛けに対しては「ハイ！」と威勢のいい返事が沸き起こった。

「ご出席の先生方、そして皆様が、清々《すがすが》しい大勝利の華を咲かせゆかれることを心から念願し、私の謝辞とさせていただきます。ありがとうございました。謝謝《シェシェ》！」

池田がそう締め括ると、またしても大拍手である。

この日の池田の姿は何枚もの写真に収められている。長文のスピーチをこなした割に、心なしかその表情には少しばかり生気が乏しいようにも見える。スピーチの全文は五月二十三日付の紙面に載った。末尾には「名誉会長の了承のもと、省略された原稿を加えて掲載しました」との編集部による断り書きが添えられていた。高齢による衰えに違いなく、実際のスピーチで池田は原稿を読み飛ばしていたようだ。

二週間後の五月二十八日、東京・八王子の創価大学で同じような式典が持たれた。こんどは中国の北京城市学院から「名誉教授」の称号が授与されるという。しかし、その場に池田の姿はなかった。代わりに受け取ったのは夫人である。おそらく池田はこの間の五月下旬に倒れたものと見られる。ある情報によると、それは夜の出来事で、場所はやはり信濃町の第二別館だったという。真っ先に駆けつけたのは日光警備保障の宿直職員だったらしい。原因は脳梗塞とされる。以来、池田は一時的に回復したと見られる二〇一三年を除いて第二別館にほぼ引きこもったままその余生を送った可能性が高い。身の回りの世話は長らく関西にいた三男の尊弘《たかひろ》がもっぱらあたるようになったとされる。

「池田本仏論」の地ならし

「南無妙〜〜法〜〜〜蓮〜〜華〜〜経〜〜」

かなり独特のリズムともされる導師・原田の唸《うな》るような題目三唱《だいもくさんしょう》によって創価学会葬は始まった。全部で七万文字近くにも上る膨大な法華経二十八品《ほん》のうち方便品《ほうべんぽん》と寿量品《じゅりょうほん》の一部が読経され、収容人数約四千人とされる東京・巣鴨の「東京戸田記念講堂」に参集した本部所属の幹部や「方面」以下の地方幹部たちが原田に合わせ一斉に唱和すると、一種のトランス状態が出現する。この模様は約一千カ所にも上る全国各地の会館に中継され、そこに居合わせることを許された「地区」以上の現場組織幹部もこの勤行《ごんぎょう》にともに没入できるという趣向で、主要な中継会場のひとつとなった東京・信濃町の広宣流布大誓堂には遠く沖縄からの参加者や外国人学会員の姿もあった。一般会員にとってはありがたいことなのか、この後には録画中継もあり、それはこの日の夜も含め二十五日まで計五回が予定されていた。

十五分近い唱題・読経が終わると、家族を代表して主任副会長の役職も務める長男の博正が答礼に立ち、それに続けて女性部トップの永石貴美子が故人への感謝を熱情込めて朗々と語った。再び原田が中央に歩み出て、会長としての弔辞を読み上げる。およそ七分半に及んだそれは最終盤、「先生、私ども池田門下生は、どこまでも異体同心《いたいどうしん》で戦います」といつもながらの決意表明で締め括られた。そして、フィナーレは十分あまりに及ぶ池田の回顧映像である。セレモニーはすべて合わせ四十分ほどで終了した。

総じて言えるのは、半世紀にもわたって公称八百二十七万世帯もの巨大宗教団体を率いてきたカリスマ指導者を弔う儀式にしては拍子抜けするような内容だったということだ。第二代会長である戸田城聖《じょうせい》が志半ばで死去した六十五年前のような悲壮感や熱狂感はまるで見られなかった。

戸田の創価学会葬は前代未聞の一大イベントだった。会場となった東京・青山の青山葬儀所には学会員が臨時列車や大型バスを仕立てて全国各地から題目を唱えつつ夜明けとともに参集した。その数はおよそ二十五万人にも上った。戸田の遺骨と位牌を運ぶ葬列は軍楽隊を先頭に信濃町の本部を厳《おごそ》かに出発、学会員による焼香の列は四キロにも及び、ひとしきり終わるまでに七時間を要した。会場には首相の岸信介や文部大臣の松永東《とう》も駆けつけ、溢れ出た大量の参列者は外苑広場の特設会場を埋め尽くした。そこでは十五分遅れで大型スピーカーから流される録音音声に人々が静かに手を合わせながら聞き耳を立てるという光景が繰り広げられた。

対して六十五年後のこの日。信濃町では創価学会葬が始まる午後一時半を目指し平服姿の参列者が駅方面からぞろぞろと広宣流布大誓堂へと入って行ったのだが、入場口となった北側広場へと続く「創価門」の前では自撮りや集合写真に興じるにこやかな姿も珍しくなかった。多くの外国人学会員はそんな時、「センセーイ!」と掛け声を発し、スマホを両手に構えた撮影者に最高の瞬間でシャッターを切るよう促していた。

そう言えば、カリスマ指導者が亡くなったにしては、その死去から創価学会葬に至る経過もかなり違和感の残るものではあった。十五日夜半に死去してからしばらく訃報は伏せられた。通夜が行われたかは定かでなく、ひそかに二日後の十七日午後、原田を導師に家族葬が執り行われたという。翌十八日午前、理事長の長谷川重夫が導師を務め、池田を覆う棺は人知れず火葬場へと向かった。前に述べた原田と長男・博正による無味乾燥な会見が広宣流布大誓堂で録画撮りされたのはその日の午後二時で、約三十分後の『読売新聞』による速報とほぼ同時刻帯に創価学会自らによって死去はインターネットを通じ公表された。

じつはこの間、信濃町は十一月十八日の創立記念日を寿《ことほ》ぐ祝賀ムード一色だった。十七日午前には原田以下大幹部をはじめ多数の選ばれし学会員による誓願勤行会が広宣流布大誓堂で行われ、翌十八日午前には全国から上京した地方会員も参加しての記念勤行会が「創価文化センター」で催されていた。つまり信濃町の宗教官僚たちは門下生皆でただちにカリスマ指導者の死を弔うよりも、以前から予定されていた大型行事の消化を何よりも優先したわけである。

こうして見てくると、二〇二三年の時点で池田はもはや過去の人となっていたようにも映る。だが一方で現在の創価学会が池田の求心力抜きに維持し得ないのもまた事実だ。『聖教新聞』はじめ創価学会の出版物には、日蓮仏法などそっちのけで、池田の姿や言葉が溢れている。小説『人間革命』で語られる「山本伸一」こと池田の一挙一動は不可侵のものであり、一般学会員はそれを真理と教え込まれて選挙活動はじめ日々の取り組みに落とし込んでいく。かなり以前から、本部幹部会など主要な行事で最も盛り上がる瞬間は、原田以下の大幹部による字面ばかりが威勢のいい空虚な言葉などではなく、きまって池田が画面一杯に躍動する回顧映像が流される時である。

二〇〇二年の会則改正において、創価学会は初代・牧口常三郎《つねさぶろう》、第二代・戸田城聖、第三代・池田大作までの三人を「三代会長」と峻別《しゅんべつ》し、かつ「永遠の指導者」であると定めた。つまりこの時点で教団はその進化を止めてしまったようなもので、第四代の北条浩以下の歴代会長、そして今後就任する新たな会長も、三代会長、わけても池田の教えを伝え広める弟子にしか過ぎないということだ。近年の創価学会が最重要視する教えは「師弟不二《していふに》」であり、これは弟子が師匠を守り抜くことが唯一正しい道であることを説く。弟子が師匠を超えることは決してない。

池田は生きながらにして、生身の人間を超えた永遠の師匠に祭り上げられたわけであって、そうなるともはやその死はさらにそこへと昇華する通過点に過ぎないと捉えることも可能だ。嘆き悲しむ喪失ではなく、熱望される何かが誕生する一コマだろうか。創価学会はもともと日蓮正宗《にちれんしょうしゅう》の在家信徒団体として出発したが、日蓮仏法からの逸脱としてかねて批判や揶揄《やゆ》の対象となってきた「池田本仏論」がいよいよ思想の中心に躍り出る時を迎えたとも言える。そう考えれば、二〇一〇年以降の十三年間にも及ぶ不在期間は、その格好の地ならしのようなもので、学会組織としてはちょうどよかったのかもしれない。

流出した超一級資料

もっとも、信濃町の宗教官僚たちがそうやって組織維持のため教え広める池田の事蹟は不都合な部分が用心深く取り除かれ聖典化されたものである。池田がもはや住んではいない屋敷に手を合わせていた学会員のように、本当のことは知らされていない。が、創価学会という組織が一宗教団体の枠を大きく踏み越えた存在であり、政治や社会といった現実世界へのその影響力を考えた場合、真実の歴史が語られる必要性は当然にある。

池田大作とは一体何者であったのか——。

戦時中の創価教育学会や戦後に再建された創価学会の真の姿を追った前著『創価学会秘史』に続き、本書はその問いに迫ろうとするささやかな試みである。前著では独自に入手した『新教』や『価値創造』といった当時の機関紙誌がその水先案内役となってくれたが、今回、同様の役割を果たしてくれそうなのは創価学会自らがまとめた「総合経過年表」と題する内部資料であり、宗門の高僧が書き残した通称「河辺メモ」と呼ばれる備忘録である。

前者は、中枢幹部にして弁護士、そして創価学会史上最悪の反逆者となった「Y」こと山崎正友への対策資料として作られたもので、おそらく複数のバージョンがあるうち、入手できたのは「改訂第2版」とされるものだ。一九八〇年にあった恐喝事件をヤマ場に概《おおむ》ね一九五一年から一九八三年までの期間における学会内部や宗門などの動きを年表形式で関係者の発言をも含め極めて詳細にまとめている。全部で百九十枚あまりにも上る超一級資料だ。

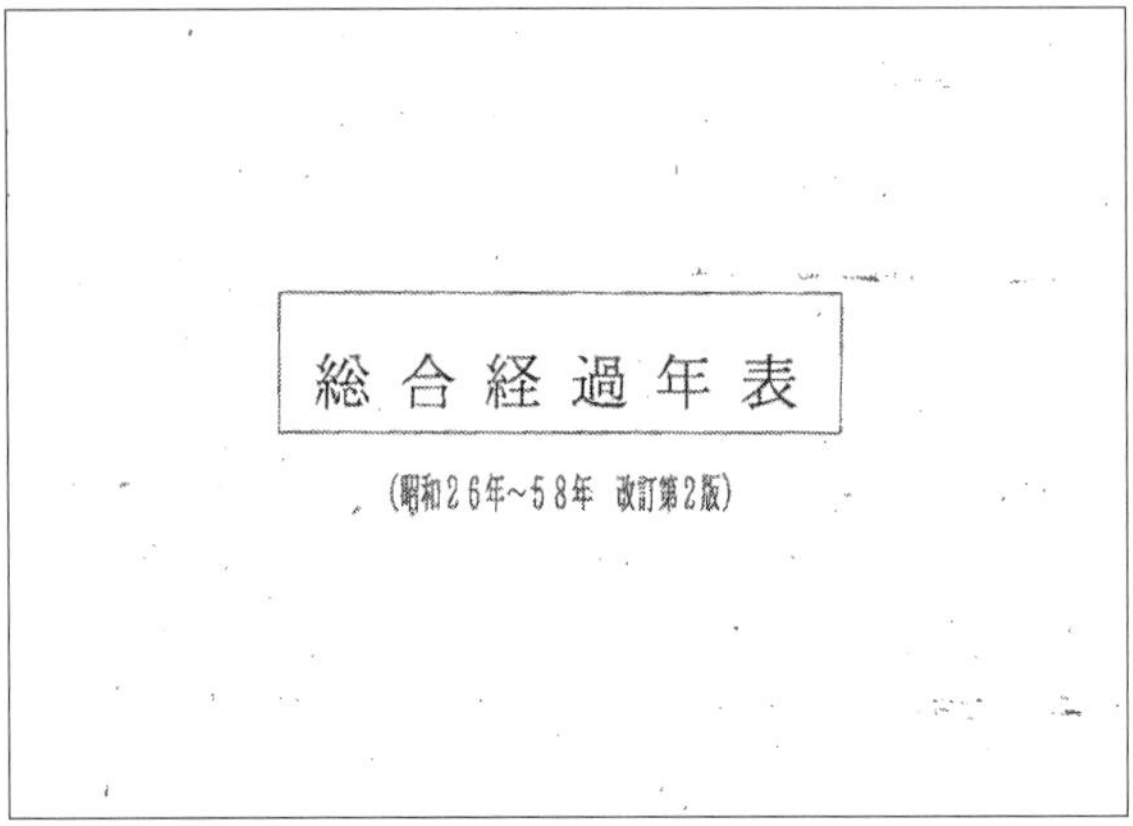
総合経過年表

(昭和26年～58年 改訂第2版)

流出した「総合経過年表」表紙

他方、後者は日蓮正宗の総本山・大石寺《たいせきじ》（静岡県富士宮市）の第六十七世法主《ほっす》である阿部日顕《にっけん》の懐刀とされた有力僧侶、河辺慈篤《かわべじとく》が毎日のように綴っていた手書きの日記風備忘録であり、入手できたのはそのうち一九八四年から一九九〇年にかけての通年分と一九九一年の一部で、こちらも計百八十枚あまりに上る。当時、河辺は日蓮正宗側で創価学会に関する情報収集にあたり、学会側も日顕との非公式ルートとしてその存在を頼っていた面があった。ゆ

54年（4月初〜7日）

宗門	学会	Y	マスコミ	その他
	4.1 戸田前会長の追善法要（常在寺，池田会長出席）……総山供養がなくなったため 〃 終了後，草賀義孔師「先生がやめても収まりませんよ」			
4.2 内事部，3.24学会回答を不満として学会に再回答求める	4.2 池田会長，Yと懇談（聖教1階で14：00〜17：30） 池田会長「この1年程，猊下との意思疎通がなくなってきた。あなたが、仲をさいているという噂もある」 〃 法華講から文書届く（辞任勧告書）		4.2 週刊ポスト（4月13日号）「池田会長にまたもつきつけられた二つの抗議書」	
	4.3 池田会長→総監に電話 登山止め，御本尊御下付止めの件 〃 八尋・原口，Yに会いにいく（三番町へ、光久師いる） 池田会長，野崎・原口と（車中で）	4.3 三番町Y事務所にて Y・光久・小原文雄・岩佐，徹夜でマージャン		
4.4 若手僧会（妙真寺）大白法ビラ10万枚刷る	4.4 池田会長，野崎と懇談 「原島も来ている。仲直りしなさい」			
	4.5 池田会長，勇退の流れ 首脳会議にて池田会長より辞任の話，首脳に語る（立川文化，北條・秋谷・和泉・辻・山崎［尚］・野崎） Yを立川文化に呼び、池田会長辞任の話 〃 Y，大宣寺に連絡し，菅野師が立川文化へ来る 池田会長，Y・菅野師と会談（立川文化，17：45〜19：20） 池田会長「会長を辞任する決意を固めた。明日，会長辞任について猊下に言上申し上げる決意。私が辞任した方が宗門問題が一切を解決する方向で」 菅野師「Yと打ち合わせ，明朝二人で猊下に御報告」 4.6のお目通りの段取りを決める	4.5 池田会長に呼ばれ立川文化へ（辞任の話）		
4.6 緊急院達 11.7以後6か月は静観との約束を守れ	4.6 早朝，Y・菅野師，猊下にお目通り（池田会長の意向を伝える） Y，池田会長に伝える（9：30，[illegible]で） Y「猊下が，池田さんには気の毒だがこれしかない」 「猊下は我が意を得たりの感触でした」 池田会長「辞めることが猊下のご意向なら辞めます」 〃 池田会長，猊下にお目通り（12：20〜13：08，総本山） 池田会長「一切の収拾のため，会長ならびに法華講総講頭を辞任させていただきたい」 猊下「あなたには気の毒なことです。この問題を収拾しなくてはならないもので……。あなたの信心は立派です」 〃 池田会長，菅野・光久両師と懇談（Y立ち会い）（雪山坊，20：00〜21：30） 池田会長「次の会長は，北條氏にしたい」	4.6 Y→岩佐へ電話 「先生がやめるよ。俺の勝ちだ。どうだ俺を敵にまわすと恐いだろう」 4月 海外幹部のメッセージを書く		
	4.7 池田会長，戸田喬久氏と会談（立川文化）			

1979年（昭和54年）4月上旬の記録

えにメモには反池田職員グループはじめ学会関係者との接触の状況が克明に記され、当然、学会破門へと突き進んでいく宗門内部の動きにも詳しい。

じつは、このメモは一九九三年頃、創価学会の側へと流出し、それをもとに青年部の機関紙『創価新報』が、宗門による学会追放に向けた「C作戦」に関する批判記事を大々的に報じるなどしている。一説によると、河辺が住職を務める札幌市の日正寺《にっしょうじ》のゴミ箱に無造作に捨てられていたそれを、学会側に内通していた所化《しょけ》が見つけ、もたらされたものとされる。また、もともとは縦書きだったものを、わざわざ河辺が横書きにして書写したともされ、当初から流出を意図していたとの説まである。その狙いは日顕らと異なり自身は融和論者であったことを学会側に理解してもらい攻撃を回避するためだったともいう。

さて、これらを軸に公刊資料から裁判記録まで幅広く渉猟《しょうりょう》し、結果、にわかに眼前へと浮かび上がって来るのは、謀略と裏切りに彩られた知られざる池田の半世紀である。

　破門を挟んで日蓮正宗との間で激しい抗争が続いた「第二次宗門戦争」に一区切りついた後、晩年の池田は「第一次宗門戦争」の末に自らが会長を辞任せざるを得なくなった一九七九年四月に起こった一連の出来事に異常な執着を見せた。最も信頼し重用していた山崎にじつはかなり早い段階から裏切られていたことが日ごとに明らかとなり、それこそが「会長勇退」の真因であったことを池田は悟ったからだ。ぐつぐつと煮えたぎるどす黒い復讐心は歳月とともに熱量を上げ、最後、それは制御不能なものとなった。「七つの鐘、終了に当たって」と題された声明が『聖教新聞』に掲載された四月二十四日にちなみ、会長辞任へと至る出来事は「嵐の四・二四」と呼ばれるようになり、それは先の師弟不二を組織に徹底させるための重要なキーワードとなっていく。

　一九九八年に突然始まった元公明党委員長の竹入義勝《たけいりよしかつ》に対する攻撃や、二〇〇五年以降に行われた同じく矢野絢也《じゅんや》に対する集団での吊し上げや元国会議員を使った執拗な家探し、さらには本部幹部会などで見られた第五代会長・秋谷栄之助《あきやえいのすけ》や今日もその座にある第六代会長・原田に対する口を極めての罵倒や土下座の強要といった異様な光景はそうした文脈に位置づけられる。最晩年の池田は大勢を前に何度となく反逆者の名を挙げ、それらを幹部連に刷り込んでいった。山崎やそれと行動を共にしていた元教学部長の原島嵩《たかし》はもちろんのこと、竹入や矢野も同列に扱い、さらに加えて、牧口時代からの最古参幹部である和泉覚《いずみさとる》や辻武寿《つじたけひさ》、また、ひと頃は次世代のホープとして重用した野崎勲や山崎尚見《ひさみ》、そして、その死まで盾となることに一生を捧げた最側近の北条すら、池田は悪し様に罵《ののし》るようになる。

　怨念に凝り固まった池田は「嵐の四・二四」に自身を守り抜かなかった者たちを責め、猜疑心《さいぎしん》のあまり第二の山崎が出現することを恐れ師子身中《しししんちゅう》の虫を叩き出すことに囚われた。それは末端での大衆的人気とは裏腹に、例の師弟不二が絶対化された恐怖支配そのものだった。かつて病気がちで真面目一辺倒だった池田は、私《わたくし》を擲《なげう》って師匠の戸田に仕えた自らの若き日を神聖化し、その激烈な反作用として、もはや周囲の誰も信用しようとはしなかった。そして恨みを晴らすため誰よりも長く生きることに固執した。

復讐心の塊となった晩年

今日、創価学会の衰退は現場組織で日増しにその色を濃くしている。学会員の高齢化は目を覆うばかりだ。未婚女性からなる女子部はもはや維持できなくなり、長年組織の顔として対外的なイメージ作りに重宝してきた既婚者からなる婦人部に事実上吸収され、女性部へと看板が掛け替えられた。大学生が主な学生部、さらに小中高生で構成する未来部に至ると、現場組織では部長を立てることさえ困難で、同様の事態は組織の強力な実働部隊を担ってきた男子部でも一部で見られるという。

新たな会員を獲得する「折伏《しゃくぶく》」は一向に進まず、物心つかないうちに信者にさせられた二世・三世の多くは成長とともに活動から離れていく一方だ。学会組織はかねて各自の氏名や住所を網羅した「統監《とうかん》」の管理を徹底してきた。末端学会員を雁字搦《がんじがら》めにして選挙活動などに動員するためである。が、その統監も地域によっては三分の一ほどが幽霊会員によって占められているという。もはや組織がそれら退転者たちを追跡することは不可能である。

そうした実態にもかかわらず、公明党の得票数が減少傾向を示しつつも辛うじて一定程度保たれているのは、自民党と連立政権を組んでいるからにほかならない。小選挙区で学会票を差し出すかわりに、比例代表で自民票をもらうバーター取引で議席数を確保したりするわけだ。そんな〝選挙IQ〟ばかりが、この組織では長年精緻に磨かれてきた。

組織が衰退を続ける一因は今日の最高幹部たちにまったくと言っていいほど求心力がないためだが、それはとりもなおさず池田が多くの者を潰してきたためである。池田は謀略をも辞さない周囲に守られてきた一方、側近からは思わぬ裏切りが続いた。このアンビバレントな情況をくぐり抜け、カリスマと化した池田は復讐心に凝り固まり、結果、後継者を育てないまま、ある日突然表舞台から消えた。残された大幹部は組織の論理を用い過去からの惰性にひたすら任せるのみで、前に述べた池田を本仏と崇《あが》めるような教学的あがきも有名大学を出た宗教官僚たちのそうした浅知恵のひとつだが、指導者らしい指導者のいない新興宗教団体が勢いを失い衰退していくのは必然である。

創価学会の稀に見る興隆も、今日の衰退も、池田という希代の宗教指導者を抜きに語ることはできない。今一度繰り返したい。池田大作とは一体何者であったのか、と。

それを探る道のりはかなりの長旅となりそうだ。まずは、前著『創価学会秘史』でクライマックスとして取り上げた「狸祭《たぬきまつ》り事件」の頃に立ち戻り、もはや擦り切れて粉々の断片になりそうな知られざる歴史のページを順にめくっていくことにしよう。

第1章　青年部参謀室長

興奮冷めやらぬ「狸祭り事件」

四回目の憲法記念日を迎えたその日、気象庁の記録などによれば、九州西方沖に温帯低気圧とそれに伴う前線が迫っていたものの、東京は朝から夜半まで概ね好天に恵まれたようだ。一九五二年五月三日の午後、池田大作と白木かねは東京都杉並区和田にある日蓮正宗の末寺、歓喜寮（現・昭倫寺《しょうりんじ》）で祝言《しゅうげん》を挙げた。

今なお宗門の動揺が収まらない「狸祭り事件」からは六日が経っていた。創価学会の青年部員ら数十人が、よりによって総本山・大石寺の境内において、宗門の老僧、小笠原慈聞《じもん》を暴力的に吊し上げて詫《わ》び状を書かせた一件、それが狸祭り事件である。

小笠原は戦時中、宗門内で「神本仏迹論《しんぽんぶっしゃくろん》」と呼ばれる国家神道に迎合的な論陣を張ったことで知られていた。他方で八年前の一九四四年十一月、当時の創価教育学会で初代会長を務めていた牧口常三郎は治安維持法違反及び不敬罪で特高警察に逮捕され長期勾留中のところ老衰と栄養失調のため七十三歳で獄死していた。宗門から擯斥《ひんせき》処分を一時受けた小笠原の持論と、鎌倉時代の宗祖・日蓮を釈迦にも優る本仏と崇める原理主義者として「天皇も凡夫」と切り捨て神札《ふだ》の受け取りを拒否し神棚の廃却をも指導した牧口の悲劇的な死との間に直接の関連性はない。それでも、終戦まもなく創価学会へと改称して組織を再建し、満を持して前年五月、第二代会長に就任していた戸田城聖は、恩師・牧口の仇《あだ》を討てとばかりに青年部員を煽《あお》り立てた。

この頃の創価学会はまだ一万世帯にも満たない陣容だったが、四月二十八日に催される立宗七百年慶祝記念大法会という僧俗挙げての一大行事には大石寺におよそ四千人を大量動員する計画だった。事件が起きたのはその前日のことだ。血気にはやる青年部員たちは東京から現地入りした当夜、はるばる岐阜県美濃の本玄寺《ほんげんじ》から同じように来ていた小笠原を境内の隅々に探し回り、前代未聞の暴挙に及んだのだった。

この時、青年部情報参謀として伝令の任にあたっていた池田は宿坊のひとつ、寂日坊《じゃくにちぼう》に半ば監禁した小笠原の態度に埒《らち》があかないと見るや、近くの理境坊《りきょうぼう》で待機していた戸田のもとに急ぎ走る役目を果たしていた。青年部長の辻武寿や男子部長の牛田寛、さらに主任参謀で第一部隊長も務める石田次男《つぎお》らが指揮を執るなか、大勢の青年部員は小笠原を強引に担ぎ上げ、境内奥の墓地までプラカードを掲げつつ歓声を上げて連れて行き、筆頭理事の和泉覚も見守るなか、牧口の墓前に敷いた筵《むしろ》に正座をさせて障子紙と筆を持たせた。

この模様は当時まだ旬刊だった『聖教新聞』の五月十日付紙面で「遂に目的達成!!」との勝利宣言とともに「事件の全貌と眞相」と題し大々的に報じられるのだが、池田とかねの挙式はその興奮冷めやらぬうちに行われたのだった。二人のおめでた記事自体、同じ紙面の片隅に掲載されていたくらいである。

戸田の会長就任から一周年にもあたるこの日、媒酌人を務めたのは理事で蒲田支部長の小泉隆夫妻である。笑いを絶やさぬ明るさが取り柄でおっちょこちょいな失敗談もまた豊富という戦時中からの古参幹部の一人だ。当然、戸田も参列し、ほかの理事たちや青年部幹部も一堂に顔を揃《そろ》えた。つまり創価学会挙げての祝宴だったわけである。戸田も小泉も酒好きだったから、きっとその場は狸祭り事件の手柄話で盛り上がったに違いない。

御婚約御目出度う
池田大作君
白木かねさん
五月三日擧式決定
媒酌は小泉理事

池田とかねの結婚は婚約の際も記事となっていた（『聖教新聞』1952年3月10日）

この年二月に青年部参謀となる以前、池田は、男子部の全四個部隊のうち、龍年光《りゅうとしみつ》が率いる第四部隊において四人いる班長のうちの一人だった。龍はその鋭い舌鋒から「蒲田の検察長」とも綽名《あだな》され、オートバイを駆って都内を走り回るという行動派で知られていた。その指揮のもと、池田が直接配下に置いていたのは二個分隊三十人あまりで、蒲田支部エリアを担当し、戸田が定めた「青年訓」を胸に、主に立《りっ》正佼成会《しょうこうせいかい》や本門佛立宗《ほんもんぶつりゅうしゅう》、メシヤ教、鬼《き》子母神講《しもじんこう》を「邪宗」と決めつけ、部隊旗を翻《ひるがえ》しながら折伏に明け暮れていた。

日蓮正宗にとって他宗教・他宗派はすべて間違った教えであり、すなわち邪宗だ。だから、法華経特有の考え方である折伏について、戦時下の弾圧で治安当局に尋問された際、牧口はこう話している。「相手方の反対を押し切つて信仰せしめる事で……摂受《しょうじゅ》の如き生まは優しき手段では到底駄目でありますから、例へ相手が反対しても、それを押し切つて信仰に導入しなければなりません」――。肉体的暴力こそ伴わないものの、生易しくはない方法で他宗教・他宗派の信者を帰《き》伏《ふく》せしめるべしというわけだ。この戦闘的な姿勢は創価学会においてとりわけ称揚されていた。

参謀や部隊、かつての戦陣訓にならったかのような青年訓や「国士訓」など、戸田は何かと軍隊調の言葉を好み、実際、組織はそのような一糸乱れぬ集団行動で「広宣流布」の掛け声のもと拡大の一途だった。「奮起せよ！　青年諸君よ。闘おうではないか！　青年諸氏よ」――。戸田はそんな勇ましい口調で、青年部員を折伏攻撃に駆り立てていた。

一班長から青年部幹部の一角である情報参謀に抜擢《ばってき》された池田に負けず劣らず、白木かねも女子部ではそこそこ目立つ活動家だった。所属したのは全五個部隊のうち森田秀子が率いる第五部隊で、七人いる班長のうちの一人だった。総勢六十人あまりの森田部隊が受け持ったのは蒲田、鶴見の両支部である。その年二月、東京・向島の常泉寺《じょうせんじ》に約四百人を集めて行われた第一回青年部研究発表会で、かねは九番手として演壇に立ち、その「霊魂論のあやまっているわけ」と題した発表は十点満点中五・六点の評価を受けていた。

当時の創価学会では皆が濃密な活動に身を捧げるなか、相次いで青年部員同士が結婚していた。じつのところ、池田大作と白木かねの結婚は前年四月に発行が始まった『聖教新聞』の紙面で紹介されたおめでた記事のなかでは四組目にあたる。前述の森田秀子こそはその一組目で、旧姓は高島、相手の森田一哉もやはり部隊長だ。森田は理事で鶴見支部長を務める森田悌《てい》二《じ》の長男という出自もあって期待の若手だった。二人の挙式が執り行われたのは、被災のため一時的に文京区にあった白蓮院《びゃくれんいん》で、媒酌人を務めたのは前出の和泉夫妻である。また、池田の二カ月前にはやはり前出の石田が女子部長の小島栄子《えいこ》と結婚していた。石田は主任参謀と部隊長に加え、『聖教新聞』の編集長も担っていたから、女子部長である小島との結婚はその頃の学会内で随一の大型カップルと言えた。

もちろんこれらの祝宴にも戸田は出ている。何しろ、池田にしろ石田にしろ、戸田が積極的に両家の仲を取り持っていたくらいである。いずれにせよ、こうした幹部たちの公私ない交ぜになった輻輳《ふくそう》する人間関係は創価学会という組織においてひとつの特徴となっていく。

結婚後、森田秀子も、石田栄子も、青年部活動の前線に立ち続けた。一方で池田の妻となったかねは目立たなくなる。若い二人は大田区山王のアパート「秀山荘」を借りて新婚生活を始め、翌年四月には戸田によって博正と命名された長男が生まれている。かねの動静が再び目立つようになるのはずっと後のこと、会長夫人としてである。名前は「かね子」となり、今の「香峯子」へと落ち着く。夫唱婦随《ふしょうふずい》にして内助の功に励む糟糠《そうこう》の妻というロールモデルもまたこの後、創価学会における女性像を語る上で、国会議員に代表される社会進出した女性活動家とは対極の、しかし実際には圧倒的多数と言える、ひとつの特徴となっていく。

香峯子との馴れそめ

当時二十四歳だった池田とおなじく二十歳の白木かねとの馴れそめは前の年、一九五一年の夏にさかのぼる。何かの会合の折、池田は同じ大田区内に住む同年配の学会員、白木文男（文郎）と話す機会があり、銀行勤めをしている妹のかねを紹介したいと言われたのだった。

池田と白木文男は戦時中に知り合いとなっていた。シンガポール陥落に続きジャワも占領し、まだ日本中が戦勝気分に沸いていた一九四二年四月、池田は東京市蒲田区（現在の大田区）にあった萩中国民学校（国民学校令の施行に伴い前年に羽田高等小学校から改称）を卒業すると新潟鐵工所に勤労動員された。十四歳の春のことだ。そこには海軍省の船舶本部から技術将校が派遣されており、そのもとで汗と油にまみれ、社内の青年学校では軍国教育をたたき込まれる毎日である。工場内で一緒に働いていたのが白木だった。

この頃の池田は何も知らなかったが、白木の家族は熱心な創価教育学会の会員だった。父・薫次《くんじ》はまだ元号が明治だった一九〇五年、岐阜県山県《やまがた》郡の酒造りを営む家に生まれ、十四人兄妹の六男だった。跡取りではない薫次は上京し、一九二五年、仲間とともに「井筒商会」という砂糖や小麦粉を扱う卸会社を設立する。青年役員として社業に邁進していたそんな折、隣に住んでいた三十歳そこそこの夫婦から折伏された。一九四一年のことだ。夫の原島宏治《こうじ》はその頃、下の名を「鯉之助」と名乗っており南蒲国民学校の教員だった。妻の精子も教員でこちらは矢口国民学校に勤めていた。原島夫妻の度重なる折伏で白木家はその年七月十二日、家長の薫次以下、妻のしづ（静子）、それに文男ら男子二人とまだほんの九歳だった次女のかねら女子二人の合わせて六人全員が入信することとなる。

入信というのはあくまで日蓮正宗の信者になるということだ。宗門の末寺はそれぞれが在家信徒からなる「講」を組織していたが、そのなかで創価教育学会は牧口が唱える「価値論」とも相《あい》俟《ま》って特異な立ち位置を許され、主に東京府下で他宗派に対し道場破りまがいの強烈な折伏を展開して信者を獲得、自らの会員ともしていた。信者とするには寺院で僧侶から授戒《じゅかい》を受けさせ、「南無妙法蓮華経」の題目が書写された本尊をもらい下げる必要があるが、創価教育学会は前出の歓喜寮や城東区（現・江東区）の砂町教会（前述した白蓮院の当時の名称）、さらには向島の本行寺《ほんぎょうじ》や池袋の常在寺《じょうざいじ》でそれを行わせていた。

このうち、白木一家が授戒を受けたのは当時、東京府からの認可名「中野教会」と呼ばれることの方が多かった歓喜寮である。だからこそ、この日の祝宴会場に選ばれたわけだ。一九三一年の創建以来、初代を務める住職の名は堀米泰榮といった。後の大石寺第六十五世法主・日淳《にちじゅん》である。じつは、堀米も白木一家入信の約一年後には狸祭り事件ほどではないにせよ独善的で血気盛んな創価教育学会の幹部にやり込められることとなる。ただ三年後に戸田が謝罪に訪れるなどして、両者は良好な関係を取り戻していた。

白木一家が入信した頃の創価教育学会の会員数は伸びていたとはいえ、せいぜい二千人ほどで、ちょうど刊行が始まった機関紙『価値創造』（ほぼ月一回の発行）の部数も一千部程度だった。会員の中心は、小学校校長上がりで教育にまつわる著書も多かった牧口を慕う教員らと、金融会社「日本商手」や出版社「日本小学館」など商売の手を広げていた戸田の経営者仲間らである。その当時、理事長職にあった戸田は、もともと小学校の教員で牧口のもとでも働いたことがあったが、早々と見切りをつけて受験塾「時習学館」を始め、参考書『推理式指導算術』が当たると、それを元手に出版業に乗り出した。戸田の本名は甚一だが、改名を繰り返しその頃は「城《じょう》外《がい》」を名乗っていた。城聖と称するのは終戦後のことである。

入信から二カ月後、白木薫次はさっそく慶應義塾大学在学中で野球部の選手だった甥の義一郎を折伏する。もっとも、当初の白木家はまだまだそれほど熱心ではなかったらしい。そうしたところ、薫次は一年後、警察に嫌疑をかけられてしまう。砂糖の闇販売を行ったというものだった。勾留生活は五十二日間に及んだ。その頃の創価教育学会が牧口の発案で盛んに説いていたのが罰《ばち》論《ろん》だ。信心すれば病気が治るといった「功徳」を説く一方、日蓮正宗の教えに背いて「謗法《ほうぼう》」をした者には必ず「罰」が下ることを強調したのである。入信後、白木家では妻のしづが病気になる不幸もあった。以後、さらなる罰を恐れ、家族挙げての信心はにわかに深まったらしい。

そんな折、創価教育学会をめぐる情況は暗転する。一九四三年七月と翌年二月の二度にわたる一斉検挙で牧口や戸田をはじめ幹部二十人が獄につながれてしまったのである。すでに左翼運動を壊滅させていた官憲からすると、もともと排他的な日蓮正宗の教えをさらに純化させたような創価教育学会は国家神道を蔑《ないがし》ろにする危険思想と映ったわけだ。ミッドウェー海戦の致命的敗北に続きガダルカナル島をめぐる激戦にも敗れ、この頃ともなると日本の敗色は濃くなる一方だった。幹部を根こそぎ失った創価教育学会は散り散りとなり自然消滅、やがて白木家も信仰から離れることとなる。

それから月日は経ち、ポツダム宣言受諾による無条件降伏から三年後の一九四八年のある日、空襲で焼け出されバラックに住んでいた一家のもとを突然、戸田が訪ねてきた。それで再び一家は信心に励むこととなる。

蒲田の三羽ガラス

戸田は終戦直前の七月三日に出獄すると、被災を免れていた東京・西神田の小さな三階建てビルを根城にすぐさま出版業を再開し、創価学会の活動も始めていた。戦争も終わり、翌一九四六年春までには先述した原島や、やはりその原島に折伏された小泉、そして小泉に折伏された辻が、戸田のもとに再び集まる。後に「蒲田の三羽ガラス」と呼ばれるようになる原島、小泉、辻の三人は南蒲小学校の同僚で、戦時中は官憲に目を付けられるほどの幹部でなかったため、それぞれが御殿場、静岡、熱海に疎開していた。またこの頃戻ってきた面々のなかには、やはり小学校教員の柏原ヤスや、一九三三年の長野県小学校教員赤化事件で一度入獄し、創価教育学会関係で二度目の屈辱を味わうという多難の半生を歩んできた元理事の矢島周平がいた。

再建された創価学会はその年六月に機関紙『価値創造』を復刊、芝白金台町（現・白金台）にあった戸田の自宅や牧口の未亡人・クマが住む目白の家など各地の学会員宅で座談会も開き、西神田の本部二階にあった八畳と六畳の二間では薄暗いなか、牛乳瓶の底みたいな丸縁眼鏡をかけた戸田自らがその独特のダミ声を上げて下世話なユーモアを交えながら法華経の講義に臨んだ。「雀がチュウチュウと鳴き、猫がニャゴニャゴと鳴く、犬はワンワンと吠え、おかみさん方は井戸端会議で人の噂をする。これが経である」――。戸田の講義はそんな具合だった。

これまで何度か触れてきた青年部もこの頃にはすでに結成されていた。部長となった辻以下、中心層をなしたのは二十代の男女だ。西川喜右衛門や岩崎洋三といった戦時中からの壮年幹部はこの後、次々と離れていくことになるが、入れ替わるようにこの頃の創価学会は若者を次々と吸引し始めており、折伏にかけるその熱量は上がりっぱなしだった。

そんななか、活動が最も活発なのが小泉らの地元だった蒲田地区である。一九四七年八月、この地域出身の若者がまた一人、入信することとなる。池田大作である。

池田は一九二八年一月二日、東京府荏原郡入新井町大字不入斗《えばらぐんいりあらいまちおおあざいりやまず》（現在の京急本線大森海岸駅近辺）に生まれた。その頃、大森海岸一帯は海苔の産地で、祖父の五右衛門は八幡魚市場内で海苔問屋「池田屋」を営み不入斗漁業組合では理事も務める有力者だった。一族が菩提寺とする密厳院《みつごんいん》は真言宗の末寺である。漁協名にも冠せられた不入斗というのは番外地みたいな地区を指す言葉で、実際、江戸時代には少し北に歩けば鈴ヶ森刑場があったような東京の外れだった。当時は海水浴場もある風光明媚《ふうこうめいび》な場所だったが、軍事需要の高まりで一帯は急速に工場地帯へと変貌しようとしていた。

五右衛門の三男で、池田の父である子之吉《ねのきち》はほどなく不入斗を出て多摩川方面へと南に下った羽田町糀谷《こうじや》に分家する。近くに開設されたばかりの飛行場はまだ長さ五百メートルの滑走路一本だけで、そこから時々、プロペラ機が飛び立つ光景が見られた。子之吉と妻・一《いち》は男八人・女二人、合計十人の子宝に恵まれ、大作は六番目の子で五男だった。

ここで付け加えておくが、池田大作はもともとの名を「太作」といった。ただ、周囲が「ダイちゃん」などと呼ぶので、自然と「大作」の字をあてることが多くなったらしい。戸籍上も「大作」としたのは結婚後、一九五三年十一月のことで、これはかつて本人も何ら隠し立てするような話ではなかった。

戦時下、池田が新潟鐵工所で働いたことは前に述べたとおりで、例に漏れず空襲で焼け出されると、馬込にあった親戚の家に厄介になった。そして終戦後、池田は中途編入で神田三崎町にあった東洋商業学校（現・東洋高等学校）の夜間部に通い始める。そのかたわら昼間は東洋内燃機で働き、しばらくして一九四六年一月に西新橋の印刷所に転職した。四人の兄全員は戦地に赴いていたが、やがて三兄の開造が復員し、四兄の清信、次兄の増雄も戻ってきた。しかし翌年五月、転居先の森ヶ崎で悲報を受け取る。長兄の喜一は二年前の一月、ビルマで非業の死を遂げていたのだ。それからしばらくして、池田は創価学会、そして日蓮正宗と出会うわけである。

脚色されていた池田の入信経緯

今日、池田の入信経緯ほど脚色が加えられているエピソードはない。創価学会によるところの正史と一九四七年夏にあった実際とではかなり異なるのである。そのためここで詳しく見ておきたい。

まず創価学会の公式ストーリーではこうなっている。

入信のきっかけは八月十四日だ。この日の夜、池田は知人に誘われて蒲田の個人宅で行われる座談会に行く。「生命哲学についての会」との触れ込みだったそこには、会長の戸田が来ていた。講義と質疑応答が終わると、仁丹をかみ煙草をふかしながら、戸田は微笑を浮かべつつ、池田に対し「幾つになったね」と問い掛けたという。この時の池田は十九歳で、それは戸田が牧口と出会った時の年齢と同じだった。池田は「正しい人生とは」、「本当の愛国者とは」、「天皇をどう考えるか」――と教えを請い、戸田からは誠実な答えが返ってきた。その夜、感情の高ぶりに任せ池田は思わず即興の詩を詠んだ。深夜十時に会場を後にする頃には、「この人なら」と池田はすでに入信を決心していたという。十日後の八月二十四日、池田は授戒を受け日蓮正宗に入信することとなる。赴いたのは白木一家と同じでやはり歓喜寮だった。

この運命的出会いとにわかに溢れ出た宗教的決意は、池田自身が一九七五年、『日本経済新聞』の名物連載「私の履歴書」で堂々と披露したものである。ほぼこれと似たストーリーはその五年前の一九七〇年に刊行された『創価学会四十年史』でも紹介されていた。

じつはこうした入信経緯が初めて世に出たのはさらにその四年前にさかのぼる。池田は「法悟《ほうご》空《くう》」との筆名で一九六五年一月から『聖教新聞』で小説『人間革命』の連載を始めた。以前、戸田が「妙悟空《みょうごくう》」との名で同じタイトルの小説を連載していたのに倣《なら》ったのである。その続編たる小説で池田は主人公の「山本伸一」に扮することとなり、虚実の境界が判然としない創価学会の群像劇が延々と展開されていく。山本こと池田の入信経緯が語られたのは翌年一月二十三日から二月二日にかけて掲載された一連の回だ。「地湧《じゆ》」の章における最大の見せ場である。この時、主人公・山本は数少ない実名の登場人物である戸田に対し感謝の意を表そうと、「旅びとよ」で始まる即興詩をその場で朗々と詠《うた》い上げるという快挙をやってのけた。座談会に誘ったはずの知人二人はただ拍手を送るばかりで、この時点で山本こと池田が他に並ぶ者のない傑出した青年であったことが劇的に描かれていた。

即興詩を詠《えい》じるくだりは『創価学会四十年史』ではあくまで『人間革命』の一節を引く形だったが、「私の履歴書」ではもはや客観的事実として語られていた。これら以降、池田の入信経緯は戸田との運命的な出会いを主軸に語られ続け今日に至る。

ところが、件《くだん》の『人間革命』以前、池田はまったくドラマチックではないじつに人間臭い入信経緯を自ら語っていた。授戒を受け入信したのが八月二十四日であったことはこれまでのものと一致している。しかし、そこに至る経緯が違う。八月十四日という日付に触れられたことはない。例えば、一九五七年十月十八日付の『聖教新聞』で池田はこう語っている。

「折伏されたのは、前の本部です。……そこで多くの広宣流布の人材が毎日会長先生の御講義をきいたんです。私はそこで教学部長から折伏されたんですよ」

前の本部とは先述した西神田にあった小さな三階建てビルのことである。語られた当時の教学部長は戦時中に時習学館で学生アルバイトをしていた時に折伏されて以来の古参学会員である小平芳平だ。じつはこれとほぼ合致するストーリーは前年に刊行された『新心理学講座』という書籍でも語られている。そこでインタビューに応じている創価学会の若手幹部は「E（男）」と匿名になっているが、経歴などからして池田と見て間違いない。こんな具合だ。

「学校時代の友人にさそわれて創価学会の本部へいきました。その友だちは哲学のいい話があるがこないか、とさそったのです。私は友人と二人で行ったのですが三、四〇人もいたでしょうか。五時間くらいもそこで締めあげられたのです」

創価学会との邂逅《かいこう》は、戸田の吐息さえ感じられる座談会という特別な空間などではなく、大勢が忙しく出入りする西神田の本部だったということだ。

誰から折伏されたかについて、池田は前掲記事にあった小平とは違う人物を挙げたことがある。一九五九年二月六日付『聖教新聞』で、池田は「小学校の同僚で女の人から折伏されたのです」と語っているからだ。

ただ、その後の授戒に関する述懐も合わせ考えると、「女の人」というのは本部行きを誘った人物で、折伏を受けたのは小平からだった可能性が高い。一九六二年二月二十日付『聖教新聞』

にはこうあるからだ。

「小平教学部長と、それから矢島尊師に連れられて、ちょうど日淳上人様の勤行ご導師をいただいて、たった三人だけの御授戒でした」

わざわざ付き添いに来たくらいだから、池田の折伏担当は小平だったに違いない。矢島尊師というのは先述の矢島周平のことだ。矢島は一九五三年八月に出家してその頃は「秀覚《しゅうかく》」との僧号を名乗っていた。日淳上人は前に触れた堀米泰榮のことである。

そして、当日その場の池田は、こんな有り様だったらしい。

「そのときは〝信心はけっこうでございますから、きょうは御本尊様はいただかないようにします〟と、そういうように申し上げたのです、その場所で。すると日淳上人は『まあ、そういわないで、きょうは御本尊様を持っていきなさい』と（笑い）。何回も何回も押し問答になりまして、とうとう日淳上人様は、ひじょうにがん固な方であって、私は負けまして（笑い）」

これと同様の話は前述の『新心理学講座』でも「私は三〇分間ほどいりませんとがんばったんです」などと語られているから、事実に近いことはほとんど確定的だ。

『人間革命』で描かれた入信経緯は、「哲学のいい話があるがこないか」や「学校時代の友人にさそわれて」、さらには「広宣流布の人材が毎日会長先生の御講義を聞いたんです」といった過去に池田自らが語った話の断片を都合良くつなぎ合わせたパッチワークとみなした方がいい。では、即興詩はどこから来たのか。創価学会が『価値創造』にかわる機関誌として発行を始めた『大白蓮華《だいびゃくれんげ》』の第二号（一九四九年八月発行）十一ページ左下隅には「若人に期す」との三十行あまりの詩が埋め草的に掲載されている。「若人よ」と繰り返し呼び掛ける詩の作者はこの時、

「池田伸一郎」とされていた。そう、池田大作である。山本伸一という主人公の名前もこれにちなんだものであることは間違いなく、この池田の手による原稿が機関誌に初めて採用されたという記念碑的事実は、入信経緯を劇的に脚色する格好のエピソードに姿を変えたわけである。

『人間革命』は続編の『新・人間革命』も含め断続的に二〇一八年九月まで連載された。池田が倒れた後まで続いたことがはしなくも物語るが、かねてからゴーストライター説は根強い。それはさておき、池田のもとには創価学会きってのインテリだった篠原善太郎を筆頭とする「特別書籍」という執筆支援グループが古くからあり、『人間革命』はじめ膨大な著作群はそうした組織的営為にほかならなかったということだ。そんななか、あくまでフィクションであるはずの小説における池田の語りが、あっという間に客観的な事実を塗り替え、やがて「池田本仏論」を強固に支える正史として聖典化されていくわけである。池田の入信経緯をめぐるあれやこれやはまさにその典型例と言ってよい。

高利貸し「大蔵商事」の営業部長

さて、話を戻し、その後の池田の歩みを見ていこう。

入信直後の一九四七年九月、池田は蒲田工業会に事務員書記として転職する。翌年春に東洋商業を卒業すると、大世学院（後に東京富士大学短期大学部）の政経科夜間部に入学した。その年八月中旬に大石寺で行われた戦後第三回の夏季講習会で、池田は総勢百八十八人の参加者の一人となったから、不承不承の入信だったとはいえ、一年を経たこの頃はそれなりに学会活動にも勤しむようになっていたらしい。さらに翌月には前述の戸田による法華経講義にも手を挙げる。同月十三日から翌年二月まで毎週月水金の午後六時から西神田の本部で行われた第七回講義には二十五人が参加した。第六回までの講義終了者は小泉や和泉、龍ら七十二人いた。

これらどこかの時点で目を掛けられたのだろう、池田は戸田との距離を決定的に縮めることとなる。翌一九四九年一月、戸田が戦後再興した出版社「日本正学館」で働くようになったのである。わずか四カ月後、池田は雑誌『冒険少年』の編集長に抜擢された。物語や漫画で構成される主に小学生向けの月刊誌である。戦前から子母澤寛《しもざわかん》などの小説を世に送り出してきた戸田だが、戦時中に海軍報道部監修の特集を組むなどした『小国民日本』（一九四一年十二月に『少国民日本』に改題）を手掛けるなど、塾講師上がりらしく少年向け雑誌も得意としてきた分野だった。

幼少の頃から病気がちだった池田が、詩を創作していたことでも分かるように、文学青年を志し、ある程度の読書家だったことは確かなようだ。就職した後も夜間学校に通ったくらいだから向学心も窺える。戸田はそこらあたりを見込んだのかもしれない。

後に幹部連を前に語ったことだが、編集者としての池田は随分と原稿集めに苦労したらしい。詩人の西条八十《さいじょうやそ》には何度も断られ、しまいには見るに見かねた西条の妻が味方になってくれたおかげで原稿をもらえることになったという。

だが苦労して手に入れた西条の詩が誌面を飾ることはなかった。『少年日本』へと改題した雑誌はその年十月に早くも休刊になってしまったからだ。戸田は「大道書院」という別の会社で最初の機関誌『新教』の編集部員だった矢島を起用し『ルビー』という成年向け月刊誌も手掛けていたが、こちらも同じ頃に廃刊となっている。戦後、大手の出版社が本格的に事業を再開するなか、戸田が経営する弱小出版社は劣勢を強いられるようになっていた。そして同年暮れ、戸田は根城の日本正学館を事実上畳まざるを得なくなる。池田も含め社員は「東京建設信用組合」なる金融機関に移ることとなった。もっとも、事務所はそのままでいわば看板の掛け替えだ。

戦時中に手形割引きの日本商手を経営していたように、戸田にとっては高利貸しも土地勘がある商売分野だった。経緯は判然としないが、戸田は戦後のある時期から専務理事として東京建設信用組合（一九二一年設立で以前の名称は昭和建築信用組合）を牛耳《ぎゅうじ》っていたらしい。信用組合と言っても、職員数がせいぜい数人という街金程度の規模である。

だが、これもほどなくして、当局による整理統合の動きに飲み込まれ二進《にっち》も三進《さっち》も行かなくなる。国は一九五〇年三月、それまでの市街地信用組合と産業組合、商工協同組合の信組三業態を一本化するが、その煽りもあって経営不振の東京建設信用組合は同年八月に業務停止命令を受けてしまう。

ただ、しぶとい戸田はすぐに二カ月後、「大藏《おおくら》商事」という金融会社を新たにつくり再起を図った。池田は同社で営業部長を命じられ、大久保駅が最寄りの百人町に構えた事務所を拠点に金融道に身を投じた。後年、池田は「一番いやな仕事をした。どうしてこんないやな仕事をするのかと思った」と幹部連を前に回想している。東京建設信用組合で大勢の債権者に迷惑をかけ、その整理もまだ終わっていなかった手前、戸田が表に出ることはなかった。しばらく後の資料になるが、一九五七年十一月発行の『帝国銀行・会社要録』によると、「年商内高」が二億円内外とされる同社の役員構成は次のようになっている。

代表取締役　和泉覚

同　　　　森重紀美子
取締役　　池田大作
監査役　　白木薫次

森重は戦前の日本小学館時代から戸田の側近的な秘書を長年務め、また愛人でもあった。発行済み株式七万株、株主十二名のうち、その森重が二万株を持つ筆頭株主で、和泉と池田もそれぞれ一万株を保有する名義人となっていた。もっとも、実権を握っていたのが戸田であったことは間違いない。

保険代理店業にも手を広げ

大蔵商事で借金の取り立てに邁進していた頃、池田は戸田が発する一言一句を手帳につけていた。書き留めていたのは経営や営業にまつわる戸田のこんな言葉だ。

「社員を見る場合、一年間使ってみなければ信用できない。また、三年間に一矢《いっし》なければ認められる」

「営業部の仕事の計画は、三ヵ月先を必ず考えて、それから、一ヵ月の計画をたて、さらに、徹底した詳しい一週間の計画をつくってやるべきだ。できれば、一年先を見てゆけば、さらに完璧である」

「営業部員の者は、手帳を上手に生かして使うことが大切だ。訪問の日時、証書の有無、得意先の住所等々、よく書き込んでおくことだ」

「訪問にあたって、初めての家でも、夫婦の仲は良いか、悪いか、家の模様は、どういう性質の家なのか等、事情がわかるぐらいでなくては、ほんとうの外交とはいわれない」

精悍《せいかん》な顔つきをしていたこの頃の池田は、じつに真面目な青年で、創価学会の会合で語る言葉も高尚な仏教用語を織り交ぜた堅苦しいものが大半だった。かつて受験塾を主宰していた戸田は若者を競わせる術に長けていたに違いなく、創価学会再建後すぐに教学試験を導入していた。日蓮仏法にどれほど通じているかによって受験者をランク付けするのだ。そんななか、この頃の池田は「教授」「講師」に次ぐ「助師」の資格を認められていた。

聖教新聞
信念とは何ぞや？
竹内景助氏
死刑宣告をうく
共産党員の信念と妙法信者の信念
邪宗・池上本門寺
学會の姉さん
巨星落つ
人間革命
中野支部
鶴見支部
文京支部
蒲田支部
築地支部
小岩支部
杉並支部
城東支部

『聖教新聞』創刊号（1951年4月20日）

さて、池田の献身もあって大藏商事は軌道に乗ったのだろう、一九五一年四月二十日付の『聖教新聞』創刊号の題字下には東京海上火災保険の「第一代理店」との触れ込みで広告が掲載されている。カネ貸しだけでなく保険代理店業にも手を広げていたようだ。

こうしたなか、経済的行き詰まりから創価学会の理事長職を矢島に一時譲っていた戸田は続く五月三日、晴れて第二代会長を名乗ることとなる。東京・向島の常泉寺で行われた就任式には当時の会員世帯の半数にあたる千五百人もの学会員が詰めかけた。この場で戸田は「七十五万世帯達成」という大風呂敷を広げて見せ、自らの遺骸《いがい》にまで触れたその決死の決意表明に対し、会員からは「先生を品川沖に流してなるものか」と一斉にときの声が上がるという熱気だった。

そして、青年部を先頭に他宗教・他宗派を邪宗と決めつけての戦闘的折伏がいよいよエスカレートしていく。もちろん、池田も当時住んでいた新井宿の借家があった大森地区を中心に前線へと進み出た。そして入信から五年が経とうとしていた一九五二年四月、青年部参謀として臨んだ狸祭り事件ではそれなりの役割を果たすのである。

もっとも、池田はこの時点で青年部において突出した存在だったわけでもない。むしろ颯爽《さっそう》と頭角を現していたのは石田だった。池田の三歳年長にあたる石田は芝浦電気専門学校を卒業したものの職に就かずぶらぶらしていたところ、一九五〇年十一月、すでに入信していた母・ツカに案内され白蓮院に赴いた。同じアパートには和泉夫妻も住んでおり、とうとう折伏されたのである。三カ月後、石田は戸田の自宅に呼ばれ、そこで「聖教新聞を出すが、編集をやらぬか」と言われる。メンバーはほかに前出の森田と青年部結成時から邪宗攻撃に活躍が目覚ましかった岩本多見男だという。ただ、森田は鶴見区役所勤めで、岩本も日本婦人新聞社で働いていた。そこで石田は自然と専従のような形となり、一九五一年四月、『聖教新聞』の初代編集長となった。編集部が置かれたのは大蔵商事の事務所内である。石田はその年七月に青年部が折伏の尖兵《せんぺい》とすべく部隊制を敷くと栄えある第一部隊長に任命され、そのバイブルたる『折伏教典』の編集も任されたから、大車輪の活躍だった。

他方、池田の五歳年上である北条浩もにわかに台頭が著しかった。入信したのは一九五一年六月のことだが、四カ月後には早くも第二部隊長に抜擢されたのだ。戸田がその毛並みの良さに惚《ほ》れ込んだ可能性は十分に有り得る。

“池田の盾”北条浩と海軍兵学校

北条の親族挙げての入信経緯には非常に興味深いものがあるので、ここですこし長くなるが詳しく見ておきたい。

一族は鎌倉幕府の執権、北条時政の末裔《まつえい》で、江戸時代に河内狭山を治めた後、明治時代になると当主が代々、子爵に列せられてきた。そうしたなか、北条の伯母にあたる彝《つね》（ツネ子）は三十歳で夫に先立たれていたところ、それまで信心していた日蓮系の他宗派を捨て日蓮正宗に入信する。大正時代のことだ。彝は華族女学校（現在の学習院女子高等部）の同窓として親しくしていた後輩の松平信子を折伏した。

ここから日蓮正宗の教線は一気に大日本帝国の中枢へと伸びていく。松平信子は鍋島侯爵家の生まれで、自身、十九歳で単身渡欧してそのまま結婚するという、言ってみれば良家の跳ねっ返りだった。他方、夫の恒雄は駐米大使や駐英大使を歴任する大物外交官ではあったものの、幕末の会津藩主、松平容保《かたもり》の六男にあたり、言わば朝敵の子だ。そうした逆境をものともせず、松平信子は宮中に食い込んだ。華族女学校を出てイギリス流の所作を身につけていたことで大正天皇を支えた貞明《ていめい》皇后に可愛がられ、長年側《そば》に仕えたのである。そして長女・節子（後に勢津子と改名）は、その第二皇子で昭和天皇の弟である秩父宮雍仁親王《ちちぶのみややすひとしんのう》に嫁ぐこととなる。

松平信子の折伏で長女・勢津子、その夫・雍仁親王、そして大正天皇崩御後の貞明皇太后はひそかに日蓮正宗に帰依《きえ》したという。一九三九年から一九四〇年にかけての頃とされる。『聖教新聞』はこうした一連の話を幾度か大きく紹介した。それによると、一九五一年五月に貞明皇太后が崩御すると、下付《かふ》されていた本尊は松平信子を通じ東京・池袋の常在寺に返却されたらしい。また、一九五三年二月、やはり常在寺で雍仁親王の四十九日法要が執り行われた際には、五十人あまりの参列者のなかに松平信子の姿もあったという。

一方、肝心の北条彝の方である。戦後はツネ子を名乗るようになっていたところ、一九四八年三月のある日、女性二人の訪問を受ける。常在寺住職の細井精道からの紹介でやって来たのは創価学会で地元の杉並区を担当していた柏原と、和泉覚の妻で戸田の秘書的存在でもあった美代（美代子）だった。後の第六十六世法主・日達《にったつ》である細井は戦前、長野県の信盛寺《しんじょうじ》で住職をしていた頃、前述の矢島ら元赤化教員を引き連れて折伏旅行にやって来た牧口一行をもてなすなど、創価学会とは何かと縁があり、それでこの日も仲介の労をとったのだろう。ツネ子は訪ねてきた柏原と和泉二人しての勧誘にほだされ創価学会の会員となった。

ツネ子は先代である父・氏恭《うじゆき》の男女四人ずついた子のうち最年長の長女だったが、その後、弟妹のうち少なくとも三弟・釐三郎《りさぶろう》の妻・小枝と、末弟・雋八《しゅんぱち》、さらにその妻・克子が創価学会員となっている。雋八は末子で、東京帝国大学を出て帝室林野管理局に勤めていたが、一九二五年に長兄・謙吉が死去すると、その養子となることで家督を相続し子爵となった。一九三九年には貴族院議員ともなり、一九四七年の廃止まで務めている。この華々しい経歴を買われ、後に雋八は創価学会の広告塔となるのである。

さて、こうした親族に取り囲まれ一九五一年六月に入信したのが鳌三郎・小枝夫婦の長男たる北条浩だった。父・鳌三郎は海軍兵学校を卒業した軍人で、太平洋戦争中は海軍が民間から徴用した給油船「宝洋丸」の艦長などを務めた。その長男・浩は三島由紀夫とも同級生だった学習院中等科を出ると、海軍兵学校に迷わず進み、トップクラスの成績を修めた。戦地に赴く前に終戦となったが、その時の階級は海軍中尉である。北条が海軍兵学校で学んだ人生訓は「指揮官先頭単縦陣」だったらしいが、日本海海戦における東郷平八郎よろしくその敢闘精神は他宗派への折伏攻撃に遺憾なく発揮されたということだろう。もっとも、若い頃の写真を見ると、その顔立ちは元中尉とは思えぬどこまでも良家の育ちを漂わせる優男《やさおとこ》風ではあった。

精鋭部隊「水滸会」の結成

少々寄り道をしたが、ここで話を狸祭り事件以降の池田の歩みに戻すとしよう。

その頃の創価学会は、カネ貸し業で再起を図った会長の戸田もそうだが、幹部であってもそれぞれが生計の手段である本職を抱えていた。昼間はそれぞれの職場で働き、創価学会の活動を行うのは主に夜間やたまの休日である。原島や小泉、辻、柏原は戦後も小学校の教員を続けていたし、苛烈なニューギニア戦線から生還した和泉は前出の岩本もいた日本婦人新聞社に職を得ていた。男子部長の牛田は東京都立大学工学部で教授の職を狙いつつ教鞭をとる技術屋で、千葉陸軍戦車学校上がりの龍は戦後に友人と始めた製塩業を経て大田区内で自動車部品業に従事していた。やはり部隊長の一人だった森田一哉は先述のように鶴見区役所に勤め、その父・悌二は信用金庫を辞めた後に食堂経営を始めている。

当時、学会活動が主たる仕事となっていたのは、就職もせずぶらぶらしていたところ『聖教新聞』の編集長をやらされることになった石田くらいなものである。

こうしたなか、戸田が実質経営者の大蔵商事で働き、四六時中行動を共にし謦咳《けいがい》に接し薫陶《くんとう》も受けていた池田にはほかの者では持ち得ない強みがあったと言える。事業面での身を粉にしての献身ぶりが戸田による評価につながらないわけはない。一九五三年一月、池田は小岩支部長に転じた石田の後釜として青年部第一部隊長となり、教育参謀も兼ねた。常在寺で行われた部隊旗返還授与式で池田は常日頃からの部下の鑑《かがみ》よろしくこう宣言している。

「青年部は会長戸田先生の親衛隊であり千万人の敵きたるとも微動だにせぬ強固な信心と、実行力と、組織とを持って起《た》ち、戸田先生を大勝利の日まで守りぬく親衛隊となる決意であります」

その年七月、戸田は青年部員四十三人を選抜し、「水滸会《すいこかい》」なるグループを結成する。『水滸伝』や『三国志』といった誰もが知る中国の古典文学を題材にとり、国家機構から経済政策、革命思想、さらに広宣流布や創価学会のこと、はては読書論や家庭といったテーマについて、戸田が思いつくまま持論を授けるという集まりで、東京・氷川のキャンプ場に「野外訓練」と称し一泊二日の遠出をし、河原でのキャンプファイヤーだけでなく相撲大会や騎馬戦、さらにはドッジボールに興じることもあった。この水滸会の宣誓文を起草したのも池田だった。

「一　われら水滸会員は、宗教革命にこの身をささげて、異体同心《いたいどうしん》にして東洋の広宣流布の大偉業を完遂せんことを、大御本尊様にお誓いいたします。……」

「大御本尊」とは大石寺に安置された文字曼荼羅《もじまんだら》を指し、「戒壇《かいだん》の大御本尊」や単に「戒壇本尊」などと呼ばれることも多い。縦百四十三センチ、横六十五センチという大ぶりの楠木に彫られ、中央に大きく「南無妙法蓮華経」の題目を配し、四天王や十界の衆生がそれを取り囲む大胆な筆の運びが特徴だ。日蓮正宗はそうした宗祖・日蓮の筆による数ある文字曼荼羅のなかでも弘安二年（一二七九年）に「出世の本懐」として顕《あらわ》したとされるそれを信仰の対象として最重要視する。忠誠を誓う池田の言葉はどこまでも勇ましかった。

翌一九五四年四月、池田は青年部に新たに設置された参謀室の室長に抜擢される。青年部活動全般の企画面を担うこととなったのだ。この活動全般を見渡す役職についたことは後々大きな意味を持つ。そして同年十二月にはやはり新たに設置された渉外部の部長も兼務することとなった。組織が急拡大を遂げるなか、対外的な折衝も担うこととなったのである。

東洋精光の再建

こうした日頃から事業面で戸田を支え、並行して創価学会においても出世の階梯を一段ずつ上っていく池田の姿は、そのまま北条にもあてはまっていく。戸田は一九五三年四月、大蔵商事に続き東京都三鷹市に「東洋精光」という機械加工会社を設立する。とはいえ、やはり戸田は表に立たない。社長に据えたのが北条だった。

すでにそこにあった工場を引き継いだのかもしれないが、東洋精光は膨大な赤字を抱えて倒産寸前だった。同社は翌年元日付で『聖教新聞』に「広宣流布の一翼をになって斗《たたか》い抜く覚悟です」との広告を載せている。それによれば、北条以下の総勢は十四人で、そのなかには後に東京都議会議員となる藤原行正《ゆきまさ》もいた。中央大学に学んだ藤原は、そこで教鞭をとっていた神尾武雄に折伏され一九四九年十月に入信していた。神尾は戦時中に理事も務めた古参幹部で、特高警察に検挙された幹部二十人の一人でもあった。

北条は青年部活動にあっては東京・鶯谷町にあった本門佛立宗の寺院との間でにわかに緊迫化した本尊強奪問題の交渉にあたるなどし、そのかたわら再建を託された東洋精光では、調理器具をぶら下げる文化棚や無骨な作りのパン切り機、はたまた寸胴型で手回し式の洗濯機といった新製品を次々と送り出していった。そうこうするうち、一九五六年秋頃からは大手メーカー製電化機器の代理店販売を手掛けるようになり、月賦販売が当たった結果、これが柱となった。やがて同社は外郭企業の中核に育っていく。北条の評価がさ

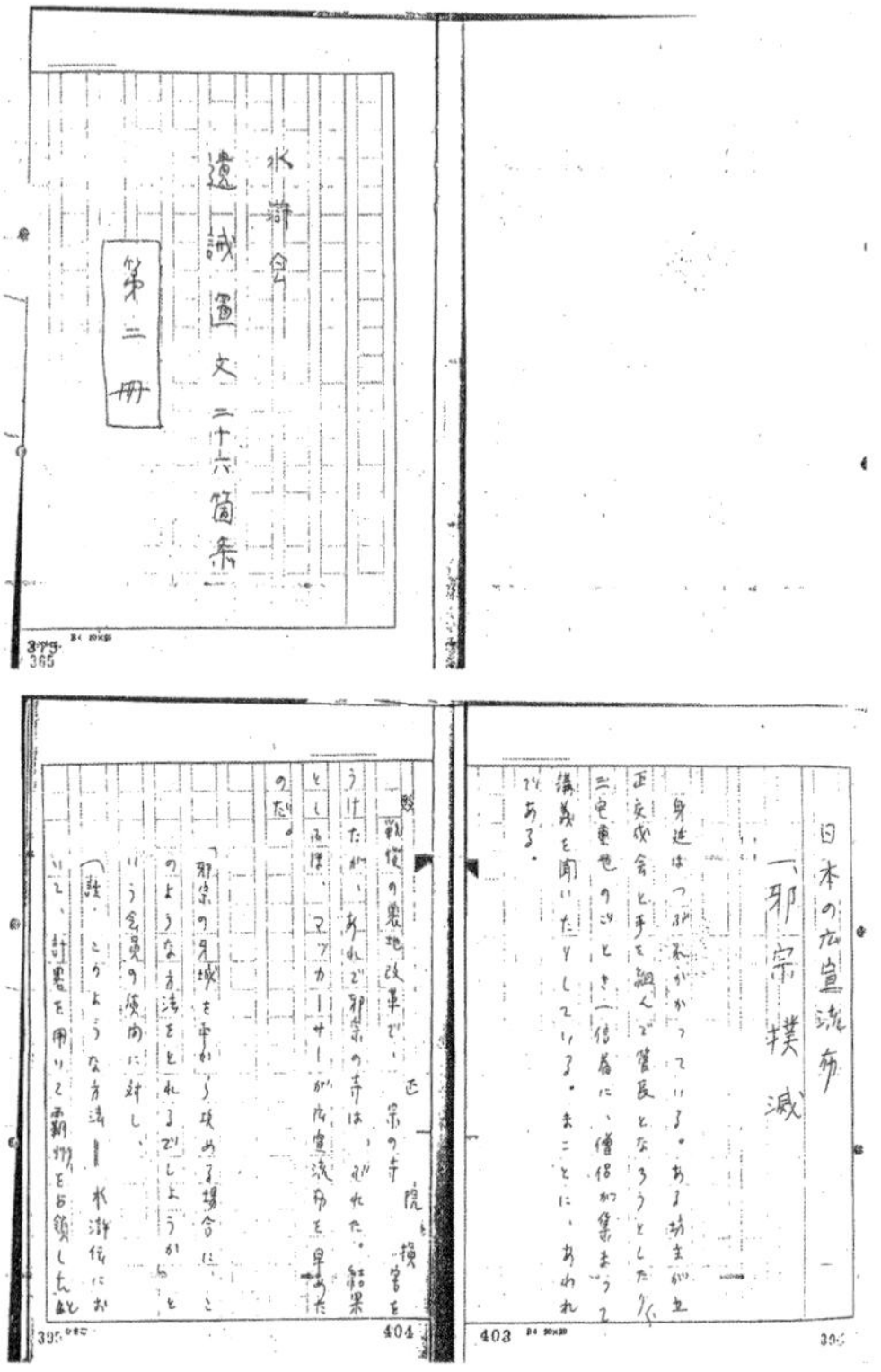
水滸会
遺誡置文二十六箇条
第二冊
日本の広宣流布
一、邪宗撲滅

後に池田の指示で編纂された水滸会の記録

らに上がるのも当然だった。

北条は前述した一九五四年四月の青年部参謀室設置とともにその主任参謀となった。それまでの関係から逆転し室長である池田に直接仕える身となったわけだが、海軍兵学校で身につけた規律を重んじる忠誠心からだろうか、この後、北条は死ぬまで年下の池田を間近で支え、その盾ともなっていくのである。

宗教法人化の布石だった狸祭り事件

さて、このあたりで時計の針を少し巻き戻して狸祭り事件の顚末に触れておいた方がいいだろう。

僧侶の吊し上げという異常事態に、宗門内で創価学会に対する非難の声が上がったのは当然のことである。事件から二カ月後の一九五二年六月二十六日、宗門は臨時宗会を開き、戸田を在家信徒の栄誉である大講頭から罷免《ひめん》するだけでなく、謝罪文の提出を求めることまで決議した。組織としての創価学会には大石寺への登山停止処分が下された。要は出入り禁止だ。

この宗会決議は小笠原に対しても「適切な処置」を行うとしており、言わばけんか両成敗であったが、創価学会は猛烈に反発した。ここでも先頭に立ったのは青年部である。決議の取り消しを求める文書を公表するとともに、宗会議員に対し個別に抗議行動を繰り広げた。九月には宗務院庶務部長を務める細井精道や本行寺《ほんぎょうじ》住職の阿部信雄ら、後に法主となる有力僧侶にも容赦なく個別攻撃を加えるなど、行動はエスカレートしていく。

他方で七月に大石寺に登山した折、戸田は法主の水谷日昇《にっしょう》から直々に誡告文を手渡され、謝罪文の提出と抗議活動停止を求められた。さらに、小笠原の刑事告訴により当時の国家地方警察が捜査に乗り出すという事態も起きる。九月一日、和泉が取り調べのため国警静岡県富士地区署に留置されたのに続き、翌二日にはついに戸田も留置された。これらで創価学会は抗議の矛を収めていく。

十一月七日、宗務院は総監名で狸祭り事件を「終末」とする院達《いんたつ》を発し、一連の騒ぎには半年ぶりに終止符が打たれた。

ただし、その間に戸田は得るべきものを得ていた。九月八日、創価学会は東京都から宗教法人格取得を認められていたのだ。『聖教新聞』に法人設立の公告が掲載されたのは前年十一月一日のことで、そうしたなか起きた狸祭り事件は宗門に対する示威行動の一環だったと見ることができる。在家信徒団体が宗教法人化するということ自体、かなり奇妙で異例のことだが、何しろ当時は日蓮正宗ですらまだ法人化していなかった。戸田が率いる創価学会は広宣流布の掛け声のもと青年部が前線に躍り出ての戦闘的な「折伏大行進」を展開し組織拡大へと邁進していたが、一流のオルガナイザーである戸田にとって宗教法人化はその重要な一里塚だった。日蓮正宗内で根強い慎重論をねじ伏せるのに、狸祭り事件は一種の威嚇だったわけである。

日蓮正宗が宗教法人格を取得したのは遅れることその年十二月だ。宗門を出し抜いての宗教法人格取得は日蓮正宗内における創価学会の勢いとともにその治外法権ぶりを際立たせた画期と言えた。この後、戸田は宗門に多大な寄進を行って僧侶たちを立て、宗門の側もそんな戸田を高く評価していく。が、後々の宗門戦争につながる確執は早くもこの頃から明らかな悪兆が現れていたのである。

第２章　大阪事件の英雄

「小樽問答」の発端

創価学会が後に「小樽問答《おたるもんどう》」と呼ぶこととなる大騒動の発端は一九五五年二月二十五日のことだった。場所は東京から遠く離れ、日本海から吹きつける寒風に雪が乱れ舞う北海道小樽市である。その日、小樽班班長の谷紀恵子は班員とともにある意気込みをもって市内の洋装店に向かった。

前年八月、創価学会は幹部からなる部隊を全国二十都市に派遣しての地方折伏キャンペーンを展開していた。北海道における攻略先は札幌、小樽、帯広、岩見沢、函館、旭川、室蘭の七都市で、このうち小樽には柏原ヤスを主将、牛田寛を副将とする総勢十八人を八月七日に送り込み、約十日間の折伏闘争を街中で繰り広げることとなる。この時、青年部参謀室長の池田大作は会長の戸田城聖とともに羽田発の日航機で同月十日夜に札幌入りして道内各都市に散開した部隊を督《とく》励《れい》するなど、全体指揮にあたっていた。

小樽派遣部隊は柏原が宿泊先の旅館周辺を担当し、牛田が山手方面に赴くなど、目抜き通りも含め三方面に分かれて折伏を行い、結果、六十二世帯を獲得することとなる。それまでの十世帯から飛躍的な上積みを果たしたことにより、現地では件の谷を責任者とする小樽班が発足し、創価学会の拠点はまたひとつ増えることとなった。

こうした強力な折伏活動により創価学会の規模は同年十二月末に十六万世帯を超えたが、組織に馴染めず脱落する者も少なくなかった。そうした場合、学会では再び折伏しようと退転者を追い回すことがまた少なからずあり、小樽でのその出来事も当初はそうしたケースのひとつに過ぎなかった。ただ、小樽班長の谷が退転者の営む洋装店に着くと、そこにはたまたま身延《みのぶ》派《は》日蓮宗の僧侶がいたのである。血気盛んな学会員のこと、在家信徒であるにもかかわらず谷はそこで法論を挑んだ。が、逆にやりこめられ、最後は宗門からしかるべき者を呼んで行いたいと再戦を訴え出て、最後、約束らしきものが取り交わされるに至る。

四日後、谷は班員とともにその僧侶、鈴木景山がいる市内の妙龍寺《みょうりゅうじ》をあらためて訪れた。日蓮正宗側ではちょうど三月上旬に巡教のため静岡県上野村（現・富士宮市）の大石寺から法主・水谷日昇ら一行が北海道を訪れる予定になっていた。身延側でも市内の四カ寺で協議を済ませ待ち構えていたところで、ここに法論の開催は正式に決定する。決戦の日時は三月十一日午後七時、場所は小樽市公会堂である。

他宗教や他宗派を邪宗と罵り、それら信者を「破折《はしゃく》」して、逆に日蓮正宗に取り込む折伏は、広宣流布の掛け声のもと組織拡大に血道を上げる戸田が率いる創価学会にとって最も重要な活動だった。よって道場破りまがいに法論をけしかけることはその頃、学会員が征《ゆ》くところ日常茶飯事の光景と言えた。

創価学会は仏教他宗派からキリスト教、新興宗教まで幅広く攻撃の対象としたが、近親憎悪の類なのか、なかでも戦力を集中させていたのが他の日蓮系教団だった。庭野日敬《にわのにっきょう》を開祖に一九三八年に創立された立正佼成会や、戦前の軍人に少なからぬ影響を与えた田中智學《ちがく》が開いた国柱会《こくちゅうかい》などである。そうしたなか、戦時中の国策に沿った三派合同により生まれていた日蓮宗、つまり身延山久遠寺《みのぶさんくおんじ》（山梨県身延町）を総本山とし池上本門寺（東京都大田区）を大本山とするいわゆる身延派日蓮宗は、日蓮系教団中で最大勢力ということもあり、創価学会がずっと目の敵にしていた宗派であった。

だから、小樽からの一報が伝わった東京の創価学会本部はこれに鋭く反応した。三月五日、戸田は第四部隊長を務める星野義雄と同部隊幹部の大川清幸《せいこう》を事情調査のためさっそく現地入りさせる。

両親と死別して孤児だった星野は無一文から苦労の末に印刷工として身を立て、その頃は戸田に命名された「ひさご印刷」を創価学会関係の仕事を中心に細々と切り回していた。入信したのは一九五一年五月のことで、大石寺に登山するたび仕事が増えることに功徳を感じる毎日だった。他方、戦時中に海軍飛行予科練習生に志願した大川は、戦後あらためて中央大学を卒業して一年半あまり経った一九五三年十二月に入信した新進気鋭だった。

この先遣隊二人に続き同月八日夜に上野駅を発った夜行列車「北斗《ほくと》」には後続隊として青年部員十一人が一団となって乗り込んだ。率いたのは第五部隊長を務める秋谷栄之助、後の第五代会長である。当時、秋谷は戸田の名前にあやかって下の名を「城永《じょうえい》」と名乗っていた。

秋谷は早稲田大学仏文科に在学中、折伏に遭い半年間反発し続けたものの、「ある罰」を受けたことがきっかけで入信した。一九五一年十二月のことだ。大学卒業後はマスコミに進もうと、朝日新聞や毎日新聞、さらにNHKを受験してはみたが、肺結核もあり希望は叶わなかった。そこで戸田に拾われて聖教新聞編集部に入り、一九五三年八月、石田次男のもとで編集主任となる。そして翌年四月には部隊長にも抜擢され、急速に頭角を現しつつあった。何事も戸田に言われたとおり実行し、常に冷静沈着、他方で長身に茶色縁の眼鏡をかけた細面の風貌から「白面の貴公子」とも綽名《あだな》されていた。

ヤジと怒声飛び交う身延派との法論

さて、鼻息荒い創価学会による動員はさらに続く。秋谷一行の二日後、羽田から日航機で発ったのは先方との交渉役を担う石田と龍年光だった。石田は前年五月に柏原や白木薫次とともに理事入りしており、三十歳にして学会内での序列は六位にまで上昇していた。他方、龍の方は昇進が足踏みしており、室長である池田のもと参謀に回っていた。

札幌から小樽入りした石田と龍は夕方、先発隊と合流し総勢十数人で市内の「花園会館」に向かった。そこで鈴木ら身延側僧侶三人と協議するのである。だが、それは最初から嚙《か》み合わなかった。先般の谷との話し合いで、身延側は法論に日蓮正宗の僧侶が出てくるものと思い込んでいた。ところが、この日来たのは創価学会の関係者だけである。そんなことにはお構いなく、石田らは学会員だけで法論に挑もうとしていた。しまいには「創価学会がこわいのか、こわくてやめるなら身延の負けだ」と挑発する始末である。午後八時頃まで続いた協議は結局、日蓮正宗が学会を正式代表と認めるなら身延側として法論に応じてもよいということで妥結する。

夜が明けての決戦当日の午前、石田と鈴木は会場の小樽市公会堂で再び協議を持った。この時、石田の手には宗門の庶務部長、細井精道による文書があった。創価学会の教学部長である小平芳平と、青年部長の辻武寿を日蓮正宗の正式代表であると認めるとの内容だ。これに対し身延派日蓮宗側は身延山短期大学で教授を務める室住一妙と、東京・池之端にある妙顕寺《みょうけんじ》の住職・長谷川義一を代表とすることで応じた。

その頃、代表に選ばれた肝心の辻は勤務する小学校で二日間ぶっ通しの徹夜をしてやっとのことで仕事を終わらせ、着の身着のままで羽田空港に向かっていた。大将である戸田以下、小平、そして池田と一緒に日航機へと乗り込み、この本隊が札幌経由で小樽入りしたのは夕方四時のことだ。

三時間後の法論開始時間、会場内を圧倒していたのは創価学会側だった。事前の取り決めでは聴衆席を二分し椅子はそれぞれ同数とするものとされていたが、後日の身延派側の記録によれば、創価学会側は午後六時としていた開場時間も守らず早々と席を占拠、出入り口も「行動隊」なる一団が押さえていたという。ざっと見渡したところ、千人あまりの席のうち、身延側は三百人ほどでそこに二百人前後の一般来場者が交ざり、残りは学会員だった。さらに学会員は廊下や会場外にも二、三百人が所狭しと溢れかえっており、建物内には便所に至るまでありとあらゆるところに「身延破折版」と銘打った『聖教新聞』が貼り出されていた。数に物を言わせて相手をやりこめようとするのは例の「狸祭り事件」でも見られた光景だ。

「南無妙法蓮華経」

法論はまず題目三唱で始まった。次に双方の司会が立つ。創価学会でその役を担ったのが渉外部長である池田だった。

「全国にわたりまして、日蓮正宗の仏法の正しいゆえんによって、全国にわたる、間違った邪教といい切れる日蓮宗身延派の信者が何千何万と創価学会日蓮正宗の信者になったということは、実に日蓮正宗が正しいという証拠であります（拍手）」

挨拶に続き、双方の代表一人ずつが十二分間の講演を行う。身延派の長谷川に対し、創価学会はまず辻が演壇に立った。

辻は身延山に行った際の目撃談から日蓮聖人像など様々な偶像崇拝がなされていることを批判し、「戒壇本尊」を唯一の信仰対象とする日蓮正宗の教えの正統性を訴えるなどした。その度《たび》ごと、会場からは「そうだ！」と方々から声が上がり、拍手が沸き起こった。

次に身延派の二番手として室住が講演を始めると、創価学会の数に物を言わせるやり口はにわかにボルテージを上げた。

「身延山は、日蓮大聖人の真実の魂の打ち込まれた山であります」

室住がそう話すとすぐにヤジが飛ぶ。

「…我々、私ここに、その一事をもっても論証できるのであります」

すると会場からは「泣くならやめれ！」などとまたしてもヤジが一斉に飛ぶ。

身延派の司会はたまらず割って入った。

「どうぞ皆さん、性急なヤジはやめて、もう少し静かにお聴き願います」

気を取り直して室住が話を続けた。

「ひとつご祈祷の問題にしましても…本尊は、衆生の各々の心の真心にある題目を以て本尊とするのであります。この導きが僧侶……。僧侶の役目なのであります」

言い終わるやいなやまたしても会場からは「それでも坊主か！」などと激しいヤジだ。

この様子に勝ち誇ったように茶茶を入れたのが司会の池田である。

「講師の方は、どんどんお話になって下さい」

加勢するように会場からは「坊主どうした！」などとヤジが乱れ飛ぶ。

「あと一分三十秒です」

池田は相手の焦りを誘うかのようにカウントダウンを始めた。

会場が騒然とするなか、身延派の司会は金切り声を上げるしかない。

「静粛に静粛に。静粛に静粛……」

その呼び掛けも、かぶせるように沸き起こった大きな拍手により、かき消されてしまう。

「あと一分ですから」

構わず池田はカウントダウンを続ける。会場は「どうした坊主！」などとのヤジでより一層の混乱のるつぼだ。

「あと三十秒」

池田は容赦ない。「どうした！」「時間だぞ！」などと会場からは大声が飛ぶ。

「時間でございます。…次に、日蓮正宗創価学会の小平芳平先生をご紹介致します」

そう言って、池田は身延派の講演を勝手に打ち切ってしまった。

一方的に勝利宣言

その後に行われた質疑応答や直接討論も同じような調子である。身延派側の聴衆からもヤジや怒声が上がるようになり、しまいには収拾がつかなくなった。討論の締め括りに入ろうと、身延派の司会が発言しようとしたところ、いきなり演壇に上がってそれを制止したのは創価学会の石田である。

「えー私、聖教新聞の主幹でございますが……」

そう言い始めた石田は身延派の管長、増田日遠《にちおん》が背中一面に入れ墨を彫っているだの、不渡り手形を出しているだのと批判し、「このような現証がある以上は……」と続けた後、「日蓮正宗側の大勝利であります。これで終わります」と勝手に勝利宣言をしてしまった。こうなると場内はさらに騒然である。身延派の司会が締め括ろうとしても、会場からの大声で遮られる。そこに池田が割り込んだ。

「どうも、今日の……ちょっと待って下さい。本日は、本日は、本日は、最後に、本日はこれで終わりますが、全部の、本日の対決の状態は、タイプレコーダーに取ってあります。しこうして、本日の状態は、全部タイプレコーダーに厳然と取ってございます。しかるに、本日、現状だけの、今までの対決の状態を見まして、断固として、正宗が、日蓮正宗創価学会が、誰が聞いても誰が見ても正しいということは、厳然とわかることであると思います。ご苦労さまでございました。解散します、解散。ご苦労さまでございました。あとは全部タイプレコーダーに……」

会場に詰めかけた創価学会員は大喜びで手拍子しながら合唱を始めた。

「♪胸にピストル向けらりょと――」

戦時歌謡の一曲「熱血の男」を学会では「花が一夜に」と改題して初代・牧口常三郎の当時から何かとよく歌い、この頃には学会歌としていた。ヤジや怒号が飛び交うなか、学会員はこれを凱歌《がいか》に一方的に勝ち誇ったわけである。聴衆のなかには水谷日昇一行の巡教から一時離れやって来た庶務部長の細井ら日蓮正宗の役僧三人もいたが、彼らも創価学会の勝利宣言には当然満足していたに違いない。

聖教新聞

宗史を飾る"小樽問答"

圧倒的、大勝利博す

身延派に一大鉄槌

全山謗法を鋭く攻撃

小平教学部長 逆襲

室住僧正立往生

法論勝利を伝える『聖教新聞』（1955年3月20日）

実情は場内騒然としたなかでの池田の強引な司会ぶりによる手前勝手な判定としかみなしようがないが、戸田はずいぶんとこの法論に満足したらしく、事後、これを「小樽問答」と命名し、小冊子まで発行した。法論の名称は一八八二年（明治十五年）に行われた書簡討論「横浜問答」にちなんだもので、この時、大石寺系の「本門講」（日蓮宗興門《こうもん》派《は》から大石寺が分離独立し日蓮正宗の前身が発足したのは一九〇〇年になってからのことだった）は見事に勝利を収めたとされる。相手は日蓮宗の僧侶から還俗《げんぞく》したばかりだった若き日の田中智學が率いる信徒団体「蓮華会」（後の国柱会）であった。

「集金マシーン」の誕生

狸祭り事件後の宗教法人格取得で本部機構の土台を手に入れた創価学会は当時、傍若無人な折伏による会員増加につれ、その資金力も急速に増しつつあった。

一九五三年四月、戸田は東京都内の本行寺と常在寺の増築、それに神奈川県橋本に新たな寺院を建設するため合計二百万円の「供養」を宗門に対し行うことを決めていた。この頃の日蓮正宗は全国に百十カ寺あまりしかなく、この供養は結構な金額だった。資金集めのため学会が掲げた一世帯当たりの目標寄付額は百円である。この頃には財務部員制度も始まっており、資金は難なく集まった。

さらにその年十一月中旬には手狭となったため本部を西神田から今日の信濃町に移転するのだが、その際も一世帯当たり百円を吸い上げることで賄っていた。新本部とした洋館を取得するのに要した費用は千百五十万円で、これに二百万円をかけて改装を施した。三階建てのうち二階は約七十畳の大広間に充てられ、二年半前に法主の日昇から下賜《かし》された「創価学会常住《じょうじゅう》御本尊《ごほんぞん》」もそこに安置された。他方、旧本部建物は二百二十万円で売却されたようだ。

これらとともに戸田は『聖教新聞』の拡張にも本格的に乗り出していた。同月下旬、移転したばかりの新本部の二階応接室に会長の戸田以下、石田、秋谷の編集部員、それと和泉覚にかわり筆頭理事となった小泉隆、さらに経営面に明るい白木薫次らが雁首《がんくび》を揃えた。この第一回販売拡張会議で決まった目標は会員間での購読率を四割から最低でも六割に引き上げるというもので、参加者はその方策について知恵を絞り合うこととなる。それをもとに石田は一週間後、地区部長会に臨んだ。そこで石田は集金や配布を組織全体できめ細かく行うため班単位制を導入する件について説明し、結果、大々的に掲げた目標は部数を二万四千部から元日号において一気に四万五千部へと引き上げるというものだった。

今日の強力な「財務」や「新聞啓蒙」は早くもこの頃から見られていたわけだ。経営者上がりでオルガナイザーとしての才もいかんなく発揮し始めていた戸田がその号令一下で自在に操る宗教団体は「集金マシーン」として唸《うな》り声を上げようとしていた。

創価学会の会員獲得は池田が住んでいた蒲田、大森地区がまさにそうだが、貧しい下町を中心に進んでいた。信心による功徳はもっぱら病気治癒や安産であり、『聖教新聞』にはその手の体験談が溢れていた。日蓮正宗には「御秘符《ごひふ》」なる妙薬もあった。法主代々の秘伝のため正体は詳《つまび》らかでないが、墨で経文か何かが書かれた和紙の紙片が台紙に張ってあるものらしく、それを湯飲み茶碗半分ほどの水に入れ、各家庭に下付された本尊に供えて方便品と寿量品を読経した上で、紅葉様の部分をこすって削ぎ落とし、それを飲み干すのだという。残った台紙は焼却するらしい。学会員の間では希望者があまりに多く、その扱い方も十分には知られていなかったため、途中から各支部で指導を徹底させていた。

高学歴者の草刈り場「東京大学法華経研究会」

そんな一方、創価学会はかなり早い段階から有力大学に通うような学歴エリートも吸い寄せ始めていた。病気に悩むのは高学歴者も同じだから、先述した早大生だった秋谷などはその一例と言え、入信後に病気を克服したことが信心を固めるきっかけとなった。さらに、そうした病気治癒といった現世利益以外にも唯一絶対の正義を説く日蓮正宗の独善的教えは迷えるインテリ学生の心に響くものがあったらしい。数ある有力校のなかでも東京大学は最も早くから創価学会が深く浸透した大学と言えた。

始まりは一枚の募集ビラである。一九五一年十二月、東大教養学部の掲示板に「仏教研究会」なるサークルが案内を出していた。貼り出したのは工学部の渡辺一郎という学生だった。渡辺はかつての関東州大連生まれで奉天の小学校を卒業後、敗戦後の引き揚げ船で母妹とともに日本に帰国、苦学して東大に入っていた。後に「渡部《わたなべ》城克《じょうこく》」と名乗り、公明党国会議員ともなった渡部一郎である。

渡辺は十数年後、この頃の自身を次のように回想している。

「……人生について深く思索するような友を見出すことができなかったし、いやに丁寧な言葉づかいの裏にかくされた冷い我利我利亡者の根性というものが私にはたまらなく嫌でした。……当時学生運動は華やかで、私が入った年には東大始まっていらい初の試験ボイコットのストライキが行なわれました。私はそれに対して確たる態度を示すことができませんでした。……何か狂熱的な党員の口裏に人間性に対する矛盾とごまかしを感じたからです。……ある日アルバイトのニコヨン（引用者注：日雇い労働のこと）の帰り、神田の古本屋で小乗経典の抜粋を手にしたとき、私はとても気に入って、それから夢中で仏教経典をあさりました。……法華経を四回も原文でよみ訳本を十冊も求めました……」（『第三文明』一九六四年六月号）

当時華やかなりし左翼運動に抵抗感のある学生は確実に一定数いた。そうした者の一部が日蓮正宗や創価学会に吸い寄せられていった。

渡辺の張り紙を見て集まった東大生は三人いた。篠原誠、森田康夫、青木亨《とおる》である。四人は年明けから月一回のペースで法華経の勉強会を開くようになる。これが有名な「東京大学法華経研究会」の始まりである。そのうち篠原は中央大学にいた知人の伝手《つて》で教授の神尾武雄と出会い、そこで創価学会との接点が生まれた。その頃、中野支部長を務めていた神尾が戦時中からの古参幹部であることは前章で触れたとおりだ。その年四月、篠原は神尾の折伏で入信する。四カ月後、篠原の折伏で渡辺が入信、その渡辺は青木を折伏し、青木は森田を折伏するというドミノ倒しがここでも見られることとなる。

一九五六年春、その頃から渡辺は渡部城克と名乗るようになり、東大工学部応用化学科を卒業すると、そのまま聖教新聞編集部に就職し、編集主任の秋谷らと机を並べることとなった。そこには早稲田大学を出た松島通子もいた。小学校教員の姉・郁子とともに女子部隊長を務める名の通った活動家姉妹で、とりわけ通子は教学面で抜群の成績を修める才媛《さいえん》で知られた。三年後、渡部は通子を伴侶とする。媒酌人は秋谷夫妻（秋谷の妻は石田次男の妹・明子）だった。そんな渡部の一方、文学部哲学科を卒業した篠原も、中部日本新聞社（現・中日新聞社）の文化事業部に数年間勤めた後、創価学会へと入り機関誌『大白蓮華』の編集長となる。いったん大倉商事に就職した森田、東亜燃料工業（ＥＮＥＯＳホールディングスの前身の一社）に勤めた青木もその後、創価学会で禄《ろく》を食《は》むようになった。

戸田は小樽問答があった一九五五年、見込みのある学生約三十人を選抜し「法華経研究会」と銘打って直接指導に乗り出した。翌年四月、これを基盤に青年部の下部組織として学生部が結成される。それから一年遅れで麻布公会堂において行われた結成式で戸田は居並ぶ学生部員五百人に向かって昔話を披露しユーモラスたっぷりにこう語り掛けている。

「わたしは数え年五十八でありますが、二十三の時から三十幾つまで時習学館という私塾を開いていました。ここに初代の会長がしょっちゅう来られましてね、私と一緒に教育学の研究をして下さったんです。……この中から半分博士が出来たら大変なことだよ。だが博士にもいろいろあるからな（笑）だがバの字のつかない博士になり給え。バカセなんてな（笑）……」

迷える若き学歴エリートたちにとって戸田は父親がわりのような存在であったのかもしれない。かつて北海道の寒村から単身上京した戸田が三十近く年の離れた謹厳実直な牧口を東京の大都会でそう慕ったようにである。

東京大学法華経研究会に倣《なら》い全国の大学には楔《くさび》として学内組織が次々とつくられていった。そうしたなか、秋谷や渡部、松島らに続けとばかり、有力大学を卒業し信心に燃える若者らが次々と創価学会に就職するようになっていく。そんな背広に身を包んだ宗教官僚たちが運営する強靱な本部機構もまた、財務や新聞啓蒙と同様この頃にはその萌芽が認められるわけである。

政治進出の始まり

さて、果たせるかな、小樽問答直後の『聖教新聞』には当然、勇ましい大見出しがこれでもかとばかりにずらりと並んだ。

「宗史を飾る〝小樽問答〟」
「圧倒的、大勝利博す」
「正義にそむく／身延派に一大鉄槌」
「全山謗法を鋭く攻撃」
「身延側　人情論で文証なし」

そんななか、小樽から帰京していた青年部参謀の龍はある日、戸田に呼ばれる。そこで言われたのは「議員になれ」との有無を言わさぬ指令だった。相変わらず昼間は蒲田で自動車部品業に汗を流していた龍だが、先述したように他方で創価学会での役職は足踏みしていた。そんななかでの新たな指令である。迷う間もなく龍は立候補を決意する。

有力大学出の宗教官僚が生まれつつあったこの頃、幹部学会員のもうひとつの出世コースとなっていくのが議員である。この年の春、戸田は統一地方選挙に大量の幹部を立候補させる。

もともと日蓮正宗の宗祖・日蓮は政治にもの申した宗教家としてつとに有名である。なかでも文応元年（一二六〇年）に著した『立正安国論《りっしょうあんこくろん》』は、法然が説く浄土宗など他宗派を邪法と厳しく非難、それらが蔓延《はびこ》っているため国は相次ぐ災難に見舞われているなどとし、為政者から下々までそろって唯一正しい法華経に帰依すべしと訴え、鎌倉幕府第五代執権の北条時頼に奏《そう》上《じょう》されたことで知られる。これがもとで日蓮は伊豆の国に流罪となるのだが、その後に二度の元《げん》寇《こう》が襲うなど、国がかつてない存亡の危機に見舞われ続けたことで、日蓮の教えは予言として絶対化されていった。こうした「国主諫暁《こくしゅかんぎょう》」の歴史は日蓮系教団、なかでも最も原理主義的な日蓮正宗においては極めて重要であり、その尖兵たる戸田率いる創価学会が広宣流布の掛け声のもと折伏にひた走る一方で政治進出を掲げたのは自然の成り行きだった。戸田は前年十一月に具体的活動内容を明らかにしないまま、かつて陸軍兵器学校で学んだ第一部隊長の鈴木一弘を責任者に任命し、文化部なる組織を設置していたが、その清く大らかな名に似合わず、これを狼煙《のろし》に政治進出の機会を虎視眈々《こしたんたん》と窺っていたのである。

初陣となったのは小樽問答から一カ月後の四月二十三日に投票された東京都議会議員選挙と横浜市議会議員選挙だった。この時、都議選に立候補したのは筆頭理事から理事長に昇格していた序列二位の小泉隆で、かたや横浜市議選には財務部長で同じく八位の森田悌二が立った。その当時、小泉はまだ馬込小学校に勤める教員だったし、森田も食堂を経営していた。二人は見事当選し、その後は議員稼業が本職になっていく。

この勢いを駆って翌週四月三十日に行われた東京都区議選などではじつに五十一人もの大量当選者を出すに至る。相生《あいおい》小学校で教員を続けていた原島宏治は大田区議となり、東洋精光で取締役営業部長を務めていた藤原行正は杉並区議に、そして先の龍は品川区議となった。さらに遅れてこの年九月に行われた練馬区議選では藤井富雄が最高点を取り華々しく当選を飾っている。タクシー運転手をしていた時に追突事故を起こし家業のしがない竹皮細工商売に戻りボロ自転車をこいでいた藤井は二年前に入信、商売が上向くだけでなく一端の区議ともなったことで信心はいよいよ深まったに違いない。

そして翌一九五六年、会員世帯数が四十万台に乗った創価学会はとうとう国政へと勇躍進出することとなる。この年七月に行われた参議院議員選挙に立候補したのは理事の柏原ヤス以下、大田区議となったばかりの原島、青年部長を務める辻と教学部長の小平という小樽問答の功労者組、さらに文化部顧問となっていた北条雋八、そして池田の妻・かねの従兄弟にあたる白木義一郎の六人である。

北条については前章で触れたとおりだ。創価学会での活動については本部で婦人部常任委員を務める妻・克子の方がずっと熱心であり、北条本人は座談会があっても野球や釣りといった趣味に逃げる有り様であったが、かつての子爵であり元貴族院議員という毛並みの良さはピカイチで、学会にとっては格好の広告塔だった。

他方、白木についても同様の役割が期待できた。前章で少し述べたとおり理事である白木薫次の甥だが、戦後はプロ野球選手として活躍していたからだ。白木は戦後きっぱりと信心を捨てていたが、伯母・静子の再折伏で学会活動を再開していた。一九五一年六月のことだ。その頃、所属していたのは東急フライヤーズだったが、活動に熱心なあまり折伏の対象はあろうことか社長にまで向かい、それがもとで東急にはいられなくなった。翌年、白木は阪急ブレーブスに移籍、転居に伴い、新天地では地方への初進出として大阪支部が立ち上がり、そこで支部長心得に任命される。これこそが今日言われる「常勝関西」の始まりだった。

王仏冥合と国立戒壇の実現

参院選は七月八日に投票が締め切られ、翌日開票が進むなか、正午頃に最も早く当選確実となったのは大阪地方区から出た、その白木である。選挙の責任者として本部から派遣されていたのは親族でもある池田だった。全国区の開票も進み、翌十日未明には辻に、続けて北条にも当選確実が告げられる。辻は埼玉、北海道、群馬を中心に三十一万票あまりを獲得し二十一位、北条は約二十六万票で四十四位だった。他方、小平（全国区で約二十二万票）、原島（同じく約十九万票）、柏原（東京地方区で約二十万票）は落選となった。この頃の創価学会は今日見られるような緻密かつ効率的な票の割り振りといった選挙戦術がまだなきに等しく、取りこぼしは多かった。

この時、無所属で立った六人が掲げた選挙スローガンは「税制の合理化」や「公明な選挙」、さらには「一千万の海外移民」「政治・教育の明朗化」といったもので、一見すると宗教色が感じられない体裁をとってはいた。そんな一方で議席獲得が叶った一週間後、参謀室長たる池田は青年部幹部会であからさまにこんな指導を飛ばしている。

「勝つも負けるもすべて大御本尊様の御仏智でございます。……どうか、我々の青年部長が青年部を代表して戒壇建立の第一歩として、参議院議員に当選した事を一同心から喜ぼうではありませんか」

ここで言う「戒壇建立」とはすなわち「国立戒壇」の建立を指す。

第六十二世法主・鈴木日恭《にっきょう》が亡くなることとなる終戦間際に起きた客殿の焼失などもあって、戦後まもなくの大石寺はとにかく貧しかった。それは水道施設にも事欠くほどで、この年三月に創価学会の寄進によってようやく整備されるような有り様であった。そうしたなか、日蓮正宗が信仰の対象とする戒壇本尊を安置する奉安殿《ほうあんでん》もまた前年十一月に学会の寄進によって完成していた。鉄筋コンクリート造りの建物には約千二百人を収容することができた。それまでの御宝蔵《ごほうぞう》にかわるこの新施設は戸田がその年元日に幹部千二百人を引き連れ大石寺に初登山を行った折、法主の水谷日昇に申し出たもので、五月に一世帯百円の拠出を呼び掛けると建設予定額の二千万円はたちどころに集まり、ほかの法華講を排除したその唯我独尊的な単独行動は、またしても学会の資金力を容赦なく見せつけるものと言えた。

しかし、戸田はそれに満足していなかった。少し前から戸田は学会員に対し「御本尊は幸福製造機」などと言うようになっていた。弘安二年に日蓮が図顕《ずけん》した大御本尊の安置施設、すなわち戒壇は国を挙げてのものでなくてはならないと強固に確信していたのである。

池田の指導があった翌月から戸田は機関誌『大白蓮華』において「王仏冥合論《おうぶつみょうごうろん》」と題した連載を始める。翌年四月まで計九回に及んだ連載で戸田は政治進出の目的や国家観などについて持論を縦横無尽に展開した。そこにおいて戸田は日蓮の教えを紐解《ひもと》きながら「王法」と「仏法」が一体化すべきだと訴える。王法とはすなわち一国の政治であり、仏法とは一国の宗教を指す。広宣流布によって国民皆が日蓮正宗の信者となれば、自ずから日本国の政治はそれと一致したものとなる。結果、平和な世の中が訪れる――。ごく大雑把に言えば、それが「王仏冥合」である。そこで極めてシンボリックな命題が日蓮正宗信者には課せられることとなる。それこそがまさしく国立戒壇の建立だった。

連載において戸田はこう明言した。

「われらが政治に関心を持つ所以（ゆえん）は、三大秘法の南無妙法蓮華経の広宣流布にある。すなわち国立戒壇の建立だけが目的なのである」

戸田率いる創価学会の真の政治目標はそう明確に示されたのである。戸田の側近中の側近となっていた池田はそれをいち早くアピールしたわけだった。

全国各地で他宗派に折伏攻撃

こうして創価学会は王仏冥合と国立戒壇の実現に向けて政治的第一歩を記したが、その戦闘的折伏はあちこちで社会との軋轢《あつれき》を生んでいた。

まずもって、創価学会員による他宗派への折伏攻撃はトラブル続きだった。多いのが他宗派の本尊の扱いをめぐる衝突だ。学会員が折伏先の本尊を粗末に捨てたりすれば、当然、その宗派の関係者の怒りを買うこととなる。

例えば、一九五三年九月には東京・八王子にある本門佛立宗の末寺、清流寺《せいりゅうじ》との間でこんな一悶着《もんちゃく》があった。この時は学会の折伏先が持っていた本尊を、もともとの所属先だった清流寺の僧侶が取り返しにやって来て、その場で学会側ともみ合いになったらしい。青年部員らは僧侶を捕らえると、本尊を強奪したとして福生署に突きだした。ところがこの際、警察は青年部員も住居侵入で逮捕、この騒ぎは『毎日新聞』などが報じるところとなる。前章で少しだけ触れた北条浩が交渉担当者となった東京・鶯谷町の乗泉寺《じょうせんじ》と生じた本尊強奪問題も似たような話で、この時、先方とは折伏先が持っていた本尊を部隊長経由で本門佛立宗側の寺院につつがなく返却することが取り決められていた。だが、そんなことなどお構いなく、血の気の多い学会員は各地でトラブルを起こし続けた。

「〝軍隊組織〟で布教運動」

「〝法論〟挑んで荒らす」

「〝ファシスト的な傾向〟」

そんな見出しが躍ったのは一九五四年十月二十六日付の『朝日新聞』だ。

当然、マスコミは創価学会の傍若無人ぶりに注目し始めることとなる。取材に訪れた記者に対し戸田はソファの上で胡座《あぐら》を組んだまま、「日蓮正宗以外の一切の宗教は邪教邪宗だ」などと何ら悪びれるところがない。タバコを手に持つと、側に仕える辻が「先生、火がございます」とすかさずマッチをする。世間の目など気にする素振りはなく、国会議員も小僧扱いだった。

戸田は公共の電波でも堂々と他宗教・他宗派に対する闘争宣言を言い放っていた。同年十一月に放送されたNHK第二放送の宗教番組でのことだ。「一般宗教学の立場で行くと、（創価学会は）徹底的に片寄っています」「あらゆる宗教とは斗争《とうそう》になってしまうんですね。けんかになってしまうんですよ。困るんですよ。だが妥協していゝかというとそうはいかないんです。敵が出来る丈ですよこれから」（カッコ内は引用者）――。対談相手の大学助教授は閉口するばかりだった。

戸田の大胆不敵で鷹揚《おうよう》な振る舞いとは裏腹に、マスコミが否定的に取り上げれば、創価学会は猛然とそれに噛み付いた。日蓮正宗は常に正しい法であるから、それに忠実な団体である学会を少しでも否定すれば、正当な批判であってもそれはすなわち誹謗中傷というわけである。

例えば一九五四年六月、第五部隊長に任命されたばかりの秋谷は東大生の渡辺とともに東京・石神井の都営住宅を抗議のため訪れている。そこに住む伊福部隆彦は「人生道場」なる相談所を主宰し、『東京タイムズ』では信仰相談欄の担当者を務めていた。その回答ぶりが気にくわなかったらしく、この日の秋谷らの直接行動となったわけだ。その激しい剣幕に押されたのだろう、伊福部は「日蓮正宗に関する正しい知識がなかつた為無認識の評価があった」との詫び状を書かざるを得なくなる。当然、学会は『聖教新聞』においてこの一件を大々的に報じた。

こうしたマスコミ対策を主な目的にその年の十二月に設置されたのが池田が部長を命じられた渉外部である。

選挙違反、暴力的折伏で逮捕者が続出

年が明けた一九五五年二月、さっそく出動の機会が生じる。池田は読売新聞本社に乗り込み、その足で浦和支局にも抗議に赴いた。『読売新聞』埼玉版には「はびこる創価学会／県下の信徒五千名／〝既存神仏像は焼払え〟／過激主義に〝法人〟取消し請願」との見出しのもと、県仏教会の創価学会に対する動きを報じる記事が載っていた。戦闘的な折伏をめぐるトラブルが多発していたからこその記事である。しかし、常に自らが正しいと信じる学会は気に入らない。そこで渉外部長自らが抗議に乗り出したわけである。

続く十一月にはこんなこともあった。『毎日新聞』の七面には公安調査庁長官を務める藤井五一郎の談話記事が掲載されていた。話題は創価学会にも及び、その記事では「影響がある場合には破防法を適用するつもりである」との藤井のコメントが記されていた。翌月、学会は大物弁護士の大滝亀代司《きよし》を代理人に起用し公安調査庁に事実確認を行う。大滝は一九四七年に衆議院議員となり、翌年起きた炭鉱国管疑獄で証人喚問されるという、日本大学出身の弁護士だ。この抗議活動は功を奏し、件の藤井談話はなかったとする訂正記事が掲載されるに至る。これも元を正せば、学会が全国各地でトラブルを起こしていたがゆえに出た記事と言えたが、戸田らが自身の振る舞いを顧みるようなことはなかった。

結果、創価学会の選挙活動は警察に徹底マークされることとなる。じつは北条や白木が当選を飾った参院選をめぐっては一九五六年六月三日の公示後間もなくから警察が捜査に動いていた。同月二十四日、強制捜査にまず乗り出したのは神奈川県警だ。「お礼」と称し候補者名を書いた紙片を「供えろ」と言って渡したなどとする戸別訪問容疑で、家宅捜索先は二十一カ所にも及んだ。二日後、同様の容疑で京都府警、大阪府警、宮城県警も家宅捜索に入った。さらに四日後、警視庁も動くこととなる。学会員以外の有権者を「外米」と呼び、「外米獲得運動」と称し、「内地米」である学会員に対し一人二十票から三十票の票集めをさせていたとのやはり戸別訪問容疑だった。このほか千葉、埼玉、山形、青森、岩手、群馬、長野、奈良、愛知など強制捜査はほぼ全国に及んだ。

これら警察の動きに対し創価学会がおとなしくなったかというとまったく逆で、『聖教新聞』で七月一日から始まったのはじつに警察批判キャンペーンだった。五月中旬には強引な折伏をめぐる暴力行為・傷害容疑で第十四部隊参謀の田代富士男ら六人が大阪府警によって逮捕されるという一件があった。結局、田代らは十一日後に全員が釈放となったが、学会はこれも警察による選挙妨害だと主張し、職権濫用《らんよう》で警官五人を刑事告発するという極端な行動に及んでおり、いよいよそうした反発姿勢を全国に広げたわけである。


「警察の不法訴えしきり」

「選挙妨害ほぼ確実？」

「全国的に問題続発」

「制服警官の選挙妨害」

聖教新聞

警察の不法訴えしきり

選挙妨害ほぼ確実？

全国的に問題続発

制服警官の選挙妨害

横須賀でポスターはがす

同警官の告訴提出

大阪でも各署に抗議

人権よう護局へも提訴か

選挙妨害対策委員会

全国会員に利用を要望

市川警察 署長に厳重抗議

病人十二時間の取調べ

"完全な誘導尋問だ"

憤激の宮淵氏語る

「全貌」突きつけて

"お前の信仰は邪

プリズムミシン

『聖教新聞』の警察批判キャンペーン（1956年7月1日）

「横須賀でポスターはがす」

キャンペーンはこんな見出しを掲げ、横須賀であったという警察官による創価学会系候補のポスター剝《は》がしや、市川で起きたという病気の学会員に対する十二時間もの取り調べ、はたまた多摩地区であったという警察官による「お前の信仰は邪教だ」といった暴言などなどを批判の対象に取り上げた。学会員はそんな紙面を片手に各地の警察署や交番を回った。「これを読んで警察は反省せよ」というわけだ。

この間、本部には「選挙妨害対策委員会」も設置された。委員長となったのは理事長の小泉で、池田や石田らも委員となった。警視庁は公安二課長名でこうした創価学会の攻撃的な動きに関し報告指示を発出する。両者の緊張関係は高まる一方だった。

もっとも、創価学会による批判キャンペーンは三人当選という結果を受け、潮が引くようにおとなしくなっていく。その年九月、大掛かりな捜査の末、大阪地検は学会員四十人を起訴、同じく七十人を略式起訴した。捜査対象者には少年四人も含まれていたが、それらは家裁送致となった。これに対し『聖教新聞』が反応を示すことはなかった。

こうしたなか、翌一九五七年に起きたのがいわゆる「大阪事件」である。

創価学会VS北海道炭労

その年四月、創価学会は大阪市内で船場支部長を務める歯科医の中尾辰義を参院補欠選挙に立てたものの、落選の憂き目に遭っていた。この時の選挙活動には、前年に引き続き大阪府警が目を光らせていた。

大々的な捜査が表面化したのは五月下旬のことである。候補者名入りの百円札などを配ったとして学会員が大量に検挙されたのである。翌月上旬、大阪地検によって起訴された学会員は三十六人にも上った。しかし、捜査はそれで終結とはならなかった——。

この間、前回に引き続き参院補欠選の責任者として大阪に派遣されていた池田は東京にとって返すと、こんどは北海道で起きた炭労問題に派遣されていた。

創価学会による折伏闘争が社会のあちこちで軋轢や衝突を生じさせていたことは前に述べたとおりだが、労働組合との間でもトラブルは多かった。最も早い段階での事案は一九五一年のことで、この時の対立相手は川崎市の臨港バス交通労働組合である。組合員の一人が創価学会に入り、その者が組合内で強引な折伏を始めたことが、問題となったのである。そこで同年八月一日付の機関紙『臨港労報』には「日蓮宗?と労働者」との批判的な論文が載る。学会はただちに反応し、八月十日付の『聖教新聞』の一面にはでかでかと反論記事が掲載されることとなった。

もっとも、この時は紙上での応酬にとどまっていた。しかしこんどの炭労問題はそうもいかない大きな問題となったのである。何しろ全国紙が大きく取り上げるような騒ぎになったからだ。

事の発端はその年五月十九日に行われた中央炭労の定期大会だった。その場で炭労は「新興宗教団体への対策」を運動方針に加える。最大の警戒対象は創価学会である。当時、北海道炭労の組合員は約七万五千人で、それに対し道内の学会員は約二万五千世帯とほぼ匹敵する勢力となっていた。組合員のなかからも入信者は相次いでおり、その数は二千人ほどと見られた。この内部から組織を食い荒らすような折伏の広がりに炭労が最大限の警戒を示すのは当然と言えた。翌月十八日、北海道炭労は札幌市で定期大会を開き、学会との対決姿勢を鮮明にする。

これに対し創価学会は「信仰の自由への干渉」だとして討論を挑み、その実現が難しくなると、大規模な集会を開くことで反対をアピールすることとなる。六月下旬、池田は東京都内で予定されていた学生部の結成式もそっちのけで北海道へと飛んだ。

七月一日午後六時、創価学会は札幌市の中島スポーツセンターで大会を開催する。参議院議員となった辻や白木義一郎、それに石田が東京から現地入りし、池田と合流、会場には約一万三千人の学会員が集結した。

演壇に立った池田はこう声を張り上げた。

「炭労がどんなに叫んでもわが学会は日本の潮であり、その叫びは獅子王の叫びであると信じます」

池田は生活の根本には宗教があるとし、仏法に背く者には必ずや諸天《しょてん》の治罰《じばつ》が下ると訴え、こう締め括った。

「最後は信心を持ち切った人が勝つ。最後は何物も仏法に従うのであるとの信念に立っていよいよ精進しようではありませんか」

翌日、池田らは記者会見に臨むと、すぐに炭鉱の町、夕張に移動した。男子部約二百人は学会歌を歌いながら市内を行進し、夕方六時半には「若菜劇場」で大会が持たれた。ここでは約千五百人が集結している。

じつはこの間、参院補欠選をめぐる大阪府警などによる捜査は急展開を見せていた。池田らが札幌から夕張に移動していた間、二日午前までに理事長で東京都議も務める小泉隆が例の候補者名入り百円札のばらまきを指示していたとの容疑で逮捕されたのである。これに続いて翌三日夜、大阪府警によって池田も逮捕されることとなる。

逮捕されて英雄になった池田

前章で詳細に検証した入信経緯と同様、池田の逮捕に関しても今日議論があるところだ。果たして、池田はどこで逮捕されたのか、である。

まずここで一九七五年連載の「私の履歴書」における池田自身の回顧を見てみよう。そこではこう書かれている。

「炭労事件が一応の決着をみて私は札幌から大阪に赴き、自ら出頭。七月三日である。大阪地検に公選法違反容疑で逮捕されたのである」

後に池田は起訴され、公判では無実を主張、会長就任後の一九六二年にその訴えどおり無罪判決を得ている。この時、『聖教新聞』に載った関連記事にも同様のストーリーは記されていた。夕張滞在中の二日に大阪府警から呼び出しを受け、翌日出頭して逮捕されたとの流れである。「私の履歴書」で池田が書いた大阪地検逮捕は間違いだ。

確かに当時の交通事情を考えても、三日午前に夕張から丘珠《おかだま》空港に移動して日航機に乗り、羽田でそのまま伊丹行きに乗り換え、すぐさま車で大阪市内に向かえば、当時の報道で午後七時とされる逮捕時間までに出頭することは、かなりタイトなスケジュールではあるものの、可能だ。いずれにせよ、これら言外に滲《にじ》むのは、無実を確信する池田の態度が逮捕時も正々堂々たるものであったとの強がりである。何しろ「私の履歴書」におけるその回のタイトルは「権力との戦い」であり、それは牧口や戸田が検挙された戦時中の特高警察による宗教弾圧に重ね合わされていたのである。

しかし、当時の新聞報道を見ると、この公式ストーリーには疑問が浮かぶ。

池田逮捕は翌四日付朝刊から主要各紙が報道するところとなるが、そのなかで任意出頭によって逮捕されたとの記事はない。『毎日新聞』（朝刊）、『サンケイ』（朝刊）、『朝日新聞』（夕刊）のそれぞれ大阪本社版は単に大阪府警によって前夜逮捕されたとの報道にとどまっている。それはさておき、そうしたなかで唯一、逮捕場所に触れている新聞があった。『日本経済新聞』の四日付夕刊がそれで、そこでは三日夜に大阪府警捜査二課により自宅で逮捕されたとなっているのである。記事中には池田がその頃住んでいた大田区小林町の自宅住所が番地入りで記されていた。『毎日』などの初報から半日遅れで出た『日経』記事の方が不正確ということは報道の常識からすると考えにくい。捜査当局は事件への関与度について当然、直接の責任者であった池田の方が高いと見ていたはずで、学会内での役職も小泉より池田の方が低かったから、先に小泉に逮捕状が出て、池田がそれからだったとは考えにくい。おそらく二人への逮捕状発付は同時だったのではないか。とすれば、二日午前のうちに小泉をすでに逮捕していた大阪府警が池田逮捕を任意出頭まで一日半も悠長に待つなどということがあるものだろうか。

じつは小泉逮捕に関しては当時、任意出頭後だったとの報道が一部でなされていた。『読売新聞』大阪本社版の七月二日付夕刊がそれである。そうした手前、池田も任意出頭というストーリーに拘《こだわ》った可能性はある。ただ、縷々《るる》述べてきたあれこれはあくまで推測にとどまり、残念ながら事実関係を完全に確定させることは七十年近く後の今となっては難しい。

もっとも、逮捕経緯がどうであろうと、池田が警察権力によって勾留されたことは創価学会の大幹部としてこれまでにない箔付けとなった。それはまるで英雄扱いだったからだ。

逮捕から二週間後の七月十七日正午頃、池田は勾留先の大阪拘置所から保釈された。門の前では原島、辻、石田の各理事らを中心に約七百人が学会歌を歌いながら待ち構えていた。その日は夕方六時から中之島公会堂で創価学会による抗議大会が計画されていた。五日前にも学会は東京の蔵前国技館で緊急大会を開き、場内だけでなく場外にも溢れ出た総勢四万人は傲然《ごうぜん》と早期釈放を訴えていた。歓声のなか娑婆《しゃば》への解放が実現した池田は、すでに二日前に保釈されていた小泉とともに、戸田が待つ中之島公会堂へと向かった。

雷鳴轟《とどろ》くなか始まった大会に池田が姿を現すと、詰めかけた学会員からは盛大な拍手が沸き起こった。早くも数時間前から集まり始めていた者はここでも数千人に上り、会場に入りきらなかった大勢が近くの中之島公園でスピーカーの大音量にじっと聞き入った。

髪型を七三に整え、白い半袖開襟シャツに扇子を持った池田は大型マイクを前に「皆様大変しばらくでございました」と話し始め、会場からはすぐに拍手が沸いた。

そして、簡潔な挨拶を相変わらずの生真面目さでこう締め括った。

「どうか会長先生のまことの弟子として、お互いにより以上の信心を磨いて、絶対的幸福をつかむためにも、大聖人様の御金言である、御予言である広宣流布成就のためにも、一生懸命にさらに励んで行きたいことを誓い合って挨拶にかえます」

大勢の聴衆が狂喜乱舞したことは言うまでもない。

この時、二十九歳の池田はまさしく主役だった。

第3章　青年会長の誕生

「大阪事件は謀略である」

一九五七年七月十七日に大阪・中之島公会堂で行われた大会で会長の戸田城聖は詰めかけた多数の学会員に向かって「大阪事件」についてこう語っていた。

「この問題はですね、選挙の終るまでわからなかった。私の方には、こういう事実が起ったというのを聞いて、さてはこれは社会党か共産党かでやったんじゃないかと、そう思って調べたら我が子なんだよ。しかもこれは仕組である。その裏に何があるっていうことはね、今つかまらないんですよ。学会ではやりませんぞ。断じてやりませんそんなこと。……しかし諸君、これはただじゃないぞ、この裏は、この裏はどこかにある。それがつかまらない。どこかにこの裏はある。ただで動くわけないからな。この裏をつかんでひとつぎゅっとやってやろうじゃないか」

戸田の見立てによれば、候補者名入りの百円札やキャラメル、さらにタバコがばらまかれたのは何者かによる「仕組」であって、一連の動きには「裏」があるということだった。理事長で東京都議の小泉隆や渉外部長兼青年部参謀室長の池田大作が逮捕されたのは創価学会を貶《おとし》めるための謀略だったというわけである。

この時、『聖教新聞』は事件の真相らしきものを解説している。実行犯として先行して六月に逮捕・起訴されていた数十人のなかで中心人物とみられたのは三十代前半の蒲田支部所属の地区幹部だった。そしてそこには指南役のやはり蒲田支部所属の学会員がいた。この人物は以前、「田村政治経済研究所」なるものを主宰し、東京都庁内で政治新聞や『話題』なる雑誌を発行していたとされる。そこの社員らとともに大挙して創価学会に入ったのはその年二月のことだったという。指南役は同時期に起こった都庁汚職事件でも起訴されていたらしい。こうした学会に入って間もない怪しげな人物らが関わっていたから、何者かによる「仕組」に違いないというのが戸田の見立てだった。学会は七月十二日付で件の指南役ら二十三人の蒲田支部所属メンバーと、十八人の男子部第一部隊所属メンバーを除名処分としている。学会精神に反する行動をとったというのがその理由だった。

結局その後に事件の真相が創価学会の手によって明らかにされることはなかった。四年後、大阪地裁では中心人物だった蒲田支部地区幹部に懲役十月の実刑判決が下り、他に六人が最長で懲役六月の執行猶予付き判決、さらに二十七人に最高七千円の罰金刑が言い渡されている。小泉には無罪判決が出た。これら先行した買収事件に続き戸別訪問事件で判決が下されたのはさらに一年後のことだ。池田は無罪であった。ただし他の二十人には最高で一万円の罰金が命じられている。

いずれにせよ、事件が起きた一九五七年当時、戸田を始め創価学会が原因を自らにではなく何者かによる謀略に求めていたことは、ここで記憶に留めておいていい。外敵による謀略を疑う者は自らも謀略に走ることになるからである。

原爆の災禍も謗法の〝罰〟

さて、大阪事件でむしろ組織の高揚感に一層酔いしれ求心力を高めた創価学会はその年九月八日、横浜市の三ツ沢競技場でこれまた大量の動員を行っての一大行事に歓喜することとなる。青年部体育大会と銘打ったそれには五万人もの若き学会員が集結した。

この時、開会宣言のため台上に進み出た戸田の挨拶は意外な方向に逸れていく。

「今、世に騒がれている、核実験、原水爆実験に対する私の態度を、本日はっきりと声明したいと思うものであります。（拍手）いやしくも私の弟子であるならば、わしの今日の声明を継いで、全世界にこの意味を透徹さしてもらいたいと思うのであります。（拍手）それは核、あるいは原子爆弾の、実験禁止運動が今世界に起っているが、私はその奥にかくされているところの爪をもぎ取りたいと思う。それはもし原水爆をいずこの国であろうと、それが勝っても負けても、それを使用したものは、ことごとく死刑にすべきであるということを主張するものであります。（拍手）なぜかならば、われわれ世界の民衆は、生存の権利を持っております。その権利をおびやかすものは、これ魔ものであり、怪物であります」

これを今日の創価学会は戸田による「原水爆禁止宣言」と称し、平和の団体を標榜する際の象徴的エピソードとしている。ただし死刑云々に焦点があたることは用心深く避けている。

これ以前、戸田が指導のなかで核兵器や核実験について語った記録はほとんど無きに等しく、よって学会員の活動においてテーマとなることなどなかった。これまで見てきたように、その活動は折伏に次ぐ折伏である。

確かに、過去にさかのぼって目を皿にして注意深く探せば、『聖教新聞』の紙面に核兵器に関する記事が載ったことがあるにはある。例えば、一九五一年十月十日付一面の論説がそれだ。タイトルは「原爆落下防止の道」とされていたが、その論調は腰を抜かすようなものだった。まず文章は当時のソ連による原爆開発から入り、第三次世界大戦の危機を論じ、唯一の被爆国である日本もその戦禍から無縁ではあり得ないとする。ここまではいいだろう、しかし、その後だ。論はあらぬ方向に転じていく。突然に「廣島、長崎共に日本で一番キリスト教の浸透して居た都市であった」と述べ、つまり唯一正しい日蓮正宗ではなく邪宗が蔓延《はびこ》っていたことを言外に難じた上で、「廣島長崎の様にその被害を受けた所はその國の人人の眞の責任のある事を知らねばならぬ」としたのである。日蓮仏法こそが「原爆落下國土荒廢防止の唯一絶對の方法をば教えて居る」というのが、この論説の結論だ。サブタイトルが「日本人自身の責任である」とされていたとおり、原爆の災禍も謗法の罰というわけである。この頃の創価学会は病気も列車事故も自然災害もそうした現証であると繰り返し何度も声高に指導していたから、原爆もそのひとつなのであった。

三ツ沢競技場での唐突な宣言から半年後の一九五八年一月に見せた戸田のちょっとした振る舞いも、そうした仏法観に通じるひとつのエピソードと言えるだろう。この時、池田は戸田に対し男子部第四十四部隊長の交通事故死を報告した。

「そうか、仏法は厳しいぞ」

それが戸田の反応だ。

「部隊長を殺して申訳ありませんでした」

池田がそう続けると、

「これをけい機にしっかり自覚していかなければならないでしょう。奥さんはいるのか、家族はいるのか」

戸田はそう尋ねたのだという。

この情景から浮かぶのは部下の戦死報告を受けた司令官のそれである。部下への温情は示しつつ、目標のために犠牲はやむを得ないとの考え方が滲《にじ》み出ている。繰り返しになるが、戸田率いる創価学会にとっては広宣流布こそが使命であり、原爆による犠牲も現証のひとつに過ぎなかったのである。

なぜ、戸田がいかにも場違いな青年部体育大会において唐突に原水爆の話をしたのかはただただ謎だ。この二カ月前、世界の著名な科学者が集まった会議がカナダ・パグウォッシュで開かれていた。バートランド・ラッセルとアルベルト・アインシュタインの呼び掛けによるもので、被爆国である日本からもすでにノーベル物理学賞を受賞していた湯川秀樹や後に手にすることとなる朝永振一郎《ともながしんいちろう》らが参加し、核廃絶を目指す声明が出されていた。戸田も言っていたとおり、当時、世界では核実験禁止や核兵器廃絶に向けた運動がにわかに盛り上がっていた。

こうした動きがあったからだろう、同じ頃、戸田は世界仏教会が発行する雑誌『大世界』のインタビューで原水爆について問われている。そこにおいて戸田は「あんなものはいらん」と一蹴しつつ、近づく広島の原爆記念日に対する具体的姿勢を尋ねられると、「禁止運動しょ《ママ》うたって、手づるがないもの。のこのこ出て行くわけにもいかないんです」と他人事のような素振りを見せていた。

おそらく戸田としてもこうした世間の動きに何か反応を示しておいたほうがいいと、ある時ふと思ったのだろう。ただし件の宣言以降、戸田が原水爆について具体的な指導を行うことは特になかった。だから、その発言を聞いた学会員もそれをどう受け止めたらいいのか戸惑っていたようだ。二週間後の九月二十日付で『聖教新聞』に載った男子部員の八矢英世による寄稿はこんな調子だった。

「核兵器使用者の極刑を堂々と主張すべきであると私たちは外相に勧告いたします」

優先して実行すべきは核兵器廃絶ではなく、それを使った場合の戦犯に対する究極の処罰の実行というわけだ。いかにも戦闘的折伏を誰彼構わず仕掛けていた創価学会員らしい解釈である。

また、女子部第十部隊長の松島通子は戸田の発言についてしばらく考えを巡らせた結果、二カ月後に女子部総会でこんな実践方法を披露するに至っている。

「真の民族の共存、ヒューマニズムは、あらゆる主義主張の底に完全な生命哲学、日蓮正宗が打ち立てられた時にこそ可能と信じます。そしてその仏法は、今この日本から会長先生の仏勅《ぶっちょく》としてはっきり打ち出されているではありませんか。弟子たるもの私達は、この仏法を奉ずる本化《ほんけ》の菩薩《ぼさつ》として、唯《ただ》信心折伏あるのみでございます」

核兵器が使われない平和な世の中は日蓮正宗があまねく行き渡らない限り実現されず、やはり最後は折伏に戻って行くのである。

首相・岸信介、幻の大石寺登山

他方、この頃から戸田の体調には異変が見られるようになる。もともと健康体ではなかったらしく、戦時中の拘置所暮らしの時は心臓や気管支の不調を訴え、糖尿の気もあり、それらが全快してもリウマチや痔瘻《じろう》には悩まされていた。初代会長・牧口常三郎の十四回忌法要があった二日後の十一月二十日、戸田は全身の倦怠感と食欲不振を訴え、日本大学医学部助教授である本田利夫の診察を自宅で受けることとなる。眼球の結膜には黄疸《おうだん》が見られ、腹部も膨張していた。下された診断は重篤な肝硬変である。

しばらくの間、戸田は療養生活を余儀なくされる。それでも一九五八年が明けての元日には大石寺への登山が許されるくらいには体調が回復した。帰京後の一月七日には医師から全快を告げられるほどだった。二月十一日、東京・永田町の中華料理屋「南甫園」では戸田の五十八回目の誕生日と全快を祝う会が持たれることとなる。幹部約四十人が集まったそれは、以前と変わらず戸田が酒を存分に楽しむなど随分と賑やかだったようだ。

戸田は翌三月、大石寺にかつてない大量動員をかける計画だった。一カ月間で全国から二十万人あまりを動員する総登山である。組織は百万世帯に届こうかという勢いでさらに拡大を続けていた。その月の一日には大石寺境内に本門大講堂が落成する予定だった。これも創価学会の寄進によるもので、六階建ての建物の三、四階部分は吹き抜けとなっており、そこにはじつに七百畳を超す大広間があった。戸田は陣頭指揮を執るため、期間中、境内の理境坊に滞在することとなる。

総登山の初日を飾る落慶法要《らっけいほうよう》には東京都知事の安井誠一郎が来賓として参加、前建設大臣の南条徳男によって首相・岸信介《のぶすけ》の祝辞が読み上げられた。少し前から戸田は岸と親交を結んでいた。四歳年下ながら「岸君」と呼んで憚《はばか》らなかった戸田に言わせれば、「（岸は）頭はいいです。とっても穏やかな人です」という。この時の落慶法要に岸本人が姿を見せることはなかったが、二週間後には実現可能だという。その日、三月十六日を、戸田は「広宣流布の模擬試験」と称し、青年部員六千人を動員することとした。

そして迎えた当日、まだ太陽が顔を見せない真っ暗な午前四時半頃から青年部員たちは続々と大石寺に集結し始めていた。その日の戸田はたいそう機嫌がよかった。

「人がたくさん集まる場合には、まず食うことと、クソを垂れるところを考えるんだ」

戸田はそう言うと、寒さで震える青年部員たちを元気づけるため豚汁をふるまうよう指示を与えた。

「理境坊の前の田んぼに土カマをつけて、豚を三頭ぐらいつぶして作ればいい。焚木《たきぎ》はお山にいくらでもある。猊下《げいか》に叱《しか》られたって俺がひきうけるから心配するな。足りなかったら、犬でも猫でも連れてきて入れちゃえ」

戸田はそんな具合だった。

バス五十台、列車三本を仕立てておよそ六千人の男女青年部員が本門大講堂横の広場に集結を終えたのは午前八時のことだ。岸の一行は三時間後には到着するはずだった。

その頃、岸は、前出の南条や、富士山麓電気鉄道（現・富士急行）の社長から衆議院議員となっていた堀内一雄らとともに箱根にいた。岸本人はそのまま大石寺まで足を延ばす気だったようだ。が、側近である衆議院議員の池田正之輔が難色を示した。一国の宰相が「新興宗教」と関わることに反対したのだ。この進言を受け入れた岸は日ソ交渉を理由にでっち上げ踵《きびす》を返し帰京することとなる。

正午、箱根から一行を乗せた車列が富士山麓の大石寺に滑り込んだ。予定の一時間遅れだ。軍楽隊が歓迎の演奏をするなか、降りてきたのは岸の夫人・良子と長女・洋子、それにその夫で内閣総理大臣秘書官を務める安倍晋太郎、そして南条だった。

四十五分後、池田の司会により歓迎大会は盛大に始まった。この時、なんと戸田は青年部員が担ぎ上げる車駕《しゃが》に乗って揚々《ようよう》と現れた。四年前の秋、創価学会は同様に男女青年部の三十部隊、総勢一万人あまりを大石寺に動員しているが、この時、戸田は白馬「銀嶺」に跨《また》がって登場し、上空で旋回する柏原ヤスが搭乗するセスナ機からはメッセージ入りの通信筒が華々しく投下された。戸田は何かとこうした派手な演出を好み、そこに集まった大勢の若き学会員たちも集団が生み出す一種異様な高揚感に酔いしれた。

「わしは心の中からあの人が幹事長の時から思っているんだ。日本の政権を保って、社会党と共産党をおさえて行ける人は岸先生しかいないということを、あの人が幹事長の時に心から深く思って、尊敬していたんです。今度も一日の落慶法要には来れないって云うから、そのあとはどうだと云ったら、十六日なら行くっちゅうので、今日は楽しみにしておったが……。何しろ商売が商売だからね。(笑)」

戸田は岸が急遽来られなくなったことをそう残念がった。戦時中の創価教育学会は一般国民と同様に当初は戦勝気分に沸いていたし、戦後も戸田は「戦争には勝ちたかった」と正直に述懐している。共産党や社会党を時には敵視し、加えて、戦時内閣の一翼を担い首相就任後も日米安保体制強化を唱えた岸に惚《ほ》れ込んでいたことでも分かるが、戸田の国家観なり政治的立ち位置はリベラルというより保守寄りだった。

戸田はこう続けた。宗教的に「八方美人」と評していた岸に関し、それは「国主諫暁」めいた個人的な願望だった。

「その内に御授戒を受けるよ。今その御本尊様よりね、票の方が御本尊様よりよく見える年なんだから（笑）」

二週間後、総登山も終盤となった三月二十九日、理境坊で休んでいた戸田のもとを池田が報告に訪ねている。大石寺の所化と一悶着あったらしい。池田が言うには「お小僧さんをいじめ創価学会を非常に馬鹿にしている存在の人物」に対し青年部員が敢然と戦ったのだという。要は「狸祭り事件」と同じように集団の力でやり込めたのだろう。その相手は的場正順といった。この一件について後に創価学会は大石寺の別の僧侶二人が張本人だったと主張するが、真相は藪《やぶ》の中だ。いずれにせよ、「闘いました」と報告した池田に対し、戸田は「一歩も退いてはならんぞ。追撃の手をゆるめるな。一歩も退いてはならんぞ。追撃の手をゆるめるな」というわごとのような指示を与えたとされる。

二十五万人が参列した戸田の学会葬

池田が戸田から直接受けた指導はこれが最後だった。翌日午後五時、本門大講堂五階の大会議室では法主・日淳が主催する総登山の慰労会が開かれた。二年前、病気療養のため水谷日昇が隠居したことに伴い、第六十五世法主にはあの歓喜寮で住職を務めていた堀米泰榮が登座しており、日淳との日号《にちごう》を名乗るようになっていた。この慰労会には創価学会側から理事長の小泉隆ら幹部多数が参加したが、そこに戸田の姿はなかった。体調が優れなかったからだろう。

東京からやって来た主治医の診察を受けた戸田は輸液のリンゲルなどを打ってもらい、四月一日早朝に理境坊を発つと、そのまま東京・駿河台の日本大学病院に入院した。

翌二日夕方、戸田の病状は急変する。強心剤を打ったものの効き目はなく、午後六時半、静かに息を引き取った。死因は急性心衰弱とされる。その日の夜のうちに遺体は学会員の手によって芝白金台町の自宅二階へと移された。

明くる日早朝、戸田の自宅には急遽、大石寺から日淳が駆けつけた。午後二時、細井精道が読経するなか、小泉、柏原、石田次男、そして池田らの手によって戸田の亡骸《なきがら》は棺に納められた。その様子を見守ったなかには五年前に出家していた元理事長・矢島周平の姿もあった。引き続いて午後七時、通夜がしめやかに執り行われた。

「大宣院法護日城居士《だいせんいんほうごにちじょうこじ》」

それが戸田につけられた戒名である（後日、それは「居士」から「大居士」へと格上げされた）。五日後の八日午前九時半、芝白金台町の自宅を出た車列は池袋の常在寺へと向かった。先導するのは池田ら青年部参謀室員が乗り込むハイヤーで、戸田の亡骸を運ぶ霊柩車、それに創価学会幹部や僧侶が乗るハイヤー数台、バス二台が続いた。この告別式にはおよそ十二万人もの学会員が参列することとなる。葬儀委員長を務めたのは小泉だった。焼香にはじつに三時間半もかかった。午後三時二十五分、霊柩車などの車列は一路、落合火葬場へと向かった。約五キロの沿道は指導者を失った悲しみに暮れる学会員で埋め尽くされた。煙突に煙が立ち上り、戸田の遺骨が自宅に戻ったのは午後七時十分のことである。

この告別式だけでも一人の人物を弔う儀式としては前代未聞の規模なのだが、十二日後の創価学会葬はさらにスケールアップすることとなる。

会場は青山葬儀所となった。混乱を避けるためあらかじめ学会員には降車駅を分散させるよう指示が出ていた。東京駅方面から来る者は国電信濃町駅で下車が命じられ、新宿方面からは千駄ヶ谷駅、品川方面からは渋谷駅、それに地下鉄利用者には外苑前駅が指定された。さらに地方からの団体バス利用者は表参道に設けられた駐車場で降りることとなる。

当日、地方から一番乗りでやって来たのは仙台支部の学会員千百人ほどで、時間はまだ午前四時だった。同六時頃、現場指揮の責任者となった主任参謀・北条浩のもと、会場には五千人の男子部員が集結した。彼らは焼香を終えると、場内整理のため持ち場に散っていった。すぐ入れ替わりに集結したのはやはり参謀の龍年光が指揮する男子部員五千人で、こちらは録音中継が行われる外苑広場の整理に駆け足で向かうこととなる。さらにこれらに続いたのが女子部員七千人だった。会場にも外苑広場にも入りきらない参列者を整理するためである。

午前七時に女子部員が持ち場に向かった頃には早くも会場外で一般参列者が長蛇の列を作っていた。隣接する墓地内の通路には人が溢れかえっており、現場指揮を執る北条は午前八時を予定していた一般焼香の開始時間を早めるよう信濃町の本部に急遽連絡した。七時四十五分、細井の読経により一般焼香は始まった。未曾有の大人数が焼香を行うため、各々は立ち止まらずゆっくりと歩きながらそれをする必要があった。長蛇の列の間を青年部員が回り、線香を一本ずつ渡していく。

午後零時二十分、学会歌「星落秋風五丈原」を演奏する軍楽隊と鼓笛隊を先頭に、戸田の遺骨と位牌を運ぶ葬列は厳かに本部を出発した。青年部参謀室のメンバー、部隊旗を手に持つ男女青年部の幹部、そして法衣を纏《まと》った僧侶が従う。さらに後ろには総監の細井や重役の高野日深といった宗門の役僧、それに遺族が乗るそれぞれのオープンカーが続いた。しんがりを務めたのは支部旗をはためかせる学会幹部らである。会場へと至る沿道には男女青年部員が規則正しく整列

聖教新聞

願業成就されて霊山へ

会長戸田先生逝く
四月二日、日大病院で

全学会員に告ぐ

残された教え実践
難乗り越えて広布へ

しめやかに納棺の儀
三日 御遺族、愛弟子の手で

大宣院法護日城居士

先生の弟子らしく
必ず広布の礎つくらん

学会葬、20日に決る
青山葬儀所で盛大に

告別式は八日正午
池袋常在寺で執行

大折伏の総師を送る一日

写真説明

写真特集

戸田逝去の報と学会葬の模様（『聖教新聞』1958 年 4 月 4 日、25 日）

し、その後ろには黒々とした一般学会員の人垣ができた。そこでは皆が皆、「南無妙法蓮華経」の題目を一心不乱に唱えた。

学会葬は午後一時に始まった。弔辞を読んだのは六人だ。法華講講頭で常泉寺総代の平沢益吉に始まり、友人代表として作家の湊邦三、女子部代表の第九部隊長・湊時子、男子部代表で男子部長の秋谷城永（栄之助）、婦人部代表の秘書部長・和泉美代、そして大幹部を代表して理事の原島宏治が締め括った。この頃、首相の岸ら大物政治家も次々と到着し焼香を行った。午後二時半、読経を終えた法主の日淳が戸田の生前の業績を讃えると、その長男・喬久が挨拶に立った。そして最後、学会葬は葬儀委員長・小泉による「先生の大願である広宣流布の暁まで、闘いぬくことをお誓い致します」との決意表明で閉じられることとなる。

この日、各方面から陸続と会場に押し寄せた参列者の数はじつに二十五万人にも上ったとされる。その模様を詳報した四月二十五日付『聖教新聞』は様々な人々の声を紹介しているが、そのなかで青山葬儀所近くに住む老人は、日露戦争の英雄である乃木希典《のぎまれすけ》や、資本主義の父とされる渋沢栄一の葬儀と比較しても、戸田の学会葬が前代未聞の規模だったことに驚いていた。もっとも一方で別の近所の人は、午前二時頃から若者が集まって、やれ部隊旗だ何だのと怒鳴り合い、おかげで一睡もできなかったことに苦情を申し立てていた。

「七つの鐘を打て」

その日の紙面で一見不思議なのは池田の役割について何も書かれていないことである。おそらくそれは渉外部長兼青年部参謀室長として現場には立たず陣幕のうちで全体指揮を執っていたがゆえと思われる。九日前、池田には三男・尊弘が生まれていたから、複雑な心境だったろう。この未曾有の規模となった学会葬で印象深いのは隅々まで統率されたその組織である。それは何よりも戸田が注入した軍隊まがいの組織論の賜物《たまもの》ではあったのだが、それを継承する大幹部の一人として池田が果たした役割はきっと組織内で大いに認められるところとなったに違いない。

五月三日、東京・両国のメモリアルホール（旧国技館）に三万二千人を集めて開かれた総会で池田は後々も語り継がれることとなる一世一代の演説を行っている。

「会長先生は〝広宣流布は二十数年にして実現したい〟と申された事がございます。……そして、本日を第一歩として次の七年間、これを第一段階として、次のまた七年間、これを第二段階とし、次のまた七年、これを総仕上げと考えるならば、会長先生の二十一年忌には、広宣流布ができるという目標で前進すべきではないかと思うのでございます。（拍手）『学会は七年毎に大きい歩みをして行くんだ』と申された事もありますし、また『七つの鐘を打て』と仰せになった事もございます。……二十一年目が第七の鐘であると信ずるものでございます。（拍手）」

創価学会は初代・牧口常三郎が戸田の資金援助により教育書『創価教育学体系』を発刊した一九三〇年をもってその始まりとするようになっていた。それから七年ごとに鐘の音とともに節目となる大きな出来事があったというのが、戸田の遺訓を引いたこの日の池田による演説の眼目だ。第一の鐘は初めての総会（ただし、これは前著『創価学会秘史』で詳述したが、実際とは異なる）が開かれたことであり、第二の鐘は牧口の獄死、第三の鐘は戸田の第二代会長就任、そして第四の鐘は戸田の死去である。今後迎える第五、第六の鐘はこの時、どのようなものであるのか誰であれ知る由《よし》もないが、いずれにせよ第七の鐘が打ち鳴らされる一九七九年に広宣流布を達成しようと池田は呼び掛け、万雷の拍手を浴びたのである。もっとも、この二十一年後、池田はまったく思いも寄らぬ形で第七の鐘を打ち鳴らすことになるのだが――。

泣く子も黙る選挙のプロ

戸田の急死から三カ月が経とうとしていた六月三十日、池田は新設された総務ポストに就いた。この時、池田は青年部参謀室長の兼務は続ける一方、渉外部長のポストは辻武寿に渡している。まだ理事とはなっていなかったものの、組織全般に通ずる立場となったことはこの時点で一目置かれる存在となっていたことを物語る。

翌年六月の参議院選挙でその手腕は遺憾なく発揮されることとなった。創価学会はこの時、六人の候補者を立てた。理事である原島、柏原、石田の三人と、青年部長の牛田寛、教学部長の小平芳平、そして船場支部長の中尾辰義である。すでに学会はその年の統一地方選で二百九十三人もの当選者を得て、さらなる躍進を見せていた。なかでも東京都区議選は文京区から立った男子第五十三部隊長で国鉄職員の竹入義勝をはじめ立候補した七十六人全員が当選を果たすという完勝ぶりだった。

旬刊から週刊となっていた『聖教新聞』は参院選の公示後、毎週のように選挙関連記事を一面に載せた。それは今日お馴染みの危機感を煽る見出しのオンパレードだ。

「東京地方区は大激戦」
「当落線上スレスレ」

「全国区は予想以上に苦戦」

「もう一息」

「連日奮闘」

「全くの混戦状態」

「あと最後のひと押し」


結果は六人全員当選である。東京地方区の柏原は二位の市川房枝《ふさえ》を大きく引き離す四十七万票を取って悠々のトップ当選、全国区でも六十六万票を獲得した石田は五位当選だった。

勝利を伝える『聖教新聞』の一面記事には喜びに沸く候補者や大幹部らおよそ十五人の写真が大きく掲載されたが、中央に写っていたのは池田だ。その後ろには腹心の主任参謀・北条が立っていた。ほどなく開かれた本部幹部会で北条はこう池田を持ち上げた。

「全軍の指揮をとられました池田総務が、この戦いに勝てば広宣流布はぐっと近ずく《ママ》、そうしてまた日本はおろか世界の事件であると申されましたけれども、本当に世界の事件になったと思うのであります」

なるほど、この頃すでに池田は選挙のプロとして泣く子も黙る存在だったようだが、何か現実社会の諸問題に働きかけるような政策を口にしていたかと言うと、相変わらずそれは全くなかった。

「国立戒壇を建立するならば、仏天の加護によって日本の国には原子爆弾は落ちないし日本民族は必ず繁栄するというのが会長先生の御遺訓なのであります」

前年五月十八日に開かれた青年部九州総会ではそう指導していたし、参院選後の六月十五日にあった関西総支部幹部会ではこう話していた。

「永遠不滅の哲理を根底とし、そうして世界最高の平和を樹立できる王仏冥合の原理を根本として、議員になっているのが学会の議員さんです。それが国士たるゆえんであります。(大拍手)これをよく腹にいれていただきたいと思うんであります。何もね、安保条約とか、勤務評定とか、なんだかんだという当面の問題なんてものは、そんなに主義主張に関係のない問題です」

さらに半年後の十二月六日に行われた男子部総会では、日蓮が遺《のこ》した書状など「御書《ごしょ》」に触れつつ、こんな調子だった。

「いま日本にとって、また私ども青年にとって、一つの関心事は安保問題でございます。……そのことについて、一つの基本線だけをきめておいたほうが、いいんじゃないかと思うんです。それは安保改定に賛成するか、反対するか、別に御書に書いてないんです(笑い)。それよりか、もっと本質的に大事なことは、邪宗改定であると叫んでおきたいのであります。(大拍手)」

翌年には東西冷戦下における日本の針路を決する日米安全保障条約の改定が控えていたし、戦前の国家統制を連想させるような教育公務員に対する勤務評定の導入は足下で日本教職員組合など左翼陣営による猛烈な反対運動を招いていた。池田はそうした問題は些細なものだと一笑に付したわけだ。池田にとっての「主義主張」は、折伏によって邪宗が撲滅され日蓮正宗の教えがあまねく行き渡るかどうか、相も変わらずそれのみだった。

この間の六月三十日、創価学会は組織体制を大きく変えていた。まず見直されたのが理事会の構成だ。池田、北条、森田一哉、龍という青年部で活躍した四人が新たに加わることとなったのである。それまでの理事七人は小泉（五十一歳）、和泉覚（四十七歳）、原島（四十九歳）、白木薫次（六十三歳）、柏原（四十二歳）、辻（四十一歳）、石田（三十四歳）といった面々だったから、そこに三十一歳の池田、三十五歳の北条、三十二歳の森田、三十七歳の龍が加わったというのは大幅な若返り人事と言えた。

おまけに総務の池田には地区担当員以上や青年部幹事以上といった末端組織幹部の人事まで掌握する権限が与えられ、さらに腹心の北条が本部事務局長、森田も事務局次長となったことで、これら青年部幹部が本部機構の中枢を押さえる形となった。戸田の学会葬を取り仕切り、選挙でも集票活動の主力を務める青年部は組織の屋台骨を支える実働部隊としてほかに右に出る者のない存在となっていたから、本部機構の運営でも影響力を増したのは自然の流れではあった。この頃、先んじて理事入りしていた石田は、『聖教新聞』の編集長が忙しくなり青年部からは卒業、二年前に九州総支部長を任じられたこともあって本部中枢からは離れがちだった。参院選で池田ら青年部に担がれたことは、むしろ昇進レースでの失速を意味していた。

何度も会長職を固辞していた池田

池田を第三代会長に推そうとの動きは一九六〇年三月末に始まることとなる。いくつかの資料を見る限り、それは原島と小泉によって仕掛けられたことになっている。四月九日、緊急理事会が開かれ、小泉が池田の推戴《すいたい》を諮《はか》ると、全員一致で賛成を見たという。池田の日記によれば、その深夜に決定の連絡を受けたものの丁重に断ったとされる。二日後、諦《あきら》められない小泉と原島は池田に対し膝詰《ひざづ》めで会長就任を要請する。「事が重大ですから、一日、二日猶予願いたい」と返

聖教新聞 昭和35年4月22日（金曜日）

創価学会第三代会長決まる

池田総務を推戴

五月三日 総会で就任式

いよいよ全学会員、待望の第三代会長を推戴する日が近づいた。宗門では日達上人猊下のお代替わりを仰ぎ奉り、恩師戸田城聖先生の三回忌を終わって力強く百五十万世帯達成に向かって進む学会は、ここに新会長として、池田大作先生を推戴することに決定した。

全国の学会員諸氏よ、新会長の指揮のもと、広布実現を目指して勇猛前進の巨歩を進めようではないか。

創価学会第三代会長 池田大作先生

日達上人時代に広布

前会長の教え実践の立場

池田会長あいさつ

新会長略歴

池田大作が第三代会長に（『聖教新聞』1960年4月22日）

答した池田は、やはりその後に断っている。同月十三日に行われた小泉と原島による再度の要請は四時間半にも及んだという。それでも池田は首を縦に振らず、二人の説得は十四日に持ち越しとなった。「それほどの皆さんのお話ならば」と池田がようやく内諾したのは午前十時半のことで、その日の日記に池田は「万事休す。やむをえず、やむをえざるなり」と記したとされる。

考えてみれば、創価学会という組織は、あくまで宗門に奉じる在家信徒団体でありながら、法主にも優る戸田の強烈な指導力によって推進されてきたから、小泉や原島といった古参幹部にしろ、池田や北条の若手幹部にしろ、もともとが病気に悩んだり、商売上の行き詰まりに苦しむ弱い人間だったこともあり、それに付き従うだけの存在に過ぎなかった。だからこそ一方で集団が生み出す力に超自然的とも言える高揚感を覚えたのだろう。

突然にして戸田がいなくなった時、幹部は皆、途方に暮れ、その後釜を狙う者などいなかったはずだ。だからその後の二年間、会長ポストは空席が続いた。そうしたなかから押し出されるようにして、池田は第三代会長となった。そこにマキャベリズム的な何かがあったはずだと今日考えられがちだが、そう判断できる材料は見当たらない。

応諾から二日後の四月十六日、午後六時に開かれた本部部長会議で池田の会長就任内定は報告された。三日後、本部の広間には地方からも幹部が集まり、緊急全国大幹部会が開かれ、ここにおいて池田の第三代会長就任は大々的に組織内で発表されることとなる。池田と小泉らは翌日、静岡県富士宮市の大石寺へと向かった。そこで待ち構えるのは前年十一月に第六十六世法主となった細井精道改め日達である。その日の午後二時には、お代替わり奉告法要《ほうこくほうよう》が行われた。

五月三日、メモリアルホールから名称が変わった日本大学講堂で開かれた本部総会で、池田は正式に第三代会長へと就任し、法主・日達も見守るなか、戸田の七回忌までの三百万世帯達成や、大石寺に大客殿を寄進すること、そして例の如く邪宗の粉砕を、壇上に大きく飾られた今は亡き戸田の肖像のもと、高々と宣言した。

この時、池田は三十二歳。まさに青年会長と呼ぶにふさわしかった。

第4章　正本堂供養の狂乱

「天理教を攻撃せよ！　佼成会を撃て！」

一九六〇年五月三日に池田大作が第三代会長に就任した際、理事長など最高幹部人事も同時に見直された。小泉隆にかわり理事長に就いたのは原島宏治である。ただし本部最高顧問に回った小泉が序列二位であることに変わりはなく、原島は同三位、さらにその下に同四位の文化部最高参与・和泉覚が続く形だった。池田と気心の知れた北条浩は副理事長となったが、序列上は五位にとどまった。古参幹部にも何かと気を遣った人事だったことが読み取れる。

会長就任から五日後に行われた関西総支部幹部会で池田は講演をこう始めた。

「二代会長恩師戸田城聖先生は絶対なるお力をお持ちの方でありましたが……私は力がありませんので、皆さん方のほうがしっかりしていく時代が、第三代の時代じゃないかと思うんでございますよ、よろしく。（拍手）ただ、創価学会には大御本尊様がましします。そして牧口先生以来、薫陶をうけた元老である小泉先生、原島先生、辻先生、小平先生、また、戸田先生のおそば近く、薫陶をうけてこられた北条先生、石田先生、それから森田先生と大幹部の先生方が盤石とかまえておられます。また、関西の総指揮者では、白木先生もかまえております。どうか安心してがんばってください。（拍手）」

池田がアピールしたのは自らの指導力ではなく、むしろ集団指導体制の安定感だった。

この冒頭挨拶に続いて池田が真っ先に発した号令は相変わらずの邪宗退治である。

聖教新聞 特集版
亡国の邪教 天理教
金しぼってドレイ化
信者「残酷物語」を地で行く
金儲けがねらい
全く子供だまし
栄華をつく
論説
天理教の解散を要求する

邪宗撲滅キャンペーン（『聖教新聞』1960年６月３日）

「天理教に全関西の学会員が総力をあげて攻撃せよ」

池田は天理教のことを「邪宗教の牙城」だとか「全民衆の敵」などと悪し様に罵った。二日後、池田は東京にとって返すと男子部幹部会に出席し、こんどは「佼成会を撃て！」と命じるといった具合だった。

後に青年部には「邪宗撲滅委員会」なる組織も設置されている。戸田を失った後も他宗教・他宗派に対する戦闘的折伏の勢いが衰えることはなく、創価学会の会員数は増加の一途だった。他方でこの頃の池田は政治進出に関し「衆議院には出ません」と明言していた。これと同様のことは生前の戸田も何度か口にしており、池田がそれをあらためて確認した形だった。

三十二歳の青年会長らしく池田は青年部の選りすぐりで構

成する「水滸会」に関しては自ら率いた。七月末に千葉・犬吠埼《いぬぼうさき》で行われた野外訓練には百四十九人のメンバーがバス三台に分乗して向かったが、ともに乗り込んだ池田は車中で「川中島」や「白虎隊」、はたまた「新撰組」や「一高寮歌」といった歌を次々と披露するご機嫌ぶりだった。

池田はこの水滸会への思い入れが誰にも増して強かったらしく、戸田が急死した半年後には聖教新聞編集主任で男子部長だった秋谷城永（栄之助）に対し記録の編纂を命じている。後にこれは『水滸会　遺誡置文二十六箇条』との題名で、第一冊から第三冊までの三部構成によってまとめられた。「ひさご印刷」の原稿用紙に全編手書きで記されたその分量は五百六十枚ほどにも上ったが、何らかの理由で出版には至らず、お蔵入りとなっている。

海外進出を支えた高学歴学会員

こうした一方で池田は会長就任一年目から戸田時代にはまったくなかった大胆な行動に手を着けた。それは海外進出である。

十月二日、池田は腹心の北条、この頃には聖教新聞編集人兼青年部長に引っ張り上げていた秋谷、それに参議院議員となっていた石田次男、柏原ヤス、小平芳平の大幹部三人とともに羽田空港から日航機「富士号」で飛び立った。小泉、原島ら学会幹部だけでなく総監の柿沼広澄ら宗門の役僧も見送るなかでの出発だ。北米から南米を回る二十四日間にも及ぶ大旅行が予定されており、前日には大石寺まで赴きそこに眠る戸田への報告も済ませていた。富士号と名付けられたDC8型機は日本航空が初めて導入したジェット機で、この時、池田だけはファーストクラスだった。

米州行きは大石寺に寄進する大客殿の木材を調達するための現地調査が第一の目的とされていた。そしてそれに次ぐ目的が北米と南米に散在する学会員の組織化である。占領軍兵士の日本人妻や貧しさから太平洋を渡った移民など、この頃ともなると日本を後にする学会員は少なくない数に上り始めていた。この時、そうした者たちの組織化において先導役を担ったのは留学などで現地に在住していた青年部の高学歴エリートたちだった。

池田一行の通訳となった貞永昌靖はパイオニアと言える存在だ。池田の二歳年下にあたる貞永は一九五三年に入信、四年後の五月、明治大学を卒業するとカリフォルニア大学大学院に学ぶため渡米した。この時、学生部有志はビルマのラングーン大学に留学する別の部員も合わせささやかながら壮行会を開き、その模様は『聖教新聞』でも紹介されている。貞永はその後、東海岸のメリーランド州立大学にも学び、池田一行の米州旅行の頃はニュージャージー州に住んでいた。またこの時、貞永とともに現地案内役を買って出たのが「東京大学法華経研究会」の創設メンバーの一人、青木亨だった。東亜燃料工業に就職した青木はたまたま設備研究のため二カ月間の滞米中だった。

最初の訪問地であるハワイ・ホノルル空港に深夜降り立った池田一行を出迎えた学会員はハワイ島からわざわざやって来たかつての鶴見支部員と親戚夫婦二人の三人だけだった。本来は貞永ら現地の学会員三十人ほどで盛大に迎える予定だったが、手違いでその姿はなかった。当時、東京・信濃町の本部と現地とのやり取りは電報にほぼ限られていた。

そんなハプニングもどこ吹く風で、ハワイ含め行く先々で池田一行は現地会員から熱烈に歓迎され、その場で地区や支部といった組織が次々と結成されていった。池田らの手には強力な武器として英文パンフレット「THE SOKA GAKKAI」があった。これも高学歴の青年部員らを中心に編集されたものだ。最終的にアメリカとブラジルにはそれぞれ支部が立ち上がり、その下の地区は十七に上った。それらはアメリカ総支部によって統括されることとなる。総支部長に任命されたのは北条で、実質的に現地活動は総支部幹事となった貞永が担うこととなる。

この年七月、創価学会はまだアメリカ統治下にあった沖縄にも支部を結成していた。池田の海外訪問は続いた。翌一九六一年一月には法主の細井日達とともに二週間あまりをかけて仏教発祥の地であるインドを訪問、同年十月には三週間近くかけてヨーロッパを回った。渡欧時に同行した一人は二カ月前に顧問となっていた塚本清だった。

下の名を「素山《そざん》」と名乗ることが多かった塚本は元陸軍軍人で、終戦間際に起きた玉音盤をめぐる宮城事件の際は反乱した青年将校の呼び掛けに頑として応じなかった東部軍管区司令官・田中静壱の副官を務めていた。塚本は戦後、日蓮正宗に入信、銃弾などを製造する「東洋精機」の役員を経て、千葉で「塚本総業」を経営する実業家となっていた。前年六月、塚本総業は東京・数寄屋橋の一等地に「塚本素山ビル」を竣工させていたが、その六階には児玉誉士夫《よしお》が主宰する「交風倶楽部」が入居した。そんなこともあって、軍人上がりの塚本はこの後も何かとフィクサーかのごとく見られることが多かった。

海軍兵学校卒の北条を入信後すぐに部隊長へと引っ張り上げた戸田と同様、池田もかつて軍のエリート教育を受けた者を高く評価する傾向が窺えた。文京区議に送り込まれ、池田の会長就任式で入場の際に本部旗の旗手も務めた竹入義勝は、理事、さらには副理事長とその後トントン拍子に出世していくこととなるが、その学歴は陸軍航空士官学校卒とされていた（ただし、竹入の学歴については四十年近く後に大問題となるのだが……）。一九四八年入信とこの頃では古株となっていた中西治雄《はるお》も池田体制下で青年部参謀から急速に台頭し、その懐刀となった幹部だが、最終学歴は陸軍幼年学校中退であった。

話を海外進出に戻すなら、一九六二年、創価学会の海外支部はタイ・バンコクと香港へも広がった。池田はこの年一月、中近東を訪問、現地には連絡責任者が置かれた。さらに六月には森田一哉以下の訪問団が東南アジア各国を回り、南ベトナム・サイゴンとビルマ・ラングーンにはさっそく支部が結成されている。これらはやがて東南アジア総支部へと発展していくこととなる。

大した学歴はなく外国語を操れるわけでもない池田だが、広宣流布に懸ける意気込みからか、はたまた生まれ持っての強心臓なのか、これらいち早く海外に打って出た行動力は見上げたものと言わざるを得ない。

言論戦の拡大で次々と機関誌創刊

組織拡大につれ創価学会の集金力はますます強大になろうとしていた。二百万世帯を突破しようかという会長就任二年目の一九六一年六月、池田は念願である大客殿の寄進に向け全学会員に供養を呼び掛けた。法主が行う丑寅勤行《うしとらごんぎょう》に三千人が参加できるよう三階部分に約五百三十畳の大広間を擁する建物が構想され、総工費は十億円が見込まれていた。

この時、創価学会は全国二千二百五十七にまで及んでいた各地区に責任者を任命し、それぞれにノルマを課した。いよいよ供養の時期が近づくと『聖教新聞』は毎号のように「まごころ」を煽り立てた。睡眠時間を削ってアサリ売りのアルバイトに精を出して少しずつお金を貯めた二十代の男子部員や、病気で思うように働けないため毎日の食事を抜いて節約に励む五十代の支部組長、駅前での靴磨きで生計を立てるなか貯金箱に小銭を貯める七十代の女性会員——。そんな数々の美談が紙面を飾った。結果、七月二十一日からの四日間で本部には総工費をはるかに上回る三十二億七千万円ものカネが集まることとなる。

かたや、本部機構も強大になっていった。その年五月、文化部は文化局に格上げされ、その下に政治、経済、教育、言論の各部が設置される。広宣流布の暁に「王仏冥合」の実現を目指す司令塔は政治進出だけでなく、同時に経済や教育、言論の各方面にも戦線を広げていくわけである。

このうち言論戦で中心を担ったのは秋谷だった。前年七月、秋谷は政界に送り込まれた石田にかわって聖教新聞編集人となり、この年一月には先述した中西や竹入にも先んじて理事となっていた。池田体制下での出世頭と言ってよい。秋谷率いる青年部の下部組織である学生部はすでに機関誌『第三文明』の発行を始めており、これに続き秋谷が部長を兼務した言論部は一九六二年十一月にオピニオン月刊誌『言論』の刊行を始める。この後、学生部の下に中等部・高等部ができるとその機関紙『学生ジャーナル』（後に『学園ジャーナル』）も創刊した。

それらにおいては相も変わらずの外部に対する攻撃的な文言が並んだ。典型例をあげるなら、東京大学法学部四年生の神崎武法《かんざきたけのり》が『第三文明』の一九六五年四月号に寄稿した論文はこんな具合だった。

タイトルは「ふまじめな公明党への批判を正す」であり、サブタイトルは「言いがかり的批判をやめよ」である。小見出しを拾っていけば、「時代錯誤した不勉強学者」「ふまじめな小田実氏」「ウソとデタラメな批判」「悪に染まった評論家」といった塩梅だ。後に検事となり、公明党代表ともなった神崎だが、この頃は前年十一月に学生部の千葉第四部長に任命されたばかりだった。

言論戦のもと、一斉に創刊された各媒体はその発行頻度を上げ、一般社会への露出も高めていった。それ以前から聖教新聞編集部は総合誌『潮《うしお》』を手掛けるようになっていたが、同誌が一般書店での販売にも乗り出したのは一九六三年十二月のことだ。独立した潮編集部は少年少女誌『希望の友』も手掛けるようになる。『言論』は旬刊となり、すぐに週刊化された。『学園ジャーナル』も週刊となり、そして主力の『聖教新聞』はいよいよ日刊化されることとなる。これらはすべて一九六五年までになされた。

言論部には言論第一部と言論第二部が設置されたが、前者が青年部員中心だった一方で、後者には各地から文芸経験のある壮年層が集められた。この時、言論第二部員に召集された一人が長野支部幹事で浅間地区部長だった篠原善太郎だ。やがて篠原は名文家と認められ、池田の執筆支援グループ「特別書籍」の中心メンバーとなっていく。

他方、初代・牧口常三郎以来の伝統を受け継ぐ教育戦は創価学園を手始めとする学校運営にこの後突き進むだけでなく、機関誌『灯台』を創刊するなど、言論戦を側面で支援していくこととなる。同誌の初代編集長に任命された池田克哉は後に『潮』も任された。幼い頃に父親が事業失敗で失踪し、信心に励みつつ会社員として働きながら早稲田大学に合格したという苦労人の池田は、秋谷を支える有力幹部に育ち、やがて政界に送り込まれることとなる。

権力への階段「公明党」結成

これらの間、肝心の政治戦での伸長ぶりは目覚ましかった。

文化部を文化局に格上げして半年後の一九六一年十一月、参議院議員となった原島を委員長に政治団体「公明政治連盟」が結成された。翌年七月に行われた参院選は池田体制となってから初めての国政選挙だったが、全国区で計四百十二万票を獲得し、和泉ら立候補者九人は全員が当選を果たした。投開票の翌日夜、池田は会長室に中枢幹部を集め、「戦いは終わった。さあ、次の段階の作戦だ」とすぐさま手綱を引き締めた。

次の段階とは院内会派の旗揚げである。創価学会が送り出した参議院議員は十五人となり、そこで会派「公明会」を立ち上げたのだ。七月二十日、その結成式は聖教新聞社屋の三階に安置された「創価学会常住御本尊」の前で行われた。公明会はそれまで無所属議員が使っていた院内控え室を引き継ぎ、東側の壁には日本画家・児玉三鈴《さんれい》が大石寺の杉の木を描いた絵画を飾り、北側の壁には池田の揮毫《きごう》による「日本の柱」との書が掲げられた。二週間後、原島や辻武寿ら公明会の四議員は意気揚々と首相官邸に出向き、総理大臣室へと入って行った。迎え入れた首相の池田勇人《はやと》が「公明会の名の如く、どうか公明に活躍して下さい」と型どおりの挨拶をすると、この頃の原島らは「一国の最高責任者として、やがては大石寺に参詣してほしい」とじつにあからさまな要請をしたものだった。

「勝って兜の緒をしめよ」

九月十三日、公明政治連盟が豊島公会堂で開いた第一回全国大会で池田はそう発破《はっぱ》をかけた。選挙後にいつも叫ぶのがこの言葉である。池田は「勝った時に更に勝つ原因を作れ」と言い、「過ぎ去ったことを追うな、前進あるのみ」とどこまでも組織を奮い立たせた。そうした甲斐もあって、翌年の統一地方選も勝利に次ぐ勝利を収めることとなる。前半戦では竹入や藤原行正、大川清幸らが区議から鞍替えして都議選に出馬、大阪府議選では京都大学を出て大林組の社員となっていた矢野絢也が立候補し、全五十七人の候補のうち五十六人が当選するという破竹の勢いを見せた。特に都議選は十七人全員が当選を果たす完勝ぶりで、参議院に続きこちらでも会派「都議会公明会」が立ち上がることとなる。統一地方選の後半戦も九百三十五人の候補のうち九百十五人が当選を果たし、その勢いはまったく衰えることがなかった。

一九六四年十一月、池田は公明政治連盟を公明党に改組する。すでに政党本部を置く「公明会館」が信濃町の創価学会本部とは線路を挟んで南側の南元町に完成していた。前年十月に行われたその起工式は宗教儀式そのものだった。大石寺から総監の柿沼を迎え、読経と唱題に続き学会歌「世界広布の歌」が合唱されると、池田は「どうか委員長を中心として、いかなる批判も、いかなる謀略も粉砕し、真に民衆が期待している政治を団結の二字をもって、そしてまた王仏冥合の達成のために前進されんことを心から念願しまして祝辞といたします」と結んでいた。

政党を結成した最大の理由は衆議院への進出である。池田はたった数年前の前言をあっさりと翻《ひるがえ》していた。衆議院進出は公明党結成の半年前、総会の場で発表されていた。そこでは同時に規則改正によって会長を終身制とすることも明らかにしている。その頃すでに池田は日蓮正宗内で在家信徒の代表である総講頭《そうこうとう》にも就任していたから、宗内においても学会内においてもその地位はわずか四年ほどで揺るぎないものとなっていた。

「王仏冥合の大理念のみが、世界を戦争の恐怖から救いうる唯一の道なりと、われわれは強く確信する」

こう結党を宣言した公明党の初代委員長には創価学会理事長で参議院議員の原島が公政連から

横滑りで就任し、副委員長には同じく副理事長で参議院議員の辻が、書記長にはやはり副理事長の北条が就いた。この頃の学会と党はどこまでも一体で、世間に向かってそれを隠そうとすらしていなかった。

この日は結党とともに来たるべき衆議院選挙の候補三十二人も発表された。学会副理事長で東京都議の龍年光や小泉、竹入、学会理事で大阪府議の矢野らであったが、このうち何人かはその後に実施された総選挙において候補から外されている。この後、誰を候補とするかは、その時々の池田の気まぐれによって決められていくようになるのである。

有吉佐和子とイメージ戦略

こうしたなか、池田は一般社会への浸透も狙う言論戦において自ら先頭に立つようになる。公明党を結成した一九六四年十一月、池田は一般向け書籍として『政治と宗教』を著した。その「はしがき」で池田は篠原誠、多田省吾の青年部幹部二人に対し執筆援助の謝辞を述べており、それを見ると本人の筆によるところがどの程度だったのかと若干疑いたくはなる。それはさておき、篠原は以前触れたとおり、東京大学法華経研究会の創設メンバーの一人で、この頃には中部日本新聞社を辞め機関誌『大白蓮華』の編集長となっていた。一方の多田は東北大学工学部を卒業し会社勤めの後に聖教新聞入りした、これまた高学歴の初期宗教官僚で、こちらも後に政界へと送り込まれることになる。

『政治と宗教』は前年五月に『中央公論』に掲載された池田の論文を下敷きにしたものだった。このようにこの頃から池田は外部の有力雑誌にも登場するようになっていく。例えば、女性誌

『主婦の友』の一九六六年七月号もそのひとつだ。この時、池田は対談に応じているが、その相手は作家の有吉佐和子だった。有吉は創価学会に対しやけに好意的で、池田にはこんなふうに話しかけていた。

有吉「私が、『会長さんと対談でお会いするのよ』っていったら、知人が、『ああ、うらやましい。私たちだって、めったにお会いできないんですよ』って……申しわけないような感じでした。（笑）これだけ大きな人口をかかえられているので、うかがいたいことが山ほどありますわ」

強引な折伏や相次ぐ選挙違反などでとかく社会との軋轢が目立っていた創価学会だったが、多数の議員を送り出し組織も数百万世帯という宗教団体として例を見ない規模になりつつあったことで、池田は言論戦の本格化とともに対外的イメージの修正を図っていた。一般向け雑誌への登場もそのひとつと言えた。

一九六五年元日付から『聖教新聞』で長期連載が始まった小説『人間革命』はそれを相当に意識したものとみなしてよい。

「戦争ほど、残酷《ざんこく》なものはない。
戦争ほど、悲惨《ひさん》なものはない。
だが、その戦争は、まだつづいていた」

この有名な書き出しで始まる物語は一九四五年七月の戸田の出獄が第一歩となる創価学会の歩みを描く群像劇だが、以前に詳述した池田の入信経緯がまさにそうなのだが、事実から乖離《かいり》した脚色が随所に見られるものだ。宗門の老僧を吊し上げた「狸祭り事件」なども青年部員らによる暴力的な行為はまるでなかったかのような書きぶりになっていたりする。

前述の対談で有吉は当然、連載たけなわだった『人間革命』についても訊いていて、池田はこんな返答をしていた。

有吉「でも、ちゃんと起伏をつけていらして、ご苦心のほどはわかりますよ。創価学会というものに対して、デマでかたまっていた時期があったでしょう。（中略）創価学会は神棚などをやたらにたたきこわすといううわさもあって、〝にくまれっ子〟という感じがありましたね。本部がそれをどう受けとったか、全体の統制をおとりになるのに、どんな苦心がおありになったか——そういうことが、小説に出てきたら、たいへんおもしろいと思うんです」

池田「それはもう、ありのままに、書かなければ……」

折伏の過程で神棚を壊すような狼藉《ろうぜき》を働いた学会員がいたことはデマでもなんでもなかったが、はたして池田はその言葉どおりにあの小説を書き継いだのだろうか。

この頃ともなると、かつての精悍な顔つきとは異なり池田の首回りから胴回りに至るまで、まだ四十前ではあったものの、ずいぶんと貫禄が出ており、その風貌からはふてぶてしささえ感じられるようになっていた。「やむをえず」に押し出されて就任した会長職ではあったが、その後も折伏に次ぐ折伏で会員数は増加の一途を辿り、国会から地方議会までその占有議席数はうなぎ登りだった。何よりもそれらは池田の指導力を裏打ちすることになったし、北条以下の大幹部も大いなる信頼を寄せるところとなった。

もっとも、それは戸田の遺産による恩恵が大きい。創価学会がその頃も見せていた急速な勢力拡大は何よりも軍隊論を注入した強固な組織力の賜物《たまもの》で、その仕組みはすでに戸田がほぼ完成させていたものだった。海外進出を別にすれば、池田は何ら新しいことを行っていない。会社に喩《たと》えれば、戸田はアイデア豊富な起業家であり部下が無条件でひれ伏すワンマン経営者であったが、池田は命じられたノルマを上回る成績を黙々と上げ続け、その点、同年輩から一目置かれた優秀な営業マンといったイメージだろうか。

少年期から姓名判断を頼りに改名を繰り返し、早々と教員を辞めて受験塾を始めた戸田はたぶんに山師的な素養があった人物だ。一方、池田はもともと病弱な文学青年であり、恩師・戸田に対し忠実に仕える生真面目さだけが取り柄とも言えた。戸田は生まれついての宗教オルガナイザーだったように見受けられるが、池田の場合は与えられた役職をひたすらこなし、その結果として指導者に仕上がった口だ。実績を上げるにつれ役職が後から付いていくタイプではなく、役職によってそのような人物に育っていったタイプとも言える。

池田は会長になるべくしてなったというより、周りから会長と呼ばれることで指導者然とした振る舞いが身につき、やがてそれに酔いしれるようになったのではないか。こうしたなか、小説や論文を自らの名前で次々と世に問うことが、創価学会の対外的イメージを修正するだけでなく、本来は平凡な普通人に過ぎない池田個人の承認欲求をも大いに満たすところとなったのは想像に難くない。

一九六六年の春頃からかつて『聖教新聞』で縦横無尽に躍っていた「邪宗」という毒々しい言葉遣いは見られなくなる。世間の評判など気にすることなくいかなる場であれ裏表がなかった戸田と異なり、池田は本心とは別に世間体を取り繕い、とかく言動に裏と表があり、そして、その乖離は年々広がっていった。それゆえ、創価学会が見せた社会との融和姿勢は上辺だけのことで、この頃から外敵に対する戦闘性は水面下に潜っていくこととなる。そうしたなか、聖教新聞の一部記者が野に放たれるなど、裏側では四方八方へと様々な謀略活動が準備されていくのである。

裏の外郭企業集団「金剛会」

池田によるところの『政治と宗教』を出したのは神田神保町の雑居ビルで二年前から活動を始めていた「鳳書院《おおとりしょいん》」なる新興出版社だった。その第一弾は創価学会教学部による『日蓮正宗創価学会批判を破す』で、小平が書いた『創価学会』も、秋谷が編纂した『創価学会の理念と実践』も同社から出ていた。当然、これら書籍の広告は『聖教新聞』に大きく掲載され、同社はそこにおいての挨拶で「このたび鳳書院は時代の要望にこたえて新たに創立いたしました。社員一同現代出版界に新風を巻きおこす良書をどしどし発刊して皆さまのご期待にこたえていきたいと思っております」と、まるで媚《こ》びを売るかのような体であったが、表向きは学会と無関係を装っていた。一般社会への浸透を図るためには、その方が都合がよいと考えられたからだろう。

言ってみれば言論戦におけるフロント企業であった鳳書院は、経済戦でも一翼を担う外郭企業のひとつだった。言論戦と同様、その経済戦にも表と裏はあった。官庁や企業で働く青年部員で構成された経済部第二部や大企業の経営層を集めた「富士クラブ」は、池田も出席しての結成式が『聖教新聞』で紹介され、一九六二年一月の「東洋学術研究所」（現・東洋哲学研究所）や翌年十月の「民主音楽協会」といった外郭団体の設立も堂々と公表されていた。が、そうした表の組織の一方、鳳書院など外郭企業との関係は伏せられた。

無関係を装って設立された外郭企業の大半は創価学会の組織拡大に伴って生じる仕事を受託することを業務の柱とした。一九六一年十一月設立の「日本図書輸送」は『聖教新聞』など出版物の輸送を担ったし、翌年一月設立の「創造社」は各地で建設されつつあった会館の設計業務を行っていた。前に触れたひさご印刷も同様だ。これら以外にも一九六四年四月には信濃町の本部近くで書店や飲食業を営む「東西哲学書院」が設立され、前出の篠原善太郎が代表取締役に就くこととなる。戸田肝煎《きもい》りの「東洋精光」は学会の会務で忙しくなった北条が社長業から引いた後も学会員の手によって経営が続けられ、外郭企業群の中核に育っていた。

一九六七年六月二十五日、東京・築地の料亭「小富美」にこれら外郭企業の社長が呼び集められることとなる。本部の大幹部でこの場に出席したのは池田以下、和泉、北条、中西、星生務《せいりゅうつとむ》の五人（この時点で和泉と北条は参議院議員でもあった）、それに日本図書輸送の田中正一、創造社の八矢英世、ひさご印刷の星野義雄、東西哲学書院の篠原、東洋精光の木村靖という五人だった。

このうち星生と田中は池田体制発足から二カ月ですぐに理事へと引き上げられており、その時点で池田の覚えはめでたかった。星生は池田の二歳年上で明治大学卒、江東から船橋にかけてを統括する関東第二総支部長などを務めた。他方、田中は池田の十六歳も年上で、杉並から大宮、世田谷まで広く対象とする関東第四総支部長などを歴任していた。池田は狸祭り事件の翌年から一時期、文京支部長代理に派遣されたことがあり、その時に支部長だったのが田中で、二人は旧知の仲だった。北条はじめ青年部の人脈を何かと頼りにした池田だが、星生と田中はそのなかで数少ない側近の壮年幹部と言えた。

一方、星野は「小樽問答」の後、参謀に任命されるなど青年部の中心を担い、池田体制発足の翌年にはやはり理事に登用されていた。一九六三年には東京都議に送り込まれている。戸田の宣言に触発され原水爆使用者の極刑を声高に叫んだ八矢は早稲田大学理工学部を出て一級建築士の資格を持ち、男子部幹部だった一九六二年に理事へと取り立てられていた。また、東洋精光の木村は結核の身を押しながら早朝の午前八時から未明の午前二時まで北条のもとで苦楽を共にしたという、やはり青年部上がりの幹部だった。

この日の会合には三菱銀行の頭取から寿司とデザートの差し入れが届けられていた。まず池田は会合の意義を一同に向かって述べた。かつて池田が戸田の一言一句を漏らさず手帳につけていたように、東洋精光の木村は毎回、メモをとり、後に社用箋に清書したものを残している。それによれば、この日、池田は冒頭でこう話していた。

「広布の経済を推進する本当のグループとして育て、今の富士クラブ、経済第2等は迹門《しゃくもん》である」

つまり本部文化局に設けられた表の組織である前出の富士クラブや経済部第二部よりこの日の

会合の方が重要な場であるということだ。池田はこんな意気込みも口にした。

「これから、この社長会を中心に経済革命をする。一番最後で、一番大事で、又一番晴れがましい舞台だ」

　他方、気の置けない部下ばかりを集めた場だったからか、池田はこんな内情を暴露していた。

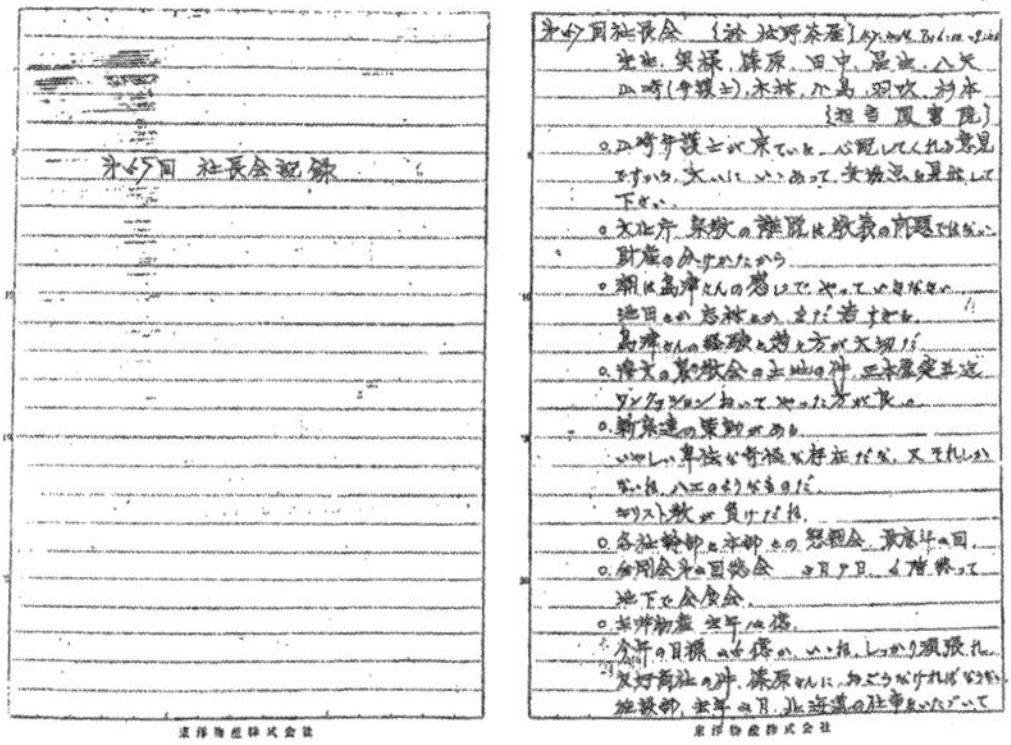

東洋精光の木村が社用箋に残した社長会記録

「第一商事も、戸田先生がいられる時は守られた。その後、だんだん変って、学会人を辞めさせ謗法を雇い、儲《もうけ》は結局自分達のものにしようとした。最初は学会に全資金を出すような事をいっていたが、ついに脱税でごっそり、根こそぎとられた」

「第一商事」とは池田が籍を置いた「大蔵商事」の後の社名で、戸田の秘書であり愛人でもあった森重紀美子の一族の手に同社は委ねられ、この頃は学会から遠のいていた。そうした裏側には一握りの者しか知り得ない思わぬ確執や不正があったわけである。

　この社長会は以後、ほぼ毎月開かれ、池田の思いつきとも言えるような一言で重要事項が決まっていくようになる。鳳書院で社長を務める小島重正が第二回から加わるなど、いくつか出席者の変遷を経ながら、やがて名称は「金《こん》剛会《ごうかい》」と定められた。ただし、この会合の存在は公表されなかった。あくまで裏の組織として続くのである。

池田がこうした少人数の秘密会合を重要な場として設定した背景には、本来なら意思決定機関を構成すべき理事など重要ポストの任命者があまりに増え過ぎたことも関係していたとみられる。

じつは、会長就任後の池田はポストを濫発していた。田中と星生を引き上げた一九六〇年七月の役員人事で理事を六人増員したのを手始めに、本部幹部会が開かれるたびに理事の数は増えていった。早くも一九六二年三月にその数は百人を超えることとなる。すると、同時に池田は副理事長ポストを濫発し始めた。もともと北条一人だったところに、まずは小泉と辻を追加、さらに同年八月には和泉、秋谷、白木義一郎の三人も加えた。この副理事長ポストが一九六六年一月に四十人を超えると（その頃、理事はじつに三百二十人超を数えていた）、こんどはその上に総務ポストを設けての濫発だ。同年二月、この間の一九六四年十二月に原島が自宅で倒れ急死したことで後任理事長となっていた北条は総務に任命され、同時に辻、小平、森田一哉、竹入、白木も副理事長から昇格した（北条の後任理事長には和泉が就任した）。この総務ポストも前述の第一回社長会が行われた頃には待遇ポストも含め十四人となっていた。ちなみにその時点で副理事長は四十二人、理事は五百三十六人である。その下には理事補なるポストまで設けられ、こちらも百九十九人を数えていた。

対照的に先代の戸田はどちらかと言えば少数精鋭主義だった。一九五四年五月に両国のメモリアルホールに四万二千人を集めた総会で戸田は緊急動議を突然発し、それまで九人だった理事を小泉、柏原、石田、白木薫次の四人に半減させていたくらいである。確かに、当時に比べれば創価学会の会員数は十倍を超える規模となっていたが、それでも幹部ポストは多すぎた。池田はそれを学会の興隆ぶりを示す分かりやすい指標として誇らしげに語っていたが、当然、ポストの持つ重みは逆に軽くなるばかりだった。当初から意図したものとは考えにくいが、これは池田の地位をそれだけ上げることにつながった。権限を増す池田は好きな時に好きな幹部を集めて意思決定を行うようになっていく。そのひとつがこの日の社長会だったわけである。

四日間で三百五十億円を集める

一九六〇年代半ばのこの時点で早くも池田は我が世の春を謳歌していたと言ってよい。

公明党結成から最初の国政選挙にあたる参議院選挙では全国区で過去最多となる五百九万票を獲得して北条や田代富士男、黒柳明ら十一人が当選していたし、社長会が持たれる半年前の一九六七年一月に行われた黒い霧解散に伴う総選挙でも竹入や矢野、渡部城克、それに石田次男の実弟・幸四郎ら一挙に二十五人が当選を果たし、衆議院で社会党、民主社会党に次ぐ野党第三党の位置を占めていた。さらにその年四月の東京都知事選でも創価学会は存在感を示している。マルクス経済学者の革新系候補、美濃部亮吉《みのべりょうきち》が初当選を飾ったこの選挙で公明党は独自候補を立てていた。美濃部の二百二十万票に対し公明候補は六十万票にとどまったが、何より前哨戦の段階から選挙を振り回したことは学会の力を見せつけるのに十分だった。

さて、これら政治面での躍進以上に池田体制の隆盛ぶりを示す大きな出来事がこの間にはあった。正本堂《しょうほんどう》の寄進がそれである。

創価学会の手によって寄進されていた奉安殿にかわる「戒壇本尊」の安置施設について建設構想が持ち上がったのは、大客殿が完成した一九六四年春の前後のことだ。学会が責任役員会で計画を内定したのは四月十日であり、これは五月三日の総会で衆議院進出や会長終身制とともに正式発表された。翌年十月に公表された第一次構想図は、巨大な伽藍《がらん》を支える中央の塔が高さ六十六メートル、間口と奥行きがそれぞれ百メートルという壮大な近代建築で、正面玄関前の広場には「久遠《くおん》の火」が灯《とも》され、参列者を迎え入れる大きな噴水まで設けられていた。本門大講堂、大客殿に続き起用されたのは建築家の横山公男である。この道における気鋭の建築家だった横山は幼少期を日蓮正宗の浄圓寺《じょうえんじ》で過ごした信者であり、法主・細井日達の娘婿でもあった。

この翌週、正本堂供養は全国で一斉に始まった。今回も大客殿供養と同じく全国一万六千あまりの地区それぞれに幹部を責任者として任命しての総がかりである。結果、十月九日からの四日間で集まった寄付は、じつに三百五十億円もの巨額に上った（ほかに海外でも三億六千万円が集まった）。この時、本山が集めた寄付は一億五千万円、各寺院に所属する講の連合体である法華講は三億円に過ぎなかったから、いかに創価学会の集金力がずば抜けていたかが分かる。この正本堂供養の凄まじさは池田の金銭感覚を決定的に狂わせたとも言われている。それまでの月賦で購入した慎ましやかな一軒家から、直前まで大企業の実力者が住んでいた豪勢な屋敷へと、池田が家族とともに移り住んだのはこの翌年のことにあたる。

「社長会」の池田発言で決まっていた選挙の候補者

例の社長会における池田の発言はどんどん大胆になっていった。

「今回の都議会はこちらの予想通りになった。政治に初めて口を出した。今迄《まで》と全然違う。都議会の夜明けだ」

こう手応えを語ったのは一九六七年七月のことだ。その年十一月に佐藤栄作内閣の改造人事が行われ、自らの派閥を率いるようになった中曽根康弘が運輸大臣に任命されると、一回り上の世代にあたる有力代議士を、池田はこうこき下ろした。

「中曽根康弘は心配ない。こちらの小僧だ。総理大臣になりたいと云っていたので、よしよしと云っておいた。ケネディきどりだ、坊やだ」

翌月、池田はこうも言っている。

「自民党の総攻撃をやろうか。まだ少し早いな」

翌年七月に行われた参議院選挙で公明党は全国区で六百六十五万票を取り当選者は十三人を数えた。またしても過去最高の結果である。同月三十一日から三浦半島の「三崎会館」で一泊二日をかけて行われた社長会には国会に送り込んだ竹入、矢野、田代、矢追秀彦も出席させている。前年一月の衆議院選挙後、公明党の執行部体制は大幅に変更され、原島急死後に急遽《きゅうきょ》登板した辻にかわって竹入が委員長に就任、書記長も北条から矢野に交代していた。

この日の池田は威勢がよかった。

「3年たったら第2党だ、今迄メチャクチャに突進して来たが、我が軍も大したものだ。こうなったら21世紀迄生きよう」

続けざまに池田は野党第二党の民主社会党を小馬鹿にした。

「民社の鉄砲は豆鉄砲だよ。今迄は周り中と斗《たたか》って来た。手にふれればそれにかみつき、目につけば、それに向っていった。それに較べれば、民社と斗うの等何でもない。この崖の上から狙い打ちする様なものだ」

前に述べたとおり、創価学会は他宗教・他宗派を邪宗と決めつけ折伏闘争に明け暮れてきたし、マスコミはおろか警察まで敵に回して来た。ただ、この頃ともなると対外イメージを修正するため、そうした戦闘性を剝《む》き出しにすることは少なくなっていた。もっともそれは水面下に潜っただけで、本気を出せば民社党など一捻《ひとひね》りできると、池田はこの時、凄んで見せたわけである。

選挙で誰を候補にするかは池田の一存で決められた。

「小島君は衆議院はやめだ。社長会のメンバーとして人間を磨き、立派に成長してゆけ」

池田がこう発言したのは一九六八年三月にプリンスホテルで行われた第十回社長会でのことである。前年一月の衆議院選挙において、理事にして鳳書院社長、さらに板橋区議でもあった小島は、東京三区から出馬し、数少ない落選者の一人となっていた。

四カ月後の第十三回社長会で池田は小島の後任候補についてこう口にしている。

「衆議院もそろそろまとめよう。大久保だな。大沢の代りに、小島のところは山崎か秋谷だな。やっぱり30代だ。東京は大久保、山崎だ」

どうやら池田は当初、小島の後任の東京三区候補として、大沢重信を考えていたらしい。前回選挙、理事で渋谷区議でもあった大沢は東京四区から立候補しやはり落選していた。それをこの時、池田は大沢から秋谷か山崎尚見に差し替えようと考えたわけである。秋谷はこれまで何度も登場してきた言論戦の主軸だ。他方、山崎は学習院大学を卒業して本部職員となり青年部常任参謀などを経てメキメキと頭角を現し、この頃は副理事長となっていた。また、早稲田大学を出た大久保直彦も同様の歩みを辿っていたホープだ。当時、大沢が五十歳を超えていたのに対し、秋谷は三十七歳、山崎は三十六歳、大久保は三十二歳であった。もっとも、次の衆議院選挙で実際に東京三区の候補者となったのは、秋谷でも山崎でもなく、元女子部長で前述の多田の再婚相手となっていた旧姓湊時子だった。戸田の学会葬で弔辞を読んだ一人である。

気まぐれな池田はこの時、竹入や東京都議の井上浩一を持ち上げる一方で、都議を務める龍年光と藤原行正に対し不満を漏らしている。

「警察だって、動かしているのは、竹入、井上だよ。竜《ママ》なんかおどかすだけで、味方にならない。竹入の一声だよ。竜も藤原も出さないでゆこう」

龍も藤原も公明党結成時には次期衆議院選挙の候補者とされていた。龍は東京二区、藤原は福岡三区があてがわれる予定だった。しかし、一九六七年の選挙では二人とも候補とされず、この時の池田によれば、次も見送りというわけだった。その言葉どおり、龍と藤原はこの後も都議会に留め置かれることとなる。

この社長会が始まった頃から池田は和泉や辻といった牧口時代からの古参幹部を煙たがるようになっていた。一九六七年十一月の第六回会合に和泉の姿はなかったが、そこで池田はこう言っている。

「社長会、和泉をとって、横松を入れる」

横松昭は本部で出版総局長を務める幹部だ。実際、和泉は翌年一月の第八回会合から外された。この後も池田は折に触れ和泉のことをこき下ろしている。「和泉は頭が悪い」と口にしたのは翌年二月で、「和泉理事長はいてもいなくてもよくて、丁度いいな」と言ったのはさらにその四カ月後のことである。この頃、ポストを濫発していた池田にとって理事長職はどうでもいいポストだったらしく、後任には辻を考えていたようだが、それも「説教形になるな」と小馬鹿にしていた（実際にはこの後、辻が理事長に任命されることはなかった）。

この頃、池田の信認が厚かったのは、まずもって北条と中西だった。一九六七年九月の第四回社長会は箱根町湯本の「松の茶屋」で行われた。室町三井家十二代目が開いた由緒正しい温泉旅館である。その場で池田は腹心の大幹部四人をこう評している。

「外部の斗いを受けて、会長の防壁になっているのは北条と中西の二人だ。中西はよくやる。あれで一番怒られている、えらい、後はまだまだそこ迄いかない。秋谷にしても渡辺にしても景気だけはよいが、そんなものではない」

言論戦の主軸である秋谷にしろ、衆議院に送り込んだ渡部（渡辺）城克にしろ、まだまだだというわけである。秋谷と渡部は先代・戸田にあやかって、城永、城克と名乗っていたが、池田のこうした発言が影響したのか、この少し後に二人は、栄之助、一郎と本名へとその名を戻している。


会長就任十年目となった一九六九年は池田にとって右肩上がりの絶頂と言ってよかった。この年春、創価学会は七百万世帯を超えた。折からの高度経済成長とも共振し拡大一途の組織はかつてない高揚感で充満していた。全国の大学がバリケード封鎖され、安田講堂の攻防戦がその頂点となった学園紛争が潮の引くように沈静化し、佐藤首相の訪米で沖縄返還が決まったこの年の師走に行われた解散総選挙で、公明党はそれまでの倍近い四十七人もの当選者を出すに至る。

が、思わぬ落とし穴は、その選挙期間中にぽっかりと口を開けていた。投票日の二週間前に放送されたＮＨＫの選挙関連番組「二党間討論」における共産党国会議員が行った学会批判がその始まりだった――。

第５章　言論出版妨害問題の蹉跌

田中角栄も登場した『創価学会を斬る』への圧力

一九六九年十二月に実施された第三十二回衆議院議員選挙は日本で初めての本格的なテレビ選挙だった。政見放送が始まったのはこの時からで、そんななか今ではとても見られないような形式の政治討論番組が編成される。公明党と共産党が真っ向からぶつかり合ったＮＨＫの「二党間討論」は十二月十三日午後十時十分からの五十分番組だった。

この時、公明党側から討論に臨んだのは渡部一郎と正木良明《まさきよしあき》で、共産党側からは上田耕一郎と松本善明《ぜんめい》が出た。日蓮仏法の慈悲と道理を説く宗教政党である公明党が激しく突いたのは、共産党がいまだ暴力革命を捨て去っていない疑いが強いという点で、学園紛争の過激化に世の中が辟易《へきえき》とするなか、派手な空中戦を挑んだ形だった。三日後の『聖教新聞』には「否定できぬ暴力主義／大衆の前に欺瞞性明らか」と勝利宣言が並んだ。

しかし、ブラウン管の前の視聴者に響いたのは、むしろ共産党、とりわけ松本が強く批判した創価学会の謀略活動だった。学会に批判的な書籍の出版に対し水面下で激しい圧力をかけている実態を暴露したのである。

ここでにわかに注目を集めた事案があった。それは評論家の藤原弘達《ひろたつ》が著した『創価学会を斬る』との新刊本に対する学会側による執拗な出版妨害工作だった。

売れっ子評論家だった藤原弘達の書籍に関し予告ポスターが出たのは四カ月前、その年八月二十二日にさかのぼる。出版社「日新報道」による宣伝は派手で、内容はさておきこの新刊本はたちまち話題となった。

創価学会側でまず動いたのは東京都議を務める藤原行正だった。早くも九日後、藤原は著者を訪ねることとなる。そこで埒があかないと見た藤原はさらに四日後、版元である日新報道の社長・綿抜幹夫と編集長・皆川隆行を東京ヒルトンホテルに呼び出して出版中止を求めた。十日後、新刊の内容を摑《つか》んだ藤原は学会総務の秋谷栄之助とともに再び著者の自宅を訪ねることとなる。批判的な内容を改めることを要請しようというわけだ。

「だから、創価学会の本質がこうだとか、会長がこうだというのは、行過ぎだと思うんですよ」

「ちょっとね、度が過ぎてると思うんです。もっと人間性のある批判をしていただきたい」

「少しでも阻止することは当たり前だろうと思うんです。『書くのか、いいわ、どんどん書け』。そんなことはおかしいと思うんです、組織人として。あるいは選挙をするものとして。選挙前ですから……。これは明らかに選挙妨害であるというような、勘ぐるんですよね」

先に一人で到着した藤原は著者を責め立て、こう続ける。

「新宗連と関係があるというウワサはどうですか？」

藤原が持ち出した新宗連は正式名を「新日本宗教団体連合会」といい、様々な新宗教がそこには加盟していた。一九五一年に創設された際の初代理事長はパーフェクト リバティー教団（PL教団）の第二代教主・御木徳近《みきとくちか》で、この四年前からは立正佼成会の開祖・庭野日敬が第二代理事長を務めていた。創価学会から見れば、邪宗、邪教の集まりであり、当然、これまで一方的に攻撃を受けてきた新宗連の方も学会を敵視してきた。新宗連は国政選挙で特定候補を支援していたから、その面でも学会とは競合関係にあった。

藤原は著者にこんな要求もした。

「その前にちょっと見せてくださいよ、わたしに」

出版前にゲラを確認させてもらい、内容を改変しようというわけだ。

これに対し著者の藤原弘達は「それはやっぱりいかん」と当たり前に拒否した。

遅れてやって来た秋谷は巨大組織の威力を遠回しに見せつけようとする。

「その点で本になる過程で、会員のほうには、さかなでされるようなね、そういう部分があったために、先生全体の、そのひとつの方向に対して無用な摩擦が出てきたときは、これは先生にとってもマイナスだし、われわれにとってもマイナスじゃないか」

藤原行正はこう畳みかけた。

「……その編集者とも話させてください。許せる範囲で」

この時、著者の藤原弘達はやりとりをひそかに録音していたのだった。

五日後、藤原行正と秋谷は再び日新報道を訪ねた。しかし要求は通らなかったようだ。そうこうするうち、事態は思わぬ展開を辿る。十月六日、著者・藤原弘達のもとに電話をかけて来たのは自民党幹事長の田中角栄だった。この背後には公明党委員長・竹入義勝による要請があった。竹入は文京区議だった頃から自民党とパイプを築き、田中とも親交を結んでいた。そこで思わぬ大物政治家のお出ましとなったらしい。九日後、田中は赤坂の料亭「千代新」に藤原弘達を呼び出した。この会合を知っているのは、ほかに池田大作と矢野絢也だけだという。八日後にも田中はやはり赤坂の料亭「のぶ中川」に藤原を呼びつけている。しかし、十一月十日を発行日とする『創価学会を斬る』は、一部の出版取次が扱いを拒否するといった紆余曲折を経ながらも発刊に至り、テレビの政治番組で紹介されたこともあって、多くの人々が手にとることとなる。

妨害工作でこの世から消えた本

前章で触れたとおり、池田体制となった創価学会は秋谷を責任者に言論戦を展開した。「邪宗」とのどぎつい表現を控えて対外イメージの修正を図ったり、池田自らが言論人や文化人を気取ったりしたのが表の活動である。言論部には一九六七年三月、秋谷以下、市川雄一、福島源次郎、原田稔、野崎勲といった青年部の選りすぐり二十六人を集め「現代マスコミ研究会」なるものが立ち上げられていたが、これは表の組織であり、同時に裏の活動も担っていたと思われる。渡部一郎の妻で同じく国会議員となっていた渡部通子ら二十五人を集めた「パール・ペンクラブ」も同様だろう。著者を分析し、味方と敵に分類するわけだ。味方であれば、シンパとして手なずけていく。作家の有吉佐和子はそのテストケースみたいなもので、例の『主婦の友』のインタビューから一カ月後、『潮』女性愛読者有志なる集まりは有吉を講師に招き講演会を開いたりしていた。他方、敵の場合は裏の手段がとられる。そもそも件の社長会の場で会長の池田自らが「神田等で学会にマイナスになる本があったら買っておけ」（一九六八年二月の発言）と人目に触れないようするための買い占めを指示していたくらいだから、裏の言論戦で真っ先にとられた手段がすなわち出版妨害であった。

じつのところ、『創価学会を斬る』の事例は、裏の言論戦においてむしろうまくいかなかった範疇《はんちゅう》に入り、その前には人知れず葬り去られた批判本があった。それはさらにさかのぼること二年前の話だ。

一九六七年九月二十日、先に藤原行正が名指しした新宗連の機関紙『新宗教新聞』に新刊本の広告が掲載された。タイトルは『これが創価学会だ』で、サブタイトルは「元学会幹部43人の告白」、著者の植村左内《さない》は学会の元会員とされた。『新宗教新聞』では前年八月から植村名義による創価学会批判の連載記事が展開されていた。版元の「しなの出版」も結構したたかで、この広告以前にも週刊誌記者らを集め、見本を大量に配っての宣伝に努めていたようだ。そんなこんなで、発売日の十月十日を前に予約注文は他の宗教団体などから大量に舞い込んでいた。三十万部超と少々眉唾な数字さえ版元は口にしていた。

広告掲載の前後、見本はすぐに創価学会の手に渡ることとなる。この時、出版妨害に動いたのは参議院議員の辻武寿と東京都議の龍年光だった。発売を九日後に控えた十月一日、二人は自民党本部に行き、まずは全国組織委員長の辻寛一《かんいち》と面談したとされる。学会側は八方手を尽くして何としても出版を止めようとしたと見え、さらに翌日、この件で自民党本部に現れたのは党都連会長の賀屋興宣《かやおきのり》だった。公明党関係者の差し金である。東條英機《とうじょうひでき》内閣で大蔵大臣を務めA級戦犯としていったんは終身刑に服すという歴史の生き証人でもある賀屋は、幹事長の福田赳夫に対し、ベテラン国会議員らしからぬ取り乱しようでこう事情を話した。

「実は公明党から頼まれたのだが、某書房が出版を予定している〝これが公明党《ママ》だ〟という本をなんとかやめてもらえないだろうか」

　こうした政治ルートでの工作がうまく行かないと見た創価学会のとった手段は法的な圧力である。十月四日、創価学会と公明党は、版元のしなの出版に対し出版禁止の仮処分を東京地裁に申し立てた。学会側が挙げた問題個所は大石寺をめぐる言い伝えから学会組織内における不倫の横行に至るまで七点にわたり、それらは事実無根だとして糾弾、学会や公明党の幹部の暮らしぶりは質素で清廉潔白などと主張した。結局、この申し立ては十日後にあっけなく却下され、その間に件の書籍は刊行の運びとなる。

　しかし、創価学会の出版妨害は執拗に続いた。こんどは名誉毀損だとして損害賠償請求訴訟を起こすとともに、刑事告訴にまで及んだのである。告訴の相手には立正佼成会トップの庭野も含めていた。問題の新刊本を大量に注文したというのがその理由だ。

　こうした一方、創価学会は仲介者を立ててての懐柔工作も同時に進めた。例の内部資料である「総合経過年表」によると、和解の話し合いが初めて持たれたのは十一月一日とされる。仲介者は日本大学で会頭を務める古田重二良《じゅうじろう》だった。古田は日大のマンモス化に道を開いた教育界の大物で、同時に保守寄りのフィクサーとして立正佼成会など新宗教団体を自民党支持に導こうと三年前に「宗教センター」なる社団法人を設立し理事長に収まっていた。

臨終の時を日大病院で迎えるなど、戸田時代から創価学会は何かと日大との縁が深い。そんななか、具体的経緯は必ずしも詳らかでないものの、古田は宿敵である立正佼成会とのパイプもあり、仲介者として適任だったのだろう。年が明けた一月、学会と版元、著者との間では和解文書が交わされた。立正佼成会の影響下にあった新宗連が書籍を回収し、著者側の謝罪念書とともに古田にそれらを引き渡すとの内容だったとされる。後年、植村はかわりに学会側から「邪宗攻撃」を行わないとの確約をとったと主張している。古田に引き渡された大量の書籍は焼却されたとも裁断されたとも諸説あるが、いずれにせよこの世からすっと消えて無くなったのである。

山崎正友の台頭と謀略活動の活発化

これら裏の言論戦が活発になるなか、創価学会内で隠然たる力を持ちつつあったのが弁護士グループだった。『これが創価学会だ』をめぐる出版禁止仮処分で申立書に名を連ねた学会側弁護士は三人いた。その一人はまだ三十歳そこそこの駆け出し弁護士だったが、学会では彗星《すいせい》の如く現れた新進気鋭の若手幹部だった。その人物こそが「山友《やまとも》」こと山崎正友《まさとも》である。

山崎は一九三六年十一月、岡山県岡山市に生まれた。入信したのは二十二歳、一九五九年四月のことだ。創価学会では戸田城聖亡き後、会長が不在だった時期にあたるから、言ってみればポスト戸田門下生だった。京都大学法学部の学生だった山崎はその頃、結核の療養中で、慢性腎臓炎なども患いほとんど寝たきりの状態だったらしい。そんな折、母・千代子から折伏されたのである。

病気を克服した山崎は在学中の一九六一年九月、司法試験に合格し、翌年春に卒業すると司法修習生となった。それで信心は固まったらしい。その四カ月後には学生部のグループ長に任命され、創価学会での活動にも熱を入れることとなる。一九六三年、池田が御書のひとつ「百六箇《ひゃくろっか》抄《しょう》」の講義を関西で始めると、山崎は修習先の岡山から遠路それに通った。「そのときに受けた感激が大きな信心の成長となった」と後に山崎は『聖教新聞』で優等生的に語っている。

一九六四年、創価学会で学生部常任幹事に昇格していた山崎は上京して「山本政喜法律事務所」に就職、弁護士として歩み始める。そうしたところ、さっそく信濃町の目に留まることとなった。同年暮れ、新たに結成された「法学研究会」（後に「法学委員会」）の初代委員長に抜擢されたのである。学会生え抜きの法曹家を養成する責任者というわけだ。

一九六五年四月、山崎は弁護士二年目にして独立し、信濃町からそれほど遠くない三栄町に「山崎正友法律事務所」を開業した。同年七月、創価学会においては早くも理事補に任命され、学生部でも十一月には副部長に昇格する。翌年七月に大石寺で行われた学生部総会では唐突に「富士学生交響楽団」の団長に任命され、本人も戸惑うばかりだったが、何にせよ役職が付くことは学会組織において代えがたい名誉だった。一九六七年、山崎は理事へと昇格を果たすこととなる。

こうしたなか、山崎は裏の活動に投入されていく。『これが創価学会だ』をめぐる出版禁止仮処分の代理人弁護士に起用されたのはその手始めだった。二年後の一九六九年十二月、創価学会は日本仏教協会の機関誌『あそか』にも噛み付いている。梅原猛《たけし》の論文が学会の月刊誌『潮』の編集部体制が貧弱なことを取り上げ、そのことに難癖《なんくせ》をつけたのだ。この時、山崎は『潮』編集人・池田克哉の代理人に起用された。

その間の一九六八年七月に山崎が刑事弁護人となったのも、そうした裏の活動のひとつと言える。その年の参院選は十三人の当選者を出すという創価学会にとって十二分の勝利を収めた選挙戦ではあったが、裏側ではとんでもない不祥事を引き起こしていた。「新宿替え玉投票事件」がそれである。新宿選挙管理委員会管内では、投票入場券を不正に取得した上で他人になりすまし不在者投票が行われたケースが相次ぎ、多数の創価学会員が検挙されたのだ。

この大規模な不正を主導したのは例の社長会における出席者の一人でもあった八矢英世だとみられている。事件後の九月十一日に行われた第十六回会合で池田がこうぼやいているからだ。

「八矢君の今回の失敗は前回の区議選の時、正論を云っていられず、秋谷が失敗した。その戒めを自分の戒めとしてやれば、こんな事はない。慎重な反面、傲慢な面がある。両極端な性格で、安定している様で、そうでない。アブノーマルな所がある」

これによれば、秋谷も過去に危なっかしいことをやっていたようだが、いずれにせよ、この不祥事に関し創価学会はだんまりを決め込んだ。かつてなら、『聖教新聞』などで自分達の正義を声高に叫び警察批判などを大々的に展開していたところだが、この頃ともなると、社会に融和的な表の顔を取り乱すようなことはなかった。反面、「大阪事件」の時のように八矢や直接の関与者に処分が下されることもやはりなかった。

かわりに図ったのが早期の幕引きだ。新宿替え玉投票事件では創価学会から十五人の検挙者が出た。そのうち起訴されたのは八人を数えた。学会は各被告に弁護人をつけ、山崎はこの時、砂川昭夫の弁護人に起用されている。事件発生から三カ月後の十月十一日、被告全員に下ったのは執行猶予付き判決で、学会は何事もなかったかのようにこの不祥事をやり過ごした。

山崎は主に学生部において出世を重ねたが、そこで創価学会独自の学生運動を組織化することも命じられた。前年からの全共闘運動の盛り上がりが東大安田講堂の攻防戦で頂点を迎えた後の一九六九年五月三日、池田は総会スピーチの一部を「新しい大学像と学生運動について」と題した小論に割き、こう呼び掛けていた。

「純粋な青年の心情が、一部の扇動家や険悪な政治家によって利用され、無用の混乱と、下手をすれば、逆コースをも招きかねない実情にあることも知らねばならない。しかも、学生同士、いわゆる三派全学連、代々木系と、幾つもの派閥に分かれ、互いに争って、無用な混乱を繰り広げていることも事実であります。……日本の将来のために、第三の道を考えることも必要ではないかと思う。……あとは、慎重に、学生部の諸君に検討していただきます。……」

山崎は新たな学生運動を準備するため神田淡路町に事務所を借り、「山崎法学研究所分室」とした。実態は創価学会の学生部機関紙局が活動を行うための拠点である。山崎はそこに顔なじみを集めた。局長に据えた廣野輝夫は東海大学工学部からその頃は東京教育大学大学院に進んでいた。山崎と出会ったのは四年ほど前のことだ。その廣野が親しくしていたのが東京理科大学理学部の学生だった北林芳典であり、中央大学法学部の竹岡誠治だった。二人は広島出身の同郷で中学生の頃には入信、うち北林は例の新宿替え玉投票事件で検挙された一人でもあった。

事務所開設から二週間あまり後の六月十四日、組織内で「小川町」との符丁で呼ばれていたそこを、池田は視察に訪れている。それだけこの件には力を入れていたわけだが、池田の狙いは奈《な》辺《へん》にあったのか。じつは全共闘運動が燃え盛っていた前年の十一月下旬、箱根の名門旅館「松の茶屋」で開かれた第十八回社長会において、池田は学生運動に関しこんな発言をしていた。

「大学紛争、我が方も充分気をつけて行こう、必ず狙われるよ、社会の風だから必ず来る。……大学も少人数で始めよう、高等学校も入試の時には家庭調査をやろう。職員に採用する時も必ず家庭調査しよう」

「問題になりそうな所には生徒委員を作って最終的にはその委員の責任にすれば、紛争の種にならない」

　創価学会は教育戦の過程で、すでに東京・小平に中高一貫の創価学園を開校していたし、一九七一年には同じく八王子の山林を切り開いて創価大学の開学も控えていた。さらに関西でも中高一貫校の構想があり、ほかに幼稚園や各種学校の開設も目論んでいた。そこで池田は過激な学生運動が入り込んでくることを警戒したのだ。学会の手によって新たな学生運動の組織化を図ったのは、その防波堤とするためだったのだろう。統制された学生運動を展開すれば、そこに吸引される者の折伏も可能だし、敵視する共産党などへの人材流入も防げるから一石二鳥だ。おそらく池田の考えはそんなところだった。池田は一九六七年十一月に公明党の支持母体となる新たな労働組合の組織化を呼び掛けたことがあり、「日本民主労働協議会」（民労）と構想の名称までは決まったものの、その後は形にすらならなかった。新たな学生運動もその類の思いつきではあった。

　もっとも、この時の山崎は手際が冴《さ》え、組織化を命じられた新たな学生運動が具体化したのは池田の視察からわずか十日後のことだった。学生部は杉並公会堂で「大学立法粉砕全国連絡協議会」（全協）を結成したのである。議長に選ばれたのは東大生の津田忠昭で、副議長となったのが廣野だった。

　四カ月後、この全協は発展的に解消され、「新学生同盟」（新学同）が生まれる。引き続き議長を務めたのは津田で、副議長に選ばれた二人のうち一人は京大工学部の学生で後に組織内で出世を重ねついには公明党代表ともなる太田昭宏だった。代々木公園には全国三百六十八の大学から動員された白いヘルメット姿のおよそ七万五千人が集まった。しかし、池田の思いつきによるこのにわか学生運動が長続きするはずもなく、一年後には一気に下火となっていく。

ただし、この間、組織化を準備した山崎の功績が認められるところは大で、一九六九年六月には学生部主任部長に任じられ、翌月には副理事長へと一気に駆け上がることとなる。そして、神田淡路町に集められた廣野ら学生部メンバーが数々の謀略活動に従事することとなるのにそれほどの時間はかからなかった――。

次々と明るみに出た出版妨害工作

さて、話を創価学会による出版妨害工作が暴露された頃に戻そう。

NHKの討論番組が放送された二週間後に投開票された総選挙は結局、その影響もなく、公明党は解散前の倍増に迫る四十七人という大量当選を果たすこととなる。自民党は大勝、七〇年安保の争点化を狙った社会党は逆に全共闘運動の不評を買って大敗、民社党も伸び悩み、公明党は野党第二党に躍り出る形だった。そうしたなか、言論出版妨害問題は燻《くすぶ》り続けた。

一九七〇年が明けると、公明党は問題の火消しに走った。一月五日、委員長の竹入は「いっさい事実無根」と発言、翌日には自民党の田中が「おせっかいしただけ」と援護した。

しかし、総選挙で煮え湯を飲まされた野党各党はこのスキャンダルに飛びついた。

「国会でとりあげる」と一月八日に発言したのは社会党の江田三郎で、二日後には民社党も歩調を合わせ委員長・西村栄一以下の幹部会で「公明党に対しては一段ときびしい態度でのぞむ」と申し合わせることとなる。民社党の関連団体「民主社会主義研究会議」（民社研）も同時に「言論・出版の自由を守るために」とのアピールを発表した。民社研は前年十一月、藤原弘達や毎日新聞記者の内藤国夫らを招いてシンポジウムを開いており、もともとこの問題への関心は高かった。都庁担当だった内藤はその五カ月前、『公明党の素顔』という本を出していたが、それをめぐってはゲラを入手した竹入や北条浩から内容変更を求められるなどの圧力を受けていた。どういうわけか、右翼の大物である笹川良一からは大量買い取りまで持ち掛けられていた。

他方、共産党は共産党で、討論番組直後、藤原弘達にインタビューするなど、機関紙『赤旗』を使い大々的に批判キャンペーンを展開していた。こうしたなか、前年十二月に刊行された『創価学会・公明党の解明』と題する批判本をめぐる水面下の妨害工作も明るみに出る。著者とされた「福島泰照」はじつのところ筆名で、本名は隈部大蔵、西日本新聞の論説委員だった。共産党は隈部とも接触、以前にも学会から執拗な出版妨害を受けており、『創価学会・公明党の解明』は三度目の試みでようやく発刊にこぎ着けたものであったとの事実を突き止めていた。

第六十三回国会が召集されたのは一月十四日である。大手新聞も社説で取り上げるなど問題には大きな関心を寄せるようになっていた。公明党書記長の矢野は創価学会・公明党関係者が藤原弘達に接触したことを認めつつ「妨害ではない」と軌道修正を図り、一方で「政教分離は徹底的に行う」などと発言して、事態の沈静化を図った。

ただ、この頃の創価学会はまだ問題をそれほど重大には捉えていなかった。一月十一日、東京・両国の日大講堂に約二万人を集め、学生部幹部会が開かれたが、党国会対策委員長も担う渡部一郎は演壇に立つと、こんな具合に問題を一蹴していた。

「ほんとうにバカなはなし、あきれるほどです。天下の創価学会と天下の公明党にたいしておどかそうなんて、まったくおどろいたね、まー、ほんとに、ほー、ほんとに考えられないね、ほんとにバカバカしい話（笑い）」

折伏攻撃で組織が急拡大を続けるなか、皆が皆驕《おご》り高ぶっていた。

かたや、池田も同じような調子だった。同月二十七日の社長会ではこう発言している。

「新しい段階に入ったんだから、三障四魔《さんしょうしま》は当然だな。……いろいろの事件があるが、これによって皆んな成長するよ、1月はやられましたね。2月、3月迄だな」

あるいは、こんな具合だ。

「弘達の問題等、世間ではたいして問題にしていないよ。しかし、国会があるから慎重にしよう」

ところが、そんな楽観ぶりをよそに、二月に入ると風向きは急速に怪しくなり始める。

まず九日、問題究明の声を上げたのは五木寛之ら有名作家七人だった。月刊誌『潮』や『週刊言論』など創価学会・公明党の出版物での執筆も拒否するという。

さらに十八日、いよいよ国会でこの問題が取り上げられることとなる。衆議院本会議の代表質問で共産党の米原昶《よねはらいたる》が創価学会を名指しして具体的な妨害工作を首相の佐藤栄作らに質《ただ》したのである。

こうしたなか、極めつきが二十三日に開かれた記者会見だった。主催したのは「言論・出版の自由に関する懇談会」である。この共産党に近い文学者らの集まりは、先に行われた創価学会学生部幹部会における渡部の講演をひそかに隠し取りした録音テープを入手していたのだ。この日、衆議院予算委員会では社会党の赤松勇が藤原や内藤、植村に対する出版妨害工作を取り上げ、それら関係者三人の証人喚問まで要求していた。

わずか三日後、渡部は国対委員長を辞任せざるを得なくなる。

次の日、社長会は神奈川・仙石原にある「箱根研修所」で持たれた。池田は「大幹部、総務は私の云う事を聞かない。聞いているふりをして、本当にやらない」といら立ちつつ、それでもなお「たいした妨害ではないよ。どこでもやっている事だよ」と余裕を見せていた。さらにこんなことまで言っている。

「本当は政教分離どころか、政教一致で私が指揮をとりたいよ。ほっておけない。竹入、矢野はよく頑張っている」

自分が出ていけば、すぐに事が収まると思っていたようだ。その日から『聖教新聞』や『公明新聞』では反撃キャンペーンが始まっていた。

「欺瞞の党、日共を告発する」

「平和路線の欺瞞、議会を利用し革命」

「これでも日共は清潔な党か」

こんな攻撃的な見出しが連日続いた。主たる反撃目標は共産党だった。

折からの体調不良のため池田はしばらく前から箱根研修所での静養に入っていたが、その日は快活そのもので、こうも話していたくらいだ。

「箱根は空気が良い。今は煙草がスパスパすえる。1日5箱位すえる。東京へ行くともう駄目だ。1箱もすうと、もう駄目だ。箱根に来て4日位たつと、元にもどる。どうも年末の無理で肺炎だったらしい」

箱根研修所は五年前に民間企業の保養施設を買い取ったもので、表向きは外郭団体「民主音楽協会」や聖教新聞関係の研修所などとしていた。そこをプライベートの別荘かのごとく使っていた池田だったが、この時点ではまだ心理的余裕があったと見える。

だが、旗色はむしろ悪くなる。

箱根での社長会の翌日、衆議院予算委員会で質問に立ったのは民社党の塚本三郎だった。若くして身延派日蓮宗の尼僧《にそう》に師事した塚本は、その師匠にあやかってもともとの後藤姓から改姓したほどの熱心な信者だった。質問のなかで塚本は自身が受けた妨害工作を明らかにした。前年八月、『公明党を折伏しよう』と題した自著を地元の名古屋で出版しようとした際、ゲラが印刷所から創価学会側に流出し、それぞれの党を介し出版中止の要請が入ったことなど、その追及は生々しかった。さらに、この日の国会質問に先立ち何者かによる様々な脅迫行為があったことまで暴露した。塚本は池田の証人喚問を求めた。

「会長を代えたらどうだろう」

三月に入ると、さすがの池田も弱気になり始めたようだ。言論出版妨害問題が政教一致批判の様相を強めていたことは大きかった。

三日深夜、池田の密使が電話をかけた先は民社党委員長の西村だった。すでに昼間、その密使は西村と会って感触を確かめていた。それを聞いた池田は事態を乗り切るため、以前は小馬鹿にしていた政党と早急なトップ会談を目論んだのだ。

「池田会長に委員長の意見を伝えたところ、池田会長は学会と公明党とは分離する。公明党の今後に対して西村委員長のお力添えをお願いしたいとのことである」

池田の密使はそうメッセージを伝えた。以前から民社党が主張していた政教分離を飲んで、公明党と民社党の合流を匂《にお》わせたのだ。

政教一致批判を受けていたのは何と言っても例の「国立戒壇」だった。全国から三百五十億円もの寄付を集めた正本堂は定礎式も終え、いよいよその威容を現そうとしていた。その正本堂に関し、池田は三年前の総会において「事実上の本門戒壇である」と、慎重な表現ながらも従前から創価学会がその実現を熱望していた国立戒壇に通じるような発言を行っていた。正本堂建設委員会には委員長の竹入や副委員長の北条をはじめ公明党の国会議員多数が名を連ねていた。何しろこの頃は党委員長の竹入が学会総務を兼ねていたように最高幹部の大半は学会の役職と議員を兼ねていたから当然である。もうひとつの党の政治目標である「王仏冥合」も当然やり玉に上がっていた。

「黒い〝鶴〟のタブー」などと題した『赤旗』の追及は、その矛先を創価学会と公明党との不透明な資金関係にも向け始めていた。日蓮正宗のバッジに描かれていたシンボル、それが「鶴」だ。公明党が本部を置く「公明会館」の土地は原島宏治が個人で取得したものを八カ月後に学会へと贈与したものだったし、公明党は国から払い下げられた土地を学会に贈与したりしていた。参議院議員となった田代富士男が一九六八年七月に大阪・千里ニュータウンの宅地を購入した際、その資金を出していたのは外郭団体の「財団法人公明協会」だ。学会、党、所属議員の資金関係はまったくもって混然一体としていた。

中央大学法学部教授の橋本公亘《きみのぶ》による「宗教政党という言葉は使わないほうがよい」との助言もあり、公明党は水面下で党則改正の検討に入ることとなる。原案がまとまったのは三月二十七日のことだ。委員長の権限を分散させるとともに、綱領などから宗教用語を一掃することも決められた。

池田が弱気に転じたのは自らの体調不良も関係していたかもしれない。三月二十九日の社長会も引き続き滞在中の箱根研修所で行われたが、その時、池田には三十七・九度の熱があり、目と咽喉を消毒した上、胸部を軽摩擦しながらの参加だった。

「今度の問題で皆元気か。㊓のスパイがわかったか。皆淋しいが、どうしようもない。誰も悪い人はいない。皆、善意であった」

共産党への恨み節も口にした池田は、すると、思いがけないことを口にした。

「会長を代えたらどうだろう。総会で選挙しようか。しかし、報道関係に『会長信任を問う』なんて書かれてもつまらんし、結局同じ事だな」

池田はその後、「新聞啓蒙」で拡張に次ぐ拡張を行ってきた『聖教新聞』に関し一人の学会員が複数の新聞をとっている多部数購読の問題に触れ、その解消を指示したり、今回の一連の事態についてぼやきや後悔を述べ、再び進退について全員に訊いた。この日、その場にいたのは夫人の香峯子、「東西哲学書院」の篠原善太郎、「日本図書輸送」の田中正一、「創造社」の八矢、「鳳書院」の小島重正、前年に「東洋精光」から社名を改めていた「東洋物産」の木村靖、それに前年六月に池田の鶴の一声で設立されていた葬儀社「富士白蓮社」の羽吹栞《はぶきしおり》、以上七人であった。

池田は問い掛けた。

「これはここだけの話だが、講演の最後に『高等部の中から第4代会長が1日も早く出現する事を望む』と話す。そして出来れば次の日緊急理事会を開いて、パッと切り換える。第四代会長をたてる。どうだろう」

この演出過剰な交代シナリオに対する皆の反応について議事録は「全員反対」とだけ記している。多方面にわたって組織の急拡大を成し遂げ、カリスマ性すら帯びつつあった池田に皆が皆頼り切っていた。ただ、この話はその後も継続協議となる。

池田が弱気に傾くなか、創価学会と公明党は一気に事態収拾に向けた動きに入って行った。目標となる日は明白だ。第三十三回本部総会が開かれる五月三日である。

その原稿の検討作業が佳境を迎えたのは四月半ばで、同月十九日には池田が滞在中の箱根研修所にその信頼厚い若手幹部数人が呼ばれている。池田の三人の息子の家庭教師を務めた宮川清彦ら東京大学出身者と、お抱え弁護士たちで、そのなかに山崎もいた。山崎らは池田を囲んで原稿の検討を行い、その後の懇談が終わると、マイクロバスで東京へと帰っていった。山崎は帰京するや、同年輩の弁護士、桐ヶ谷章《きりがやあきら》を誘って神田の旅館に上がり込んで徹夜マージャンに興じたという。他方、池田は北条とともに日付をまたいだ午前二時まで原稿の検討作業を続けたとされる。

五月三日の総会も日大講堂で行われた。会場を埋め尽くす一万五千人が息を潜めて見つめるなか、池田は念入りに検討した原稿を読み上げていった。正本堂に関し今後は「民衆立の戒壇」と位置づけることとし、言論出版妨害問題については率直に謝罪を表明した。政教分離を行い、会長の任期を終身制としていた規則の改正も約束した。さらにこの時は共産党を今後敵視しないことまで明言している。

総会に招かれた大石寺法主の細井日達はこの日、「以後、国立戒壇の名称は使用しない」ときっぱり述べ、「正本堂は事の戒壇」と位置づけると話した。すでに言論出版妨害問題に端を発する政教一致批判を受け、宗門の側でも創価学会に歩調を合わせ、正本堂に関し再検討が行われていた。前月二十二日に開かれた臨時時局懇談会において決められたのは御書に忠実な「事の戒壇」との表現だった。これはしばらく前から池田が好んで使うようになっていた言い方だ。ただし、それは天皇の勅宣《ちょくせん》まで望んだ宗祖・日蓮や開祖・日興《にっこう》の「御遺命《ごゆいめい》」をどこまで実現するものなのか曖昧な表現であり、学会や宗門執行部はむしろそこに難局打開の隘路《あいろ》を見つけていたとも言えた。

五月十六日、問題幕引きの総仕上げを図るため池田は記者会見に臨み、謝罪を繰り返した。この日、学会本部では規則改正など今後の体制作りに向け各分野それぞれの担当弁護士を配置することが内々に決められている。公明党関係には先の桐ヶ谷らが当てられ、公益法人や株式会社といった分野なども含めた全体の議事録は八尋頼雄《やひろよりお》が担当することとなる。山崎が割り当てられたのは本部規則関係であった。翌月九日、公明党は新たな綱領を発表する。宗教政党をやめ、国民政党へと脱皮しようというわけで、「王仏冥合」の四文字はこの時削られた。

言論出版妨害問題は四十二歳の池田にとって初めての敗北となっただけでなく、その余波は静かにそして深く様々な方面に広がっていくこととなる。創価学会と公明党が一体の関係を続けたのは当然だが、表向きにしろその分離を装い距離ができたことは、この先の緊張と迷走を招いた。創価学会の都合で総本山までもが国立戒壇という教義上の宿願を放棄したことは宗門の一部から強烈な不満を呼ぶこととなる。そして、学会内における弁護士グループの隠然たる力はこの後さらに増し、一人の人物がその意思決定に致命的な影響力を及ぼすようになるのである。

第6章　創共協定の屈辱

既定路線となった池田退任

一九七〇年五月五日――。

東京・両国の日本大学講堂で本部総会が行われた二日後、神奈川・仙石原の「箱根研修所」に戻った池田大作を囲んで第三十四回となる社長会が持たれた。辞意を漏らした前回会合に出席した夫人・香峯子を含む七人に加え、この日は四カ月前に新設された副会長ポストに昇格していた北条浩、森田一哉、秋谷栄之助、そして最古参の辻武寿と、本部機構を支える最高幹部四人、さらに「ひさご印刷」の星野義雄、池田の指示で二年前に設立された「栄光建設」の杉本芳照、大学設立準備の実務を担っていた高松和男と外郭企業・団体関連の三人も出席を命じられた。

「5月3日が終れば、山は過ぎた。5月3日は勝ちだな」

「言論出版妨害問題」の幕引きにある程度の手応えを感じていた池田はそんな発言をした後にこ

う言ってその場を退席した。

「あと、篠原さんを中心に打合わせをしなさい」

最年長の篠原善太郎を中心に幹部十三人でその後話し合われたのは後任会長人事だった。「東洋物産」の木村靖が残した議事録には検討結果がこう記されている。

「出来れば7月3日、遅くも10月13日に交代して、名誉会長に就任していただく。本当は正本堂建立迄、この儘《まま》でいて頂きたいが、とにかく、今は御身体が健康になられるのが第一だ。又、将来健康になられたら、公選で再び会長に就任していただく。この含みで、後任も北条か秋谷が良いか、先生の御考えによる。先生のお子さんに会長をやめる話をしたら、後継ぎがいるならば賛成、勿論奥さんも大賛成だ。我々も、もうこの線で考えてゆくのが弟子の道だ。学会の師匠は一応新会長であるが、所詮《しょせん》よりどころは先生以外にない」

この時点で池田の退任はほぼ既定路線となっており、問題は時期だけだった。七月三日は二十五年前に戸田が出獄した日であり、十三年前に小説『人間革命』が発刊された日だ。また、「大阪事件」で池田が逮捕された日でもあった。他方、十月十三日は六百八十八年前に日蓮正宗の宗祖・日蓮が入滅した日である。講演の翌日に緊急理事会を開いて電撃的に交代を決めるという池田の発案は、それなりに意義がある日付を選んで行うという方向に変わっていた。いずれにせよ、何らかの演出を施すことにすでにその頃、幹部連の意識は向かっていた。

他方、この日は会長人事に合わせ公明党人事も検討課題に上っていた。先の政教分離宣言などどこ吹く風である。木村はこう記している。

「竹入・矢野ラインは欠点はあるが、今交代するのはまずいのではないか。先生に御迷惑を掛けた点で、当然やめる気でいるだろうが、外部はあくまで言論問題の引責と見る。そうすると、あんなつまらない問題でも騒げば辞める前例になる」

北条や秋谷らの考えではこの時、委員長・竹入義勝、書記長・矢野絢也の両名は当面続投の方向だったわけである。

しかし、一週間後の五月十二日、竹入は公の場で辞任を示唆してしまう。矢野も同調する考えを示した。この線に沿って公明党は十日後、中央幹部会を開く。冒頭の挨拶を終えると、竹入と矢野は退席し、残った幹部で人事問題が話し合われた。その結果、本人たちの態度とは裏腹に、多数の声となったのは竹入・矢野の留任だった。

この中央幹部会での話し合いの結果なのか、その前の社長会における北条らによる続投論なのか、どちらの影響かは判然としないが、その後、公明党は同月二十八日に再度、中央幹部会を開き、人事問題を六月中旬までいったん「凍結」とすることを決めた。

公明・民社合流の秘密交渉

こうした迷走の間、水面下では池田の意向による民社党との連携構想が少しずつではあるが、前に進んでいた。

三月初旬の打診以降も池田の密使は民社党委員長の西村栄一との接触を続けていた。四月五日には「退院後なるべく早く池田会長に会っていただけないか」と入院中だった西村に持ち掛けている。ただこの時、西村は「いま少し時間を借していただきたい」と慎重な姿勢を見せた。言論出版妨害問題はまだ収まっておらず、表面上、民社党は副委員長の春日一幸《かすがいっこう》が宗教団体の政治的中立性に関する質問主意書を内閣に対しぶつけるなど強硬姿勢を続けていた。それだけに、いかにもタイミングが悪いと判断したようだ。

本部総会の場で公に向かって言論問題を謝罪し政教分離まで約束した五月三日の夜、池田の密使は西村にこんな電話をしている。

「お約束通り池田会長は本日宣言しました。ついては懸案の面会はいつ頃お願いできますでしょうか」

これに対し西村からは「一三日以後ならいつでも」との回答を得ることとなる。党内情勢はともかく、西村個人としては公明党との連携に前向きだったのである。

池田側が画期的会談の候補日としてあげたのは七月十八日、あるいは翌十九日だった。五月十九日に池田の密使がそれを西村に伝えると、指定されたのは七月十八日だった。

この池田・西村会談に先行して両者の間で具体化が進んだのは竹入・西村会談だった。これは西村の方から提案されたもので、その考えでは社会党も含めた三党での戦線統一が構想されていた。西村が望んだのは六月上旬までの話し合い妥結だ。

六月四日夜、池田の密使は西村に電話をかけた。

「本日先方（＝池田）と会談した結果、御指示通り実行するが、竹入委員長と（民社党の）佐々木（良作）書記長の会談が表面化すると、大会で竹入が苦境に立つ。よって会談は大会後にしてもらいたい。ただし竹入から竹本（孫一）、春日、佐々木三氏に対し、大会後、今後の政局の問題についてゆっくりお話申し上げたい、と会談を申し入れるようにいっておく、とのことであった」（カッコ内は引用者）

公明党の定期大会は同月二十五日からの三日間が予定されていた。先述したように、役員人事に関しては竹入・矢野の退任論がいったん凍結される迷走ぶりだったが、一週間後のこの頃、池田の腹の内では竹入続投が固まっていたようだ。大会では一部から執行部を突き上げる声もあったが、最終日の同月二十七日、竹入・矢野は予定どおり続投となった。この間に池田が箱根研修所に呼んで民社党との合流を指示したのだろう、竹入は再選決定後にその場で社会・民社両党との党首会談を提唱することとなる。

七月七日、竹入と西村は東京・虎ノ門のホテルオークラで初めて会談した。

「あの人の御健康は如何《いかが》ですか」

西村は最後、池田の体調を気遣い、そう尋ねたという。

四日後、竹入・西村会談の模様は『毎日新聞』に掲載され、政界に衝撃を与えた。つい二、三カ月前、国会その他で激しくやり合っていた両党だったから、当然である。

もっともこの後、予定されていた七月十八日の池田・西村会談は延期となった。公明・民社・社会の三党連携は八月に書記長会談が持たれ、十一月には竹入と西村が再度の会談に臨んだものの、その後進展することはなかった。そして翌一九七一年四月に民社党で連携の推進役だった西村が死去すると、この話は自然消滅することとなる。

会長交代問題の消滅

公明・民社合流が尻切れトンボの打ち上げ花火に終わったのは、おそらく池田の体調回復と関係があったのではないか。

例の社長会において池田の後任問題は七月になっても協議が続けられていた。

「先生の御子さんや御家族の将来迄の生活安定は、合法的に各社でやらなければならない。5年位がかりで、その方向に向かう、具体的方法を検討」

協議事項は池田家族の生活保障にまで及んでいた。

しかし九月頃から風向きが変わり始める。池田は社長会の正式名称を「白雪会」「雪山会」といった候補の中から「金剛会」とし、それまでとは打って変わってやる気を見せた。そして翌月二十八日の会合では以前と変わらぬワンマンぶりが戻っていた。

「北条さんは真面目だが、独創性がない。森田さんはいばっている。秋谷さんは陰険だ」

池田は後任候補をそう腐《くさ》すと、一堂に向かって宣言した。

「去年の春から会長を育てようとしたが駄目だった。又、張り切ってやりましょう」

さらにこんな具合だった。

「言論問題を誰が処理したか。総務以上の人達の責任だ。一生涯、罪の償いをやっても足りない位だ。師弟相対と云っているが、全部私が締めくくった。議員など総退陣すべきであった。5月3日以後、当然すべきであった……私は真剣に闘う。私は悲しくても嬉しくても、それを表面に出せない。その様な性格がある」

後年頻繁に見られるようになる池田の自画自賛はこの頃にはもう始まっていた。会長交代問題はあっけなく消滅したのである。

松本清張の〝橋渡し〟

それから四年近く月日は流れる――。

一九七四年七月十六日、創価学会の文芸部長である志村栄一は東京・高井戸東にある松本清張《せいちょう》の自宅を訪ねた。部長と言っても志村はこの時、三十二歳で、この大作家の自宅に行ったのは『潮』編集者として打ち合わせを行うためだった。

その日、志村は思いがけなくも松本から大胆な提案を受ける。池田と宮本顕治とで一度話し合いを持ったらどうかというのである。相手はもちろん共産党委員長のことで、戦前の非合法時代からの筋金入りの闘士は戦後に吹き荒れた国際派と所感派の激しい対立を収拾しこの頃は絶対的な地位を築いていた。言論出版妨害問題で見られたように、創価学会にとって共産党は天敵だ。そんな過去を乗り越え、池田と宮本とが手を握り合う〝革命〟を実現したいというのが、松本の提案だったのである。『日本の黒い霧』や『昭和史発掘』といった歴史の裏側で蠢《うごめ》く権力の暗闘を描いてきた大作家が見るところ、学会と共産党との間で続いていたのは所詮「泥仕合」に過ぎなかった。

内部資料「総合経過年表」によれば、創価学会から見た場合、松本から唐突に持ち出されたこの日の提案が、後に「創共協定」（共産党から見た場合「共創協定」）と呼ばれる政治的な一大騒動の発端だとされる。もっとも、志村が持ち帰った話に対し、この時の池田は保留とし、明確な返答をしていない。

松本がこのような大胆な提案を行ったのは、それなりの感触を得ていたからだった。

六年前、月刊誌『文藝春秋』の企画において、松本は池田と対談していた。「戦争と貧困はなくせるか」と題した十五ページにわたる記事の最後、松本は二回りも年少の池田に関しその日の印象をこう書き記している。

「『聖教新聞』や『聖教グラフ』などで見る池田大作氏の顔と、実際に遇ってみた池田氏の顔とはだいぶん違う。前者は会員（信者）の大群衆に囲まれて『権威と貫禄』を感じさせる顔だが、遇ってみると人なつこい青年である。今年、満四十歳。壮年だが、いまだ青年の印象をうけるのは、明るい童顔と、生一本な話しぶりのせいだろう」

人間的な好感触を得たものの、政治的な態度については量りかねたという。

「公明党はどこに行くのか。……／いったい、本質は保守なのか、革新なのか。『中道政治』を標榜しているが、それは結局は保守的な日和見主義ではないか、そして、公明党が将来、キャスチングボートを握った場合、機会主義に陥るのではないか、などと世間の関心は、危惧と好奇心とをまじえていろいろな発言となっている。／正直に言って、この対談でも、創価学会＝公明党の性格を究明するまでには至らなかった」

そんななかでも、対談後に知ったという「大阪事件」での池田の逮捕事実は松本にとって重大な関心事項だったらしく、「池田氏が自民党に肉体的な反撥《はんぱつ》を持っていることは予想外であった。……国家権力の巨大さと、自民党の『卑劣な』策謀とをイヤというほど知ったという。この点、池田氏の息がかかっている限り、公明党は自民党と容易に『取引する』ことはなさそうな印象を受けた」と、松本は自らの反自民的な立ち位置から来る希望的観測を最後に付け加えている。

松本は宮本とも会ったことがあり、その後も両者とは面会を重ねたらしい。そうしたなか、池田と宮本の二人はきっと話し合えるはずとの個人的感触を得たようだ。一九七一年頃から、それぞれと会った際には、それとなく会談を勧めていたという。

その後、松本のような感触はジャーナリストの大森実らも持っていたようで、そうした記事がいくつか出るようになる。さらに、松本が志村に対し正式な提案を行うほどになったのは、ほかにもいくつかの要因が考えられる。言論出版妨害問題以降、創価学会は初代会長・牧口常三郎の獄死に事寄せた反戦平和に代表される左寄りのアピールを盛んに行うようになっていた。戸田城聖の第二代会長就任にちなんで毎年五月に開いていた総会も、牧口の著作『創価教育学体系』の発刊日である十一月十八日をそれまで以上に創立記念日であると強調し、その時期に行うようにしていた。そして、こんな動きもあった。当時の東西冷戦下において、学会は東側陣営に急速な接近を見せていたのである。具体的には、中国共産党政府とソビエト連邦に対する独自の宗教外交を華々しく展開しようとしていたのだった。

中国共産党へのラブコール

ここで、それらのうちでも今日的に大きなテーマである創価学会と中国との関係について少し詳しく見ておくことにしよう。

創価学会が国交正常化前の中共政府と初めて接点を持ったのは一九六六年七月のことである。中国大陸をめぐっては国共内戦後の一九四九年、毛沢東《もうたくとう》率いる中国共産党が北京で中華人民共和国を樹立するが、日本政府はほかの西側諸国と同様、台湾に逃れた蔣介石《しょうかいせき》率いる国民党政府、すなわち中華民国との外交的関係を続けた。そうしたなか、「竹のカーテン」の向こう側にある中共政府と日本との間には議員外交によって辛うじてパイプができる。日本側で主導したのは社会党や共産党などもっぱら野党議員だった。一九五二年六月、社会党の帆足計《ほあしけい》、改進党の宮越喜助、緑風会の高良《こうら》とみの三人はモスクワからの帰路、北京を訪問し、中国国際貿易促進委員会との間で民間貿易協定を結ぶ。こうして細々とだが日中貿易が民間ベースで始まることとなる。

もっとも、六年後に長崎のデパートで開かれた展覧会において右翼団体青年が五星紅旗《ごせいこうき》を引きずり降ろす事件が起きると貿易が全面中断に追いやられるなど、その頃の日本と中共政府との関係は非常に脆《もろ》いものだった。そんななか、社会党は中共政府に対しあまりにすり寄った挙げ句、第二次訪中使節団団長の浅沼稲治郎《いねじろう》が「米帝とは日中共同の敵として闘わなくてはならぬ」と呆気にとられるような迎合的発言をしてしまう始末だった。

一九五九年秋以降、議員外交における日本側の主体は自民党の松村謙三らに移ることとなり、三年後、「LT貿易」が始まる。「L」は中共政府側の代表、廖承志《りょうしょうし》(戦前に早稲田大学に留学し同窓の松村と親しい関係にあった)の頭文字で、「T」は松村とともに交渉にあたった自民党衆議院議員、高碕達之助《たかさきたつのすけ》の頭文字である。

こうした状況下、なぜか創価学会は中共政府との関係強化をかねてから主張していた。

一九六二年七月の参院選、公明政治連盟は和泉覚ら候補九人全員の当選を果たすが、その際に掲げた公約のひとつは「日中貿易の促進」だった。国会が開会されると、さっそく委員長の原島宏治は日中貿易促進について代表質問で政府を質している。学会が政治進出した究極の目標はあくまで「国立戒壇」の建立や「王仏冥合」の実現ではあったが、議員たちは目先の政策についても独自の立場を標榜してはいた。義務教育における教科書の無償配布はそのひとつで、今でも公明党が語り草とする輝かしい実績だ。その頃の学会は持たざる層が多かったから、学会員の間の切実な声をうまくすくい上げたのは事実だろう。そうしたなか、日中貿易に拘った理由は今ひとつ判然としない。池田の思い入れが強い「水滸会」がそうだが、師匠の戸田は『三国志』や『水滸伝』など何かと中国の古典を引き合いに出すことが多かったから、案外、そうした大陸への郷愁が原点だった可能性はある。

とはいえ、創価学会・公明党には当時まったく中共政府との接点がなかった。一方的に秋波を送っていただけである。そんななか、橋渡し役を買って出たのは、学会シンパ文化人の走りである作家の有吉佐和子だった。例の『主婦の友』における池田との対談の直後、中共政府関係者と引き合わせてくれたのである。有吉は一九六一年に井上靖らとともに中国大陸を訪問するなど、北京政府とは良好な関係にあった。『潮』女性愛読者有志会が主催した講演会での有吉の演題も「中国問題について」だった。

当時、中共政府側にも日本で急拡大を遂げていた宗教団体と接点を持つ誘因があるにはあった。もともと中国共産党は日本共産党と双子のような関係だ。両党ともコミンテルンの落とし子で、終始、モスクワの指導下にあった。武装闘争路線をとった徳田球一《きゅういち》ら所感派が北京に身を寄せたように、両共産党は戦後しばらく固い絆で結ばれていた。これまで述べてきたように、創価学会と日本共産党は天敵の関係にあり、そんななか、中共側はもっぱら日共側からの情報で学会の存在を理解していた。だから、様々な接点を模索していた中共側ではあったが、進んで学会にアプローチすることはあり得なかった。

ところが、一九六六年春以降、日共と中共との関係は急速に悪化する。中国大陸を訪れた宮本が帰国して中央委員会の場で毛沢東批判を口にしたのは同年四月下旬のことである。そんなタイミングで実現したのが、その年七月の有吉仲介による学会青年部幹部との会談だったわけである。

場所は東京・白金台のレストラン「八芳園」だった。学会側でその場に臨んだのは副理事長兼青年部参与の秋谷、副男子部長の岡安博司、副青年部長の市川雄一の三人で、対する中共政府側はLT貿易の東京駐在事務所で主席代表を務める孫平化《そんへいか》、光明日報記者の劉徳有《りゅうとくゆう》、大公報記者の劉宗孟の三人だった。戦時中に東京工業大学を中退した孫は日本語に堪能で、七年前に自民党の松村が香港経由で初めて北京を訪問した際、一行を深圳《しんせん》駅まで出迎えに来るなど、初期の頃から対日窓口を務めていた。二人の劉は松村訪中団がまとめた記者交換協定で来日した記者だが、当然、北京政府の指導下にあった。

この時の会談は特に中身もなく、しかも、それっきりだったと思われる。というのも、二年後の一九六八年秋に松村が六回目の北京訪問を行った際、こんな事実があったからだ。

十月十六日、訪問団の一員で松村の長年の腹心である衆議院議員の田川誠一は中共政府の対外貿易部で対日窓口を務める劉希文《りゅうきぶん》と会っている。その時、田川は公明党の矢野から伝言を預かっていた。「公明党は中国へ代表団を送りたいので、訪中を受け入れてもらいたい」というものだ。併せて田川はその年五月に竹入が公表していた中国に関する談話についても尋ねている。竹入は近い将来に中国に党使節団を派遣し、中国首脳と意見交換をしたいとした上で、「すでに中国とは、四十二年から接触している」と発言していた。ところが、田川が具体的状況を尋ねると、相手方から返ってきたのは明確な否定だった。接触の事実はないというのである。竹入が談話で言及した「（昭和）四十二年」、すなわち一九六七年からの接触というのは、先述した秋谷らの八芳園での会談以外にあり得ず、何らかの理由で時期を違えての発言だった可能性があるが、北京政府側が田川に対し明確に否定したところを見ると、ずいぶんと前のめりな発言だったようだ。

日中国交正常化の手柄

これは多分に池田のその頃の姿勢と関係していたのではないか。

前述した竹入談話から四カ月後の九月八日、池田は学生部総会の場で日中関係打開のための首相訪中や中共政府の国家承認などを提唱し、これは『聖教新聞』で華々しく紹介されるとともに世間でもちょっとした騒ぎとなった。それに合わせてだろう、少し前に『別冊潮』は中国特集を大々的に組んでおり、各党の姿勢を紹介するなか、公明党に関しては「来年以降早期訪中で積極的」などと宣伝していた。

その公明党は「中道政治」を掲げるなか、四月の党大会で「日米安保の段階的解消」を打ち出していた。外交上の完全中立を実現した暁に自衛隊を「国土警備隊」へと縮小するというじつに大胆な構想だった。かつて「安保改定より邪宗改定を」と言っていた池田だが、この頃、公明党が打ち出したずいぶんと夢想的な外交方針も、中共政府への一方的な片思いというプリズムを通して見ると、すとんと腑《ふ》に落ちるものがある。

学生部総会における提唱から三日後に行われた社長会で池田は興奮気味に語っている。

「中共発言も1年間模索した。学会員に影響するし、対外的にも微妙な問題を含んでいるし、慎重にやった。『潮』で中国問題を取り上げたし、タイミングはよかったと思う。もっとも学者は『潮』の記事に影響されたように思っている」

『別冊潮』の特集が池田主導だったとすれば、竹入の談話も同様だった可能性が高い。しかし、その実情は、田川の確認に対する北京側のつれない返事で明らかなように、訪中の当てなどこの時点ではまったくなかったのである。文化大革命の嵐が吹き荒れ、この頃、日本が頼りとする孫ら知日派は下放《かほう》され、そうしたために中共政府とのパイプも目詰まりを起こしがちだった。公明党は北京訪問の手掛かりを摑むことさえできず、時だけがいたずらに流れていった。

その後、文革の嵐が収まり、逆に中ソ国境紛争が激化したことで、国際関係は大きく動きだすこととなる。結党以来の後ろ盾だったソ連を捨て、中共政府はかつて朝鮮戦争で事実上干戈《かんか》を交えたアメリカに接近、一九七一年、名古屋で開かれる世界卓球選手権を口実とするピンポン外交が始まる。この頃から、中共政府は松村ら自民党の親中派議員や社会党といった従来からのパイプだけでなく多元的な民間外交を積極化させる。おそらく佐藤栄作をはじめとする親台湾派が牛耳る自民党主流派に対する包囲網を張ろうと考えたのだろう。

そうしたなか、最初にお鉢が回ってきたのが公明党だった。その年四月十七日、竹入は福岡市内で中国卓球選手団の副団長、王暁雲《おうぎょううん》と極秘に会う。この時、副団長の肩書だった王は、かつて孫とともに松村の最初の北京訪問を深圳で出迎えた対日交渉の実務家だった。竹入ら公明党訪問団が初めての北京入りを果たしたのは二カ月後の六月十五日である。約三週間という長期滞在中、竹入らは日中国交回復五条件の共同声明を発表するという一見華々しい成果をあげることとなる。

これに誰よりも喜んだのが池田だった。七月八日、第五十回社長会は八矢英世の自宅で行われたが、そのはしゃぎぶりはこれまでなかったようなものだった。

「中共訪問／いい舞台を作りました。四年前の発言と人間革命に中共問題を二カ所書いた。あれです。公明党の力なんかじゃない……中共貿易が始まる。金剛会ものり出そう」

「四年前の発言」とは一九六七年一月に東京・九段の日本武道館で行われた公明党ビジョンの公表を指してのものだと思われる。この時、池田は外交方針のひとつとして前述した日米安保条約の段階的解消を打ち出していた。

池田の自慢はさらに続く。

「中共の動きなんか、全部分った。今度はこうなる、次はこうと。信心している人がむこうにいて、こっちも一人、むこうも一人で、完璧に手の内がわかった。たいしたものだ。党なんか、なんにも手を打ってなかった。党もそうだが、皆んな世間を甘く見ている」

この発言によれば、竹入訪中のお膳立てをしたのは池田だったということになる。その真偽は定かでないが、池田はまるで自分の手柄であったかのように語っていたわけで、一方で汗をかいた当人である竹入についてもそれなりに評価してはいた。

「竹入は一番忠誠である。矢野など問題でない。言論問題の時、竹入でなければあそこ迄頑張らなかったでしょう」

ただし、こう釘を刺すのも、池田は忘れていなかった。

「公明党と学会との関係は、絶対にこちらが上だ。世間は馬鹿だから、議員が偉いと思っている」

一年前、言論出版妨害問題で猛烈な批判を浴び、政教分離を宣言した池田だったが、これが本心ではあった。

国家安全保障問題担当補佐官のヘンリー・キッシンジャーがパキスタン経由で極秘に北京入りし周恩来と会い、大統領のリチャード・ニクソンが訪中計画のテレビ演説を行った一九七一年夏の米中接近以降、日本に関しても中共政府との国交樹立はほぼ既定路線となっていく。翌一九七二年四月には春日一幸ら民社党代表団が北京に招かれ、七月には田中角栄内閣が発足し、自民党内にも日中国交正常化協議会が設けられることとなる。

七月二十五日、中共政府に招待された竹入は二度目の北京入りを果たす。おそらく竹入が田中と旧知の間柄だったことに中共政府は目を付けたのだろう。前年九月、竹入は党本部前で暴漢に襲われ重傷を負っていた。北京入りから二日後の第一回を皮切りに竹入と周恩来との間では都合三回にわたる会談が持たれ、国交正常化にまつわる原則論などが話し合われた。これを竹入は周の了解のもと、私的な記録に残した。いわゆる「竹入メモ」である。

帰国した竹入は八月四日、首相の田中と外相の大平正芳に会い、それを手渡している。六日後、田中は北京訪問を正式に表明、国交正常化への道が大きく開かれることとなる。

今日、この竹入メモが果たした役割についてはそれなりに高い評価があるようだが、少なくとも当の竹入は当時、政府の反応の乏しさに大いなる不満を感じていたようだ。八月二十九日、竹入は親中派としてはずっと先輩格である田川のもとを訪ねている。竹入は自民党の代表団が田中訪中の露払い役として計画されていることに反対し、田川ら古くから苦労してきた親中派の方が適任だと一席ぶった。竹入に言わせれば、「にわか理解者が田中訪中の〝橋渡し〟的ジェスチュアをすることは、党略的な意図が隠されている」というわけだ。要は日中国交正常化の手柄を手にすべきは誰かという点に関する極めて個人的な執着で、竹入は自身がもっと評価されるべきだと考えていたのである。半月後、竹入メモの存在は『東京新聞』によってスクープされるが、少なくとも田川はその時、竹入による自作自演だと直感したという。こうした点、池田と竹入は似たもの同士と言ってよさそうだ。それが後々の大騒動の遠因なのかもしれない。

いずれにせよ、竹入が尖兵となった創価学会の中国とのパイプ作りは確かなものとなり、一九七四年五月二十九日、池田の初めての訪中が実現することとなる。出発の三週間前、池田は大石寺に登山し、法主の細井日達に「これから何十年も先の為にくさびを打つ」と事前報告を行っている。松本清張が創価学会文芸部長の志村栄一に対し池田と宮本顕治との会談を提案したのは、この初訪中から帰国して一カ月後のことだった。

宮本顕治宅盗聴の内幕

さて、再び創共協定へと至る道に戻ろう。

突然の提案を、池田が保留扱いとしたことは前に述べたが、二カ月後の九月二十四日、松本は再度、志村に対し創共トップ会談を持ち掛けている。そして、この時は追加的な提案があった。前段階として「次官クラス」の会談を設定しようというものだ。

「検討してみましょう」

志村からの報告を受け、池田は前向きになる。その後、信頼する周囲の人間に対し池田は意見を求めたようだ。そのなかに学生部を足場に出世を重ね、その頃は副理事長（と言っても、百九十人ほどはいたのだが……）まで駒を進めていた弁護士の山崎正友もいた。

二年前の二月、山崎は箱根の名門旅館「松の茶屋」で行われた第五十七回社長会に出席を命じられている。どうやらその時、山崎は裏の言論戦における邪宗対策に関し報告を行ったようだ。というのも、池田は一同に向かって山崎を紹介する際、「心配してくれる意見ですから、大いにいいあって妥協点を見出して下さい」と言い、その後、「新宗連の策動がある。いやしい卑怯な奇怪な存在だな。又それしかないね。ハエのようなものだ。キリスト教が負けだね」と発言しているからだ。

いずれにせよ、池田はそれほど山崎を信頼していた。新たな松本提案から三週間後の十月十三日、池田は大石寺から山梨に向かう車中で山崎に対し宮本との会談という極秘中の極秘事項について打ち明けている。

この時の山崎の反応がどうであったかは不明だが、本人の心中はさぞや複雑だったはずだ。何しろ四年前、山崎は部下の学生部メンバーに命じとんでもないことをしでかしていたからである。東京・高井戸西にあった宮本顕治の自宅電話を盗聴していたのだ。

ここで今一度寄り道し、その顚末を詳しく見ておこう。

山崎が盗聴行為に走り始めたのは言論出版妨害問題の逆風がまだ激しく吹き荒れていた一九七〇年四月半ばのこととされる。例の学生部幹部会における渡部一郎による「バカバカしい話」との講演内容が共産党に近い筋に流出した件が動機だったようだ。盗聴を疑ったのである。目には目をというわけだ。

当初、山崎が盗聴先に選んだのは代々木の共産党本部だった。山崎はその拠点として「ニュー外苑ハイツ」の一室を借りる。現地調査にあたらせたのは廣野輝夫だった。廣野は学生部メンバーの松本篤に依頼して電話線から電源をとる方式の盗聴器を製作させていた。電池式のものも試作させてはみたが、使用できる期間が短いのが難点だった。

現地調査から数日後、山崎は廣野からの報告を受けた。共産党本部の盗聴は無理だという。一日中、周辺をひっきりなしに車が行き交い、電話線の状況も複雑でどの線に盗聴器を仕掛けたらよいのか皆目見当がつかなかったからだ。そこで、山崎は盗聴先を宮本の自宅に変更する。

この間の四月十九日、先述したように、山崎は池田に命じられて箱根研修所に行き、言論問題を謝罪する総会原稿の検討に参加している。また、続く二十一日には、学生部の機関紙『大学新報』における共産党批判記事の掲載に関し、その中止が決まった。組織内には〝撃ち方やめ〟の号令が下っていたわけだが、それでも山崎は盗聴に向けた動きを続けた。

廣野と一緒に行動していた竹岡誠治はニュー外苑ハイツを解約すると、五月十四日、宮本宅の近くにあった「青木高井戸マンション」の一室を「高橋義夫」との偽名を使って借りた。一カ月の家賃・共益費は三万九千五百円である。盗聴器二台に加え、そこから飛んでくる電波を拾う複数の受信機、そして録音機数台が用意された。音声で誘導される自動録音装置は、製作してみたものの、うまく作動しなかった。ほかに中古車一台も用意した。

廣野か竹岡か、どちらかは判然としないが、夜中、宮本宅近くの電柱によじ登って端子ボックスのなかに盗聴器を仕掛けたのは五月下旬頃とみられる。通話の傍受、録音は明くる朝からすぐに開始されたようだ。それら内容は山崎に報告されていた。

他方、宮本側が盗聴されているのを疑い始めたのはそれから二、三週間後の六月十日頃のことだった。通話の際、雑音が混じるようになったからだ。長時間にわたって時報を聞くなどすると、それははっきりしていた。宮本宅は五年前にも盗聴されたことがあり、その際、機械が発見されていた。だが、犯人は捕まっていなかった。

宮本が秘書を使って調べさせたところ、盗聴器は同月十九日に発見された。道路を隔てた先の電柱、高さ五メートルの位置にあった端子ボックスの裏に二十センチほどの針金がテープで貼り付けてあったことから不審に思い、ボックスを開けてみたらそこに盗聴器があったのだ。直径三センチ、長さ十五センチほどの円筒形をしていた。宮本は秘書に指示して望遠レンズも使って証拠の写真を撮らせた。ただ、勝手に外すのはまずいと判断し、そのまま様子を見ることとした。

それから二週間後、事態は急展開する。定期大会のため上京していた共産党代議員が宿泊する東京・本郷の宿舎の一室から何者かによって仕掛けられた盗聴器が発見されたのである。これはすぐに報道されることとなる。

これを見て慌てたのは山崎だった。廣野に状況を聞くと、宮本宅の通話が最近おかしいというう。山崎は盗聴の中止を指示、七月九日の深夜、竹岡は電柱をよじ登り、ひそかに盗聴器を撤去した。結果的にこれは悪事が露見することをぎりぎりで防いだようだ。というのも、宮本が電電公社局員の立ち会いのもと、あらためて問題の端子ボックスを調べたのは翌日午後のことだったからだ。その時、ボックス内に残っていたのはリード線だけで、決定的な物証を得ることはできなかった。

翌十一日の正午過ぎ、共産党は国会内で記者会見を開き、この盗聴スキャンダルを公にする。その際、真っ先に疑ったのは公安当局だった。共産党は国家公安委員会、公安調査庁、警察庁、警視庁に抗議した。言論問題の余波が残っていた時期だったとは言え、この時、宮本らは天敵である創価学会の犯行とは思いも寄らなかったのである。

その日の夕刊各紙はこの盗聴スキャンダルを一斉に報道した。それからしばらくして山崎は北条のもとを訪れる。「実は私が学生部の連中を使ってやった。申し訳ない。学会に迷惑をかけるかもしれない」——。山崎はそう釈明したという。その後、北条がこの件をどこまで周囲の最高幹部に伝えたかは不明だ。後の動きを見ると、おそらく北条一人が胸の内にしまった可能性が高い。山崎が処分されることはなかった。この点は重要だ。むしろ、社長会への出席が命じられるなど、以前にも増して山崎は重用されるようになる。そして、宮本との会談計画という極秘中の極秘事項を、池田から打ち明けられるに至る。

〝創共協定〟のマボロシ

話を戻そう。

山崎とともに大石寺から山梨に移動し、山梨学院大学で行われた山梨広布二十周年記念大会に出席したこの日、池田は「次官クラス」に男子部長の野崎勲を指名する。

当時三十二歳の野崎は大阪の名門・北野高校を出て京都大学に入り、卒業するとそのまま聖教新聞記者となった宗教官僚だった。前章で触れた言論戦の一部門「現代マスコミ研究会」にも選抜された頭脳明晰な若手の急成長株で、男子部長に抜擢されたのは二年前である。中学時代に父親を亡くし、母親や兄とともに入信した苦労人の野崎だが、池田は何よりもその猛烈な働きぶりと行動力を買っていた。

一方でその頃、池田からの色よい返事を得た松本清張はすぐ共産党側にそれを伝えていた。十月二十一日、たまたま文化部長の山下文男から電話を受けた松本は「至急取り次いでもらいたいことがある」と言い、その日の夜に来宅するよう急かした。

午後八時に現れた山下に対し、松本は池田の意向を話し、それを聞いた山下は代々木の党本部に直行した。あらかじめその時間帯に宮本がいることを確認していたのだ。山下の報告に宮本は最初即答を避けた。山下は松本のただならぬ様子を見ていたので、「いや清張さんは急いでいるので、感じだけでも返事しないと」と促した。「それなら、趣旨には賛成だ、正式な返事は、機関に相談してから後で」と宮本はひとまず了承したという。

同月二十六日、池田は自らが乗り出して、野崎、それに弁護士の八尋頼雄とともに信濃町の「萩寮」で宮本との会談について検討を行った。この日、第一回の予備会談が四日後に新宿の京王プラザホテルで持たれることが決まる。創価学会側で引き続き窓口を務める志村は予備会談の符丁を「上野」とすることを共産党側に提案していた。「上」は共産党側で「次官クラス」に指名された上田耕一郎、「野」は野崎を指す。

この頃、共産党側でも限られた幹部間で協議は持たれていた。宮本の態度はどちらかと言うと懐疑的で、「とにかく、相手が会いたいというのだし、話の内容もこれまでになく具体的なものだから、池田会長と会うかどうかは先のこととして、ことわるのもどうか」といった感じだった。宮本にはこの頃の公明党の態度が右寄りに見えており、それも気掛かりな点だった。

「政教は分離されており、会長も分離以来一度も公明党幹部と会っていない」

第一回予備会談で創価学会側から臨んだ野崎はそう大見得を切った。言論問題で政教一致批判を行っていた共産党にしてみれば、そこが真っ先に質すべき関心事項だった。「われわれは（公明党に関し）その方針や動きのすべてを支持しているわけではない。将来は複数政党支持あるいは統一戦線支持に変わってゆく可能性もある」とこの時、野崎はそんなことまで口にしていた。前述した萩寮での事前協議を経てのものだから、池田の指示があった上での発言だったことは間違いない。

二十日後の予備会談は松本も参加したが、その場で野崎はこんなことまで言っている。

「会長は反共ではない。会長は政府がもし共産党を非合法化して弾圧すれば、学会は総力をあげて共産党を支援すると発言した」

そして共産党の上田に対しこう尋ねている。

「では、共産党は学会が弾圧をうけた際にこれを支援する用意があるか」

上田は返答を保留した。

興味深いのは池田の共産党との協議に向けた関心がもっぱら自らの組織防衛に向けられていたことだろう。例の社長会の場で散々馬鹿にしていた民社党に合流を呼び掛けたように、この点、池田は組織防衛のためなら主義主張もかなぐり捨てる機会主義者であり、それはかつて松本が危惧していた日和見的な政治態度そのものだった。

最初の会談から約一カ月、十二月一日の予備会談で野崎は早くも「覚書」か「確認書」を両者で交わすことを提案している。池田が承認したそれさえあれば、公明党は従わざるを得ないとの考えからだ。

数日後、野崎は組織内で文書案に関し突っ込んだ話し合いを持つ。この時の相手も山崎で、場所は少し前から山崎が使うようになっていた荒木町の「サンライズ四谷マンション」だった。他方で同じ頃、窓口役の志村は松本と赤坂の喫茶店で会い、先の野崎発言を修正している。公明党執行部との調整には時間がかかりそうだから、例の覚書か確認書は池田・宮本の頂上会談後の方がいいと申し出たのだ。

同月四日、創価学会は本部四階で協議を持った。集まったのは北条、秋谷、野崎、八尋、六年前に二十九歳の若さで教学部長に大抜擢された原島宏治の二男・嵩、そして山崎である。北条は一カ月あまり前に和泉にかわって理事長職に就いており、池田を支えるべきナンバー2の立場はより明確になっていた（和泉は理事長から副会長に回った）。この日より前、池田から共産党との交渉を打ち明けられた際、北条はびっくりした様子を見せたとされる。かつて山崎から宮本宅盗聴の一件を聞かされていたこともあったからだろう。

続く同月中旬、野崎は再び山崎と二人きりで話し合いを持っている。共産党との協定締結に前向きなのは学会側だった。ただし、その内部では見切り発車論に傾いていた。同月十日、野崎は松本にこう打ち明けている。

「公明党には、この会談を明言せずに納得させる。それには手続きが要る。大きな冒険だ。池田会長にとってても冒険であろう。下手をすると公明党に妨げられる」

続く十七日、野崎と上田との話し合いは突っ込んだものとなった。共産党側は創価学会と公明党とが完全に分離されたものとの確証が欲しかった。共産党と学会が協定を結べば、あたかも共産が公明党まで支持するかのように見えるからだ。これに対し野崎は、学会による公明党支持を撤回することまではできないと一定の防衛ラインを引いた。そうした議論は二十六日の話し合いでも解決せず、松本の自宅で協議が行われる二十八日までもつれ込んだ。

「委員長は『公明党支持』の文句を明記するのは、将来に禍根を残す、と言っている」

共産党の上田が依然拘りを見せると、野崎は「代案があれば」と半歩引いた。

結局、両者は次の字句を挿入することで妥結する。

「双方は互いに信義を守り、今後、政党的態度の問題をふくめて、いっさい双方間の誹謗中傷はおこなわない」

とどのつまり、創共協定の核心は相互不可侵である。「相互の自主性の尊重」に始まる協定文書七項目のうち政策的なものは「核兵器の全廃という共通の課題に対して、互いの立場で協調し合う」という一項目のみに限られた。言論出版妨害問題で不都合な真実を暴かれ手痛い打撃を被った池田にしてみれば、批判の芽をひとつ摘むこととなる創共協定は二重丸の合格点だったに違いない。

協定書の正本は三通が作成され、仲介者の松本もそのうちの一通を保管することとなった。三人は別室に移り、ビールで乾杯した。あとは頂上会談を残すのみである。

池田と宮本の極秘会談

翌二十九日、それぞれの主役は松本の自宅に入って行った。そして向かい合うと、手を先に差し伸べたのは池田だった。握手をした二人は互いに肩を抱き合ったという。

「われわれを信用してもらいたい。決して期待を裏切るようなことはしない。政教分離は完全に行われている」

池田がまずはそう話すと、松本は「会長と公明党執行部との間にパイプはないのか」と訊いた。

「ない。竹入、矢野らも来ないだろう」

池田はそうきっぱり返すと、創共協定に関する公明党側への説明はこれから行うと話した。この時、池田は竹入ら公明党執行部について「政治の玄人」と形容した上で「学会を素人と考え、独善的になっている」と内輪話を明かしている。社長会での発言や中国問題の動きなどを見ると、池田の言いぶりには承服しかねる部分が多いものの、言論出版妨害問題後の政教分離宣言を機に創価学会と公明党の両執行部の間にそれまでにはなかった距離ができていたことは事実だと思われる。

池田は肝心な点を宮本に確かめた。

「もし、共産党が弾圧をうければ、学会はその擁護に起き上がる。学会が同様な場合には共産党にもそうしてもらいたい」

これに対し宮本は請け合った。

「その時は党を挙げて擁護のために闘う」

そして、松本が満足げにこう話す。

「この協定で、日本の流れは変わるかも知れない。民衆の多くは歓迎するだろう」

これに同意した池田は続けた。

「こういった発想になったのも自分のロマンからである。ロマンは、現実問題のコセコセしたことは考えない」

宮本が応じる。

「ロマンは結構である。両者の関係発展もロマンでゆこう」

そう言い終わると宮本は笑った。

天敵同士が手を結んだ創共協定は両トップが終始和やかなうちにその成立を見た。協定期間は十年である。ただし、その存在はしかるべき時期が来るまで伏せておくこととされた。

後の回顧によれば、公明党の竹入がこの驚天動地の協定について、誰からかは不明だが、それとなく知らされたのは二日後の大晦日《おおみそか》だったとされる。ただ、この時点では竹入も表立って動かなかった。様子見といったところだった。

年が明けた一月十日、野崎と上田は仲介者・松本の自宅を表敬訪問した。この際、野崎は「竹入、矢野の線からはそれとなく問い合わせがあった。当方としてはにおわせた程度」と内情を話している。野崎の頭では竹入と矢野さえ説得できれば、あとは何とかなるとの算段だった。松本が「いつまでも隠しておくわけにはいかない」と懸念を示したところ、野崎は「二、三週間のうち」に正式な説明を行うとの見通しを示した。この日は予定されている池田・宮本対談の記事化についても話が出た。共産側が指定したのは『毎日新聞』だ。『朝日新聞』は同和問題に関し共産の対立相手である社会党系朝田派による影響が強いと見られ、毛嫌いされたのである。

一カ月後の二月七日、野崎は松本に対し、竹入と矢野への説明を行ったとようやく報告した。公明党を仕切る二人とも「予想外のことを聞いたという顔をしていた」という。そして「この話はわれわれ両人の胸の中におさめて、下部には伝えない」との微妙な判断が示されたとされる。

他方、学会組織では幹部クラスまでこの話は下ろされ始めていた。

この間、池田は海の向こうにいた。一月二十六日、創価学会は五十一カ国から百五十八人の海外幹部をグアムに集め「世界平和会議」を開いた。その場で池田は海外を統括する新たな組織「創価学会インタナショナル」（ＳＧＩ）の結成を宣言し、自らがその会長に就任した。こうした晴れやかな舞台の一方、肝心の創共協定をめぐる情況には次第に暗雲が垂れ込み始める。

三月十八日、野崎は松本にこう打ち明けた。

「先日、公明党の副部長クラス数名に会い、協定のことを話したところ、皆の顔色が変わってただごとでない空気になったので、説明を後日に譲ってそうそうに引きあげてきた」

依然、創共協定の存在は秘密にされたままだったが、その後の七月ともなると、情報は少しずつ外部に漏れだしていた。池田と宮本が極秘に会談したらしい、との新聞や週刊誌の記事が上旬頃から見られ始めることとなる。周囲が俄然《がぜん》騒がしくなったのを受け、もはや両者の急接近を隠し通せないと見た池田と宮本は、例の『毎日新聞』の企画で対談を行った。場所はホテルニューオータニで、七月十二日のことである。

二日後、池田は大石寺に赴き、宗門側に対し創共協定の締結を打ち明けた。竹入に直接説明したのはさらにその翌日のことだ。例の総合経過年表ではそのようになっているが、その時の竹入の反応がどうであったかまでは記されていない。この日、『毎日新聞』では池田・宮本対談の連載記事が始まっていた。

この頃ともなると、創価学会として何も公表しないのはまずいと考えたらしく、同月十六日付『聖教新聞』の二面には副会長の青木亨名義で池田・宮本対談に関する論文が掲載された。そこでは「人間次元で平和・文化語る」とされ、対談があったことは認めたものの、依然、協定の存在までは明らかにされていなかった。

学会・公明党内部からの猛反発

そんななか、決定的だったのは同月二十六日付の『日本経済新聞』だった。そこではかなり具体的に協定の中身が書かれていたのである。どうやら公安筋からの情報がスクープの端緒だったらしい。

翌日、創価学会の野崎、志村、共産党の上田、山下、それに仲介者の松本は緊急に集まり、そこで創共協定の発表は泥縄的に決まった。翌二十八日付の『聖教新聞』、創共協定を知らせる記事が掲載されたのは、やはり一面でなく二面だった。

「憎しみ合いやめ共存」

「平和のためそれぞれの立場で努力」

六段組みの記事にはそんな見出しがつけられた。社会が大騒ぎになっている一方で、当の創価学会はそんな感じだった。何かがおかしかった。この間、大石寺法主の細井日達は行学講習会や法華講連合会の総会で「何の不思議もない」「仏法上当然のこと」と発言し、池田の決断を側面で支援してはいた。が、その効果はほとんどなかった。

その日、発表を受けてマスコミ取材に応じた公明党の矢野はさらに慎重な態度だった。そして、次の日に秋谷による見解が『聖教新聞』に掲載されるから、それを読んでくれという。

その秋谷見解が載ったのもやはり二面だったが、扱いは前日の倍ほどだった。一問一答形式の記事には「共闘なき共存へ」との大見出しがつけられていた。その見解はもはや「協定」の名にすら値しないものだった。池田の閃《ひらめ》き的なマキャベリズムと異なり、国会などで直接対峙してきた竹入や矢野にとって、その核心的な狙いが相互不可侵であろうと、天敵である共産党と手を結ぶことはもってのほかであり、この間に水面下で猛烈な巻き返しに出たことは間違いなかった。

翌三十日、一方の宮本が記者会見に臨んだ。協議の当初とは異なり、この時点では共産党の方が創共協定を確かなものにしようと前向きだった。宮本は池田と国際電話で話をしたと互いの親密さを強調した。

それも空しく、雲行きは一気に怪しくなっていく。

創価学会の志村は三十一日に共産党の山下に電話をかけ、松本の自宅で予定されている会合の延期を申し入れた。その翌日、池田は信濃町の「白雲寮」に北条、秋谷、中西治雄といった腹心、それに共産党との交渉を担当する野崎、志村、そして山崎らを集め懇談を行っている。例の総合経過年表にはその事実しか記されていないが、メンバーから見て創共協定に関する話が出たのは間違いない。おそらく大勢を占めたのは撤退論でなかったか。三日後、志村は松本に電話をし、情況が絶望的なことを訴えている。

「野崎と私とは学会内部から、軽率な行動だと言って突き上げられている。協定破棄の事態もあり得ますよ」

それでも八月九日に野崎、志村、上田、山下の四人で会談することだけは決まった。

そうして迎えた当日、会合は最初から険悪な雰囲気だった。野崎が切り出した。

「今日は重要なことで話がある。このあいだの記者会見で宮本委員長が会長の国際電話を持ち出したことだ」

そう言うと、野崎は山下の方を向いた。

「自分が話した会長の電話の内容を正確に委員長に伝えたのか？　会長が国際電話で『雑音』云々と言ってきたと委員長が発言しているが、会長はそんなことを言っていない」

ここで国際電話の件が持ち出されたのは、創価学会側として協定を破棄する理由が欲しかったがゆえだろう。もはや野崎も組織内の大勢に従うしかなかったのである。

その後の八月十四日、野崎は京王プラザホテルで上田とサシで会い、会談は四時間超にも及んだ。しかし、もはや創価学会は撤収モードだ。二日後、仲介者の松本も交え、会談が持たれるが、この時、学会側から現れたのは野崎だけでなく、その横には山崎尚見がいた。北条、秋谷、森田に続く副会長へと三年前に取り立てられ、実力者となっていた山崎は創共協定に否定的な大多数の声の代弁者と言えた。この日決まったのは『毎日新聞』での対談連載の打ち切りである。当初の予定だった二カ月間は一カ月あまりに短縮され、八月二十三日に終結することが互いに了承された。

この間、池田は八月二十日に創価大学で行われる壮年部全国代表者集会での講演を控えていた。そこでは当然、大きな話題となっている創共協定について語る必要があった。二日前、講演原稿の検討に呼び集められたのは原島と八尋、そして山崎正友の三人だった。

「我々は日本共産党と共闘する意思はない。またいわゆる国民統一戦線に加わることも考えておりません」

創価大学に集まった壮年部幹部を前に、池田は創共協定に関しそう述べた。会場からは大きな拍手が沸き起こる。もはやその七項目は死文化していた。池田にとっては竹入や矢野に恥をかかされたも同然である。執念深い池田がそのことを忘れることはなかったはずだ。

その年十二月末、矢野は法政大学教授も務める弁護士の伊達秋雄の仲介で社会党副委員長の江田三郎、民社党副委員長の佐々木良作と接触を始めた。伊達は東海大学創立者の松前重義と通じていた。松前は戦前、逓信官僚として大政翼賛会総務部長を務め、戦後は逓信院総裁となった後に公職追放となり、その後、社会党右派の衆議院議員を十年あまり務めるという面妖な人物で、ロッキード事件に揺れるこの頃は中道勢力の結集を狙っていた。

翌年二月、その松前を座長に政策集団「新しい日本を考える会」が提唱され、それは七月、正式に発足した。会長は松前、事務局長は伊達で、顧問に名を連ねたのが社会党の江田、民社党の佐々木、そして公明党の矢野だった。この構想をめぐっては、社会党内で江田が孤立ぎみだった一方、最も積極的だったのが公明党だったと言われる。共産党はこの政策集団を「反共松前新党の旗揚げ」と批判した。いずれにせよ、公明党はこの後、非共産路線を突き進んでいく。

創共協定の風向きが急速に怪しくなっていた一九七五年八月十日、宮本は松本のもとを訪れ、こんなふうに漏らしていた。

「何もかも意外というほかない」

共産党側は池田が絶対権力者だと見ていたから竹入はじめ公明党首脳はそれに従うものとばかり考えていた。しかし、そうではなかった。外から見るほどに、創価学会・公明党の組織内は単純でなかったのである。そして言論出版妨害問題以降、日蓮正宗内部ではもっと複雑怪奇なことが進行していた――。

第7章　前門の妙信講、後門の正信覚醒運動

もうひとつの在家信徒団体

一九七二年五月、池田大作はイギリスに渡り、世界的な歴史学者であるアーノルド・トインビーと四回にわたる対談を行った。

今に至るも創価学会が世紀の対談であるかのごとく喧伝し大量の活字にもなっているものだが、実際には聖教新聞特派員とされた教学部員の桐村泰次《きりむらやすじ》が何から何までお膳立てしたもので、その場での池田自身の会話はそれほど突っ込んだものではなかったともされる。創価学会はこの偉業の自己宣伝に努めたが、トインビーの孫娘からはかなり強い嫌悪感が示され、十二年後、それは地元紙『ガーディアン』で大きな記事となった。

いずれにせよ、当の池田がこの対談に大変な満足を覚えたのは間違いなく、五月十二日付『聖教新聞』一面のトップ記事には「現代文明の本質、深く議論」との大見出しが躍ったものである。

帰国後に開かれた例の社長会で池田はこうも話していた。「英訳『人間革命』をトインビーに送ったら、大変感激しました、と云って序文を書いてきた。これをのせれば対外的にはたいしたものだね。権威が出るね」――。飽くなき承認欲求である。

しかし、池田のはしゃぎぶりとは裏腹にその頃の創価学会は日蓮正宗内で強烈な圧力に晒《さら》されていた。「言論出版妨害問題」の際に学会や宗門執行部がとった正本堂をめぐる動きに端を発する妙信講《みょうしんこう》問題がそれであった。

東京・吾妻橋の妙縁寺《みょうえんじ》に所属する在家信徒団体「妙信講」を率いるのは印刷会社を経営する浅井甚兵衛《じんべえ》と昭衛《しょうえい》の親子だった。父・甚兵衛は一九〇四年生まれだから池田より二回りほど年長だ。日蓮正宗に入信したのは一九二六年のことで、これは創価学会の初代会長・牧口常三郎よりも二年早かった。牧口以上に原理主義的とも言えた浅井は所属寺院の変更を何回も繰り返してきたいわく付きの大物信徒だった。

最初の所属先は品川の妙光寺《みょうこうじ》である。その後十年で所属は高島平の妙光院（現・妙國寺《みょうこくじ》）へと移り、やがて妙光寺に戻った。そこで戦時中に「東京妙信講」を結成し、その講頭となる。ただ戦後、その東京妙信講ごとまた所属寺院を変更した。こんどは池袋の東京法道会《ほうどうかい》（現・法道院）である。同寺院に所属する講は複数あり、浅井の東京妙信講は一九五六年、それらと合流して「法道院法華講」へと発展的に解消された。浅井は講頭に就任したから、その実力は十分に認められた形だった。

しかし翌年、浅井は寺院と衝突して離脱を決定、前出の妙縁寺に移り妙信講を再結成することとなる。従った講員は約三百八十人を数えたという。この時、離脱に反対した法道院住職を抑え

日蓮正宗・大石寺の歴代法主

代	氏名	在位期間
第59世	堀日亨	1926年3月～1928年6月
第60世	阿部日開	1928年6月～1935年6月
第61世	水谷日隆	1935年6月～1937年10月、 1945年6月～1946年1月
第62世	鈴木日恭	1937年10月～1945年6月
第63世	秋山日満	1946年1月～1947年1月
第64世	水谷日昇	1947年1月～1956年3月
第65世	堀米日淳	1956年3月～1959年11月
第66世	細井日達	1959年11月～1979年7月
第67世	阿部日顕	1979年7月～2005年12月
第68世	早瀬日如	2005年12月～

て、所属替えを認めたのは大石寺の第六十五世法主・堀米日淳だった。創価学会もそうだが、この時点で浅井率いる妙信講は泣く子も黙る急進派として宗内で特別扱いだったわけである。

浅井親子がとりわけ拘ったのは例の「国立戒壇」だった。それは広宣流布の暁に国家の意思と天皇の勅宣によって建立されたものでなくてはならず、しかも場所は富士山麓の「天母山《あんもやま》」でなければならなかった。これらが揃うことで宗祖・日蓮と開祖・日興の「御遺命」が初めて実現されるというわけだ。

こうした一方、日蓮正宗内で巨大な勢力となっていた創価学会は一九六四年、正本堂計画を始動させる。在家信徒の代表である法華講総講頭ともなっていた池田は、そこで正本堂こそが「事の戒壇」であると発言するようになる。これは御書「三大《さんだい》秘宝《ひほう》抄《しょう》」などに書かれた表現をそのまま用いたものであり、国立戒壇との表現は大正時代にそこから派生したものだった。事の戒壇との表現を持ち出したのは学会の権勢を示すとともに、いかにも国教化を連想させるような言葉遣いを慎重に避ける狙いがあった。

ただし、それは曖昧さを残したものとも言えた。政教一致を批判する側から見れば将来の国立戒壇化を警戒させる表現だったし、逆に政教一致を推進したい妙信講から見ると正本堂の位置づけはあまりに不明確だった。

「国立戒壇論は封印」への反発

妙信講は一九六二年に発足した日蓮正宗法華講全国連合会に加入せず、長期の登山停止処分を受けるほど、その急進ぶりが際立っていたが、正本堂問題はそれをさらに先鋭化させた。言論問題が吹き荒れる一九七〇年三月、浅井親子は「正本堂につき宗務御当局に糺《ただ》し訴《うった》う」との書簡を大石寺に送りつける。法主の細井日達は親子を宥《なだ》めようと東京・向島の常泉寺で会談を持つなどした。他方で待ったなしの言論問題を幕引きする必要性から、政教分離をアピールしたい創価学会は国立戒壇論を封印、宗門もそれに同調する。こうして五月三日に行われた学会の総会において日達は「国立戒壇の名称は使用しない」と宣言してしまうこととなる。

裏切り行為ともみなせる法主の発言に、妙信講は当然反発を示した。これに対し宗門執行部は創価学会とともに対処する方針をとる。大石寺で三者の会談が持たれるなどし、結局、この時は九月に確認書を交わすことでいったん対立は収まった。正本堂について「最終の戒壇であるとは現時において断定はしない」との曖昧な歩み寄りによって、妙信講が宿願とする形態での事の戒壇の建立には含みを持たせたのだった。

二年後、緊張は再び訪れる。池田がトインビーに会いに行く一カ月半前の一九七二年三月、宗門は宗務支院長や宗務議員らを集め正本堂の意義について指導会を開いた。その落成をいよいよ半年後に控え、この問題に最終決着をつけようとしたのである。それは池田の権勢欲を満たし、かつ言論問題で見られたような政教一致批判をかわそうとする内容だった。つまり、「正本堂は現時における事の戒壇」であり、一方で国立戒壇については近代的民主国家において不穏当であるため、その名称だけでなく、意義、すなわち考え方さえも「永久に廃棄する」としたのである。

これに沿って宗門執行部は四月に「訓諭《くんゆ》」を発出する。さらに六月になり教学部長の阿部信雄によって「国立戒壇論の誤り」との冊子が発行されるに至った。そして同月十五日からその内容は『聖教新聞』で長期連載記事として紹介されることとなる。

これに対し、浅井親子はまず日達に対し真意を質すため会談を求めた。七月六日、それは妙縁寺で行われることとなる。浅井親子に会うなり日達は「私は下着を新しいものと着替えてきた。私を殺すなり、私を刺すなり、突くなりしなさい」と決死の形相《ぎょうそう》だったとされる。この時、隣の部屋では同行した庶務部長の藤本栄道（後の日潤《にちじゅん》）が襖《ふすま》越しに聞き耳を立てていた。そして寺院の外では創価学会の山崎正友が部屋に仕掛けた盗聴器からもたらされる緊迫したやりとりに耳をそばだてていた。

結局、この話し合いで日達はいったん後ろに退くこととなる。『聖教新聞』での「国立戒壇論の誤り」は三日後に連載中止となったのである。そのかわり日達は創価学会を外護の盾として前面に押し出すことを決めた。こうして九月十三日から始まったのが学会と妙信講との会談だった。浅井親子に対峙するため池田が差し向けたのは副会長の秋谷栄之助、教学部長の原島嵩、そして顧問弁護士の山崎だった。会談は都合七回にも及んだ。

最後はこの時も曖昧さを残した妥結だ。正本堂落慶法要九日前の十月二日、『聖教新聞』は理事長・和泉覚の談話を掲載する。「正本堂は、なお未だ三大秘宝抄・一期弘法抄の戒壇の完結ではない」とする内容だった。妙信講が待望する日蓮・日興の御遺命が将来実現される余地を残したのである。

「戒壇本尊」偽作説の波紋

こうした一方、宗門にとっては厄介事がほかにもあった。そのひとつが保田妙本寺《ほたみょうほんじ》問題である。房総半島の東京湾側、千葉県鋸南町《きょなんまち》にある保田妙本寺は室町時代が始まらんとする一三三六年頃に創建された関東有数の古刹だ。開祖・日興の流れを汲む富士門流に属してはいたが、大石寺とは一線を画し、戦時中は三派合同によって生まれた日蓮宗の傘下にあった。しかし一九五七年、末寺四カ寺とともに離脱、日蓮正宗に合流することとなる。とはいえ、保田妙本寺は文永十一年（一二七四年）に日蓮が書写したとされる「万年救護《まんねんくご》の大本尊」を代々にわたって護持するなど、その独自色は今なお払拭《ふっしょく》されていなかった。

その動きが焦点に浮上してきたのは、これまた正本堂計画が大きく関係していた。

一九七二年六月、「蓮悟空《れんごくう》」なる筆者名で『変質した創価学会　現創価学会大幹部の告発』なる批判本が出版される。蓮悟空との筆名は『人間革命』で戸田城聖が使った「妙悟空」や池田の「法悟空」に対し皮肉を込めたものであることは間違いなかった。その本では例の社長会の存在が暴露され池田が直後にそれを中止するなど学会にとって痛打となるような批判が随所に展開されていたが、それ以上に学会だけでなく大石寺の神経に障ったのが本尊問題であった。日蓮正宗が信仰の対象とするのは前に述べたとおり日蓮が弘安二年（一二七九年）に書写したいわゆる「戒壇本尊」であり、それは奉安殿から正本堂へと遷座《せんざ》されることが決まっていた。ところが、件の批判本はそもそもその本尊自体が偽作であると断じ、保田妙本寺に伝わる万年救護の大本尊こそが信仰の対象であるべきだと主張していたのである。

じつのところ、大石寺の本尊問題は一冊の本が書けるくらいの大テーマだ。実際そうした研究書も存在する。その核心は本当に日蓮によって弘安二年に図顕されたものなのかという点なのだが、戦後、大石寺がその写真撮影を禁じている不可解な振る舞いもそうした論争に拍車を掛ける一因だ。いずれにせよ、蓮悟空が投げ掛けた疑問は宗門の存立自体を揺るがすような大事だったわけである。

この蓮悟空問題に対処するため創価学会が調査を命じたのも山崎だった。山崎や親しい学生部メンバーは信濃町の「五月荘」に忙しく出入りを始め、この後、様々な謀略活動を行って「山崎師団」と呼ばれるようになっていく。調査により蓮悟空の正体は間もなく判明した。外郭団体「民主音楽協会」に勤める職員・松本勝彌だったのである。その松本は九月頃から保田妙本寺に出入りするようになる。

じつはその頃、保田妙本寺には松本だけでなく様々な反学会グループが出入りを始めていた。そのひとつが「創価学会対策連合協議会」（創対連）である。二年前の六月に元学会員の稲垣和雄を理事長に結成された創対連は、松本が出入りを始めてから間もなくの十一月、正本堂御供養金返還運動を始める。安置される本尊が偽作なら供養は騙されて行ったものであり返還されるべきというわけだ。そして同月十一日、松本とその母親が原告となり学会に対し返還請求訴訟が起こされることとなる。「小田原グループ」「増田グループ」「熱海グループ」——そんな集まりまで浮上し、保田妙本寺に出入りするそれらが連携していることは明らかだった。

創価学会はただちに松本親子を除名処分とした。その後、山崎配下の者はその自宅を見張ることとなる。同時に山崎が進めたのが創対連に対する懐柔工作だった。代表の稲垣が創価学会本部にやって来たのは十二月六日のことだ。応じたのは和泉と広報担当の山崎尚見、そして山崎正友だった。二週間後の同月二十三日、山友は稲垣に三十万円を手渡した。買収しようとしたわけだ。一週間後、山友は再び稲垣とホテルニューオータニで会う。この時点で稲垣は恭順の意を示しており、以後、「稲穂産商」なる会社もあてがわれ、反学会グループ内でスパイとして泳がされることとなる。

「山崎師団」の覆面出版

この間、反学会グループの砦《とりで》となった感もある保田妙本寺自体の動きはどうだったのか。十一月二十四日、住職の鎌倉寛全（日桜）は声明を発表した。大石寺に伝わる戒壇本尊を正統とする内容だ。だが、これに対し少なくとも創価学会はまだ半信半疑だった。

翌月二十六日、東京・池袋の法道院で会談が持たれた。すでに決まっていた保田妙本寺の記念事業における建設工事に関し具体的な話し合いを持つためである。その場に臨んだのは法道院住職で宗務院総監も務める早瀬日慈、創価学会副会長の北条浩、そして鎌倉である。結果、学会の外郭企業「栄光建設」が工事を担当することで協議はまとまった。

年が明けた一月下旬、保田妙本寺に栄光建設の飯場ができると、そこを拠点に山崎は情報収集活動を始めた。配下の北林芳典を作業員として潜り込ませたのである。

二年前の三月に東京理科大学を中退した北林は、同郷の竹岡誠治とともに学会の外郭企業「新社会研究所」に入っていた。同社が担った任務は裏の言論戦における謀略活動だ。創価学会とは無関係を装い、その実は世論をそれとなく親学会に誘導することが期待されたのである。こうしてその年六月に創刊されたのが月刊誌『新社会情報パック』だった。そのキャッチコピーは「チャンスを創造するマルチ情報メモ」という、いかにも世俗的な色が濃いもので、執筆陣も大森実ら学会とは関係のない書き手ばかりだった。ほぼ唯一の例外は山崎が時々、法律相談的な記事を寄稿していたくらいなものである。

この手の覆面出版は創価学会の十八番とも言えた。例えば、一九六八年三月に創刊された月刊誌『現代政治』がそれである。このオピニオン誌の発行元は「現代政治研究所」とされ、一見、創価学会との関係はないような体だったが、その編集部は公明党本部近くに「財団法人公明協会」が持っていたビルの一室にあった。件の建物にはほかに『第三文明』編集部も入っていた。一般紙の論説クラスの寄稿がずらりと並び中立性を装った『現代政治』だが、そこには巧妙に竹入義勝や矢野絢也らの論文を紛れ込ませていた。

もう少し手の込んだやり方もあった。一九六〇年代半ば以降、一部の聖教新聞記者が野に放たれたことは前にほんの少しだけ触れた。その者らは出版界の各方面に浸透していったとされる。そうしたなかの一社が「日本出版センター」だった。一九六九年暮れに民社党の塚本三郎が書いた批判本『創価学会に強くなろう』の発売元である。翌年六月、同社から『共産党史』という本が出る。党を除名された歴史学者・小山弘健《ひろたけ》の監修によるこの本は当然、共産党に対し批判的な内容だった。創価学会にとっては好都合な本だ。批判本の発売元を手なずけ、逆に反共世論誘導を狙うというこの工作に関わっていたのが、野に放たれた元聖教記者だったとされる。

さて、北林、竹岡が関わった『新社会情報パック』だが、こちらは商業的にうまく行かず一年半足らずで休刊となった。二人は例の五月荘に出入りするようになり、再び山崎の配下で動くこととなる。ほどなくして、北林が命じられたのが保田妙本寺における情報収集活動というわけだった。

二月十六日、法道院では再び北条、早瀬、鎌倉の三者が会談を持った。この時、創価学会側からは山崎も参加している。三カ月後、鎌倉は大石寺に登山し、学会本部も鎌倉の訪問を迎え入れた。これらでようやく学会側は保田妙本寺におかしな考えがないことを確信できるようになった。こうして、問題はひとまず解決の方向に向かうこととなる。

2億円の富士宮市懐柔工作

ただ、その前後、総本山・大石寺は別の問題に直面していた。地元・富士宮での動きだ。最初は廃道問題だった。

この問題が燻り始めたのは一九七三年二月頃のことである。正本堂の建設に伴う廃道の扱いをめぐり、市民グループが問題視する声を上げたのだ。六月、市民グループ側三人は不動産侵奪罪などで大石寺法主・日達と創価学会会長・池田を富士宮署に刑事告発する。

この問題を解決するため、やはり外護の盾として前面に進み出たのは創価学会だった。そして担当者になったのはこの時も山崎である。山崎は北林と竹岡を現地に派遣して調査にあたらせた。廃道問題は七月末までに市民側が告発を取り下げ収束に向かう。

そうしたところ同年十一月二十九日、富士宮市長の植松義忠が上京し、信濃町の創価学会本部をひそかに訪ねてきた。植松が学会本部に来たのは初めてではなかった。前年暮れから持ち越しとなっていた案件があったのである。市内に広がる外神地区の土地問題に関する要請が、それであった。

じつのところ、富士宮の政界は宗門以上の伏魔殿だった。その発端は一九七二年三月に元社会党県議である革新系の植松が市長となったことにある。当選を果たした原動力は全逓信労働組合東海地方本部（全逓東海地本）による絶大な組織支援だった。

ここで全逓が地元で抱える問題がクローズアップされてくる。ファミリー企業で金融業を営む「弘信商事」の資金繰り問題だ。同社は富士宮市議で造園会社を経営する実力者の日原博に貸し込んでおり、その回収を図る必要があった。担保として取っていたもののひとつが市内の外神地区の土地だ。そこで考えた方策がこの土地売却代金で融資回収を行うというものだった。では、どこに売るのか。弘信商事が泣きついたのは、全逓東海地本の影響下に入った富士宮市である。

しかし、富士宮市としてもそう簡単に買い取り代金を捻り出せるものでもない。そこで植松が目を付けたのが創価学会だった。巨大な正本堂を落成させた学会の資金力は誰の目から見ても明らかだったから、カネの臭いはプンプンしていた。内部資料「総合経過年表」によれば、当選したその年の十二月二十六日、植松は学会本部を訪れ、四億四千万円の借り入れを無心することとなる。

さて一年後、前述した植松による再度の訪問を受け、創価学会はこの問題に真剣に取り組むことなった。その前の九月には大石寺の本門大講堂で学会、大石寺、富士宮市による三者会談が持たれていた。学会と大石寺からすれば、地元を丸く収められればそれに越したことはない。先の廃道問題で見たように、この頃ともなると学会や大石寺に対する地元反対派の動きが目立つようになっていた。

ここで創価学会が担当に任命したのもやはり山崎である。その指示によって再び北林と竹岡が地元に派遣された。一九七四年二月頃のことだ。一方、山崎自らは地元政界関係者との折衝を重ねることとなる。

二月十二日、山崎が和泉とともに東京・紀尾井町のホテルニューオータニで真っ先に会ったのは市長の植松、全逓東海地本委員長の鈴木昭司、それに弘信商事の関係者だった。ここで学会側は初めて富士宮市による四億円の借り入れ要請の裏側に弘信商事の日原に対する貸し込みがあることを知る。この日、その旨が記された「弘信商事の件」と題する報告書を、山崎は上層部に上げている。

じつは、日原は地元・富士宮において創価学会や大石寺をめぐる反対派のリーダーと目されていた。他方、国政の場では公明党と社会党の書記長会談を通じ来たるべき参議院選挙における協力が確認されていた。外神土地問題はこれら複雑に絡み合うそれぞれの懸案事項をきれいさっぱり解きほぐす糸口になる可能性があったわけである。

六日後、富士宮市役所四階では創価学会、大石寺、市による三者会談の二回目が持たれた。市側からは貸し付けの実行を四月十日頃までに行ってもらいたいとの要請が出された。すでに市は前年十一月、外神土地の買い取りを内々に決めていたが、買い取り額を低く押さえるため弘信商事からは早期の支払いが求められていたのだ。これについても山崎は翌日、「富士宮の件」と題する報告書を上層部宛てに提出している。

富士宮市側の手続きは急ピッチで進んだ。二月二十五日、市議会は全員協議会を開き、土地の買い取りを承認する。その翌日、市土地開発公社は理事会で土地取得を正式決定した。すでにこの時点で創価学会は借り入れ要請に応じることとしていた。

「今回の件に関して、市長、社会党及び総評静岡県本部、弘信商事等は、いずれもこちらに心から感謝しており、一〇〇%こちらサイドに引きつけることに成功しました。又、日原等、悪い議員達も、完全にこちらのペースにまきこみ、にぎることができたと思います」

三月一日、山崎はやはり「富士宮の件」と題した報告書をまとめ、池田を含む首脳部にそう報告している。

山崎が和泉とともに信濃町で日原と初めて会ったのは翌日のことだ。以降、日原は次第に創価学会寄りの姿勢をとり始めることとなる。それに関しても山崎は「富士宮市、日原議員の件」との報告書を上げている。これに対し、報告書を読んだ池田は後日こんな決裁メモを残した。

「本当に有難う、どうか題目をしっかり唱えて大成功して下さい」

三月五日、創価学会は責任役員会を開き、富士宮市に対する二億円の貸し付けを機関決定する。最終的に残り二億円は大石寺が負担することとなった。

他方、引き続き山崎は地元懐柔工作にあたった。三月六日には秋谷栄之助とともに再び全逓東海地本の鈴木とホテルオークラで会っている。そして四月四日にはやはり秋谷とともに静岡市内の料亭「浮月楼」で静岡県副知事の永原稔と静岡新聞社長の重田光晴に会うこととなる。永原は中道寄りの無所属候補として知事選に立つ考えでおり、一部保守票の取り込みとともに社会党や公明党の支援を欲していた。総本山外護のため取り組んだ外神土地問題を契機に、創価学会の地元工作は、弘信商事、全逓東海地本、そして総評静岡県本部を取り込み、さらに県政まで深く浸透しつつあったのである（もっとも、その年七月に実施された知事選で永原は自民候補にほんのわずか届かず落選となった）。

第一次宗門戦争の予兆

さて、一難去ってまた一難というべきか、これら前後に激しく再燃したのが、あの妙信講問題だった。

一九七四年四月九日、日蓮正宗宗務院は妙信講からの登山再開申し入れを受ける。

同月三十日、総監の早瀬と渉外部長の吉田義誠、庶務部長の藤本栄道が大石寺に浅井親子を迎え入れた。話し合いの焦点はどうしても国立戒壇の件になる。

「国立戒壇を言う限り、御開扉《ごかいひ》はできない」

早瀬らはそう見解を示した。御開扉とはいまや正本堂に安置された戒壇本尊に拝することを指す。信徒にとっては最もありがたい瞬間だ。この時、宗務院の以前と変わらぬ態度に接し、浅井親子はこう啖呵《たんか》を切った。

「国立戒壇はすてない。登山できなくてもよい。そのかわり行動を起こす。5・19に渋谷公会堂で決起大会を開き学会本部にデモをかける。何千人で本山におしかける」

前年十二月、浅井親子は自宅を処分してつくった資金を元手に東京・常盤台に本部会館を建設していた。所属寺院の妙縁寺だけでなく自前の拠点を確保したことで独立色をさらに強めようとしていたのだ。

浅井親子と面談した次の日、宗門の早瀬、阿部信雄、藤本は妙信講問題について創価学会と打ち合わせを行う。学会側から出席したのは秋谷、原島、そして山崎だった。今回も前面に出ていくのは外護の盾である学会ということになり、五月八日、東京・池袋の常在寺でまずは妙信講側との会談が持たれた。

ただしこの頃から創価学会と宗門との間はぎくしゃくし始める。少なくとも、学会側は日達に対し疑念を持ち始めた。

常在寺での会談翌日、北条と山崎は大石寺に登山し、日達に内容を報告した。山崎が日達に会うのはこれが初めてのことだ。北条らは参議院選挙が終わった後の七月から妙信講との話し合いを再開すると説明し、さらに「学会として泥をかぶっても宗門を守る」と決意表明を行った。

ところが、日達はそれと別の件にむしろ話題を振った。

ひとつは「日蓮正宗国際センター」のことだ。これはその一カ月前に創価学会が合計三億円の寄付金を積んで設立することを決めた財団法人で、池田体制以降、学会が熱心に取り組んできた海外進出の司令塔となるものだった。これに対し厳格な教義に拘る日達は、ともすれば各国の事情に合わせすぎるきらいのあった海外布教自体に、謗法との懸念を抱いていた。新たな財団に日蓮正宗が包括されかねない警戒心もあった。

さらに日達の関心事項がもうひとつあった。折から学会は宗務院の会計を調べていたのである。前年十月、正本堂東側広場の完成を祝う法要が執り行われた際、池田は日達に対し資金的な直言をしていた。正本堂供養で集まった三百数十億円のうち残余資金は宗門側の基金に積まれており、他方、市からは市民センター建設の寄附を求められるなど、学会と宗門の双方で資金的な整理を行う必要があったからだ。そこで学会副会長の北条と宗門総監の早瀬との間では「覚書」も交わされていた。どうやら宗門側の会計処理が杜撰《ずさん》だったことは確かなようで、一度、学会がスタッフを派遣し精査しようということになったが、まるで差し出せる財産がないか調べられているようで、日達はそれも気に入らなかった。

一カ月前の四月十二日、富士宮問題に一貫してあたっていた山崎は八尋頼雄との連名で「本山について」との報告書をまとめていた。その見立てによれば、宗門執行部は今回の廃道問題などでかなり堪《こた》えた様子で、そんななか、実権は日達に集中しており、個人的な一存で重要なことが決定されているきらいがあった。その日達が創価学会のやることなすことにけちをつけ始めたから、学会にとっては大きな問題だった。

確かに、それ以前から日達は「今我々は坊主、坊主といってバカにされている」と言ってみたり、あるいは「最近あるところで新しい本仏が出来たような……」と、創価学会を当てこするような発言が目立っていた。

これは多分に、その頃の創価学会が池田をまるで本仏であるかのごとく崇め始めていたことと関係していたものと思われる。カリスマ性を帯びつつあった池田が書く小説『人間革命』は、学会員の間で聖典のごとく読まれることが求められるようになっていた。また、戸田の『人間革命』に関しても、とりわけ「獄中の悟達《ごたつ》」と呼ばれる神秘体験が信仰上の重要な事蹟であるかのごとく扱われた。これは戦時中、巣鴨拘置所に囚われていた戸田が題目を唱え続けるなか、仏とは生命であることを悟った体験だとされる（戸田の遺稿を集めた『若き日の手記・獄中記』を読むと、それが本当の体験であったのかは非常に疑わしいが……）。戸田が唱えた「生命論」は、牧口の「価値論」と同様、学会教学の独自性を際立たせていた。

妙信講問題の報告に来た北条と山崎に喋らせる隙を与えず、日達は「国際センターのことは学会だけでやったらよいでしょう」と言ったかと思えば、「いきなりだから、十三億五千万、そんな金を持っていると云ったことない。そのタメでしょう、お金を調べているのは」といった具合だった。さらに「会長から皆の前で怒鳴られても我慢している」などと池田に対しても嫌みたらたらだった。

翌日、北条は「本山の件」と題する報告書を池田に上げる。

「九日の本山お目通りの際、猊下の話は大へんひどいものでした。之《これ》が猊下かと疑うほどひどいものでした」

そう書き出された報告書は日達への批判に満ち溢れていた。北条はこんなことまで書いている。

「先生（＝池田）が前々から見抜いておられた本質がさらけ出されたように思いますが、あまりにひどいので、かえすがえすも残念です。広宣流布など全く考えていない。自分たちの私財が増えることと、信徒を見下してえばって暮せれば満足という風にしか考えられません。学会が生きぬいてゆく為には、相手に信心がないのなら、うまく使ってゆくか、徹底的に斗って学会の旗を守って死んでゆくか、いずれにせよ先生の最大のご苦心にふれる思いで、決意をかためました。Ⓜ（＝妙信講）とのたたかいも、所詮は本山との斗いであることが、今更のように

わかりました。学会が犠牲になるような斗いは絶対してはならないと思いました」（カッコ内は引用者）

こう逸《はや》る北条に対し、この時の池田はあくまで宗門を外護する考えに変わりがなかった。二日後、池田は北条と山崎を従え、信濃町の料亭「光亭」に宗門の早瀬、阿部、藤本を迎え入れた。池田は「申し訳ない。猊下にくれぐれもよろしく」などと言って恭順の意を示し、会計調査の今後や国際センターのことなどについて説明を行った。宗門から多額の資金を拠出してもらうことも取り止めるという。会食は午後三時から七時半までと四時間半にも及んだ。

妙信講に下った解散処分

この後も創価学会は妙信講問題の前面に立ち続けることとなる。山崎が交渉にあたり、秋谷は浅井親子からの呼び出しにも応じた。

「七月決戦の覚悟で学会を粉砕する」――。この頃から息子・昭衛が主導権をとり始めていた妙信講の敵愾心《てきがいしん》は、もっぱら学会に向けられるようになっていた。「理事長職を死装束とする」などと、実権を譲り受けた昭衛は悲壮感を一層募らせていた。

その頃、妙信講が希望していたのは公開法論だ。それに対し、秋谷は宗門にお伺いを立てた後、拒否の回答を返した。「学会と全面対決の構えあり」と妙信講の戦闘意欲は燃え盛る一方である。前章で詳しく述べたところだが、池田が念願の北京入りを初めて果たしたのはこれら妙信講との緊張関係がかつてなく高まっていた時期の話である。

やがて日達ら宗門執行部は決意を固めていく。六月二十七日、創価学会と宗門は妙信講問題に関し打ち合わせを持った。そこで宗門側から示されたのは「妙信講を切る」との最終方針である。その頃、妙信講傘下の信者は約一万二千人にまで膨らんでいた。八月四日に池田が大石寺に登山し、日達と会った際もその方針は変わらなかった。この頃ともなると少し前の日達の警戒心は薄れ、両者の間には雪解けムードが広がっていた。三日後、宗門は参議会を開き、妙信講の処分を決定、八月十二日、ついに解散命令が正式に下されることとなる。

この間、妙信講による創価学会攻撃はエスカレートしていた。本部周辺で機関紙『顕正新聞《けんしょう》』が大量にばら撒《ま》かれ、「国立戒壇を否定した政府への欺瞞回答を撤回せよ」などと三千人規模のデモ行進が行われた。これに対抗すべく学会は常盤台などに秘密拠点を設けて妙信講の動きを四六時中監視することとなる。山崎はすでに解散していた創対連の元理事長・稲垣を使って共産党員を妙信講に行かせたり、北林を使って親密なジャーナリストに接近するなど謀略活動を展開していた。

妙信講の攻撃がピークに達したのはその年秋のことだ。九月三日には代表者十五人が血判状を持って創価学会本部を訪れた。そして十月四日、鉢巻き姿の信者約八十人があろうことか本部に乱入することとなる。そのうち十数人は四谷署から急遽飛んできた警察官によって逮捕された。かつてなら学会員が行っていたような狼藉ぶりだが、この頃の学会にしてみれば、とんだ暴力沙汰だった。

十一月十三日、妙縁寺に派遣された後任住職を原告に立て妙信講に対する民事裁判が提起される。宗門がかつて授与した本尊の返還を求めるものだ。原告弁護団に山崎が名を連ねたように、これは創価学会の全面支援によるものだった。以後、妙信講問題はこの法廷闘争に委ねられていく。ただ、学会が一致団結して宗門の外護の盾に徹したのはここまでだ。

『人間革命』は現代の御書

それからおよそ二年——。

一九七六年十二月、宗門誌『富士学報』にある論文が掲載された。日蓮正宗の教育研究機関である「富士学林」の機関誌で、執筆者は千葉県鴨川市の蓮生寺《れんしょうじ》で住職を務める菅野憲道だった。その内容は創価学会に対する痛烈な批判だ。

その頃、宗内で圧倒的勢力となった創価学会に対しては、強い反発を示す僧侶や信徒が急激に増えていた。小説『人間革命』を「現代の御書」と称揚したり、戸田の「獄中の悟達」を法華経の真髄であるかのごとくありがたがる教えは、宗門の教義からひどく逸脱していたし、全国各地に建設していた会館をまるで寺院であるかのようにみなし、在家であっても供養が受けられると広言し始めていたのも、多くの批判を招いていた。

これに対し池田は過敏に反応する。その月の二十七日に光亭で宗門幹部との懇談会が行われた際、池田は戦時中の古い話まで持ち出して挑発的にこうまくし立てた。

「(軍部政府が強要した神札の受け取りを拒否したことによる)牧口先生の登山止めの件は宗門はあやまるべきだ。我々は御本尊を拝んでいる。その御本尊をおしたためになるのは猊下である。戦艦と航空母艦のようなもので、我々は本山を護ります。従属はしません。しかし、従属しない事は離れる事ではない。若い僧侶に学会を大事にしなさいと云えばいい。66か寺はまだまだ少ないと猊下に申し上げた。これから全世界に何千何百の寺院をつくるのだ。これから悪いのは坊主と言おう。寺院は御授戒・儀式、学会は折伏の団体、宣言しておきます」（カッコ内は引用者）

それまでの雪解けムードのなか、創価学会は前年九月、五十カ寺の寄進計画を発表し、それは六十六カ寺まで拡大していた。池田はそれを誇示しつつ宗門を牽制したのである。

この池田の態度は年が明けると一層鮮明になる。一月十三日、池田は信濃町の「第二青葉寮」で宗門幹部の阿部、藤本と向かい合った。数日前、法主の日達は寺族初登山の際、「お寺を中心にしていく信仰をもっと根付けないと信徒が寺を中心としなくなる」と述べていた。そうしたことも神経を逆撫《さかな》でさせていたのだろう、池田は件の『富士学報』に関しその場で単刀直入にこう訊いた。

「猊下、関与していませんね。うしろから鉄砲をうたれたのでは安心できない。お二人で若い僧侶を指導して下さい。我々は血脈を認めているから御本尊おがんでいる。会館に山号《さんごう》つけます。あさって寺院の発生というものは何か、仏教史の上から話します」

池田の勢いに押され、阿部らは「どうぞ、先生の御境涯《きょうがい》におまかせします」と返すのがやっとだった。

一月十五日、池田は事前通告どおり大阪府豊中市の「関西戸田記念講堂」で行われた教学部大会において「仏教史観を語る」との講演を行った。戸田の「獄中の悟達」こそが創価仏法の原点であり、『人間革命』は「現代の御書」であって、学会は日蓮に直結する団体、さらに寺院と会館は同格であり在家であっても供養は受けられるといった、寺院や僧侶を蔑ろにする、いわゆる「（昭和）五十二年路線」が堂々と打ち出されたのである。

妙信講裁判、事実上の敗北

創価学会は攻勢に出た。三日後、和歌山県白浜の研修所で若手僧侶への対処策を話し合った後、北条は阿部に電話を入れた。例の『富士学報』問題に関し、詫び状の差し入れを求めたのである。

この頃、宗内で創価学会に反感を持つ活動家僧侶たちは宗門執行部を突き上げていた。日達は将来の学会との決別も頭をよぎったが、ひとまず静観の構えだった。総監の早瀬は「慎重にやってほしい」と活動家僧侶たちを落ち着かせようとした。

聖教新聞

関西戸田記念講堂 第9回教学部大会を開催

四千五百人の教授代表が参加

―「教学の年」の開幕を飾る―

会長が記念講演「本部、会館は近代寺院と同意義」

52年路線のきっかけとなった池田講演（『聖教新聞』1977年1月16日）

結果、批判論文を書いた当の菅野は阿部とともに詫び状を持って創価学会本部へと赴くこととなる。しかし、学会側は強硬だった。応対した青年部長の原田稔と男子部長の野崎勲は菅野に謝る気がないと見るや、それを突き返したのである。一月二十日のことだ。

翌日、大石寺の大奥では日達、早瀬、阿部、藤本が集まり対応策を協議した。阿部は「菅野の件で学会は猊下を退座に追い込むつもりだとの情報」が活動家僧侶の間で出回っていることを案じ、日達は「富士学報を回収して没にしたらよい」と収拾策を口にした。創価学会をこれ以上刺激したくないというのが一同の総意だった。日達は菅野を呼び入れると、「引くときは引かねばダメ。出る時は出てよい。今はガマンせよ」と諭した。

二十七日の早朝五時、菅野は詫び状を持って再び信濃町を訪れた。これに続いて宗門の早瀬、阿部も創価学会本部を訪れ、北条、辻武寿との間で話し合いが持たれた。極めて怒りっぽい性格の池田とされるが、時間の経過とともに落ち着きを取り戻したのか、この時は事を収めようとの考えに傾いていた。その場で北条らは池田によるこんな伝言を明らかにする。

「このままゆけば宗内派閥。一千万の人をひっぱるのは大変。このままゆけば、混乱の元凶は猊下になる。私のおつかえした猊下を大猊下にしたい」

伝言を聞いた日達は翌日正午過ぎ、北条に電話をかけている。「阿部より会長の伝言聞きました。全て私の不徳の致すところ」と、こちらも事を荒立てるつもりはなかった。ただ、「一人はどうしても処分しなければいけない、と思っています」と、池田に花を持たせる考えもこの時、日達は示した。

二月二十三日、創価学会と宗門が料亭「満月」で連絡会議を開いた時、両者の間の緊張は何事もなかったかのように解けていた。

「僧俗の関係で何やかやあったが、猊下に色々と御宸襟《ごしんきん》をなやまし、総講頭として心からお詫び。これは僧俗一致のためである」

池田は日達をそう立てた。

一カ月半後の四月十三日、秋谷は藤本に会い、僧侶から取っていた詫び状を返した。菅野からのものだけでなく、この時点でその数は八通にも上っていた。

翌日、ホテルオークラでは盛大なパーティーが行われる。日達の七十五歳を記念しての祝賀会である。この時、日達は池田に対し四年後に予定される宗祖・日蓮の七百遠忌《おんき》にまつわる慶讃《きょうさん》委員長という大役を依頼している。

さらに一カ月後の五月七日、再び同じ場所でお祝い会が持たれた。こんどは妙信講裁判終結に関するものだ。二年半前に創価学会の全面支援で起こされた本尊返還請求訴訟は結局のところ和解で終わっていた。本尊の返還は永久に求めないこととなり、妙信講が日蓮正宗の名称を使用することを容認し、妙縁寺のかわりとなる新たな寺院を建設するとの内容だったから、じつのところ、学会・宗門にとっては敗北同然の決着だった（翌年、埼玉県和光市に顕正寺が建立され、そこを拠点に妙信講は今日の富士大石寺顕正会《ふじたいせきじけんしょうかい》に至る）。それでもお祝い会を開いたというのは、とにもかくにも厄介払いが済んだことに安堵《あんど》したからかもしれない。この会には池田も招待されていた。

年初からの緊張関係はこうまで一変するものなのか、そう思わざるを得ない雪解けムードが両者の間には広がっていた。

「会長を北条さんに譲ろうと思う」

六月二十五日、池田は千葉県銚子市へと指導に赴く。

夕方、福島源次郎と原島を従えて臨んだのは銚子支部結成十五周年記念行事だった。福島はその頃、池田の覚えがとりわけめでたかった最高幹部の一人だ。東京大学を出て富士電機にいったん就職した後、信濃町の宗教官僚となった福島は、池田の親衛隊長よろしく「師への帰命」を声高に叫び、「『人間革命』は現代の御書」と真っ先に持ち上げた張本人だ。一九六九年に男子部長に抜擢されると、その三年後にはまだ北条、秋谷、森田一哉と三人しかいなかった副会長へと一気に引き上げられた。まだ四十歳の若さだった。

　犬吠埼のある銚子は十七年前、会長になったばかりの池田が青年部員の選りすぐりたちと一緒にバスに乗り込み、陽気に歌声を上げ、「水滸会」の野外訓練に遠出した地だ。

「諸君らは、この灯台のように、一切の民衆に光を与えていかなくてはならない」

　夜、池田は地元幹部との懇談会でそう話した。この時点で池田の様子に変わるところはなかった。

　銚子滞在二日目の夜、福島、原島、婦人部長の秋山栄子を前に、池田は思いがけないことを口にする。例の総合経過年表によれば、こう呟《つぶや》いたとされる。

「会長を北条さんに譲ろうと思う」

　言論出版妨害問題に揺れたあの時以来、再び池田が辞意を漏らしたのである。この理由については判然としない。宗門との対立はいったん収まっていた。妙信講裁判が事実上の敗北に終わったことが何らか関係していたと考えられなくもないが、であれば、直接の担当である山崎らにも何かあっておかしくないが、その後の動きはそうなっていない。

　二日後、都議選の告示日だったこの日、東京に戻った池田は信濃町の光亭で秋谷、原島、そして山崎とともに会食している。そして、秋谷以外の二人と連れだって自宅に移動すると勤行に励んだ。その場には北条と中西治雄も加わった。勤行が終わると、池田は北条に対し次期体制の話を始めたという。

池田退任はこの後、最高幹部の間で議論が継続される。七月十八日、池田は秘書会に出席すると、やはり次期体制について検討するよう話した。その場にいたのは第一庶務室長をかつて務めた翌日の副会長昇格が内定していた原田、前年まで第一庶務室長だった持永利之、現第一庶務室長の富岡正史、男子部長から青年部長への昇格が決まっていた野崎勲、そして弁護士の八尋頼雄らだった。池田の頭のなかでは一時的に会長代行を置くことも一案としてあった。

「時を選ぶことも大切。11・18か。和泉副会長を中心に検討せよ」

池田はそう指示を与えた。この時も重要視されたのは交代日をいつにするかである。言論問題以降、平和イメージ作りで前面に打ち出すようになっていた初代・牧口常三郎が獄死した日でもある創立記念日が第一候補だった。

九日後、和泉を議長とする後継問題会議は実際に光亭で開かれている。出席したのは池田、秋谷、中西、野崎、原島、そして山崎である。さらに五日後、後継候補の北条が主宰する「Z会」でもこの件は話し合われる。Z会は本来、対外工作を話し合う秘密会議だとされるが、この時は言論問題の時に約束しながら持ち越しとなっていた規則・会則の変更についても議論が持たれたようだ。次の日、池田は車で移動中、同乗させた原島と山崎との間でも後継問題について話している。

しかし、池田勇退問題は九月五日、一転して打ち切りとなった。この理由についてもよく分からない。ただひとつ言えることは、この間に創価学会と宗門との緊張関係が再び緊迫の度を増していたということである。

活動家僧侶の正信覚醒運動

創価学会に批判的な活動家僧侶たちは自らの取り組みをそう呼ぶようになっていた。
「正信覚醒運動《しょうしんかくせいうんどう》」――。池田と日達との間で演出された雪解けムードをぶち壊しにかかったのは、彼らだった。

六月中旬、日蓮正宗の雑誌『蓮華』に池田が一月に講演した「仏教史観を語る」に対する批判論文が掲載される。執筆者は福岡県の無辺寺《むへんじ》で住職を務める児玉大光だった。これに対し学会は翌月、機関誌『前進』に「日蓮大聖人の寺院観」と題する反論を掲載する。

こうした一方、週刊誌が創価学会と宗門との対立を書き立てるようになる。最初は七月下旬の『週刊新潮』だった。つけられた大見出しは「メッカ大石寺が創価学会と喧嘩して参詣者ただ今ゼロ」である。さらに八月下旬になると『週刊文春』のお出ましとなった。十九年前に大石寺境内で起きた学会青年部員による僧侶、的場正順に対する暴行問題を取り上げたのである。以前紹介した池田が戸田に対し「青年部は闘いました」と報告した一件だ。学会は宗門の渉外部長・吉田による談話を引き、「リンチ事件」と形容されるような事実はなかったと『聖教新聞』紙上で躍起になって否定した。

ところが、日達は内々で異なる反応を示していた。八月三十日、教師講習会の場で「的場の件は事実無根ではない」と話し、さらに大奥対面所では活動家僧侶たちに対し「的場の件は事実。書かれてもしようがない」と述べていたのである。さらに日達は学会批判の急先鋒である佐々木秀明に対し「俺を信用して安心してやれ」などと発破をかけていたとされる。九月、『蓮華』には学会批判論文が一挙に三本も掲載されることとなる。

次の日、池田は北条、秋谷、山崎とともに信濃町で勤行を行ったが、その際、山崎は先の『前進』論文に関し、宗門側に反論をパンフレットにしようとする動きがあると池田に対し囁《ささや》き、こんなことを言っている。

「猊下はちょっと引くと打ちかえす。全くひどい」

池田の日達に対する猜疑心はにわかに膨らむ。日達は一連の記事を遺憾とする通達を発出したが、その後も池田が子どもの顔に口紅を塗りたくったなどと週刊誌報道がやむことはなく、学会・宗門間のさざ波が収まる気配はなかった。九月二十五日に行われた学会と宗門の連絡会議で池田は思わず苦言を呈さずにはいられなかった。

「週刊誌をつかっての学会攻撃は今は気持ちいいかもしれないが、20〜30年先になって……。こんだけの事やらせてウシロから鉄砲打って」

これに対し宗門側は情報源と思しき筋にあたることを約束する。活動家僧侶発のマスコミ工作との池田の疑念がその場で否定されることはなかった。

池田がそうした見立てに傾いていたのは、前述の発言もそうだが、もっぱら山崎による助言が大きかった。十月十日、池田は外郭企業「東西哲学書院」が経営する信濃町の中華料理店「はくぶん」で山崎とともに『週刊文春』記事の分析にあたった。「するどい分析だ。山崎にはかなわないだろう」——。終了後、移動の車中で同乗した原田と野崎に向かい、池田はそんな感嘆の声を漏らしている。

活動家僧侶による学会批判が止むことはなかった。池田の心中は宗門に譲歩する方向に傾いていく。九日後、辻を伴って池田は大石寺に赴き、日達と面会、総講頭と慶讃委員長の辞任を申し出る。これに対し日達は「私があなたにお願いしたのです」とむしろ引き留めにかかった。この捉えどころのなさが日達の特徴だ。池田は八月三十日の教師講習会の場における日達の的場事件に対する批判的な発言を伝え聞いており、この時、それを日達に対し何気に当ててみたが、わざわざ事を荒立てようとまではしなかった。

この後、創価学会は宗門との関係修復に向けた動きに入って行く。池田は全体会議の場で「人間革命は人間革命であり、御書は御書。まったく別のもの」と言い、さらに宗門との連絡会議では「ただすべくはただす」と申し出るなど、事態の沈静化を目指した。十一月九日に信濃町の「師弟会館」で行われた四十七周年記念法要には日達を招き、その場で池田は「本山との離別は絶対にない」と宣言してもいる。

日達の不穏な発言

しかし、事態は一筋縄では行かなかった。創価学会は関係修復を目指し僧俗一致の五原則案を検討していた。「帰命すべきは御本尊」などと池田が指導した十一月十七日の本部幹部会の終了後、検討案は宗務院総監の早瀬に手渡された。間もなく、それが宗内の末寺にまで出回ることとなる。その内容に活動家僧侶たちは一斉に批判の声を上げた。

他方でこの頃、日達は日達で内々に不穏な発言を繰り返していた。宗務院の財務部長に対し「学会の方が離脱する。かまわず我々の方でやっていくんだ」と言ったかと思えば、徳島市の敬台寺で住職を務める河辺慈篤に対し「学会なしでもやっていける」と話すといった具合だった。

こうした情報は逐一、創価学会側に抜けていた。

さらに十二月一日になると、北条が山崎から気になる情報を耳打ちされることとなる。活動家僧侶の急先鋒である佐々木が大石寺に行き日達に会った際の話として、「猊下は手を切るときめている。佐々木に自由にやれ、と言っている」というのである。

二日後、池田は北条、森田、和泉とともに宮崎県日向市《ひゅうが》の定善寺《じょうぜんじ》で行われる本堂落慶入仏式のため羽田を発った。搭乗機から降り立った池田一行はすぐ宮崎市内のサンホテルフェニックスへと向かい、そこに宿泊中の日達との面会に臨んだ。午後五時半に始まった夕食会で池田は折から作業が進められていた規則・会則の改定に触れながら、「外護という原点をわすれてはいけないということを、いま強調しています」と話し、僧俗一致路線を今一度訴え出た。

翌日、入仏式の場で池田はそれまでの創価学会による行き過ぎを謝罪する。いわゆる「御寛恕《ごかんじょ》願い」である。日達は高座から降りると、畳に手をつき、こう述べた。

「本日は大変に結構なお話をしていただき、本当にありがとうございました」

帰路、日達は池田に対し同乗を勧めてきた。池田はいったん断ったが、一緒に車へと乗り込み、会食をともにするためホテルへと向かった。

そこで、日達は池田に短歌を贈っている。

我が宿の
松原越しの
日向灘

波静かにと
祈りつ眺む

これに対する池田の返歌である。

御法主を
日向におがむ
金の旅

二日後、帰京した池田は県長会に臨み、「僧俗なごやかに進もう」と、参集した幹部らに語り掛けた。

一方、日達は周囲に対し「いい時代がやってくる」と話している。

しかし、「第一次宗門戦争」はこれで終わらなかった。年が明けて間もなく、宗内に出回った怪文書が一瞬にして雪解けムードをひっくり返したからである。

第8章　師子身中の虫

第一次宗門戦争の火付け役

一九七八年一月十九日、活動家僧侶百六十人が大挙して大石寺に登山し、法主の細井日達と面会した。日達はその場で山口法興に一片の文書を手渡し、それを一同の前で読み上げさせた。後に「ある信者からの手紙」と呼ばれることとなるそれには大要次のようなことが書かれていた。

「学会の『会長本仏論』は池田が側近等を用いて自ら作り出した教説である」

「池田ひいては学会の目的は来る二〇年間に天下をとることにあるが、宗門の有する宗教的権威は右目的を達する上で重大な障害となると考えられている」

「そこで学会は宗門に対し『外護』という大義名分の下に強圧と懐柔などのあらゆる手段を用い、宗門の信者及び社会との直接の交流を極力封ずるとともに、宗門内部の弱体化をはかり、学会教学・学会路線を推進しようとしている」

「したがって、昭和五二年一月以降の学会の宗門に対する態度は決して一時の行き過ぎというものではなく、用意周到に計画された路線であり、宗門を力で押さえつけ、最終的には法主を退座させることを目的とするものであった」

前年暮れに池田大作が日達の前で約束した僧俗一致路線はまやかしで、その本心は天下取りに向けた宗門支配にあると訴えるこの文書は、その日の朝に大石寺内妙泉坊《みょうせんぼう》の光久諦顕と大分県竹田市所在伝法寺《でんぽうじ》の浜中和道が二人して持ち込んだものだった。光久は大石寺御仲居《おなかい》も務める関係から日達とは常日頃から近く、浜中は妙信講対策のため妙縁寺に執事として派遣されたことがある、これまた日達子飼いの若手僧侶だった。

驚くべきことに、浜中は文書を手渡す際、こう言っていた。

「山崎さんから預かってきました。絶対に内密にして下さい」

件の怪文書は山崎正友が原稿を書き、都内の事務所で浜中に託され、前日に光久の妻が清書したものだったのである。

一九七四年十一月に妙縁寺へと派遣された浜中が従事したのは『破邪《はじゃ》新聞』の発行だった。解散処分が下っていた妙信講を攻撃する内容で、言ってみれば謀略新聞だ。おそらくこれは宗門外護のため創価学会側で問題にあたっていた山崎の発案によるものだろう。いずれにせよ、これが接点となり山崎と浜中は個人的に親しくなっていた。

ある信者からの手紙が赤裸々に暴露する創価学会の野望は読む者、聞く者に強い衝撃を与えたに違いない。この時、山崎は創価学会と宗門との間に再び緊張関係を作り出そうと画策していた。

立正佼成会の分断工作

内部資料「総合経過年表」によると、山崎が離間工作の一環で北条浩に対し情報操作を始めたのは、この二年前、一九七六年五月十八日のことだとされる。この時、山崎は北条に対し「宗門で会長本仏論で騒いでいる。猊下は御本尊を奉安殿に戻すと言っている」と事実無根の話を吹き込んでいたという。

この間、山崎は創価学会の影なる尖兵として様々な謀略活動に従事し、時にそれは上司である北条の目から見てもやり過ぎだったが、さらに裏側でその人格は極めて複雑なものとなっていた。池田が「社長会」の場に呼んだことがあったように、当初、山崎は行動力ある若手幹部として鑑のような存在だった。一九七二年から一九七四年にかけ、保田妙本寺や地元・富士宮、さらに妙信講といった問題解決に宗門外護のため関与していた山崎は、対外的な邪宗攻撃でも謀略活動を行っていた。そのひとつは立正佼成会に対する分断工作である。

一九七三年四月、山崎は東京・四谷にあった「日本宗教放送協会」なる社団法人を買収する。同協会は十八年前、生長《せいちょう》の家《いえ》が主導して各宗教団体から拠出金を集めて設立されたものだった。生長の家総裁の谷口雅春は国際宗教放送局の旗揚げを目論んだものの、一宗教団体のみのラジオ局に電波が割り当てられる見込みは乏しく、そこで宗教界挙げての体裁をとるため設立に至ったらしい。しかし、新規開局した中波局と短波局において宗教番組の提供が始まると、日本宗教放送協会の出番はなくなり、設立早々、負債整理に専念することが決まり、山崎が買収した頃にはおそらく幽霊団体と化していた。

社団法人を手に入れた山崎が画策したのはそこを使っての覆面出版だ。機関誌『宗教評論』を発刊し、送り込んだのは北林芳典だった。「大山正」との偽名を名乗った北林が編集長を務める『宗教評論』は、ＰＬ教団や統一教会といった新興宗教から曹洞宗や東本願寺など伝統仏教まで様々な宗教団体のスキャンダルを扱ったが、最大の標的は新日本宗教団体連合会（新宗連）を影響下に置いていた立正佼成会だった。

その頃、庭野日敬率いる立正佼成会では分裂の動きがあり、「立正佼成会刷新同盟」に続き「明日の佼成会を守る会」なる団体が結成されていた。一九七三年九月に日本青年館で第一回大会が開かれると、山崎はカツラを被った変装姿で潜入したりもしていた。後日、この突飛な行動は北条によってきつくたしなめられている。

結局、分断工作はうまく行かなかったが、件の『宗教評論』は翌年になると、こんどは靖国神社の国家護持問題に首を突っ込む。五年前から自民党保守派が何度となく提出していた靖国神社法案は一九七四年五月、衆議院を通過していた。それに合わせ北林の『宗教評論』は各宗教団体に公開質問状を送るなど、この問題を騒ぎ立て始めた。翌年には電通リサーチに委託して一万人規模という大掛かりな世論調査まで実施する。おそらく山崎の狙いとしては、靖国問題に世間の目を引きつけることで、「言論出版妨害問題」の際にクローズアップされた「王仏冥合」や「国立戒壇」といった創価学会の問題に人々の目が向かなくなることを期待したのだろう。

宮本顕治宅の盗聴もそうだが、山崎は何かと先走るきらいがあった。ただ、それでもその行動は創価学会を守ろうとするあまりのものとみなすことができた。しかし、少しずつそれが変わり始める。

一九七四年八月二十六日から二日間、お抱え弁護士が集まる「カーネーショングループ」の会合が箱根であった。池田も出席したこの会合で決まったのは、それまでの寺院任せをやめ、創価学会が自らの手で墓苑経営に乗り出すことだった。これは同時に、正本堂建設で見られたような、巨額の学会マネーが動くことを意味した。どうやら、まずもって山崎を惑わせたのは、この怪しくも魅惑的なカネの匂いだったようだ。

富士宮墓苑計画と土地転がし

翌年三月、富士宮問題や妙信講問題で宗門と関わることが多かった山崎は、渉外部長の吉田義誠にあることを持ち掛ける。大石寺が富士宮市内の一《いち》ノ竹《たけ》地区に持つ遊休地二万坪の払い下げを願い出たのである。この時、山崎が買い手に挙げたのは「山下商事」なる会社だった。一カ月後、大石寺は役員会で一ノ竹土地の払い下げを決める。

山崎は山下商事について「平井工業」という会社の子会社であると説明していた。しかし実際には地元のボス政治家、日原博と結託して設立したダミー会社だった。前年三月、山崎は富士宮問題に対処するなか、もともとは学会や大石寺にとって手強《てごわ》い反対派だった日原と接触し、すぐさま味方に引き込んでいたが、同年秋、三菱銀行に口を利いて三億円の融資を引き出してやるほど、その関係は親密となっていた。日原の傘下企業が富士宮グランドホテルを開業した際には池田もその式典に招かれている。

役員会での決定から二カ月後、大石寺は山下商事との間で土地の売買契約を交わす。その額は一億六千万円とされた。この間、山崎は日達に対し個人的に一千万円を寄付しており、組織には内緒でさらなる宗門への食い込みを図っていた。まんまと広大な土地を手に入れた山崎と日原が目論んだのはゴルフ場開発である。その名も「富士岳南カントリークラブ」だ。しかし、事前協議申請から間もなく、それはあえなく頓挫した。その年八月十九日、乱開発を懸念した静岡県が県東部におけるゴルフ場開発許可申請について審査凍結を決めてしまったからである。

そこで山崎と日原は大きく方向転換する。折から創価学会が決定していた墓苑開発に件の土地を嵌《は》め込もうと考えたのである。公明党の竹入義勝や矢野絢也らの猛反対で池田が「創共協定」から事実上の撤退に傾いていた頃の話だ。八月二十二日、池田が中西治雄らと信濃町の「萩寮」で懇談した際、山崎は初めて墓苑を富士宮市内に建設してはどうかと話を持ち掛けている。

翌月十八日、墓苑開発に関する会議が信濃町で行われ、北条、森田一哉、秋谷栄之助、そして山崎らが集まった。月初に池田、北条とともに日達と会い墓苑開発のお伺いを立てていた山崎は、大石寺周辺でモデルケースとなるような計画をまず宗門側に示す必要があり、その候補地として三カ所を挙げた。ゴルフ場が広がる朝霧地区、三谷牧場の周辺、そして一ノ竹地区である。

その後、大石寺から了承の回答を得ると、山崎は計画実現に向け一目散に事を進めた。十月十日、一ノ竹の土地と「野田合板」が所有する土地を合わせた三十四万坪が適地だとし、見積もった買収額は樹木代も含め二十億円、住民対策は日原が行う、というのが山崎による報告だ。そして五日後、創価学会は責任役員会で山崎がとりまとめた開発計画にゴーサインを出す。山崎と日原が富士山麓に広がる雄大な計画地に池田を案内したのは十一月二十日のことである。

創価学会は翌年三月に大林組との間で工事請負の仮契約を交わし、最終的に予定地を買い上げたのはさらに一年後の一九七七年七月のことだった。

ただしこの間、土地は転がされていた。野田合板の土地は池田を予定地に案内した翌月の十一日、日原傘下の「日原観光」が先回りして七億円で取得することとなる。さらに同社は二日後、山下商事名義で払い下げを受けていた一ノ竹土地を二億一千万円で取得した。もともと大石寺から払い下げられた時の取得額との差額は五千万円で、じつのところ、それは全額を山崎が懐にしていた。しかも、これら日原観光による土地買い取りは契約書上七億三千万円とされていたから、実際の売買額との差額は裏金となっていた。

この頃、山崎は山下商事名義で東京・永田町のホテルニュージャパン内に一室を借り、信濃町には国産車で訪れる一方、私生活ではベンツを乗り回すようになる。その振る舞いはこの後どんどん派手になっていく。

こんな山崎と裏で結託していた日原の強欲ぶりにも際限はなかった。創価学会が大林組と仮契約を結ぼうとしていた頃、日原は二回にわたり韓国に出張をしていた。すでに工事の下請けに入ることは決まっていたが、それに飽き足らず、現地企業から墓石を調達し、学会に売り付けようと考えたのである。しかも、それは学会に全く相談をしていない勝手な行動だった。にもかかわらず、日原は四万基もの墓石を発注してしまう。

すでに池田の耳にも日原の横暴な振る舞いは届いていた。「墓苑計画は地元をうるおすという説明だったが、日原一人に利権が集中してしまうとの批判が出ています」と一九七六年の新春早々に報告を上げたのは地元・富士宮との接点が何かと多い登山部長の平野恵万だった。静岡県知事の山本敬三郎が創価学会本部を訪ねて来た際も日原の評判が芳しくないとの苦言が呈されていた。

この間、池田は山崎を呼びつけ、注意を与えている。

「墓苑の進め方につき、地元でいろいろと批判があるようだ。平野・北条の意見をよく聞け」

さっそく翌日、池田は信濃町の料亭「光亭」で行われた定例の連絡会議でそのことを宗門側にも伝えている。「20億銀行からかりてしまった。その後に危ないという電話が来た。山崎にも注意した」――。そう正直に話していた。

しかし、山崎と日原との結託はその後さらに欲望の度を深めることとなる――。

月刊ペン事件の裏側で

そんな折、創価学会がにわかに神経を尖《とが》らせる事態が起きた。雑誌『月刊ペン』が創価学会に関する批判連載を始めたのである。同誌の編集長はかつて言論出版妨害問題の際に被害者として名乗り出た一人、隈部大蔵だった。西日本新聞を辞め、学会批判の姿勢はさらに強まっていた。

『月刊ペン』四月号が発売された翌日の三月七日、静岡県沼津市で創価学会は対策会議をさっそく開く。二日後、山崎は「月刊ペン問題について」との報告書を上げた。

「今回の記事内容は非常に悪質であり、放置しておくと、今後ともよくありません。以後かかる種類の中傷を断つため、断固たる処置をとるべきだと考えます」

そう強硬論を張る山崎が「問題なく名誉毀損が成り立つと思われる部分」として挙げたのは池田の女性問題に関する記述だった。

しかし、山崎はこの問題から外されることとなる。会議への出席は認められ続けたものの、意見は通らなくなったのだ。

かわりに、警察との折衝を託されたのは公明党書記長の矢野が連れてきた「新橋綜合法律事務所」の伊達秋雄と小谷野三郎の両弁護士だった。創価学会側の窓口は八尋頼雄が務めることとなった。以前に触れたとおり、矢野は創共協定を事実上の死文化に追いやった後、社会党の江田三郎と民社党の佐々木良作に急接近するが、その仲介者が伊達だった。この社公民路線の受け皿として政策集団「新しい日本を考える会」が東海大学創立者の松前重義を会長に立ててこの年七月に発足を迎える際、伊達は事務局長、小谷野は会計責任者をそれぞれ務めることとなる。

そうした政界再編に向けた動きの裏側で矢野の親密弁護士が着手した言論封殺目的の刑事手続きは加速度的に進んだ。創価学会が三月三十一日の責任役員会で刑事告訴を決定すると、二カ月後の五月二十一日、なんと警察は隈部を逮捕してしまうのである。

山崎が北条に対し宗門との離間を画策するような情報操作を行い始めたのは、こうした半ば干されていた時期にあたる。

「猊下は喧嘩しても負けないと言っている。末寺に法華講をつくる。寺に来るのは学会からはずれた人、とも言っている」

山崎がやたらと北条に対し吹き込んだのはこのような日達直々とされる言動だったが、それは多くが事実と相違していた。

山崎は妙信講問題で懇意になった前出の浜中から伝え聞いたという話も北条に吹き込んでいる。東京・西片《にしかた》の大石寺出張所で日達と僧侶が会話した際、日達が「俺は（昭和）48年以来、池田会長を信用していない。池田会長と手を切る」と言い放っていたといい、さらに教学部長の阿部信雄には池田会長本仏論について調査の指示が出ているといった具合だった。当然こうした話はその後、北条から池田に伝えられたと見られる。

六月十日、池田は「月刊ペン事件」に関し被害者として事情聴取を受けた。午後二時から信濃町の本部別館で警視庁刑事に話を聞かれた後、池田は半蔵門会館に移動し、午後五時半からこんどは検事の事情聴取に応じている。さらに続けて弁護士も交え打ち合わせが行われるのだが、この時、伊達は山崎のことを三流弁護士呼ばわりしていた。四日前、伊達と親しい矢野は山崎との間で激論を交わしており、そのこともこの時の侮蔑的な言いぶりに影響していたのだろう。

その日、事情聴取を終えた池田は信濃町に戻ると、「白雲寮」に弁護士の桐ヶ谷章、そして山崎を呼びつけた。そこで様々な話を聞いていた池田は山崎を注意する。

「和道のようなものと付き合わないで、猊下・早瀬・阿部師クラスとつき合え、宗門の事は私にまかせろ、小細工をするな」

この頃、池田のなかで山崎に対する評価が下がっていたのは間違いない。

しかし四カ月後、事態は急転する。山崎が再び重用されることとなるのだ。

三千万円で池田の証人出廷回避

十月十五日、北条は月刊ペン事件を担当する公判検事との打ち合わせで思わぬことを告げられる。検察としては池田を証人に呼ぶ審理計画を考えているというのである。池田に対する事情聴取の翌日、検察は隈部を起訴、初公判は五日後に予定されていた。確かに捜査段階での事情聴取に池田は応じていたものの、衆人環視の公判廷となると事情は全く異なる。長年、池田を守る盾に徹してきた北条は検事の要請にただただ驚き、信濃町に戻ると自宅として利用していた「第二青葉寮」に引きこもってしばらく考えをめぐらせた。北条が辿り着いた結論が山崎の再起用だった。

この間、山崎は例の富士宮墓苑計画の墓石問題に関し日原の側に立つような言動を繰り返していた。七月初旬、北条に会った際、山崎は韓国から墓石を輸入する一件を持ち出す。これに対し北条は「そんな勝手にやることはやめてもらいたい」ときっぱり拒絶した。創価学会としては茨城県内で墓石を調達する予定だったからだ。北条は「土地だってまだ買ったわけではない、契約も何もしていないうちにそんな勝手なことをするんだったら、もう一切この工事はやらない」と取り合おうとすらしなかった。すると、山崎は脅しめいたことを口にした。「今やめたら40億かかりますよ」というわけだ。

北条は担当者に指示し日原側と打ち合わせを行わざるを得なくなる。しかし、創価学会は八月初めまでにやはり韓国産の墓石を使わないと決定することとなる。

それでも山崎は引き下がらなかった。再び北条に対し「日原はあせっている」「一ぺん会ってほしい」などと直訴に及んだのである。山崎は担当者に電話して「石で日原に利益をあたえてもらわねば決着はきつい」と話し、それを北条が確認した際には「もし御破算になったら学会は日原に40億払わねばならない」とまた同じことを繰り返した。

九月二十九日、計画撤退論も出るなか、創価学会は副会長会議を開き、「やらざるをえない」と墓苑開発の継続をあらためて決めることとなる。前日、山崎は北条に対し「富士宮墓苑計画について」と題した三十二ページにも上るぶ厚い報告書を上げていた。

一体どちら側の人間なのか、その振る舞いは創価学会にとって頭痛の種になり始めていたが、それでも月刊ペン事件をめぐる新たな障害に出くわしたこの時、北条は山崎を頼ることとしたのである。

相談を受けた山崎が画策したのは公判外で隈部と和解してしまうというものだった。捜査機関を動かすだけ動かしておきながら、この期に及んでその梯子《はしご》を外してしまうという、どう転んでも身勝手な話ではある。十月二十六日、この謀略工作の仲介者として、山崎が北条に対し持ち出したのは笹川陽平の名前だった。かつて言論出版妨害問題の際、学会批判本の大量買い上げを名乗り出たことで話題を呼んだ右翼の大立者、笹川良一の三男である。

山崎が笹川陽平と知遇を得たのはこの一年あまり前、一九七五年六月のことだった。富士宮で日原とともにゴルフ場開発を目論んでいた頃、市内で倒産した「富士観光」の管財人を務めていたのが笹川で、その関係から知り合ったようだ。山崎は創価学会で同僚を務めるヤメ検弁護士、福島啓充《ひろみつ》を紹介し、その後、福島は富士観光の代理人として富士宮市との交渉にあたるなどしていた。

十一月十一日、山崎は月刊ペン事件に関する報告書をまとめる。第一部を「調査報告」、第二部を「分析と対策」とするそのなかで「私の意見としては、この筋は笹川以外にないと思います」と、山崎は結論づけていた。五日後、北条は初めて笹川と会っている。

北条の眼鏡に適ったのだろう、二週間後、山崎はホテルニューオータニ内の日本料理店「山茶花荘」で笹川と会い、月刊ペン問題の秘密工作に関し話し合いを持った。十二月二十三日になり、山崎は北条に対しこう報告している。

「陽平は3つで落ちた」

必要な工作資金は三千万円という意味だ。

年が明けた一九七七年の二月から三月にかけ、北条はまず二千万円を山崎に渡したとされる。さらに四月初め、追加の一千万円が渡った。この間の三月十二日、隈部から詫び状を取ったのと引き換えに、実際、創価学会は刑事告訴を取り下げている。これら一連の経過に関し、北条が池田に対し報告を行ったのは四月二十四日、葛飾文化会館でのことだった。その後、池田は秋谷にも確認を行ったとされる。

この工作によるものなのか、確かにこの後、池田の証人出廷は回避された。ただし公判は続くこととなり、四年後、思わぬ展開を見せるのだが、それについてはまた後で詳しく見ることとしたい。

学会と宗門の対立はカネの成る木

さて、北条が月刊ペン事件で再び重用を始めたこの間の三月二十三日、山崎は副理事長から総務へと昇格していた。八年前に副理事長となってから昇進は長いこと足踏みしていたが、ここにきて再び信濃町の本流に戻る芽が出てきたのである。ただし、山崎の昇格は『聖教新聞』に掲載されることはなかった。あくまで裏の人間なのである。

そうしたなか、最高幹部の間で山崎の振る舞いを不審に思う向きもわずかだが現れ始める。それは後に「民社問題」と呼ばれる事態が発端だった。こんな経緯である。

五月四日、秋谷は公明党国会議員の伏木和雄《ふしきかずお》からあることを耳打ちされる。伏木が民社党副委員長の佐々木から聞いた話として、同党書記長の塚本三郎が創価学会の土地問題に関し調査に動いているという。言論出版妨害問題で見られたように、日蓮宗信徒である塚本は強烈な反学会議員だ。またしても国会の場で追及されることは容易に想像できた。矢野が主導して敷いた社公民路線のもと、民社党内の動きはこの時、創価学会・公明党に筒抜けとなっていた。

三日後、北条は自身が主宰する「Z会」の場でこの問題を持ち出す。この日集められたのは秋谷、山崎尚見、東京都議の龍年光、藤井富雄の両名、それに山崎正友だった。山友はその場で「どう見ても党のやらせ」と民社の動きを訝《いぶか》って見せた。

それでも北条は四日後に党から竹入と矢野を呼び、秋谷も交えて事態の分析を続けた。竹入はその後、民社党委員長の春日一幸から「俺はやる気ない。塚本は国会でやる事考えている。実地調査している」との話を仕入れ、北条に報告するなどしている。

五月二十六日、北条は再びZ会で問題を話し合った。この時、山崎は月刊ペン事件で仲介役を頼んだ笹川から聞いた話として、塚本の直近における動きを詳しく報告した。調査されている案件は、創共協定や全国の会館における池田専用フロアなどであり、さらに国立公園内で創価学会が建設した複数の施設に関する法的問題だという。そこで山崎は具体的な場所を挙げた。大沼、十和田、白浜、霧島、箱根、そして渥美だという。

この時、北条や八尋が引っ掛かったのは、三河湾国定公園内に位置する愛知県渥美半島の土地が話題に出たことだった。なぜなら創価学会内部でもその問題が意識されたのはごく最近だったからだ。八尋が渥美に関する問題点を発見したのはわずか八日前のことだった。にもかかわらず、塚本が渥美に目を付けるのはいくら何でも早すぎる――。山崎によるマッチポンプも疑わせる出来事だったが、この時はそれっきりとなった。

創価学会内における山崎の立ち位置はトラブルシューターだ。問題が起きれば起きるだけ自らの立場は強くなり、その分、カネも動く。月刊ペン事件はまさにその一例であり、総務への昇格をもたらしてくれた。おそらくひとつには、そういう自らに有利な情況を山崎は作りたかったのではないか。創価学会と宗門との間の離間工作は、ほとんど悪魔的な妄執《もうしゅう》がなせる業だった。

山崎が煽った日達への憎悪

一九七八年一月十九日──、ある信者からの手紙をめぐる一件に話を戻そう。

活動家僧侶百六十人を前にそれが読み上げられると、日達はこう言い放った。

「檀徒名簿をつくれ」

創価学会からの脱会者を組織化せよと発破をかけたのである。山崎の狙いどおり、またしても宗門と創価学会との間にはにわかに緊張関係が生まれようとしていた。

四日後、竹入義勝の実弟で埼玉の責任者を務める央迪《なかみち》からこの話を伝え聞いた北条は、ただちに日達と活動家僧侶たちとの面談を収めた録音テープを入手するよう組織に指示を出す。二月十一日になりそれは竹岡誠治によって秋谷にもたらされた。富士宮問題の調査に現地派遣された後、竹岡は外郭企業である「第三文明社」の社員となり、山崎のもとを離れていた。さらにその頃は本部職員に転じ組織センターの仕事に就いていた。

同じ日、秋谷は東京・向島の常泉寺に行き、教学部長とともにそこの住職を兼務する阿部信雄と会う。その時、阿部から打ち明けられた話は驚くべきものだった。

それは二年前の年の瀬、まだ阿部が京都市内の平安寺《へいあんじ》で住職を務めていた頃のことだ。東京から浜中和道がやって来て、そして耳を疑うような要請がなされた。「反学会運動の先頭に立ってくれ」というのである。しかも浜中はこうも言った。「自分達には弁護士の参謀がついている」という。阿部が「山崎か」と尋ねたところ、浜中からは「そうだ」と返ってきた。それから一カ月後、阿部のもとに山崎から電話が入る。「先日の件ですが」と切り出された阿部は「何の事だ」と鎌《かま》をかけてみた。すると、電話はそのまま切れたという。

件の録音テープを入手した翌日、池田は北条、秋谷とともに関係修復のため大石寺に向かう。その車中、秋谷はテープを起こして分析した結果、ある信者からの手紙はまず間違いなく山崎によるものと見られることや、阿部から聞いた山崎の不審な動きについて報告した。

それを聞いた池田は決心をする。

三年前の十二月、池田は野崎勲に対しこう漏らしていたことがあった。「このままいったら、山崎の才気走ったのが心配である」と、その特異な言動を気にかけたのだ。「本格的に信心指導が必要である」とも池田はその時話していた。さらに、前年の八月中旬、山崎の言動に疑問を持たざるを得ないような一件があった。「青葉寮」で幹部と会食した後、池田は野崎と山崎を自宅に誘った。前に触れたとおり、この頃、首脳部の間では池田の後継問題に関する検討が進められており、そこには山崎も入っていた。月刊ペン事件のこともあり、その信認は厚かった。ところが、池田宅で話が弾むなか、山崎は日達に関しこう悪し様に言い放っていた。「猊下は異常性格者です。気持を静めるようにやらなければダメ。先生を追い落とそうとしている」というのだ。翌日、池田は北条と会った際、思わずこう呟いている。「山崎はおかしいのではないか。昨日はおかしかった」――。まるで日達への憎悪をかき立てるような言いぶりは、この頃の池田にとって到底理解しがたいものだった。

秋谷から車中で報告を受け、決心をした池田は翌日、熱海の「東海研修道場」で山崎をこう一喝することとなる。

「生活を正し、ちゃんと家に帰って勤行せよ。側近づらをするな。和道のようなチンピラとつき合うな。宗門問題から手を引け」

そして、池田は山崎に対し総務を辞任するよう勧告した。その後、山崎は教学部長の原島嵩を経由して辞表を提出する、参事に降格となったのは三月九日のことだ。二年前に月刊ペン事件から外された時以上の、これはほとんど失脚とも言ってよい事態だった。

学会と手を切るか否か

こうした間、創価学会と宗門との緊張関係は一触即発とも言えるほど高まっていた。

二月九日、日達は大石寺に宗会議長から若手代表者まで約八十人を呼び集め、「時事懇談会」を開いていた。

「十二月十二日、会長が本山に来まして対面所に来た時、私が今迄の事を指摘しまして、学会はおかしい、まるで別な教義を立てる様な事をしておる、例えば、池田会長は本門弘通《ほんもんぐずう》の大導師だなどと盛んに言っておる……等々指摘しまして、これじゃ治まりゃしない若い連中が学会と手を切ると言っておる、私がおさえておるが、彌々《いよいよ》手を切るならば、宗会も開いてはっきりしなければならんと思っておる、と言いました。会長の方も私が手を切ると言った事に関して一寸驚いた様な顔をしていましたが、それでまあ旧年は済んだ」

三カ月前の出来事からそう語り始めた日達の言葉遣いは、やがて興奮とともに激しくなっていく。

「今日のこういう状態になって来て僧侶は馬鹿にされ、宗門は馬鹿にされ、寺はまるで魔の栖《すみか》の如く考えられて来ておる。……金沢の寺あたり、わざわざ学会の幹部が来て『寺に参りするな！』『こんな所にのこのこ来て何になるんだ！』、こういう事を信者が寺の仏様の前で平気で言っておる。それでは我々は我慢出来ないのである」（以上、引用者で一部字句を整えた）

議論は約八時間にも及んだ。そして、方針は決定される。創価学会から示されていた僧俗一致の五原則案を突き返し、全国の僧侶に対し「学会と手を切るか否か」との問いも含め一斉にアンケートを実施することとしたのである。

ただし、七十代も半ばにあった日達の態度には、老人特有と評価すべきなのか、捉えどころのない起伏があった。

続く二月二十二日、時事懇談会は再び招集された。その場で日達は前に決めたアンケートのうち最も重要な質問、創価学会と手を切るべきか否かに関し、それを取り止めると話した。

この間、関係修復を望んでいた池田は前述したように北条、秋谷とともに大石寺に行き、そこで合流した最古参幹部の和泉覚、辻武寿を伴って日達との面会を求め、さらに八日前にも辻と一緒に登山していた。池田は「手を切るか否か」との問い掛けが宗門によってなされること自体、学会員に動揺を与えることを心配していた。面会叶った日達に対し、池田は三十五億円もの供養を申し出、さらに規則を変更して宗門のトップを学会の名誉総裁に迎え入れることまで提案していた。

「私としては、向こうの大将が、とにかく講和を求めてきた。講和というか、あやまりといったら悪いかも知れないから講和ですね。講和を求めて来た事に対してムゲにけっとばす事はできない。……向こうがある程度考えて反省してやっておる時にですね。こっちが追い打ちをかけて喧嘩するという事も、これは面白くないし、又世間から見ても笑われはしないかと思って何処までも、今後は、まァ若い人は何とかして喧嘩でもしたいと思うでしょうけれどもですね、ここはまァ一往《いちおう》退いて、そしてもう一遍手を握ってやって、それでまだ尚かつ、二、三年先へ行って、まずければ、又その時はその時の考えもあるんだ」

日達は時事懇談会の場でそう言い、創価学会追放に逸る若手僧侶たちを宥《なだ》めた。

いかにすれば創価学会との協調が実現するかとの質問に絞られたアンケートは三月五日に締め切られた。それを基に九日後、宗門は全国教師指導会で「協調案九項目」の作成を決定する。学会側が前年秋に示していた五原則案を突き返した今、こんどは宗門側から条件を提示しようというわけである。いずれにせよ、両者は互いに歩み寄ろうとはしていた。

続く三月二十八日、宗門は宗会を開き、総監の早瀬日慈が協調案九項目の提示に関し説明を行った。ここまで事は順調に運んでいた。

しかし宗会での説明直後、日達の考えは突然変わる。エレベーターに乗った途端、協調案九項目を創価学会に対し示す方針を撤回してしまったのである。「あれは5月末~6月にのばす。俺に作戦がある」――。日達がそう言うと、教学部長の阿部は急いで宗会の場に戻り、解散しかかっていた参加者たちに向かって日達の方針撤回を伝えざるを得なくなる。二日後、阿部は帰京すると「荒川文化会館」まで出向き、秋谷に対し一部始終を打ち明けた。融和論者の阿部にとってはじつに困った事態だった。

山崎が日達に上奏した〝学会崩壊〟の軍略

日達の突然の翻意の裏には一体何があったのか。

その数日前、山崎はまたしても文書をしたためていた。原稿を書き上げると、それを学生部時代からの子分格、廣野輝夫に手渡し、清書を依頼する。その時、山崎は「猊下にすべて任されている。猊下は俺の言うことはすべて聞いてくれる」と嘯《うそぶ》いていた。「今後の作戦」と題するそれには、宗門が取るべき対策が次のように書かれていた。

「宗門側の大義名分を明らかにし、学会がこれまでの態度を改めなければ、これと手を切るほかないと宣明」

「各寺院でさらに積極的に『檀徒作り』を進める」

「五月末か六月上旬ころに、法主が学会の教義上の逸脱を徹底的に破折」

「信徒のグループ数百名の集会を東京で開かせ、学会を糾弾させる」

「一定の段階で僧侶は表面から手を引き、信徒団体を表に立てて戦う」

「学会は三年以内に崩壊せざるを得なくなろう」

山崎は大石寺に行き、日達と会った。そしてこの大胆不敵な軍略を恭《うやうや》しく献策していたのである。

その後、山崎は竹岡に対し「いくら待っても9項目なんて来ないよ」と言ったかと思えば、前年七月に男子部長へと抜擢された溝口隆三や、東京大学を出て六年前に本部職員となり「五月荘」への出入りを始めていた西口浩ら親しい者に対し「このままいったら会長はトン死するよ。学会の側近には眼がないな。宗門というのは、墓の1つや2つおとし前をつければすぐにおさまるのにな。それをケチケチするからヤケドするんだ」などと話すようになる。

「玉は俺がつかんでいる」

「俺が出ていかないと、宗門の騒ぎは解決しない」

「自分が出なければ絶対に宗門問題はおさまらない」

山崎は周囲にそんなことまで言い放ち、不敵に自信を覗かせた。自らの復権を果たそうという、一連の工作は創価学会組織内で徐々に浸透していくこととなる。

独自教学の撤回へ

この年二月末頃から本部や全国各地の会館、それに地方幹部の自宅には、創価学会の運営に疑問を感じ始めた学会員から脱会届がもたらされるようになっていた。学会と宗門執行部は定期的に連絡会議を開いていたが、いまやそれも機能不全に陥った。宗門行政を司る宗務院内では総監の早瀬や教学部長の阿部が融和論者として非公式ルートも含め学会幹部と連絡を密に取り合っていたが、肝心の日達の態度や方針はこの間、二転三転していたからだ。

活動家僧侶による反学会機運は高まる一方だった。三月頃から急進グループは各地の寺院で開かれる「御講《おこう》」において学会攻撃を激化させる。そうした寺院は全国で八十数カ寺にも上った。過激な僧侶の一部は日達が学会にあまりにも融和的と憤り、法主の座から引きずり降ろすべきだという声まで公然と上げるようになっていた。そうした強烈な突き上げも、日達の捉えどころのない姿勢の大きな原因だった。

四月五日、溝口と竹岡、それに八尋は北条と会い、宗門とのパイプ役に山崎を再び起用すべきだと意見した。それを受け、北条は三週間後の同月二十七日午後九時半、本部六階の役員室に秋谷、野崎、山崎尚見を集め、山崎正友を起用すべきかどうかを話し合った。もっとも、その夜、結論は出なかった。

二日後、弁護士を集めた「カーネーショングループ」の会合後、北条は山崎に話し掛けられる。

「いつまでも犯人さがしのような探偵ごっこをしていても始まらないでしょう。火の粉が上っているんだから、はやく火を消さなければダメだ」

山崎はそう言って、宗門との仲介役として自らを売り込んだ。

翌日夜、北条は自宅代わりの第二青葉寮に三日前と同じメンバーを再度集める。四人が得たのは「山崎起用も可」との結論だった。一週間あまり後の五月八日、北条は山崎にそれを伝えることとなる。その月三日の「創価学会の日」、池田は大勢の幹部に和歌を送っていた。前月中旬から毎日のように数十人分ずつを揮毫しており、四月二十六日に書き上げた六十六人分のなかには山崎に宛てたものもあった。「四面楚歌　君がおわせば　王の道」――。山崎はそれを受け取ると、周囲に「ホラッ」と自慢げに見せていた。本人なりに復権の手応えを感じていたのである。

仲介役に山崎が立った創価学会と宗門との間でその後、合意に至ったのは若手同士の会談だった。第一回が行われたのは六月八日で、場所は兵庫県西宮市の堅持院《けんじいん》である。学会側から出たのは溝口、八尋ら四人で、活動家僧侶側からは住職を務める渡辺広済や佐々木秀明、山口法興、菅野憲道ら七人がその場に臨んだ。学会側は前年一月に池田が講演した「仏教史観を語る」に関し撤回を提示し、これに対し活動家僧侶側は六月の御講における学会攻撃を見合わせると約束した。

とにもかくにも、歩み寄りの気配が出てきたなか、野崎は六月十三日、山崎から僧俗一致に向けた「線引き案」なるものを受け取る。それをたたき台に北条と秋谷も交え、三日間の検討の後、案は正式なものとなった。同月十七日、秋谷はそれを手に取ると、飛行機で北海道へと急遽向かい、折から現地指導中だった池田のもとに馳せ参じ内容を説明した。これとは別に山崎は大分県別府市に飛んだ。活動家僧侶の急先鋒である壽福寺《じゅふくじ》住職の佐々木に会い、線引き案の根回しを行うためである。

他方、宗門の方でも動いていた。僧俗一致に向けた協調案を出すかわり、三十四項目にわたる教義逸脱を問い質す「創価学会の言論資料について」を取りまとめたのである。こちらが学会に対し提示されたのは同月十九日のことで、信濃町の学会本部に持参したのは早瀬、阿部、それに庶務部長である藤本栄道の三人だった。

歩み寄りに向けた動きは加速する。次の日の午後七時半、北条、秋谷、野崎、それに山崎は集まり、線引き案の周知徹底をどうやって進めるかの打ち合わせを行った。当初検討された「園遊会方式」は取りやめ、「本部幹部会・県長会方式」と呼ぶやり方に議論は収斂《しゅうれん》されていった。午後九時、八尋、溝口、原島も加わり内容が詰められ、さらに先に宗門から届けられていた教義逸脱に関する三十四項目の質問に対する回答案も検討された。

翌日、秋谷と原島はまだ北海道に滞在中だった池田のもとに飛び、回答書案を説明した。そこでの指摘も加え、同月二十二日、原案はまとめられることとなる。

その回答書原案について日達にお伺いを立てるため大石寺へと派遣されたのは山崎だった。さっそく翌日、山崎が原案を示すと、日達からは「大綱了解」との返事があった。日達は七月の御講までに訓諭《くんゆ》を発出することを約束し、「今までのことは水に流す」と言った。その旨を山崎は電話で北条に報告した。

激しい対立に幕を引くため、創価学会組織は新たな僧俗一致路線の指導に入っていく。その手始めとなるのが同月二十四日に「立川文化会館」で開かれた本部幹部会だった。教義逸脱に関する正式な回答文もその翌日には宗門へと提示された。これらとは別に山崎による根回しも進んでいた。大石寺御仲居の光久を通じ日達に働き掛けたのは、先の若手会談で申し出ていた「仏教史観を語る」を全面撤回するとの約束に関し、一転してそれを御破算とすることだった。果たせるかな、これは学会の思いどおりとなる。

同月二十七日午前八時半、北条は阿部から電話を受け取った。教義逸脱に関する回答文を、日達が最終的に了解したという。十時半、創価学会は師範会議を開き、さらに午後一時半から県長会を開催して、一連の僧俗協調について正式に機関決定した。

二日後、大石寺では全国教師指導会が行われる。その場で阿部は創価学会から届けられた回答文について詳細な説明を行った。

例えば、戸田の神秘体験である「獄中の悟達」に関し、回答文は「大聖人の仏法とは違う仏法を創造したと受け止めてはならない」とし、戸田を「地湧《じゆ》の菩薩《ぼさつ》の棟梁《とうりょう》」とかつて呼んだことに関しては「今後こうした言葉づかいについて十分注意していきたい」とされていた。池田個人を崇めるような風潮に関しては「学会には本来、会長本仏論などということは絶対にない」とし、さらに「『人間革命は現代の御書』という発言については、会長もすでに明確にしているように、明らかに誤りである」とされた。「在家が供養を受ける資格があるという記述は改める」と、ここでもかつての池田発言は否定されていた。総じて言えるのは、学会の独自教学はほとんど撤回されていたということである。

日達は一同にこう語り掛けた。

「学会からの回答に、この場で了解を願いたい」

その場で異論は出なかった。

「みんな、了解してくれてありがとう。……最近の問題はこの辺で納《ママ》めてもらいたいと思います。どうですか、諸君。(拍手)だいたいご了解願って、この回答を、これでよろしいことにして、こちらも雑誌に出しますから、学会でもこの通りに発表してもらいたいと思います」

翌三十日、『聖教新聞』は「教学上の基本問題について」と題する大型記事を掲載し、宗門への回答を詳しく解説した。

これで、一年半に及んできた「第一次宗門戦争」にも終止符が打たれるはずだった――。

第9章　嵐の四・二四

火に油を注いだ『聖教新聞』

「6・30は池田退陣の第一歩だ。6・30はいままでの池田さんの誤りを学会が全面的に認めたということである」

例の「総合経過年表」によれば、一九七八年六月三十日に『聖教新聞』が「教学上の基本問題について」を掲載した直後、宗門との仲介役を担っていたはずの山崎正友は、学生部時代からの子分格である廣野輝夫に対し、内々にそう話していたという。そして山崎が廣野に命じたのは『週刊新潮』への働き掛けだ。山崎には「第一次宗門戦争」を終わらせる気などさらさらなかったのである。

好都合なことが山崎にはあった。件の記事が載ったのは『聖教新聞』の一面ではなく後ろの方、四面だったのである。さっそく山崎はそのことを秋谷栄之助に電話している。「側近が騒いでますよ。4面がおかしい」——。秋谷がその側近について質すと、山崎は「光久だ」と言った。法主・細井日達と常日頃から近い御仲居の光久諦顕のことである。

実際、活動家僧侶たちはこのことを各地で騒ぎ立て始めた。寺院所属の檀徒からも反発の声が上がる。この様子に、創価学会との融和論者である教学部長の阿部信雄は「これで落着くかどうか心配」と気を揉《も》んだ。

案の定、七月十三日に各地で行われた御講では創価学会に対する批判が噴出する。「4面に載せたのは許せない。質問に対する回答なら何故一緒に載せないのか。『誤解をまねいた・遺憾である』等の表現でごまかしている。論理のすりかえ」——。明確な批判が出たのは六十カ寺あまりに上り、問題視する向きもほぼ同じ数に上った。

八月四日、反学会に燃える若手僧侶たちは東京・調布の行法寺《ぎょうほうじ》に結集する。そこには日達の娘婿である大宣寺《だいせんじ》住職の菅野慈雲も姿を見せた。東京・国分寺に十七年前に建立された大宣寺の寺号は戸田城聖の戒名「大宣院法護日城大居士」に由来し、その落慶入仏式には池田大作も参列しており、日蓮正宗末寺のなかでは別格と言えた。この頃、菅野は宗門内で独特の位置を占める影なるキーマンだった。四日前、信濃町の料亭「光亭」で行われた創価学会との連絡会議の席上、菅野は池田に対し「若い人の中に入ってやってくれ。とりまとめを依頼された」とちょうど話していたところで、活動家僧侶たちとのパイプ役となることを匂わせていた。

その日の集会、反学会で急先鋒の佐々木秀明は「我々の思うように書いてくれた」とマスコミとの接触をあけすけに一同の前で披露してみせた。創価学会に対する批判記事の出所のひとつだったわけだ。そして渡辺広済が今後の活動方針を明らかにする。各地区で決起大会を開き、檀徒作りを進めその者らが池田に対し脱会届を直接突き付けるよう仕向け、過去に行った「特別財務」の返還要求をも実行させる——これら三点が柱とされた。

その月二十六日、静岡県富士宮市の総本山・大石寺では第一回檀徒大会が開かれる。集結した総勢六千人はその場で反学会の運動方針を決定した。まずもって第一に取り組むべきは、池田を在家信徒の代表である総講頭から罷免するための大掛かりな署名運動を行うことだった。

この頃、日達の口からはまたしても創価学会を非難する言葉が出始めていた。教師講習会の場では「会長本仏論はおかしい」と言い、「6・30は宗門としての折伏である」とも語っていた。しまいには学会の恒例行事を取り上げ、「合唱祭ばかりやってとんでもない」とけちを付ける始末だった。

こうした反学会機運の再びの盛り上がりに対し、池田は「御本尊を信じ、猊下を仰ぎ奉って生き抜いてゆけばよい」とあくまで宗門外護に徹する姿勢を貫いていたものの、一方では活動家僧侶たちにやり込められるとの危機感から「反論委員会」の設置も組織内ではひそかに指示していた。

そんななか、創価学会首脳部の間ではずっと引っ掛かっていた疑念が大きくなり始める。山崎の暗躍である。

模刻本尊問題

九月三日、池田は秋谷、野崎勲とともに宗門問題を話し合った。この時、秋谷は連絡を密にしていた宗門の阿部から聞いた話を受け、池田にこう忠告している。

いた。

「今の動きは宗門の僧侶の考えることではありません。山崎です」

これに対し池田はその疑念を否定することなく、次のように返した。

「じゃあ切れるか。そこまで入っているのだったら使ってみるしかない」

諸刃の剣であることを承知の上で宗門対策に山崎を起用し続けようと、この時の池田は考えていた。

緊張関係が三度高まるなか、創価学会にとっては厄介な問題が持ち上がっていた。「模刻本尊《もこくほんぞん》」の存在がそれである。

この問題が宗門内の一部で囁かれ始めたのはその年一月のことだった。模刻本尊とは、それまでに創価学会が歴代法主から下付されていた紙幅本尊を板本尊に造り直したもので、信仰の対象である以上、本来は大石寺の許可やそれ相応の儀式が必要な行為であったが、学会はそれをしていなかった。

日達が模刻本尊の存在を知ったのは年始の挨拶においてだったとされる。東京・浅草の仏壇製造会社「赤澤朝陽」の社長がその時話すには、創価学会からの依頼で何体かの本尊を彫刻して板本尊に直したのだという。さっそく日達は娘婿の菅野に電話し、事実確認を急がせた。結局、この後、日達は内々に模刻本尊の存在を許すこととなる。

ただ、その噂はさざ波のように宗内を駆けめぐり、学会との協調路線を確認する六月二十九日の全国教師指導会でも関連質問は出ていた。この時、日達は「あとで了解して承認したのだから、つつくな」と無用に事を荒立てたくはないとの考えを示していた。

そんななか、創価学会はこの問題に関し弁明を試みる。九月二日、池田は北条らを引き連れ大石寺に登山、日達と約一時間にわたり面談した。四回目の訪中に関する事前報告など表向きの理由を差し置いて、真に重要なテーマとならざるを得なかったのがこの模刻本尊の扱いだった。そこで池田は日達から「すべて学会本部に宝物としてお納めくだされば結構です」との「御指南」を引き出す。翌日の『聖教新聞』には九月の登山会が開始されたことを告げる記事中においてその旨がさりげなく記された。

しかし、このどさくさに紛れるようなやり方は、むしろ逆効果だったようだ。二日後、札幌市内の行足寺《ぎょうそくじ》であった入仏式の終了後、北海道総合長として参列していた原田稔は東京から来道していた菅野に呼び止められる。後でホテルに来てほしいという。そこで原田は活動家僧侶たちが模刻本尊に対し怒り狂っているとの最新動向を菅野から危機感とともに聞かされる。「宗門はナダレ現象です」「謹刻の扱いで決定的にまずくなった」――。菅野はそう話した。

これを受け、山崎は急ぎ大分・別府へと飛ぶよう命じられる。第二回若手会談の開催について壽福寺の佐々木と打ち合わせをするためだ。その頃、池田ら首脳部はまず話し合いの機会を持つことで事態打開を図りたいとの考えを持っていた。そこで若手会談は同月十四日に設定されることとなる。

お詫び登山

当日、創価学会側から派遣されたのは野崎、原田、それに教学部長である原島嵩だったが、その場で三人は模刻本尊が八体に上ることを明らかにした。そして「全体的にはっきりさせるので2か月の猶予を」と願い出た。これに対し活動家僧侶側からは「会長が一言詫びればおさまるのだ。その誠意を見たい」と池田を糾弾する声が上がった。

五日後、若手会談から帰京した三人は東京・紀尾井町のホテルニューオータニで菅野と面会する。山崎による仲介で実現したこの話し合いはおよそ七時間にも及んだ。以前からの発言どおり、菅野はこの時、「謹刻御本尊につき労をとる用意がある」とパイプ役を買って出ることとなる。

同月二十一日、野崎は前日深夜に中国訪問から帰国したばかりの池田が待つ自宅に参上した。野崎がこの間にあった若手会談や菅野との面会について報告すると、事態収束を急ぎたい池田はこう決心して見せた。

「やるんだったら、いっきにやる。おさめる。僧侶にも全部来てもらう。本山だ。猊下に援護してもらう。時期は11月初旬にしよう。御本尊は8体とも返却しよう」

こうして後に「お詫び登山」と呼ばれる創価学会が宗門に対し恭順の意を示す謝罪儀式への流れが生まれることとなる。池田は翌日も自宅に北条、秋谷、野崎、原田を呼び集めて打ち合わせを行い、その後、北条は山崎とともにホテルニュージャパンで菅野と会った。模刻本尊八体の返却に向けた段取りが話し合われ、菅野には活動家僧侶が学会に対し誹謗中傷を今後しないよう根回しすることが託された。

この後の同月二十八日、模刻本尊のうち七体は菅野の手に委ねられ、最終的には大石寺の奉安殿に安置される。残る信濃町の本部に安置されていた一体、かつて水谷日昇によって下賜された「創価学会常住御本尊」については日達承認のもとそのままとなった。他方、五日後に東京・池袋の常在寺に約百八十人を集めて行われた活動家僧侶たちの集会では模刻本尊の返還が報告され、この問題については今後議論しないことが確認される。

創価学会ではお詫び登山に向けた準備が進んでいた。枠組み作りを命じられた野崎が「今後の関係基調」と題する原則案をまとめたのは九月三十日のことだ。それは池田に示され、大石寺との仲介役たる山崎にも渡された。山崎はすぐさま富士宮へと向かい日達にお伺いを立てた。原則案にはかねて学会内で検討されていた規約の改正案も盛り込まれていたが、日達は「内政干渉はしない」と言い、あえてそれを見ようとはしなかった。

大枠が決まると、創価学会では組織の地ならしが始められた。それとともに対外的な根回しもとられる。十月二十六日に北条が会ったのはジャーナリストの央忠邦《なかばただくに》だった。『池田大作論』など学会にまつわる著作が少なくない央との話のなかでは規約の改正も話題になった。規約改正を同時に行わなければ、この問題は宗内だけの話にとどめることができる、などと両者の間ではしばし意見が交わされた。この後、規約改正については、東京大学を卒業して検事となっていた神崎武法や八尋頼雄といった法律の専門家を入れて最終検討を行った結果、見送られることとなる。

これらと並行して創価学会側では当日に池田が読み上げる原稿の作成作業も進んでいた。十月二十七日、池田は「立川文化会館」でその最終検討作業にあたる。読み進めるうち、池田が赤線を引いた箇所があった。「人生の師匠」に関するくだりだ。「こんなのは向こうが認めないよ」と池田は言い、この時点ですっかり投げやりな様子だった。

一週間後、池田は創価大学で再び原稿に向き合った。この日は最終チェックだ。お詫び登山はいよいよ三日後の十一月七日に迫っていた。その場には野崎と山崎もいた。

「今回の調停はどうですか。先生率直に云ってください」

山崎がそう水を向けると、池田は本音を漏らした。

「憤まんの中の大憤まんだ。猊下と私の約束はこわされてしまう。6・30の時、訓諭を出すと云ったのにそれを反古《ほご》にするし…。それで今回、私が謝っておさまればいいが、おさまらなければどうしようもない。11・7が反対だというのではない。本部が決めた事だからやる。これは本山に云うのではない。あんたらに云っておく」

池田としたら「教学上の基本問題について」を発表した六月三十日ですべてのごたごたにはけりを付けたはずだったのに、事態がまたもやこじれてしまったことに、どうにも釈然としない思いが強かった。

二日後、池田は最終チェックした原稿を持参し大石寺に向かった。面会した日達はそれに目を通すと「不用意に」とだけその場で原稿に書き加えた。それから池田は総講頭の辞任を申し出たが、日達から出たのは「その必要はない」との返事だった。

翌七日、池田をはじめとする創価学会の幹部二千人は大石寺で日達に目通りし、謝罪の儀式は滞りなく行われた。この時、表向きの行事名は「創価学会創立48周年記念登山代表幹部会」とされていたが、これまで何度か紹介したように、この後、それはお詫び登山と称されるようになる。この日は宗門側でも全国教師総会が催された。「守らない者は処分も辞せず」と、日達からは学会との協調路線について厳しいお達しが出された。

五日前、山崎の仲介で学会側は佐々木、渡辺ら活動家僧侶側との根回しをホテルニュージャパンで行っていた。「これからは野崎さんや原田さんのようにおさえる側になるのか、大変だなあ」と僧侶側からは冗談交じりにそんな軽口も出ていたから、その日の雰囲気は和やかだったはずだ。しかし、いったん燃え盛った炎を鎮火させるのは容易ではなかった。僧侶がこの日発した軽口は、それで済まなくなる――。

笹川陽平との密約

お詫び登山の翌日、山崎が周囲に最初仄《ほの》めかしたのはカネの話だった。「億は下らないだろうな」と、山崎は創価学会と宗門との間を取り持った調停料について男子部長の溝口隆三に対しそう値踏みして見せた。

この間、山崎は得意の絶頂にあったと言ってよい。何しろ、学会と宗門の両方を手玉に取ったも同然だったからだ。

何はともあれ、山崎が日達を術中に収めていたことはほぼ確実だった。じつは、その年の夏以来、山崎は日達の健康問題にも関与を始めていた。富士宮墓苑の着工式があった五月二十三日、山崎が日達を連れて行った先は東京・三田の笹川記念会館内にある診療所「ライフ・プランニング・センター」だった。笹川陽平との線で決まったのだろう。

「月刊ペン事件」以降、山崎と笹川の仲はさらに深まっていた。山崎は富士宮以外にも墓苑開発計画に首を突っ込み、例えば、前年一月に用地取得が決まった神奈川・湯河原の計画では施工会社として三信工業を推したりしていた（その後、計画は同年十二月に中止された）。そんな最中、山崎は笹川が兵庫県小野市に持つ二十六万坪の土地を北条に対し売り込んでもいる。じつのところ、その裏で山崎は笹川との間で密約を交わしていた。山崎が口利き料として着手金五千万円を受け取り、さらに墓苑が完成すれば一億五千万円をせしめるというものだ。この覚書が交わされたのは、お詫び登山の九カ月前、二月末のことだった。

笹川傘下のクリニックが気に入ったのか、日達は毎月、健康診断のためそこを山崎とともに訪れるようになる。

「どうだ、猊下のことはここまでつかんだ。これだけやれるのは俺だけだろう」

山崎は溝口に日達の健診記録を見せ、そう自慢したものである。

お詫び登山への流れが始まっていた九月下旬、山崎は件のクリニックにいた日達をひそかに訪ね、文書を手渡していた。「現下の情勢について」と題されたそれにはこう書かれていた。

「宗門としては、檀徒作りとその完全な掌握が根本的な生命線になりますが、そのためにはやはり、すぐれたオルガナイザーの出現をまたなくてはなりません。半年一年もして、そういう人が出てこなければ、私も覚悟を決めなくてはならないと思っています」

協調路線の実現に向け、創価学会側の仲介役を担っていたはずの山崎だが、学会組織を切り崩す檀徒作りの継続を日達に勧め、しまいには自分が宗門側に寝返ってその掌握に一肌脱いでもいいとさえ申し出る内容だった。二日前、学会は副会長会議を開いており、その内容を山崎は出席した原島から聞き出していた。そこで急いでまとめたのが、この文書だった。山崎と原島、二人の関係はますます緊密になっていた。

さて、溝口にカネの話をした山崎は三日後、北条と会うと、実際に調停料を請求した。「当面考えよう。勘定項目はどうしようか…」と言い、北条が示した金額は五百万円だった。

この後、野崎と会った山崎は、不満たらたらにこう言い捨てた。

「しらけたよ。大変な中調停したのに500万とは何ごとだ。やる気しないよ」

野崎はこう言って宥めるしかなかった。

「わかった。まだ500万ときまったわけではない」

その後、野崎はこのことを八尋に相談した。そして、二人は結論を得る。「めあては金。正式に宗門との事で金払った方がよい。5000万。保険だ」というのがそれだった。

これとは別に北条は池田にこの話を持って行った。そこでの検討も経て、結局、調停料は五千万円という線で落ち着く。池田は山崎に対し「5000万位考えているから安心しろ」と話してもいる。十一月二十八日、責任役員会で正式にそれは機関決定された。十二月一日にまずは二千万円、その後、翌年四月まで五回に分けて計三千万円を一般会計から支出することとなった。

じつは、これらの裏で山崎は中西治雄に対してもカネを無心していた。中西は大石寺境内で土産物店を営む外郭企業「千居」の代表を務めていた。そこで山崎は二千万円を預金担保として提供してもらえないかと要請する。それを必要としているのは「シーホース」なる会社だった。

この後の山崎による無軌道な振る舞いを語る上で最も重要になるのが、このシーホースという会社だ。それは、じつのところ、北条がかつて戸田の指示のもと深く関わっていた外郭企業「東洋物産」（旧・東洋精光）の経営難に端を発していた。

東洋物産再建問題

話は三年前にさかのぼる。

一九七五年十月、山崎は北条に呼ばれ、本部でのある協議に参加した。話し合われたのは東洋物産の再建問題だった。ほかにその場に居たのは秋谷、東洋物産の役員、それにかつて同社の顧問弁護士を務めていた今井浩三だった。

北条の実弟・直も役員陣に名を連ねる東洋物産が経営難に陥った原因は、さらに二年前までさかのぼらなければならない。その年夏に間接的な取引先である「富士フーズ」が倒産したのが発端だ。一年前から東洋物産は「産業サービス」なる会社を通じ富士フーズの冷凍食品を仕入れて販売するという事業を始めていた。産業サービスは運送業を営む学会員の山本保生が知人から出資金を集めて東京都世田谷区にその年三月設立した会社だった。東洋物産取締役の北条直から冷凍食品事業が将来は有望になるとの話を聞いたのがきっかけだ。東洋物産は資金力のない産業サービスに対し仕入代金を先に付けていたようだ。だから、富士フーズの倒産に端を発する東洋物産の経営難は、北条の実弟が引き起こした問題と言えなくもなかった。

倒産の玉突きで東洋物産が抱える羽目となった産業サービスに対する未回収債権は五千万円に上った。そこで関係者が合意に至ったのは、そのうち二千五百十五万円の支払期日を一年間猶予し、残りの債権は山本所有の不動産に抵当権を設定して保全するというものだった。

しかし、猶予した分の支払いは滞った。そこで関係者は一九七五年三月、先の合意を巻き直さざるを得なくなる。東洋物産が三千三百九十万円分の冷凍食品在庫を引き取るかわり、債権債務のうち千七百九十万円を相殺することとしたのである。つまりは代物弁済だ。それでも結局、東洋物産はこの後、経営が傾いた産業サービスごと面倒を見ざるを得なくなる。支援のため千二百万円を貸し付けたのは同年八月下旬のことだった。

ところが、山本は東洋物産の目を盗んで冷凍食品在庫千百四十一万円を無断で売却処分してしまう。東洋物産の債権保全がそれだけ危うくなる事態だ。そこで北条は山崎らを集め、同社の再建問題を話し合うこととしたのである。その場で決まったのは採算が悪い電気工事部門を縮小することと、産業サービス向け債権の回収については山崎の指示のもと今井が担当していくことだった。

この東洋物産再建問題には池田も重大な関心を寄せた。再建にあたる社員を励まそうと、本社所在地にちなんだ「三鷹会《みたかかい》」が発足することとなり、池田も参加しての第一回が信濃町の「広宣会館」で行われたのは翌十一月四日のことだ。その後も池田は毎回、三鷹会に顔を見せた。十二月二十日に創価大学内の「松風《まつかぜ》センター」で行われた第三回では、人員を百三人から六十人に削減するリストラ策が決まる。池田は残った者たちに「伝統の東洋物産を〝金の城〟に！」と呼び掛け、元気づけた。この間、北条直は取締役を辞任していた。

しかし、そうした一方で債務を弁済しなければならない立場の山本は、あろうことか、産業サービスの計画倒産を水面下で目論んでいた。「ユアーズ」や「レンボー物産」といった事業の受け皿会社をひそかに設立、産業サービスが所有する冷凍食品在庫の名義を第三者に変更して隠匿したのである。

翌一九七六年二月、抜け殻となりつつあった産業サービスは二回目の不渡り手形を出し、資金繰りは行き詰まった。そこで図々しくも山本は、債権回収担当となっていた今井に対し、取引先の「山崎商会」から取っていた手形を、どこかで割り引いてほしいと要請する。今井はこれを山崎に相談した。そして山崎はその話を北条に持って行った。山崎の考えでは、このまま産業サービスを経営破綻させてしまうことは得策でなかった。東洋物産による強引な取り立てが原因との良からぬ風評が立つ恐れがあったからだ。そのため山崎は外郭企業のどこかで手形を割り引いて金策をつけてやることを北条に提案した。

「中西君と相談してみてくれ」

そう言って、北条がつないだ先は前述の千居だった。二月中旬、中西が代表を務める千居は山崎商会の手形、額面二千二百万円を二千万円で割り引いた。結局、このことで山崎は山本を手の内に収めることとなる。

師子身中の裏会社「シーホース」

山本の計画倒産の目論みはその後も継続された。その年九月には休眠会社を社名変更して「セントラルユアーズ」なる新たな受け皿会社も仕立てていた。そんななか、山本は今井に対し二回目の手形割引を要請する。こんどは三千四百万円だ。そこで今井は山崎と北条に相談した。結果、前述した手形不渡りから半年あまりが経っていた今回の要請については拒否することが決まる。

この時点で山崎は態度を百八十度変え山本を追い詰めた方が得策との判断に傾いていたらしい。山本が表向き産業サービスで、しかしその裏側においてはセントラルユアーズなど受け皿会社においても行っていた冷凍食品事業を、丸ごと乗っ取ろうと考え始めていたからだ。じつは、計画倒産を目論む山本は、それを察知した債権者から刑事告訴されていた。その情報を山崎は入手しており、交渉材料に使えそうだったのである。

十月末になり、山崎は山本をホテルニュージャパン内の事務所に呼び出した。告訴のことを教え、そして冷凍食品事業の全体状況を聞き出した。やがて山本は観念する。

「会社は完全にお手上げであり、もし山崎先生が応援して下さるなら、先生の会社として云いなりにいたします」

　山崎には事業を譲り受けるのにちょうどいい会社が手元にあった。もともとは音楽関連事業を狙っていたらしい会社、そう、あのシーホースがそれだった。十一月下旬、山崎と山本は事業譲渡で合意する。この間、山崎は山本の資金繰りをつけてやっていた。個人的に八百万円を緊急融資し、さらに再び中西につないでやったのである。山崎は資金援助が必要との報告書を書き上げ、中西に依頼した。結果、山崎は二千二百万円の手形と引き換えに、千居から現金一千万円と商品一千万円分、計二千万円の援助を引き出すことに成功する。

　事業譲り受けに向け、山崎はシーホース代表に仕立てていた秘書兼運転手の坂本龍三を山本配下にあるユアーズグループの会議に出席させ、経営を監視するようになる。

　しかし、そんななか、山本自体が所在をくらましてしまった。一九七七年三月中旬、山崎は山本をおびき寄せるためユアーズグループが振り出した手形を銀行に持ち込む。これが落ちなければ息の根を止められてしまう山本は、依頼返却を要請するため山崎の事務所に姿を現した。山崎の術策はまんまと成功したのである。山崎は山本に対し二者択一を迫った。貸したカネをただちに返済するのか、シーホースの管理下に入るのか、というわけだ。

　翌日、山本は山崎に対し無条件降伏した。もっとも、二週間後の四月五日、山本はあっけなく詐欺容疑で高井戸警察署に逮捕されてしまう。

　冷凍食品事業を手に入れた山崎には資金繰りの当てがあった。あの日原博である。前年十一月から十二月にかけ、山崎は「日原造園」からユアーズグループに対し計九回・八千七百万円を融通させていた。さらに年が明けた一九七七年三月のこの時、山崎は日原造園から計四回・六千七百五十万円の追加融資を引き出すことに成功する。その後も山崎は日原から資金を引き出し続け、最終的にその総額は十三億円近くに達することとなる。

山崎は山本が進めていた計画倒産準備を引き継ぎ、「キャピタルフーズ」や「カミヤ物産」、「関東フーズ」といった受け皿会社を次々と設立していった。他方で創価学会の組織内では産業サービス向け債権の回収を引き続き懸命に進めている風を装った。「産業サービスの件」や「産業サービス残務処理の件」といった関連報告書を上げていた先は、もっぱら中西だ。当然、自身の支配会社が水面下で冷凍食品事業の譲り受けを進めているとの話はおくびにも出さなかった。

山崎がシーホースなる会社を経営しているらしいとの情報を、創価学会の首脳部が初めて耳にしたのは一九七八年六月のことである。秋谷に情報をもたらしたのは、公明党国会議員の大久保直彦だった。前述したように、山崎が再び宗門との仲介役として動き始めた頃にあたる。ただしこの時、シーホースが問題になるようなことはなかった。秋谷から伝え聞いた池田が三カ月後、本人に対し「武士の商法はやめよ」と注意した程度だ。

所詮は素人商売に過ぎないシーホースの経営は案の定、芳しくなかった。グループの「東海通商」はその年五月末から郵政族のファミリー企業である「イチビル」に手形を持ち込み、高利資金でようやく自転車操業をしのいでいるような有り様だった。そうしたなか、お詫び登山実現の裏側で仲介役として華々しい手柄を上げた山崎は、またもや中西のもとを訪れ、前述したように、銀行融資引き出しに必要な預金担保二千万円の提供を要請したわけである。

結果、中西はその要求を受け入れた。そして、千居の資金一千五百万円が富士銀行方南町支店に預金として積まれることとなる。もっとも、それで一息つけたのかもしれないが、シーホースの経営不振問題はこの後、さらに深刻化していった。そして、それは山崎の異常な行動を決定づけていくこととなるのだが、その一部始終については後でじっくり見ていくことにしよう。

総講頭罷免運動の嵐

一九七九年が明けると、活動家僧侶のなかに燻り続ける創価学会批判の声はむしろますます大きくなっていた。

一月八日夕方、池田は信濃町の光亭で菅野と向かい合った。その場には北条、野崎、山崎も同席していた。池田はお詫び登山以降も各寺院で学会批判が続いていることに不満を表し、菅野に対し事態の沈静化を依頼する。

同じ時間帯、少し離れた「広宣会館」では学生部が幹部会を開いていた。その場で学生部長の浅見茂は「外部的批判に同調したり、迎合、粉動されず……」などと発言していた。その日午前、信濃町では日蓮宗出身の宗教活動家である丸山照雄のビラが本部の石碑に貼られるというちょっとした騒ぎがあった。浅見の真意はそれを受けてのものだったが、時節柄、取りようによっては宗門批判とみなされかねない発言ではあった。

浅見発言はすぐに活動家僧侶の耳に届くこととなり、さっそく同月十三日の御講で取り上げられることとなる。まるで宗門が創価学会に対し苦難を押しつけているかのような発言で、けしからんというわけだ。この日行われた御講では活動家僧侶たちが統一原稿を用意して学会批判を展開した。その数は全国で百カ寺近くにも上った。幹部の不用意な発言が火に油を注ぐ事態はこの後も池田を悩ませることとなる。

宗門との仲介役を買って出ていた山崎は活動家僧侶の動向を逐一、信濃町に報告した。その話を聞いた野崎は「若手が不信感を持つのはおかしい。違背《いはい》の事実ない」などと逆に不満顔だったが、山崎は話し合いの場を持つ必要性を唱え、二月十四日に今一度、若手会談を設定することを提案した。

一月二十七日、この二人の話し合いには池田も加わった。午後五時十分頃から一時間半、三人は信濃町の喫茶店「壹番館」で鳩首《きゅうしゅ》会議を行う。そこで山崎は思わぬことを口にする。

「菅野さんより、会長を辞めていただきたいと。菅野さんは現猊下の後継ぎである。菅野さんの言うことは猊下が信じ、お聞きになる。会長を辞めれば一切が収まる。猊下も同じ気持ちだと思う」

池田に対し、山崎は会長辞任を持ち掛けたのである。これを聞いた池田は、こう言ってその場をはぐらかしている。

「その件は、日達上人と話し合いをする」

すると、山崎はこんなことも言い出した。

「問題解決のために檀徒30万人を要求。これで手を打ちませんか」

宗門に三十万人もの脱会者を差し出して、それで学会批判を鎮めるというわけだ。

「とんでもない。いまみたいなやり方では……」

池田は咄嗟《とっさ》に拒否反応を示した。一年ほど前から徐々に出され始めていた脱会届は前年末までに八千七百ほどに達しており、さらに勢いは増していた。組織を切り崩される動きは池田にとって到底受け入れがたかった。

学会批判の嵐は猛烈に吹き始める。二日後、大石寺では第二回檀徒大会が開かれた。参加者はおよそ五千五百人を数え、そこで池田を総講頭から罷免すべきとの要求を行うことが決まる。その勢いに押され、「まちがった教義だけをどこまでも追及」と、日達の学会に向ける言葉にも今までにない厳しさがあった。直後、山崎は野崎に電話をかけ、その模様を「学会の謗法をただすのは、僧侶として当たり前。厳しい発言」などと伝えた。野崎はすぐにそれを池田に報告した。

「山崎を呼ぼう」

それが池田の反応だった。もはや頼れるのは山崎しかいないとの考えに縛られていた。

「失言」を逃すな

池田が待ち構える信濃町の「白雲寮」に山崎がやって来て、北条、秋谷、野崎も入っての話し合いが持たれた。山崎の報告を受け、池田はすっかり弱気に傾いた。

「問題が広がっている。ブラジル行き延ばし、残っては……」

三日後、山崎は北条とともにブラジルへと発ち、その後に北米、ハワイへと回る海外指導の旅を控えていた。日程は二月十四日までと二週間の長期にわたって組まれており、池田は宗門との緊張が極度に高まっている今、それを取り止めさせることまで口にし始めたのだった。

池田は一月三十日にも立川文化会館で山崎に会った。山崎は宗門の意向として指導教師制によって創価学会が信徒団体として常に僧侶の指導を受けていくことを提案した。池田には以前に山崎から言われたことが引っ掛かっていた。「辞めれば、収まるのだな」と、池田が聞くと、「池田さんは独創性があるから、一宗一派を立てればよい、と猊下から話があった」と、山崎はこの時応じている。

二日後、池田は総監の早瀬日慈に対し山崎からの提案について確認をした。やはり規則や規約を変更して何らかの枠組み変更を行う必要があるのかもしれない——創価学会内ではそうした考えが出始めていた。

結局、山崎と北条のブラジル行きは予定どおり行われた。二月三日には池田もインドへと旅立っており、こちらは同月二十日までの予定だった。その間、きたる若手会談を控え、創価学会側で活動家僧侶との調整にかけずり回ったのは主に野崎だった。

野崎は大分・別府に行って佐々木と会い、とって返すと、東京・自由が丘に近い妙眞寺《みょうしんじ》に赴き山口法興と会った。さらに渡辺とも協議を重ねた。そこで次第に分かってきたことがある。活動家僧侶側は若手会談に秋谷を引っ張りだそうとしており、その狙いは側近中の側近である秋谷に対し池田の総講頭辞任を要求することにあった。

「若手会談に秋谷を入れるのはおかしい。これまで若手どうしでやってきたのだから」

野崎がそう反発すると、引き下がるまいと渡辺は伝言を寄越してきた。

「秋谷を入れてほしい。若手と協議して決めた」

「若手レベルの延長でやるべきだ」

野崎は秋谷でなく別の者での妥協を模索したが、活動家僧侶側は強硬だった。

「秋谷が来ないのなら、2・14若手会談はキャンセル」

あくまで秋谷に拘ったのである。

じつはこの間、海外にあった山崎は手下を使って情報戦を展開していた。大分・別府に派遣したのは廣野だ。佐々木から野崎との面談の模様を聞き出すためである。妙信講問題の戦友である浜中和道からも電話で情報を取っていた。結局、若手会談は野崎の機転で中止されることとなる。その頃、アメリカにいた山崎は佐々木との電話のなかで「逃げられた。ズルイ」と悔しがっていた。若手会談の場で秋谷に池田の総講頭辞任を迫るというのは、山崎が描いたシナリオだった可能性が高い。少なくとも後に学会はそう分析した。

二月二十五日、野崎は帰国した山崎と会う。山崎が言うには、活動家僧侶は「臨時革命政府」をつくることまで議論しており、池田の総講頭罷免に関しては宗会の多数派工作により宗規そのものを変更してしまう強行策まで考えられているという。二日後、信濃町では北条主宰の「Z会」が開かれ、規則改正の方針が決まる。「池田本仏論」を突かれまいと、終身制としている会長ポストについては選挙制に移行し、任期を七年とする方向性も固まった。

そうしたなか、その出来事は三月六日に何の前触れもなく起こり、それによって生まれたさざ波はほどなく奔流と化し、この後の事態を決定づけることとなる。場所は福岡県大牟田市だった。そこでは大牟田・三池本部合同の支部婦人部長懇談会が予定されていた。普段であればさして注目されることのない地方末端組織の会合のひとつに過ぎなかった。

この日、現地指導にやって来たのは副会長の福島源次郎だった。「『人間革命』は現代の御書」などと事あるごとに池田を持ち上げ、ここ十年ほどで一足飛びの出世を果たしたあの人物である。しかし二年前の八月、そんな行き過ぎたヨイショ発言が宗門に問題視されると、福島は一転して池田に疎まれるようになり、挙げ句、九州総合長を命じられ遠く福岡の地で冷や飯食いの毎日を送っていた。

「正本堂ができたので登山者がなくても本山はやっていける見通しがついた」

「本山は旅館業で収入がある」

福島は臨時に設けられた壮年部対象の指導会で大石寺の懐事情を揶揄《やゆ》するようなそんな発言を行った。さらにこんな具合である。

「池田本仏論は僧侶がやっかみから邪推したものだ」

しまいには「カツラをかぶってバーへ」と、ここまでかと言うほど、この日の福島は僧侶を馬鹿にする発言を繰り返すこととなる。

この大牟田発言はすぐに宗内へと広まった。この頃、山崎は原島から最高幹部の行動予定をひそかに仕入れ、失言を逃すまいと網を張っていた。福島が大牟田入りするとの情報を直前にキャッチした山崎は子飼いの浜中を現地に行かせており、そのことも情報拡散に大きな役割を果たしていたに違いない。「こんどの御講はおもしろくなるぞ」――。発言の翌日午前、山崎は周囲に対し早くもそう話していたとされる。

庶務部長名で福島発言を問い質す宗門からの質問状が信濃町に届いたのは三月十二日のことだ。翌十三日に全国で開かれた御講では福島発言に対する批判の声が澎湃《ほうはい》と沸き上がった。その数は百八十カ寺あまりにも上る。活動家僧侶の菅野憲道の発した公開質問状も信濃町には突き付けられた。それは同月十五日のことだ。さらに翌十六日、どういうわけか、とうとう身内からも批判の声が上がるようになる。創価中学・創価高校教職員組合が池田に対し公開質問状を発したのである。

会長辞任決意の瞬間

三月二十四日、秋谷と辻武寿は大石寺に登山し質問状への回答書を提出した。しかし、それに対し翌日もたらされた反応は「回答になっていない」との門前払いである。

情況が一気に緊迫するなか、宗門は二十七日から二十九日にかけ宗会を開いた。そこでは、池田の総講頭罷免について宗会にかけるべきかどうか、採決がとられた。結果は賛成七、反対七、棄権一である。結論は出なかったものの、創価学会に対する反発はそれほどまでに高まっていた。さらに、こと在家信徒だけに限って見れば、反学会機運はもっと鮮明なものとなっていた。同月三十一日、日蓮正宗法華講連合会は緊急理事会を開く。そこでは池田に対する総講頭辞任勧告が決議されてしまうのである。

この間、山崎は池田に会うことを求めていた。しかし、長年にわたって防壁となってきた北条や秋谷はその必要はないと池田に進言していた。そこで山崎は揺さぶりをかける。周囲に対し、顧問弁護士の辞任や、先に決まっていた調停料五千万円を「たたき返す」などとぶちまけ始めていたのだ。それはもちろん池田の耳にも届くこととなる。

結局、三月三十日午後二時五十分、池田は聖教新聞社屋の一階で山崎と向かい合うこととなった。山崎が宗門との仲介役を投げ出してしまう事態を心配したのだ。

「私は、会長辞任ならびに法華講総講頭辞任について充分に考えている。慎重に進める」

ついにその場で池田は辞意を漏らした。途中、北条と野崎も入っての協議は夕方六時まで続いた。

ただ、この時点ではまだ池田の心中は揺れ動いていたようだ。二日後の四月一日、東京・池袋の常在寺で行われた先代戸田の追善法要に池田は参列した。終了後、菅野慈雲と同様に日達の娘婿である住職の早瀬義孔と話すなか、池田は「先生がやめても収まりませんよ」と言われている。続く二日午後、池田は聖教新聞社屋で再び山崎と会った。「この1年程、猊下との意思疎通がなくなってきた。あなたが、仲を割いているという噂もある」と、前日に早瀬の見立てを聞いていた池田は、はたして山崎を信じていいものかどうか迷っていた。この日の面談も三時間半に及んだ。

三日、池田は総監の早瀬日慈に電話をかける。宗門側の態度は頑《かたく》なだった。登山止めや本尊下付の中止も考えられた。それで、池田の決心は固まっていくこととなる。

五日木曜日、池田は立川文化会館に首脳会議を招集した。呼び集められたのは理事長の北条、副会長は秋谷以下、和泉覚、辻、山崎尚見の四人、それから青年部長の野崎だった。池田は一同に向かって自身の会長辞任を諮った。議論が進むうち、池田はその場に山崎正友も呼ぶこととした。到着した山崎に対し池田は会長辞任の意思を告げた。それを聞いた山崎は東京・国分寺の大宣寺にすぐ連絡をとり、住職の菅野が飛んでやって来た。

池田、山崎、菅野の三者会談が始まったのは午後五時四十五分のことだ。

池田がこう切り出す。

「会長を辞任する決意を固めた。明日、会長辞任について猊下に言上申し上げる決意」

自らの辞任によってこの間の宗門問題の一切が解決するとの期待も、その時、池田は口にした。

菅野はこう応じた。

「山崎と打ち合わせ、明朝二人で猊下に御報告」

午後七時二十分にこの三者会談は終わる。池田の会長辞任はこれで確定的なものとなったのである。

池田大作のいちばん長い日

翌六日金曜日の早朝、山崎と菅野は大石寺で日達と面会し、池田が辞任の意向を持っていると伝えた。それを済ませた山崎は午前九時半、大石寺にほど近い「扶桑研修所」で控えていた池田のもとに行き、その時の様子を報告した。

「猊下が、池田さんには気の毒だがこれしかない。猊下は我が意を得たりの感触でした」

山崎がそう伝える

学会第一期の目標
「七つの鐘」終了に当たって
池田会長　所感
会員諸兄に深甚の感謝
信行、勇敢に新たな船出を
解説
「七つの鐘」

池田が会長辞任を示唆した所感記事（『聖教新聞』1979年4月24日）

と、池田は殊勝な態度でこう返した。

「辞めることが猊下のご意向なら辞めます」

正午、池田は大石寺に行き、日達に会った。

「一切の収拾のため、会長ならびに法華講総講頭を辞任させていただきたい」

神妙にそう告げると、日達は優しく声をかけた。

「あなたにはお気の毒なことです。この問題を収拾しなくてはならないもので……。あなたの信心は立派です」

あたりもすっかり暗くなった午後八時、池田は山崎とともに大石寺境内の宿坊のひとつ、雪山《せっせん》坊《ぼう》に立ち寄った。そこには光久と菅野がいた。

「次の会長は北条氏にしたい」

池田は後任会長についてそう考えを明らかにした。雪山坊での話し合いは午後九時半まで続いた。こうして、長い一日はやっと終わることとなる。

当初、会長交代は四月二十四日の総務会、翌二十五日の県長会議、さらに二十七日の本部幹部会を経て正式に機関決定される手はずとなっていた。この間、池田は戸田の長男・喬久に会長辞任を報告し、山崎と野崎に対しては活動家僧侶との関係修復に向けた話し合いを指示した。宗門の融和派である阿部は「総講頭の辞任だけですまないのか」と秋谷に話し、あまりの急展開を残念がったが、この流れが変わることはもはやなかった。

総務会を翌日に控えた二十三日の夕方、創価学会本部に妙な情報が入る。池田が会長を辞任するとの怪文書が出回っており、ブラジルの日系紙『サンパウロ新聞』が裏取り取材に動いているというのである。

この事態を受け、池田と野崎は聖教新聞社屋のロビーで急遽打ち合わせを行った。野崎は機関決定のスケジュールを二日前倒しすることを提案し、池田はそれを了承する。

翌二十四日、『聖教新聞』の一面には池田による長文の所感が掲載された。そこには「七つの鐘、終了にあたって」とのタイトルが付けられていた。以前紹介した一九五八年の総会で池田が触れた戸田による遠大な暗示である。創価学会は一九三〇年の創立以来、七年ごとに大きな節目を迎えるという、あれだ。七番目の鐘が打ち鳴らされるのが、この一九七九年だった。

五十一歳となっていた池田はこの日、自らが会長から身を引くことで、最後の鐘を打ち鳴らしたのである。

第10章　シーホース

一億円の無心

一九七九年四月二十四日午後二時から「新宿文化会館」において最高意思決定機関である総務会は開かれた。

冒頭で池田大作は辞任を表明し、続いて新たな会則が諮られる。それが全会一致で採択されると、直ちに新会則に基づいた臨時総務会へと移る。仮議長に選任された森田一哉は議長として和泉覚を提案、その和泉は第四代となる新会長に理事長の北条浩を提案し、それは当然のごとく全会一致で可決された。後任理事長には森田が就き、池田は名誉会長へと退いた。

非公式な場での密議だけで泥縄式に物事が決まっていった実際に比べ、この何とも持って回った空疎な儀式が滞りなく運んだ後、池田、北条、それに秋谷栄之助と山崎尚見を加えた四人は、記者が待ち構える会見の場へと臨むこととなる。

「〝七つの鐘〟を総仕上げし新体制へ」

翌二十五日付の『聖教新聞』一面には、そんな見出しが掲げられた。在任も長期にわたり体力も限界にきているため健康なうちに後身へと道を譲りたい――。会長交代の理由についてはそう説明されていた。

この間における創価学会と活動家僧侶との激しい攻防、それに法主・細井日達を抱き込んだ山友こと山崎正友の暗躍といった裏の事情など一切知らない数百万人にも上る末端の学会員にとって、池田の退任は青天《せいてん》の霹靂《へきれき》以外の何物でもなかった。ひたすらに「僧俗和合《そうぞくわごう》」を呼び掛けるその日の紙面で唯一、首脳部にとって不都合な部分と言えたのは、池田が法華講総講頭をも辞任した一件だったが、それも「過去の一切の経過の責任をとって」と、幾重ものオブラートに包んだ無色透明な書きぶりが徹底されていた。

内部資料「総合経過年表」にはこの後の山崎正友による常軌を逸した強請《ゆすり》が克明に記されている。

五月上旬、北条と秋谷の前に現れた山崎がまず要求したのは副会長ポストだった。その前にも山崎は野崎勲に会った際、「自分が副会長になったら猊下も安心する」とそれとはなしに自身の処遇を求めてはいた。

この日、山崎は新会長に対しさらにプレッシャーをかけるような概略こんなことも口にしていた。

「若手僧侶が、池田は院政をしき学会は前と少しも変わらないと騒いでおり、日達も、若手が騒ぐから池田の行動は目立たないようにしろと言っている。池田は名誉会長になったのだから、会合への出席は控えるべきであり、聖教新聞にも当分の間写真や記事は出さない方がいい」

池田が名実ともに最高権力者の座から下りることを求め、実際、池田はこの後しばらくは表にしゃしゃり出るのを控えることとなる。

もっとも、その一方で山崎は、首脳部間のパワーバランスを見抜いていたからか、相変わらず池田を動かすことに拘っていた。五月十三日、池田が野崎、中西治雄、それに山崎とともに日達に会った後、山崎は池田から「私を怒らせるな。私は勇退したんだ」と逆に釘を刺されている。希望する副会長ポストのかわりに山崎があてがわれたのは、それ自体さほど意味のない参与ポストだった。

創価学会内での昇進を企てる一方、山崎は宗門内での足場固めも進めていた。この間、宗門でも体制に変更があった。それまでの早瀬日慈にかわり、教学部長だった阿部信雄が新たな総監に任命されたのがそれだ。この首脳人事に関し、山崎は「これで話し合いができる」と表面上、好意的だった。その旨を秋谷との話のなかでも口にしていた。五月十四日、宗門は最高教導会議を開き、果たせるかな、山崎は学会内での軽いポストとは対照的に北条や秋谷らとともに大講頭七人の一人に任命された。

この後、山崎は『聖教新聞』に掲載される記事を事実上監査するようになる。

「これで俺に報復しようとしてももはやできないところとなった」

向かうところ敵なしの山崎は、周囲に対しそう嘯いていた。

しかし、経営する冷凍食品会社「シーホース」の方はますます蟻地獄に嵌まっていた。

この間の五月十日、山崎はそれまでの中西ではなく会長となった北条に対しシーホースの支援を申し出ていた。一億円の預金を担保として提供してもらいたいとの要請だ。

北条は「関係ない会社へはできない」といったん断っていたが、その日の夜、秋谷、山崎尚見、八尋頼雄を呼んで協議を行った。やはり無下には断れないと考え直したのだ。その夜、四人の話し合いは結論を得ることができなかった。

五日後、催促する山崎に対し、渡米の予定が控えていた北条は、この問題を弁護士の福島啓充に任せると告げた。北条は外郭企業「シナノ企画」でこの問題をどうにかできないかと考え始めていた。小説『人間革命』の映画化などを手掛けていた同社は二年前、東宝とともに野心的な大作『八甲田山』を製作し、過去の興行記録を塗り替える大ヒットを記録していた。だから経営内容は良いはずだった。

福島が話をつないだシナノ企画は最初難色を示したものの、代替案を出してきた。預金担保のかわりに土地売買の仲介手数料としてなら三千万円を限度に出せるという。五月二十八日夜、福島から話を預かった北条がそれを伝えると、山崎は「助かります。御配慮感謝します」と言い、二日後、シナノ企画は山

学会のホープとして期待されていた山崎正友（『聖教新聞』1966年7月28日）

崎配下の「東海通商」に売買調査手数料名目で三千万円を支払った。これでいったん収まったはずのシーホース問題が、またしても火を噴くのは、およそ半年後のことである──。

第六十六世法主・日達の急死

七月以降、山崎の足下は急に揺らぎ始める。「玉は俺がつかんでいる」と周囲に吹聴していた法主・日達が急死してしまったのは何にも増して痛手だった。

七月十九日、福岡の妙流寺《みょうりゅうじ》から戻った日達は食あたりを起こし富士宮市内の「フジヤマ病院」に緊急入院した。山崎は池田から見舞いに行くことを相談されたが、「あなたは行かない方がいい」とこの時撥《は》ね付けている。池田は仕方なく妻・香峯子を見舞いに遣《や》るしかなかった。三日後、日達は急死する。享年七十九だった。その日のうちに宗門は緊急重役会を開き、阿部が第六十七世法主に登座することを決める。日蓮正宗では代々の法主が後任に対し秘儀なり奥義なりをひそかに伝授する習わしがある。詳細は一切がベールに包まれているが、その「血脈相承《けちみゃくそうじょう》」を生前の日達が阿部に対し行ったのは前年四月十五日のことだったとされる。新たな法主となった阿部は以後、日顕との日号を名乗る。

「次は阿部さんだ。しかたないからすこし静かにしているよ」

最初、山崎は子分格の廣野輝夫に対しそんな感想を漏らしていた。かねてから創価学会との融和論者である日顕では思うように離間工作ができないと、山崎は腹の底で考えたらしい。

そこで山崎は情報戦に傾き、活動家僧侶との結び付きもさらに強めた。

後に「謗法選挙ビラ」と呼ばれるそれが最初に街頭でばら撒かれたのは九月六日のことで、場所は東京・大岡山駅周辺だった。三日後、大阪・門真でもそれは配布され、やがて全国へと広がっていく。そこにはこんなことが書かれていた。

「学会員の皆さんに訴える!!」

「謗法選挙の実態に目ざめよ!!」

「日蓮正宗の信心をしつつ公明党を支持しなければ罰が当ると思われている皆さんへ！」

「公明党と無理心中か」

「〝王仏冥合の聖戦〟の論調はかげをひそめたが、会員を集票マシンにする手は同じ。〝票とると1世帯折伏するも同じ〟から〝友好活動（票取り）は折伏に通じる〟へ。云い方は変っても、宗教活動と選挙活動は同じであるとする誤った論理であることに変りない。これは大聖人の仏法の利用であり謗法である」

「右にも左にもき弁を用いるこの無節操さ!!　右に対しては『共産党への防波堤は学会以外にない』と強調。左には『創共協定』や革新ポーズで迎合。邪宗をバックにうるさい民社には、中道を訴える。票ほしさにだまされる方もいいかげんだが、カメレオンのような無節操にはあきれる」

この正鵠《せいこく》を射《い》るようなビラは、山崎が原稿を書き、東京・自由が丘にほど近い妙眞寺で住職を務める活動家僧侶の山口法興に託したものだった。その月の七日、一般消費税導入をめぐる行き詰まりの打開を図ろうと、首相の大平正芳は衆議院の解散に打って出ており、政局は風雲急を告げていた。

後日、この謗法選挙ビラは『現代宗教研究』なる会報でも全文が紹介されている。東京・代々木のマンションの一室に編集部を構える発行元の「現代宗教研究センター」を仕切るのは、山崎がかつて保田妙本寺問題や富士宮問題で情報収集に走らせた北林芳典だった。外郭企業の「第三文明社」を退職して始めた新たな仕事が『現代宗教研究』だったのである。もっとも、立正佼成会分断工作に利用した雑誌『宗教評論』で偽名の「大山正」を名乗っていた北林はこの時も表に名前を出していなかった。発行人に立てたのは創価学会で警備グループに所属していた佐藤芳彦という男だった。この年六月の創刊号において「会長辞任に見る創価学会の限界」という記事を掲載するなど、『現代宗教研究』はこの後もなぜか学会に批判的な記事も扱っていく。

北林は前年八月、「伸一会」の第三期メンバーに選抜されていた。かつて戸田が愛した「水滸会」と同様、『人間革命』の主人公にちなんで四年前の五月に結成された伸一会は池田の親衛隊のような組織で、男子部の選りすぐり数十人で構成されてきた。だから、池田や組織に対する北林の忠誠心は折り紙付きだったわけで、『現代宗教研究』が謗法選挙ビラのような学会に批判的な記事も載せていた真の狙いが何だったのかは判断が難しい。ただ、この頃も北林が山崎と一定のつながりを保っていた可能性はある。

全国でビラがまかれた頃、山崎は過去の「特別財務」に関し返還請求訴訟を大量に起こす秘密工作も進めていた。東京弁護士会で訴訟委任状の用紙を大量に買い求め、原告をどのように立てるかなどに関し打ち合わせを進めたが、それも山口の自宅書斎においてだった。両者の連絡役には廣野を使った。山崎は二千〜三千人で一斉に訴訟を起こす大掛かりな仕掛けを目論んでいた。

持ち出された大量の内部資料

池田の辞任を経ても、活動家僧侶たちの反学会運動は一向に収まる気配が見えず、四月下旬には檀徒機関紙『継命新聞』が創刊され、その勢いはさらに増していた。週刊誌などでの批判記事が止むこともなかった。北条はそれら情報源が山崎であるとの疑いを持ち始め、新法主の日顕を反学会に仕向けようとしているのではないかとの恐れすら抱くようになる。九月一日、北条は山崎と話す機会を作り、その動きを確かめようとした。同様の面談は十一月末まで都合八回を数えることとなる。

その疑いは池田も同じように抱いていた。同月七日、日達の四十九日法要が大石寺で行われた後、池田ら一行は談話室でしばし休憩をとった。そこではこんな一幕があった。「おおらかに行け。複雑にするな」と、その場で池田は意味深長に山崎をたしなめていた。

その頃、山崎は山崎で日顕に取り入ろうと必死になっていた。九月中旬、日顕に会うと、山崎はこう告げ口をした。「池田名誉会長は日顕猊下は信心がないと言っている」――。しかし、これはまったくの出任せだった。

続く二十五日、山崎は大石寺に出向き、再び日顕と面会する。会うなり、日顕から告げられたのは思いもかけない厳しい言葉だった。

「あなたは大嘘つきだ。私はもうあなたを信用しない」

この間の十七日、日顕は東京・西片の大石寺出張所に池田と秋谷を迎えていた。その場で日顕は先日の山崎発言について真偽を尋ねている。池田から返ってきたのは「御本尊に誓ってない」

とする断固たる否定だった。この時、日顕が信じたのは山崎ではなく、池田が発した言葉の方だった。

これ以降、山崎は大石寺への出入りを固く禁じられる。宗門中枢に直接手を突っ込んでの離間工作はこれで不可能となった。

翌日、本部の応接室で北条と会った山崎はすっかりしょげ返っていた。

「日顕猊下にお会いした。今までのイキサツを話し、感情的になったことをお詫びした。猊下から〝自由に〟といわれた。もう自分の役目は終わった。静かにしたい。荷物をおろしたい」

さらにこう願い出た。

「先生と話したい」

池田との面会を求める山崎に対し、北条は応じる気がなかった。「学会が撃ってこないかぎり撃たない」と言って白旗を掲げる山崎に対し、北条はきつく叱った。

「手を引け。これからは撹乱《かくらん》やめろ」

すでに北条のもとには特別財務をめぐる返還請求訴訟に関し山崎が裏で蠢いているとの情報があった。山崎は「私が行って、止めさせます」といかにもといった発言をしていたが、これを北条は見抜いており、六日前にも「変な動きはやめろ」と叱りつけたばかりだった。

そんななか、新会長にとってじつに困った事態が発生する。

翌十月八日、ある職員が聖教新聞社屋にあった原島嵩の執務室に入ったところ、ロッカーのほとんどが空になっていることに気づいた。大量の資料が持ち出された疑いは濃厚だった。原島は前月末に入院しており、以来、信濃町の本部には来なくなっていた。

実際のところ、この入院は山崎が廣野に指示し手配したものだった。山崎は東京・三番町のマンションに新しく構えた事務所に原島を連れて来させると、手形二千万円と百万円の定期預金通帳二通を渡していた。

初代公明党委員長の二男という毛並みの良さとともに二十九歳の若さで教学部長に抜擢されたエリート中のエリートである原島が、なぜこのような行為に及んだのか――。

ただならぬ事態

原島が反逆に走ったきっかけのひとつは前年六月二十四日の池田による叱責だったとされる。前に触れたように、創価学会はこの日、「立川文化会館」で本部幹部会を開催し、宗門との協調路線に関する指導を行った。「教学上の基本問題について」の発表が控えていた時期にあたる。終了後に駐車場へと出たところ、池田は突然、原島に対し「口が軽い」と注意を与えた。池田は原島が山崎と近いことを知っていた。すでに「ある信者からの手紙」などで山崎が様々な離間工作を行っていたことを、学会首脳部は察知しており、池田は原島に対し、山崎から親密僧侶の浜中和道、さらに大石寺を通じ学会に批判的な毎日新聞記者・内藤国夫へと内部情報が抜けていると疑い、それを注意したのだった。これを原島はよく思わなかったらしい。

入院前の八月頃から原島は聖教新聞社内でひそかに内部資料のコピーもとり始めていた。山崎がそれを唆《そそのか》していたことは間違いない。原島のそんな隠密行動は断続的に二カ月にわたって続いた。それら大量の資料を、原島がこっそり持ち出したのは九月二十一日のこととされる。引き渡しは三番町の事務所で行われた。その時、山崎は「3人位で使える部屋を探せ」と言い、廣野に対し原島が隠れられる適当な場所を探すよう命じた。原島は運転手を通じ山崎から当座の必要資金として数十万円を受け取っている。

原島は資料持ち出しの十一日前、聖教新聞社屋のロビーで池田と二人きりになり、仏法を四つに分けて説く「四悉檀《ししつだん》」などについて話し込んでいたが、すでにその心は離れていたと見える。原島が日蓮正宗に入信したのは生まれて間もない一九三九年のことだったから、信仰歴は池田よりずっと長い。二年前から続く宗門との対立のなか、教学面でその最前線に立ち続けた原島にとって、『人間革命』を聖典視するような創価学会の独自指導は受け入れられなかったのかもしれない。原島は前年九月の第二回若手会談に出席し、活動家僧侶に対し「模刻本尊」が八体存在することを明らかにしていたが、後にそのことについて「実は八百長であった」と語っている。宗門に無断で本尊を造り直していた行為を、原島は活動家僧侶たちと同様、大きな誤りと考えていたのだろう。

原島による資料持ち出しという、このただならぬ事態に創価学会は即座に反応した。聖教新聞の責任者を務める副会長の柳原延行《のぶゆき》を委員長に任命し調査委員会が立ち上がった。

その実態把握を経て十月半ば、北条は本部会議室に首脳会議を招集する。集められた森田、秋谷、和泉、辻武寿、青木亨ら六人に対し、原島による大量の資料持ち出しが説明された。さらにこの時、山崎が九年前に行っていた宮本顕治宅の盗聴についても、北条は一同に対し明らかにしている(北条が盗聴の一件を池田に明かしたのはさらにこの後、十月末のこととされる)。そして、北条は原島と山崎の処遇をどうすべきかを皆に諮った。

議論の末、七人の首脳が辿り着いたのは「切れない」との結論である。北条らが何よりも恐れたのは、追い詰められた山崎と原島が暴発し、学会にとって都合の悪い情報を外部に流出させる事態だった。盗聴という卑劣な犯罪行為は組織的に隠蔽された。

原島問題が重くのしかかるなか、解決に乗り出したのはほかでもない池田だ。十月十四日、池田は信濃町の自宅に野崎、原田稔とともに原島を招いた。池田が尋ねると、原島は資料持ち出しを否定した。山崎の問題を任せてほしいと原島は言い、それについて今後、野崎、原田と相談したいとも申し出た。

翌日も池田は同じ三人を自宅に招く。午後一時半から十五分ほど、四人は勤行に没頭した。その後、雑談を交わすと、四人で坂を上った先にある聖教新聞社屋まで歩き、午後三時二十分頃別れた。池田としては原島の心をまずは解きほぐそうと考えていたようだ。二日後の早朝七時五十五分、池田はまた三人を呼び出している。こんどは信濃町の喫茶店「壹番館」だった。一時間半ほど話し込むと、四人は池田の自宅まで一緒に歩いた。別れたのは午前九時四十五分頃だった。

原島が野崎と原田の前でようやく資料の持ち出しを認めたのはその翌日、十月十八日のことだ。ただし認めたのは事実の半分だけだった。この時、原島は持ち出し資料について「六郷の河原で焼いた」と嘘をついていた。

笹川陽平の土地と墓苑開発

翌日、原島は自殺を図る。ただし、それは未遂に終わった。この時、創価学会側は狂言の可能性も疑ったが、真相はよく分からない。遺書には先述した四悉檀について話し込んだ折の池田による発言に関し書かれていたが、その真意も謎ではある。十一月九日、原島は教学部長を解任される。日付を九月五日にさかのぼっての辞令だった。

原島の嘘はやがてばれた。持ち出された資料のひとつ、「北条報告書」が活動家僧侶の山口によって御講の場で暴露されたのは十一月十三日のことだ。五年前、日達と面会した後に北条が「猊下の話は大へんひどいものでした」などと書いた、あの報告書である。法主を批判する文書に活動家僧侶や信徒たちは当然、激しく反発した。山崎は原島から入手した内部資料をこの後次々と活動家僧侶たちに流出させていく。

二週間後の同月二十七日、北条は一カ月半ぶりに山崎と会った。

「陽平さんに是非会ってもらいたい」

そんな電話を受けたからだ。

前回の十月十九日に信濃町の本部で会った際、北条は「先生や学会を苦しめるようなことをしてはいけない。変な画策をやめ、宗門問題から一切手を引いたらどうだ」と説得を試みていた。その時、山崎はまたしても「荷物を下ろしたいんです」と言い、北条が「荷物って何だ？」と問うと、「笹川さんの土地の件とシーホースです」と答えていた。笹川陽平が持つ兵庫県小野市の土地二十六万坪を墓苑開発用に購入する件について、創価学会はまだ何も決めていなかった。山崎は従順な態度を示しつつ、そのじつ、素直に引き下がろうとはしていなかった。

午後六時、電話を受けた北条がホテルニューオータニの日本料理店「なだ万」に行くと、そこには山崎と笹川がいた。

「宗門との間がごたついて大規模な墓苑開発はむつかしい」

北条は正直にそう内情を説明した。

「早く片付けばいいですね」

笹川はそう言い、その夜、そこより先に土地の話が進むことはなかった。

会食後、笹川を見送った北条と山崎は同じ階にあるバー「シェヘラザード&ブドゥール」に場所を移した。

「何だって君は大恩ある池田先生に心配をかけたり、学会員を苦しませるようなことをするんだ。恩を仇《あだ》で返すような事はやめろ。宗門問題からは手を引け」

北条がこう諭すと、山崎はまたもや「肩の荷をおろしたい」と言った。ただその晩の山崎はそれまでの謎かけめいた遠慮がちな言いぶりから一歩踏み込んで、こうも話した。

「会社は危機にひんしている。2000万の資金援助を…」

半年ぶりに具体的な数字を上げて資金支援を要請したのである。山崎は相変わらず笹川が持つ兵庫の土地の件も口にしていた。

この頃、例のシーホースはさらに自転車操業が酷くなり末期症状にあった。資金繰りに窮《きゅう》していた山崎は個人保証をした上で手形を差し入れて千五百万円を何とか借り入れたところだったが、それは富士宮市内の暴力団組員からだった。

北条はシーホースや土地の件は聞かなかった振りをし、しかし、山崎を手の内に収めるためこんな誘いの言葉をかける。

「じゃあ、名誉会長に会えるよう話をしておこう。その時は私も立ち会うよ」

翌日、北条は池田に会い、前夜の件を伝えた。山崎はあくまで池田とだけ会うことを求めていた。

「じゃあ今日の夕方会ってあげよう」

その前に原島の口を割らせることに成功していた池田は、山崎との面談を二つ返事で了承した。

「おそらく山崎は兵庫の件とシーホースの件を言ってくると思うが、先生は具体的内容に立ち入らないようにして下さい」

北条は池田にそう念を押した。説得役を交代するとは言え、池田を守る防壁となる考えに変わりはなかった。

七時間に及んだ池田—山崎面談

その日の午後四時、池田は本部一階の和室で山崎と会った。山崎はシーホースの経営が苦しいと言い、予想どおり援助を求めてきた。そのかわり、若手活動家僧侶との話し合いの場をつくり、流出文書も回収するという。さらに山崎はこの日、池田に対しこんなことも訴え出ている。

「マスコミ関係について内藤を使って下さい。内藤は学会も半分切るけど、僧侶も半分切る」

毎日新聞記者の内藤と会ってほしいというのである。三週間あまり前、山崎は東京・赤坂で内藤と初めて会っていた。山崎のなかでは創価学会に批判的な有力記者とのパイプは何かに使えるとの読みがあったようだ。

池田と山崎との面談は深夜十一時前まで続いた。山崎を帰した池田はその場に北条、森田、秋谷、山崎尚見を呼び入れた。

「ともかく山崎は私がひきつけておくから」

そう話す池田は北条にかわって山崎正友への説得役を今後も続ける考えを示した。北条以下の新体制がいまだ組織内での挨拶回りも十分にできていないことを、名誉会長に退いた池田は心配しており、そのことも山崎問題を引き受けようという理由のひとつだった。

「山崎は両手をついて謝った。案外素直だったが、神経がいら立って荒れているなと感じた。自分の懐に飛び込んできたのだから温かく抱擁してすさんだ気持をとかしてやり、これ以上暴発させないようにしようと思っていろいろ話をした。兵庫墓苑、シーホースの話も出たが、お金のこと、墓苑のことは北条会長に一切任せてあるから、北条会長に話してみなさい、と言っておいた」

その夜、池田は山崎の説得にある程度の手応えを感じていた。じつは、この日の昼間、原島は原田の前で「六郷の河原で焼いた」との先日の発言が嘘だったことを自白していた。ただしそれは、いわば宣戦布告だった。「学会と徹底して戦う」と、この間に原島の態度は一変していたのである。肝心の持ち出し資料の所在は不明だ。だから、山崎を引きつけておく必要性は今まで以上に高まっていた。

日付が変わろうとする頃、池田が和室を後にすると、北条ら四人はなおもその場に残り協議を続けた。最終的に四人は、要請があった二千万円を山崎に渡すこともやむを得ないとの結論に至る。北条は弁護士の福島に電話をし、前回と同様、シナノ企画に対し資金提供を打診するよう指示を与えた。

次の日も池田は山崎と本部で会った。面談は午後二時半から二時間半に及んだ。山崎はシーホースについて「一切学会の世話にはならない」と話す一方、内藤に関し「むこうは総攻撃の準備をしている。先生が会うとすればわびなくてはならない」と言ったりもした。再び学会批判の声を強めていた活動家僧侶との面談を望む池田はその旨を話しつつ、内藤の取材については「オフレコなら結構だ」と承諾することとなる。

翌三十日午後一時、池田は山崎も同席するなか聖教新聞社屋で内藤の取材を受けた。それが午後四時十五分に終わると、池田と山崎は外郭企業の「東西哲学書院」が近くで経営する中国料理店「はくぶん」に場所を移した。この日の二人きりの面談も三時間あまりと長時間にわたるものとなった。この間、福島を通じ北条の要請を受けたシナノ企画は、仲介手数料名目で二千万円を山崎配下の事務員に渡していた。

定期預金を崩し池田が渡した二千万円

しかし、山崎によるカネの無心がそれで終わることはなかった。早くも次の日、十二月一日の夕刻、聖教新聞社屋で池田と会った山崎は資金をつけてくれるよう要請する。

「何とか3000万くらいお願いできないか」

そう願い出た山崎に対し池田は「何とかしよう」と応じた。この日の面談も午後八時四十分まで及んだ。池田は「しっかり信心してよい人生を送りなさい。お金のことばかり言うようではだめだ」と諭した。

二日後、池田は山崎の度重なる要請に対し個人的に応じる。午後一時半、本部で中西とともに会った池田は山崎に対し現金二千万円をぽんと手渡した。自らの定期預金を崩したものだった。

「この御恩は一生忘れません」

山崎はそう言うと、原島が持っている資料を取り戻して返却することを約束した。この日の面談は午後八時十分までと七時間近くにも及んだ。

四日後の同月七日、聖教新聞社屋へと午後九時に現れた山崎は実際に原島が持ち出した資料を手にしていた。池田は第一庶務の鈴木琢郎とともに資料の束を受け取るとその場でシュレッダーにかけた。山崎は原島に一千万円を渡したと打ち明け、「原島は指宿《いぶすき》かどこかに静養に行かせたい」などと口にした。これに対し池田は「君の話は分からない。一緒に会おう」と、資料持ち出しの張本人である原島も一緒に引きつけておくべく、山崎にそう語り掛けている。

「学会池田名誉会長を襲う大破局」――。この頃、書店に並んだ雑誌『月刊現代』にはそんなタイトルの記事が載っていた。先日取材を受けた内藤の筆によるものだ。どう転んでも創価学会に批判的な内容である。ただし、これは想定されたものだったから、まだいい。それ以外にも批判記事を掲載した週刊誌は続々と売り出されていた。『週刊サンケイ』や『週刊ポスト』は例の北条報告書のことを盛んに書き立てていた。

同月十五日、再び持ち出し資料を持って本部にやって来た山崎と会うなり、この時の池田はさすがに苦言を呈している。

「マスコミは止まると首脳に話しているが止まらないので私の話が軽くなる」

そう言う池田に対し、山崎は自らの金策のことで頭が一杯だった。「鈴鹿と兵庫は何とかならないか」と、口にしたのは依然として墓苑開発のことである。三重・鈴鹿にも笹川が持つ土地が一万数千坪あった。「これを決めるのは北条会長以下の執行部だ」と、池田は名誉会長に退いたことを口実に取り合おうとはしなかった。

それでも暴発を避けるため引きつけておくことが最優先と考える池田は、次の日も山崎と会った。二人が横浜の「神奈川文化会館」で顔を合わせたのは午後七時過ぎのことだ。

「内藤の筆を折ろうと思う。それには金がかかる」

今回、山崎が投げてきたのはそんな曲球《くせだま》だった。カネの無心に変わりはない。八日前、池田、山崎、内藤の三人は信濃町の料亭「光亭」で会食していた。批判記事を書く内藤と言えども、この頃の池田は関係を保っていた方が得策と考えていたようだ。山崎の言に池田はこう応じた。

「君が折ってくれるというならありがたい。だけど私が折るのは嫌だ」

実際に四日後、池田は北条、秋谷、山崎尚見、そして山崎正友とともに再び光亭で内藤と会食をしている。ただしこの後、池田の思うように、内藤が批判記事を書かなくなることはなかった。本人が意図したものではなかったものの、むしろ、内藤の取材活動はその後の展開において重大な要素のひとつとなる。

「学会はつぶせますよ」

その間の十七日、山崎は久々に北条と会っていた。

「越年資金、なんとか1000万を助けて下さい」

池田では埒があかないと見たのか、またもや具体的な数字をあげてのカネの無心である。この時、さすがに北条としても、前回とは違い、そうそう簡単にカネを出そうという気にはならなかった。

「シーホースは君が勝手にやった会社じゃないか。私は社長の顔も知らないし、帳簿なんかも見せてもらったこともないし、資金繰りに困っているのかどうかも全然わからん。学会としても援助する筋合はないじゃないか」

山崎は食い下がる。

「そこを何とか助けて下さい。でないと年を越せないんです」

何よりも暴発を恐れる北条は結局こう言わざるを得なかった。

「何とか考えてみよう」

四日後、北条は山崎に対し墓苑会計から五百万円を支出した。さらにその六日後にも同様に五百万円を追加支出している。もはや際限がなかったが、まだこれは山崎による要求の、ほんの序の口に過ぎない。

他方、池田は山崎と会い続け、一九八〇年が明けてもそれを重ねた。日付と時間、場所などは次のとおりである。

十二月二十一日午後五時二十分～三十分　光亭
同月二十四日午後六時半～八時五十五分　杉並文化会館（山崎尚見も同席）
同月二十八日午後二時三十二分～四時二十五分　創価学会本部（同）
一月四日午後三時～四時　同
同月十一日午後零時五分～一時五十分　同（山崎尚見、八尋頼雄も同席）
同月十六日午後二時四十分～四時四十八分　同

この間、池田は若手活動家僧侶に会うため仲介の労をとってくれるよう山崎に求めた。一方の山崎はそれをのらりくらりとかわし、創価学会にとってはじつに気掛かりな不穏な動きを匂わせたりした。こんな具合だ。

「檀徒の初登山の様子をお教えしましょうか。若手はますます結束していますよ」（一月四日）

「山口法興はアル中だから会えませんよ。人には黙っていて下さいよ」

「今朝、佐々木秀明から電話で今後の宗門問題は全部私に任せると言ってきた」

「宗内に臨時革命政府を作る。そうなれば猊下は短命だ。6月の宗会選挙には活動家側が全面勝利する。そうなったら、猊下を追い落とす」（以上、同月十一日）

「菅野（慈雲）の勢力はすごい。菅野と連絡を取れば、猊下は私にも遠慮するくらいだ。菅野を大切にしたらどうだ。（創価学会）インタナショナルの問題は菅野の了解も必要だ。私が取り付けてあげましょうか」（同月十六日、カッコ内は引用者）

一月十八日にも池田は本部において山崎と会った。ただしこの時の山崎はそれまでと違っていた。いきなりこんなことを言い出したからだ。

「先生を国会に喚問する」

面食らった池田はこう尋ねた。

「どうやってするんだ。どんな落度があるんだ」

山崎は得意満面にその方法を披露した。

「先生は役員会に出てもいないのに出たことにして議事録に判を押させ、いろいろ決定しましたね。これを理由に喚問に持っていきますよ。5～6人弁護士、会計士がいれば学会はつぶせますよ」

山崎は手取額にして一千万円の追加援助を求めた。これに対し池田は「北条と相談しなさい」とひとまず応じるしかなかった。

その日の夜、茨城・土浦の指導から戻った北条は第一庶務の鈴木から池田の伝言を聞いた。翌日、案の定、山崎から電話が入る。「1000万、何とかして下さい」というわけだ。二日後、創価学会はまたしても墓苑会計から一千五十万円を支出、さらに創価学園から一千万円を支出した。ただ、それで収まる山崎ではなかった。

同月二十四日、池田は山崎尚見とともに山崎正友と本部で会った。この時も山友はカネを無心した。午後六時過ぎに話を切り上げた池田は「金のことは北条会長に相談しろ」と前回同様の態度をとった。

機関決定された一億七千万円の〝口止め料〟

池田のかわりに北条が加わった三人は青山の日本料理店「満月」に場所を移し、続きを協議した。山友と北条との間でぎりぎりの交渉が行われる。

山友　「月末にブラジルに行く予定だったが、会社のやりくりが苦しい。国税庁の調査が入るようなのでブラジル行きは中止した」「会社の負債が思いの外大きい。月末の資金繰りに、どうしても3000万必要。何とかもう一度助けて下さい」

北条　「学会として筋の通らない金だからそんなにたびたびは出せない。3月には好転すると言っているが、この先一体いくら位必要なんだ」

山友「実は1億円必要なんです。それだけあれば大丈夫です」

北条「それでは、一応こちらの好意として役員会に諮ってみよう。但し、出すことになったとしても大金だから一度というわけにはいかないよ」

山友「月末に3000万必要ですが、後は分割で結構ですから、是非お願いします」

北条「しかし本来、シーホースは学会と関係なく出来ない相談に乗るのだから、学会攻撃は一切やめろ。週刊誌も押さえろ」

山友「分かっています。これからのことを見ていて下さい」「社町の土地については陽平の親父の良一に一度会って話して下さい。僕は手を引きますから」

北条と山崎尚見は本部に戻り、一連のやりとりを池田に報告した。北条の腹はほぼ固まっていた。

「この際、けじめをつけておきたいと思いますので、役員と相談してどうするか決めます」

そう話す北条に対し、池田はこう応じた。

「それがいいでしょう。皆と相談して下さい」

翌二十五日、北条は午後六時から本部役員室で理事長の森田、副会長の秋谷、和泉、山崎尚見と、合わせて五人で協議を持った。最も強く反対したのはこの間の山崎正友との交渉にほとんど首を突っ込んでいない森田だった。北条はそれを宥めにかかるしかなかった。

「このような厳しい状況だから、山崎の要求を断ると、どんな暴発をするかわからない」

依然として続く宗門との緊張関係や原島が持ち出した大量の内部資料、それにこのところのマスコミの批判的論調から、五人は追加の支払いはやむを得ないとの結論に至る。

翌日午後、北条は神奈川文化会館での勤行会が終了したのを見計らい池田に首脳会議の報告を行った。

「これで一切の区切りをつけ今後は一切金は出さないということにしました。これで終りにします」

そう話す北条に対し、池田は了承を与えた。

「それできちんと区切りをつけて下さい」

具体的な金額や方法などについて、池田は北条にその検討を委ねた。

北条は山崎尚見と二人で協議を重ね、詳細を詰めることとなる。二日間に及ぶ話し合いで決まったのは以下の事項だった。

・資金は墓苑会計から報酬名目で出す
・金額は源泉税を差し引いた手取りで一億円、税込み一億二千万円
・それに、これまで墓苑報酬名目で出した二千三百万円と、正規の報酬二千四百五十万円を加えた計一億六千七百五十万円を上限とする
・学会とシーホースが関係ないことを明言させる
・忠誠を誓わせる

二十九日、北条と山崎尚見は本部の第一応接室で山崎正友に対しそれら条件を申し渡した。「このご恩は一生忘れません」と、山友は平身低頭の態度でこの申し出を素直に受け入れた。

創価学会が責任役員会において山友への計一億七千万円近くに上る支出を正式に機関決定したのは二月六日のことだ。ただし、実際の支払いは北条と山崎尚見の二人によってその前から行われていた。

第一回は一月三十一日午前十一時に本部の第四応接室においてだった。北条と山崎尚見が源泉税を差し引いた額面二千四百十万円の小切手を手渡すと、山友はこの時も「このご恩は一生忘れません」と平身低頭の態度だった。北条は「この書面にもある通り、金を出すのはこれで最後。また、学会攻撃は絶対にするな」と釘を刺した。「分かっております」と山友は言い、税込み三千万円の領収書、契約書二通、そして念書にそれぞれ署名押印した。契約書の一通は自らのポケットにしまい込んだ。

前述した責任役員会で正式決定した直後の午後二時、第二回の支払いは行われた。やはり本部第四応接室においてだ。この時は額面千六百十万円の小切手（税込み二千万円）が手渡されている。

第三回は同じ月の二十五日夜だった。場所はやはり本部第四応接室で、手渡されたのは額面二千四百十万円の小切手である。この時、山崎正友は月末までの追加三千万円の支払いを要請しつつ、「会社の整理が大変なので本山や学会に迷惑をかけてはいけないので、この際、一切の役職を辞任したい」と申し出た。前述したように、山崎は宗門関係では大講頭を務め、創価学会では参与であり顧問弁護士でもあった。

じつのところ、三カ月前にシーホースの社長に据えた親戚の丸尾進は前月二十七日に失踪していた。山崎は暴力団組員が東京・赤坂で経営する金融会社「レイメイ企画」を通じ融通手形の乱発にも手を染めていた。やがてその額は十億円にも達する。シーホースの経営はもはや乱脈の限りを尽くしていた。

　言ってみれば、山崎の申し出は渡りに船だった。北条は「それはそうした方がいい」と応じ、引き留める考えなど微塵もなかった。山崎を帰した後、北条はさっそくこの朗報を伝えるため池田に電話をしている。

「そりゃよかったなぁ」

　池田も北条とまったく同じ思いを抱いていた。

　山崎の要請どおり、第四回の支払いは二月二十九日に行われた。場所はこの時も同じで、手渡されたのは額面二千四百十万円の小切手だ。それとともに北条は用意していた辞表の様式三通も山崎に手渡した。

「進退の問題については、自分の気持ちの整理もあるので時期を考えさせて下さい。特に、顧問弁護士のことについては、シーホースの整理にひびくのでその時期も考えさせてくれ」

　山崎はその場で署名をしようとはせず、辞表を持ち帰った。

　二日後の三月二日、この時、山崎に対応したのは池田だ。午後三時四十分、二人は「新宿文化会館」で会った。

「先生を苦しめ、策を使い申しわけありませんでした。自分の口から言える義理ではないが、狔下の最大のブレーンは先生がやる以外にない。顧問弁護士は、そのうち弁護士休業届を出すの

で、しばらくそのままにしてほしい。会社は行き詰まっておりますが、これは自分の不始末です
し、自分の不始末は自分で処理します」
山崎はそう言うと、先に持ち帰っていた辞表二通、大講頭と参与の分を差し出した。
「離婚します。その日の生活にも困っている」
うな垂れる山崎に対し、同情したのだろう、池田は自分のぶ厚い財布を取り出すと、それごと
気前よく手渡した。なかには四十万〜五十万円もの札束が入っていた。それから二人が別れたの
は午後五時十分のことだった。
面談終了間際、池田のお付きだった鈴木は北条に急ぎ電話を入れた。
「山崎が新宿文化に来て池田先生にお会いして今、大講頭の辞表を書きました。そのことを早
速、猊下に報告して下さい」
その吉報を待ちわびていた北条はすぐに日顕のもとに参上した。
「悪い弁護士は今、大講頭をやめる辞表を書きました」
北条がそう告げると、日顕は頷《うなず》いた。
「とうとう辞表を書きましたか、それはよかった」
池田が山崎と会ったのはこの日が最後だ。約束した支払いはまだ一千万円を残していたが、こ
れで創価学会は長年の災いときっぱり縁が切れるはずだった。しかし、山崎が暴走を始めるの
は、むしろこの後のことである。

第11章　恐喝か、口止めの取引か

三億円の退職金

この間のおよそ一カ月、会長の北条浩はそれが出されるのをじりじりと待ち続けていた。二週間近く前にも本人と会って催促したところだ。しかし、我慢できなくなり、一九八〇年四月九日の夜、東京・信濃町の本部役員室にいた北条は、目の前にあった受話器を手に取った。

「このあいだから言っていた顧問弁護士の件については3月31日付で辞任届を出してほしい」

名誉会長の池田大作と最後に会った三月二日、度重なるカネの無心の末、すでに合計一億数千万円を創価学会から引き出すことにまんまと成功していた山友こと山崎正友が、それと引き換えに提出していた辞表は二通だけだった。宗門の大講頭と学会の参与については、それで辞任となっていた。だが、残りの一通、学会の顧問弁護士に関しては預かったままだったのである。「しばらくそのままにしてほしい」と弁護士会に休業届を出すと約束しながら、すでに一カ月あまりが経っていた。

「今大変なときなんで、一両日考えさせて下さい」

北条から再び催促を受けた山崎ではあったが、そう言ってこの時もはぐらかした。

翌日の朝九時、本部から山口県への指導に出発しようとしていた北条のもとに山崎から電話が入る。やおら話し始めたその内容は、北条にとってまったく想像もしていなかったものだった。

「昨日話のあった僕の進退問題については、すぐには決められない状態になりました。実はシーホースには30億くらいの負債があって、今月一杯で倒産すると、20社ぐらいが関連倒産するし、ここ2～3カ月に発生したことは、民事・刑事の責任を免れない。暴力団も騒ぎ始めている。暴力団関係を切って事件を拡大させないため、少々まとまった金があるといいんですが、お願いできませんか」

山崎が口にした金額は一桁も二桁も大きくなっていた。北条はやや狼狽《ろうばい》した。

「そんなことを言ったって、このあいだまとめてこれで一切終りだと言って金を出しているし、そのことは君も納得したうえで契約書や念書まで作っているじゃあないか。もう出せないよ」

三日後の午後三時、本部にいた北条のもとに再び山崎から電話が入った。山崎は切羽詰まった様子で、富士銀行や三和銀行といった金融機関の実名を上げ、このままでは好意にしてくれていた支店長が首になってしまうと訴えた。前月中旬、北条は富士銀行専務の徳山尚典と面会した際、銀行側もシーホースが創価学会とは関係がないとの認識を持っていることを確認していた。顧問弁護士の辞任に関しても、前の日に福島啓充と桐ヶ谷章と協議した際、一方的に通告すればよく、わざわざ辞表を取る必要までないとの意見を聞いていた。しかし、山崎のただならぬ話に、北条はそれを捨て置くことができなかった。

その日の午後九時、北条は山崎尚見を伴い、ホテルニューオータニ内のバー「シェヘラザード&ブドゥール」に行き、山崎正友と会った。

山友「いまシーホースは大変な事態になっている。大口債権者の弘信商事の13億は話がついたが、富士銀行の小舟町・方南町支店長、三和銀行の営業部長が首になる。何とか助けてもらえないか」

北条「だったら金は支払わなくとも首にならなきゃ済むんだろう」

山友「それは分かっています。でもそこを何とか助けてくれませんか」

北条「先生はこれまで随分と君を護って助けてくれたじゃないか。その恩を忘れてはいけないよ。先生や学会を撃つようなことはするなよ」「顧問弁護士は3月一杯で辞めてもらったからね」

ここで山友の表情は一変する。

山友「いたしかたないでしょう。その代わり、今差し当たって会社を収めるには3億円が必要ですから、それを退職金として出してください」

北条「とんでもない。顧問弁護士に退職金がないことは君も知っているだろう。学会の退職金規程にもきちんと決まっているよ。これら規則は君が作ったもんじゃないか。無茶言うなよ。それにしても桁が違うよ。物事には限度というものがある。言うにも事かいてとんでもない。金は出せないよ」
山友「そうですか。じゃあ僕一人で勝手にやれということですか。どうなっても知りませんよ」
北条「ともかく出せないものは出せないよ」

ダンボール十三箱分の機密資料は五億円

その夜、話し合いは二時間ほどで終わった。

翌日早朝、北条は前夜のやりとりを池田に報告する。北条としては山崎の要求に応じる考えはなかったが、教学部長だった原島嵩が聖教新聞社内から大量に持ち出した内部資料のこともあり、その日のうちに首脳会議を開いて対処方針を決める予定にしていた。それについても話すと、池田は一言、「そうして下さい」と了承した。

夕刻、北条は本部の第一応接室に森田一哉、秋谷栄之助、それに八尋頼雄、福島、桐ヶ谷の弁護士三人を集め、対応を協議した。北条が考えていた方向で議論はまとまり、二日後の午前九時半から開かれた責任役員会でそれは最終決定された。そこでの議論は三十分ほどしかかからなかった。山崎が要求する退職金支払いは拒否することとしたのである。

終了後すぐの午前十時、北条は通告のため山崎に電話をかけた。「それじゃあ僕の勝手にしろということですか。10何年も顧問弁護士をやって退職金も出さないんですか」と、山崎は食い下がったが、愛媛への出張を控えていた北条は取り合わなかった。

一時間後、山崎尚見のもとに山崎正友から電話が入る。北条との電話に逆上した山友の話しぶりは露骨だった。「僕も生身の人間だから、追い詰められるとどうしようもなくなる」と言った上で「退職金というのは口実で、会社の整理に金がかかるので出して欲しい。そうしないと学会の名前が出る。共通の利害として出してくれ」と迫った。

前の日、シーホースは一回目の不渡り手形を出しており、この日午後にはあえなく二回目の不渡りを出している。その時点でシーホースは四十三億円もの負債を抱えていた。暴力団関係者も含む債権者をどうやって押さえるか、山友の頭はそれで一杯だったはずである。

十七日午後三時、北条は秋谷、山崎尚見、八尋とともに対応策を協議した。本部役員室の張り詰めた空気のなか、前日の電話における山友の切羽詰まった様子を収めた録音音声が流れる。やはり北条らとしては山友を暴発させたくはなかった。その日、四人が決めたのは長老格の小泉隆に宥め役となってもらい、今後のパイプ役に男子部長の溝口隆三を起用することだった。

午後七時四十五分、北条はその小泉とともに本部役員室に山崎正友を迎えた。

「変毒為薬《へんどくいやく》とするために、しっかり勤行しろ」

小泉が投げかけたのはそんな言葉だった。およそ四十年前、初代会長の牧口常三郎が盛んに説いていた教え、それが「毒を変じて薬と為す」、つまりは変毒為薬だ。借金塗れのこの情況を猛省し、今後の生活改善に役立てるため、まずは「南無妙法蓮華経」の題目を唱えろ、というわけだが、牧口どころか生前の戸田城聖さえ知らない三十も年下の山崎にはおそらく無意味だった。

午後八時半頃に山崎を帰した後、北条は本部役員室に残り、秋谷、八尋、溝口の三人を加えた四人で今後について協議を行った。この後、対応策の詰めを八尋と溝口に任せた北条は取り急ぎ、京都滞在中の池田に電話で経過を報告した。その間、八尋と溝口の間では、上限で一億円程度の追加支払いはやむを得ないとの結論に至っていた。やはり、原島が持ち出した資料を取り戻すためカネの支払いは仕方ないと二人は考えたのである。池田への報告を終えた北条は、八尋がもたらした結論に対し「そうか…」と呟くだけだった。

この後、東京・上大崎の自宅に帰った溝口にはさっそく山崎から電話が入った。時計の針は午後十一時頃を指している。

「シーホースが倒産した。その債権者を俺の所で処理しなければ、債権者は学会や公明党の方に押しかけて行くことになる。そうすれば、社会的な騒ぎになる。社会的な騒ぎになればそれは事件だ」

そうまくし立てる山崎は「そもそもシーホースは学会の尻ぬぐいでやって来た」と話し、さらに「学会と自分は運命共同体」とも言った。もはや開き直りであり、こじつけではあったが、溝口には聞き捨てならないことを、さらに山崎はこの時口にする。

「資料は新しいの古いの含めてダンボールで一三箱ある」

原島が持ち出した内部資料はそれほどの膨大な量に上っていたのである。

山崎の要求はエスカレートしていた。

「五億円欲しい。三億円はシーホースの処理に使う。あとの二億円は自分の人生用だ」

溝口は創価学会として要求しておきたい項目を次のように挙げた。

「学会があなたの言うことを聞くとしても、条件をきちっと守ってもらわなければできないことです。まず学会に攻撃を仕掛けてくる戦闘意思を放棄すること、その具体的な証しとして、所持している原島資料を含む学会の機密資料を全部返還すること、宗門問題についてこれ以上こじらせないこと、シーホースと学会とは一切関係がないことを確認すること、これらのことをきちっと立会人を置いて文書を交わしてはっきりしなければいけません」

そうやって要点を伝えた溝口が提示した金額は、事前の八尋との打ち合わせどおり一億円だった。

謀略の全てを裁判で暴露する

翌日午前八時、まだ自宅にいた溝口のもとに再び山崎から電話が入る。山崎はこれまで創価学会から受け取った報酬が低すぎたと文句を言い出し、報酬請求訴訟の提起もちらつかせた。その訴訟のなかでは過去の事件処理についてひとつひとつ暴露してやるつもりだという。そして「何とか二億円にならないか」と金額を吊り上げようとしてきた。

午前十時、信濃町の本部に出勤した溝口は山崎に電話をかける。その前に八尋、北条とは話をつけていた。

「私がどんなに頑張って首脳に頼んでみても、せいぜい1億プラスアルファだ」

北条らとしては条件交渉に入らざるを得ないとの判断だった。二億円は無理だが、数千万円の上乗せなら応じてもよいというわけである。

正午前、北条は溝口、八尋、それに秋谷を集め、本部六階の幹部室で情況を確認した。その頃、池田は五回目となる中国訪問のため京都から大阪に移動中だった。そこで北条は大阪にいる第一庶務の職員に電話をかけ、伝言を託した。「1億円くらいのところで話をすすめている。先生は後のことは任せて、安心して中国へ行ってください」――。山崎問題を池田にかわり前面で受けて立つ覚悟の北条だったが、情況報告だけは逐一欠かさないでいた。

その日の深夜、溝口はまたしても山崎から電話を受ける。そこで溝口は「アルファとして3000万、計1億3000万が限度だ」と値踏みしてみた。山崎は「岡山の家が抵当に入っている。もう3000万上積みして1・6億出せ」と言ってきたが、両者の交渉範囲は徐々に絞られていった。

翌十九日朝にも溝口のもとには山崎から電話が入った。山崎は業界紙にシーホースの手形不渡りを報じる気配があり、大騒ぎに発展する恐れがあると話した。そして、「守秘義務は必ず守るから3億出してくれ」と再び要求を吊り上げてきた。しかし、溝口は話すうち一億五千万円くらいで妥結できそうとの感触を得ることとなる。

そこで報告を受けた北条はさっそく八尋に書面作成を指示した。本部六階の幹部室で北条、森田、秋谷、八尋、福島、桐ヶ谷、溝口の七人が詰めの協議を始めたのは午前九時半のことだ。一時間半ほどで話し合いは終わり、諸々の条件は決まった。誓約書、念書、確認書、そして顧問弁護士の辞職願、以上の書面を取るかわりに、一億五千万円を追加で支払うこととしたのである。

翌二十日の午後四時、前の日と同じメンバー七人は整えられた先の書面を確認した。午後八時、それを持った溝口は東京・九段のホテルグランドパレスに向かった。落ち合った山崎に対し、溝口が誓約書などの書面を見せると、山崎は思いのほか強い態度に出た。

「こんなものが呑めるか。どうぞ持って帰ってください。ご苦労さんでした」

やけに馬鹿丁寧な口調で門前払いの構えを見せる山崎は、空欄となっている金額を尋ねてきて、それが一億五千万円と聞くや、こう言って溝口を追い払った。

「そうですか、お帰りください」

とりつく島がなかった溝口はほうほうの体で信濃町に戻るしかなかった。北条に報告していたところ、山崎から電話が入る。誓約書など書面一式を書いたのは誰なのか、山崎はそこに探りを入れてきた。溝口は正直に八尋ら弁護士三人であることを明かした。

日付が変わった未明の午前一時半、溝口は三番町のマンションに出向いた。しんと静まりかえった事務所内で事件処理一覧表を作成していた山崎と向かい合った溝口は「どこが気に入らないのか、手を入れてくれ」と言い、件の誓約書など書面一式を広げた。ボールペンを手に取った山崎はその場で書面に手を入れる。

顔を上げた山崎が訊いてきた。

「金額はいくらだ？」

溝口がそれに答える。

「最大限1・8でしょう。しかし、これもまだ本部で認めている額ではない」

溝口は山崎が手直しした書面を持ち帰り、夜が明けた午前十時、本部六階の幹部室で北条らがそれを詳細に検討した。結果、その文面では呑めないとの結論に至る。話し合いの途中、溝口は山崎に電話をし、その旨を告げた。

「要はやらんとわからないんだな」

電話口の山崎から返ってきたのは、そんな捨て台詞だ。その日午後に山崎はシーホースの債権者会議を控えていた。

半日あまりが経った深夜十一時、山崎からの電話を受け取ったのは、それまでの溝口ではなく、同僚弁護士の福島だった。東京・国分寺の自宅に帰宅したところ、思いがけず呼び鈴が鳴ったのだ。

「あの文面はなんだ。どういうつもりだ」

昼間の債権者会議を山崎は穏便に乗り切っていたはずだった。終了後、山崎は溝口に電話してきて、「うまくいったから、学会との話はつかなくてもいい」と話していたからだ。しかし、この晩の電話は端からけんか腰だった。「もう話し合いはやめた」と、まるでやけになっている口ぶりだ。山崎の話は前に溝口に対しぶちまけていた報酬請求訴訟の件に及んだ。

「いろいろな事件の一覧表をつけて、訴訟の場で一切を明らかにしてやる。新宿の替え玉事件、千里ニュータウン、公明協会のこと、月刊ペンの内情、宗門の問題、北条記録、池田さんの女性問題、新宗連への謀略工作など訴状の一覧表につけて明らかにする」

そう話す山崎は最低でも三億円を要求した。

「自分は闘いを始めた。ミサイルを二、三発ぶち込む。二、三か月学会と全面戦争する。そうなれば必ず学会の方が頭を下げて来る。この深刻な状況が分かるのは、北条会長一人だ。手負いの虎のしっぽを踏めばどうなるか、分かっているだろう」

山崎は完全に開き直っていた。

「恐喝だって何だっていいんだ。刑務所に入ったっていい」

「俺が本気で学会と喧嘩をすれば、二、三か月で学会はつぶれるぞ」

「俺を甘く見るな」

福島は山崎が一方的に喋るのをただ聞くしかなかった。

禁断の取引

翌二十二日に日付が変わった午前一時、溝口が山崎に電話をした際もその口ぶりは変わっていなかった。「もし話がつかないならば学会のことを何冊にも本にして出す。もし条件が満たされれば戦いの矛は納《ママ》めてもいい」と話す山崎は、すでに訴状も書き上げているという。

ただならぬ事態に、夜が明けた午前九時、北条は緊急首脳会議を招集した。その場に顔を揃えたのはほかに森田、秋谷、和泉覚、辻武寿、青木亨、原田稔、溝口、八尋、桐ヶ谷、福島である。まずは北条が会議の趣旨を説明し、この間に山崎と直接のやりとりを行っていた溝口と福島が一連の経過を報告した。個別の問題点を検討した後、北条が口にした金額は山崎が言う最低ラインの三億円だった。この時、それに異論を唱える者はその場におらず、弁護士三人も含む十一人全員の賛同を得て三億円の支払いは可決された。

すぐに溝口と福島は三番町に向かい、事務所近くの喫茶店で山崎と会った。二人が確認書を示すと、交渉上、もはや優位に立っていた山崎は最初の一文を削除した。

そこにはこう書かれていた。

「今後、理由のいかんにかかわらず、言論、文書その他いかなる方法によっても、貴会や貴会関係者に対し、非難・中傷等の攻撃を加えたり御迷惑をおかけするような行為は一切しないことをお誓い申し上げます」

その後に加わった桐ヶ谷と福島は山崎をホテルニューオータニに連れて行った。そこには北条が待っていた。

午後四時半、ホテル内の一室で北条と山崎は一対一で面と向かった。隣室では福島、桐ヶ谷、溝口の三人が控えていた。

山崎「今回は色々とお騒がせしました」

北条「これで一切学会攻撃はしないんだな」

山崎「一切いたしません」

北条「どうしても3億いるのか」

山崎「はい、どうしても3億必要なんです」

北条「この書面の内容を約束どおり守ってもらいたい」

山崎「約束します。僕の方から学会と戦う意思はありません。資料は返します。宗門問題からも手を切ります。そのかわり学会から僕を撃つようなことはしないで下さい。今回7分引きます。これで通常兵器はありません。ミサイルだけしか残りません」

北条「3億というお金は大金だし、これを出すにも非常に苦労して作らなければならないのだから、約束は必ず守ってくれ」

山崎「そうします。ところで墓苑の残りの1000万円は墓苑が終わった時、女房に渡して下さい」

要求から十三日目、こうして禁断の取引は成立した。ここで隣室に控えていた福島ら三人が入ってきて、原島が持ち出した資料の回収について具体的な話し合いとなった。山崎が言うには、持ち出し資料がびっしり詰まったダンボール十三箱は浜中和道がいる大分・竹田の伝法寺に預けられており、ほかに二箱が三番町の事務所にあるという。さっそくその日のうちに福島は三番町に戻りダンボール二箱を回収した。

その後、北条、森田、秋谷、八尋の四人が三億円の捻出方法について検討を行う一方、福島は翌々日、大分・竹田に急ぎ飛んだ。二十五日午後五時半、福島は焦点のダンボール十三箱を無事回収する。後日、山崎にもう一箱あると教えられ、それは東京・四谷の「新一ビル」にあった別の山崎事務所から回収されることとなる。

二十九日、五回目の訪中を終えた池田は長崎空港に到着した。東京からはるばる足を延ばし、それを出迎えたのは森田だった。この間の山崎に対する三億円の支払いに関する経緯を説明すると、池田はこう言った。

「御苦労様でした。新たな気持ちでまた働こうよ」

すでに前日の二十八日正午頃、一回目の支払いは実行されていた。運搬役の福島が赴いたのはホテルグランドパレスの二〇一二号室だった。そこでまずは現金二千万円と額面二千万円の小切手四通の合計一億円が山崎に手渡されていた。

いくら創価学会といえども、本部の運営資金から数億円規模を捻出することは簡単でなかった。二回目は三十日のことで、福島が四谷の新一ビルで手渡すことができたのは現金六千五百万円に限られた。続く五月一日もそれは現金二千五百万円にとどまる。残りは一億一千万円である。

その四回目を実行したのは同月十七日のことだったが、直前に一悶着があった。三日前、山崎は福島に電話をしてきて、こうまくし立てていた。「人の弱みにつけ込んで念書なんて書かせやがって。この恨みは忘れないぞ。10年先を見よ」というわけだ。翌日、北条や森田らはそのことについて協議を行った。「山崎は約束を守る気がない。再度学会攻撃してくる。金が無駄になる」との意見がその場では出たが、結局、福島は四谷の新一ビルまで出向き、現金五千万円と額面六千万円の小切手を渋々渡したのだった。

「これで一切決着がついた。約束は守ってくれ」

そう念を押す福島に対し、山崎の反応は人を食ったものだった。

「努力する」

返ってきたのはそんな言葉だ。

笹川良一との土地売買交渉

この間、山崎問題にけりを付けたい創価学会は積み残しとなっていた笹川陽平との土地売買交渉も最終決着させていた。

四カ月前の一月三十日、北条は東京・虎ノ門の日本船舶振興会で笹川良一と会っていた。戦前は黒シャツ姿の国粋大衆党を率いA級戦犯容疑者となり、戦後はモーターボート競走の親玉へと世にも奇妙な転身を果たした右翼の大立者《おおだてもの》と会うこととなったのは、山崎からそれを要請されていたからだ。北条は二年半前から継続協議となっていた兵庫県小野市の土地について、内部の検討結果をこう伝えた。全体の二十六万坪は無理だが、十一万坪であれば墓苑として採算が見込め、購入が可能というものだ。笹川は北条が示した坪二万円という価格を受け入れた。

もっとも、その後に笹川の気持ちは変わったらしく、やはり坪三万円でなければ応じられないという。結果、三月末までにこの土地売買はあっけなく白紙撤回されることとなる。そんななか、四月三十日、北条は午後三時にやはり山崎の要請でこんどは息子の笹川陽平とホテルニューオータニで会う。

冒頭、笹川はこう詫びた。

「このあいだはどうも申し訳ありませんでした。親父が了解しているのを知らなかったものですから」

この間に創価学会との間で決まった白紙撤回について、どういうわけか、笹川親子の間では何の話もしていなかったらしく、三週間前に会った際、息子・陽平は北条に対し、「2年も3年も待たせて。馬人参じゃあるまいし」と怒りをぶちまけていた。山崎問題への対処でそれを気にする余裕さえなかった北条は、この時、逆にこう申し出た。

「あなたの方で、この件に関する調査等で金を使わせて迷惑をかけているのなら、その分学会の方で負担します」

北条はこの際、山崎絡みのすべてを清算したかったのである。そこで初めて、北条はかつて山崎が笹川と交わしていた「覚書」のことを知らされる。墓苑が開発された場合、最大二億円を山崎が報酬として受け取るという、二年前のあれである。すでに山崎が五千万円を受け取っていることは前に触れたが、売買が不成立の場合、それは返金する取り決めとなっていた。

この後の五月二十日、創価学会は墓苑会計から五千万円を捻出し、山崎尚見がそれを笹川に手渡した。さらに迷惑料の意味だろう、笹川がその頃、「国際ライ救済推進協議会」を通じモナコから招致し国内興行を仕切っていた「モンテカルロ国際サーカスフェスティバル」のチケット二千万円分を、聖教新聞配達員の慰労を名目に、学会は大量に購入している。いずれにせよ、これで兵庫墓苑については最終的に決着がついた形だった。

「池田の身の下のオンパレードだ」

最後の支払いから一週間後――。

溝口が山崎に電話で呼び出され、東京・四谷の新一ビルに出向いたのは五月二十四日に日付が変わった午前一時のことだ。そこで山崎から渡されたのは『月刊現代』七月号に向け毎日新聞の内藤国夫が書いた記事のゲラだった。

山崎が最初にそれを内藤本人から見せられたのは六日前だ。場所は九段のホテルグランドパレスだった。ゲラには山崎が以前教えた宮本顕治宅の盗聴についても言及があった。会食中、山崎は追加情報を与えた。「マジックインク事件」の幼い子どもがじつは池田の隠し子であるという真偽不明の話だった。前に少しだけ触れたが、マジックインク事件というのは池田が幼い女児の顔いっぱいにいたずら書きをしたという話で、その際の写真が出回っていた。

二日後の夕刻、山崎は内藤からあらためてゲラを見せられる。そこにはマジックインク事件のことが大きく盛り込まれていた。山崎は「前の原稿の方が穏やかでよかった。女の話は、内藤さんは書くべきではない」と忠告したが、これに対し内藤は「女の話を誰が書くべきだなどとあんたが決めるのは生意気だ」と反発した。結局、「池田大作名誉会長復権にうごめく怪情報」と題する記事のゲラはほぼそのまま担当編集者に戻された。

山崎はその際、ゲラのコピーをもらっていた。それをこの夜、わざわざ溝口を呼びつけ、自慢げに見せたのである。溝口はコピーを受け取ると、夜が明けた午後、本部でそれを八尋に渡し、さらにそれは北条ら首脳部へと取り次がれた。

その日の夕方、北条は山崎尚見とともに千駄ヶ谷のしゃぶしゃぶ店「十千萬」での会食に顔を出した。そこにいたのはかつて聖教新聞で編集局次長を務めた篠塚八州ら顔なじみ数人だ。前に少しだけ触れたが一九六〇年代後半、創価学会は聖教新聞の記者数人を野に放って出版業界などに潜り込ませていたが、十歳そこそこで入信し日本大学法学部を出た篠塚はそのなかの一人だったとされる。じつはこの時、篠塚はシーホースの債権者で、二日前、帝国ホテルの寿司屋「なか田」で山崎正友と会っていた。その際、山崎は「内藤が暴走した。もう止まらない。池田の身の下のオンパレードだ」と例のゲラのことを話し、さらに「今払わなければならない金が一〇億ある。自分には払えない。学会を揺さぶるよ」と不敵に語っていた。そのためこの夜、篠塚は北条に対し「山崎と日を改めて会ってくれませんか」と依頼することとなる。

一連の山崎による不穏な言動を深刻に捉えた北条はさらに詳しく話を聞くべく翌二十五日午後六時、ホテルニューオータニで篠塚と会った。そしてこんな話を聞かされる。

「山崎から小口債権者を押さえるために、その代表になってくれと依頼された。シーホースの負債は37億ぐらいあり、同和系からの10億円くらいが問題のようだ。山崎は『この金を整理するためには、内藤や原島を使ってマスコミ攻勢をかけて学会から取るしかない。騒ぎを大きくして池田を国会喚問まで持っていく。原島も証人として出てくれるから篠塚さん証人に出て下さい』と言っていた。更に『俺も文春に〝華悟空〟のペンネームで池田の下半身のことを書く。自分の手が後に回ってもいい。道連れにしてやる』とも言っていた」

この後、篠塚は北条と山崎の間をつなぐ仲介役のようにしばし振る舞うこととなる。

二十八日午後二時、篠塚は山崎と新一ビル二階の喫茶店で会った。その場で差し出されたのはメモ二枚だった。一枚には銀行や金融会社「イチビル」、日原博といった大口債権者に対する負債三十四億四千万円と小口の一般債権者六億～八億円に関するそれぞれの内訳、もう一枚には期日ごとの要返済額がまとめられていた。

「私にはもう窓口がない。篠塚さん、これを学会の執行部に届けていただけませんか」

そのように山崎は依頼してきた。篠塚はその場でそれを紙に書き写した。そのままメモを創価学会側に渡してしまうと恐喝になるからやめてくれ、と山崎に言われたからだ。

翌日午後三時半、篠塚は山崎尚見とホテルニューオータニで会う。書き写した紙を手渡した篠塚はこう説明した。

「『シーホースの負債は34億4000万円あるが、3分の1くらいあれば解決できるので、その金が必要。学会との関係は和戦両様《わせんりょうよう》である。マスコミに公表された学会の秘密はまだ3割で、7割が未公表。自分と争えば学会は決定的打撃を被る。……』等と山崎は言っていた」

三日後の六月一日、山崎尚見はその篠塚から電話を受ける。山友が『週刊文春』に記事を書くと言っており、原島との接触も続けているという。

翌二日、この時、山友からの電話を受けたのは同僚弁護士の桐ヶ谷だった。自身の法律事務所にいたところ、前触れなくそれはかかってきたのだった。「言論問題の時みたいになる」などとこの時も山友が盛んに口にしていたのは、マスコミへの情報リークによる揺さぶりだった。
結局、桐ヶ谷は翌三日午後、四谷の喫茶店「ルモンド」でもはや自暴自棄の山崎正友と相対峙することとなる。

山崎　「マスコミを怒らせたらああいうふうになりますよ」「法廷に池田さんに出てもらうんだって。新潮もそう言っている。内藤もそう言っている」「最終的には集団告発が出るよ」
桐ヶ谷　「集団告発って、学会員が一斉蜂起するみたいなやつ？」
山崎　「うん、一万人位」「あちこちで一斉にやったら、どこかでつむじ曲りの検察庁が取り上げるよ」「学会内部はこれでおしまいになるよ」
桐ヶ谷　「それはボス（引用者注：山崎本人のこと）がやると言っているようなものだ」「やっちゃいけないんですよ」
山崎　「学会にも金載圭《キムジェギュ》（引用者注：前年十月の朴正熙《パクチョンヒ》・韓国大統領暗殺事件を起こしたKCIA部長のこと）が必要なのかもしれないよ」「何と言われたってしょうがない。脅したと言われようと、欺したと言われようと、銭ゲバと言われようと」「池田さんがいなくても組織はやっていけるのだ」「暴力団でシーホースの手形を持って、学会や公明党に行くというのが出てくる」
桐ヶ谷　「俺達としてみれば、もうあれ（引用者注：先に支払った三億円のこと）で解決つい

山崎　たと思ったよ」

山崎　「僕は北条さんにも言ったんですよ。僕は七分は引いておきますからね、でも我慢ができなくなったら、もうミサイルしか持っていないからね、僕は。我慢できないところまできたら撃ちますよ、と言ってある」「本当のこと僕は知っているんだよ、山のことでも宗門のことでも。今の猊下が知らないようなことも知っているよ。昔の猊下から委任状とか手紙とかそんなものも頂いているから」

桐ヶ谷　「そんな馬鹿みたいな消耗戦をやってもしょうがないんだよなあ」

山崎　「やってもしょうがないんだったら、やらなくても済むように処理しなさいよ。あんたたちの方で」

桐ヶ谷　〈沈黙〉

山崎　「ウフフフフ、原島さん、ちゃんと復権させて、副会長にでもしてあげたらどうですか」「僕を懐柔する気はあるんですか」「はっきりさせて下さいよ。早く」「負債総額は四〇数億であるが、やりくりすれば名目を一二億位まで削ることができる。それも当面四億か五億あれば何とか処理できる」

最大で五億円、それがこんどの要求額だった。

刑事告訴

翌四日の午前七時四十五分にも、まだ自宅にいた桐ヶ谷のもとに、山崎は電話をかけてきた。

「どうするの？」「今日中に右か左かはっきりしたい」との催促である。

午前九時、信濃町に行った桐ヶ谷は北条、山崎尚見、八尋と本部六階の幹部室で協議を行った。そうしている間、第一庶務室長の鈴木琢郎のもとに山崎正友から電話が入った。その件を伝え聞いた北条は咄嗟に〈また池田先生との面会を求める気だ〉と内心思ったらしい。ここ数日の出来事について、北条はまだ池田に報告をしていなかった。できれば池田の気を煩わせたくはないとの考えが、北条にあったことは間違いない。

午前十時、創価学会本部から折り返しの電話をかけたのは山崎尚見である。

「さっき桐ヶ谷に聞いたら戦争をするのかどうかって話なんだけど、僕達戦争をする…」

そう言い終わる前に山崎正友がまくし立ててきた。

「これはもう無理やり引張り込まれてしまうから。いやおうなしに」

二人の緊迫した会話が続く。

尚見「こちらの気持としては戦争なんかする気は毛頭ない」

正友「僕の立場というのはね。非常に困っているわけ。端的にいうと」「シーホースの手形を持って公明党へ払ってくれと行くんだと、ヤクザが言い出したりしている」「学会がらみなんだから、公明党がらみなんだから、払えって言いに行くんだとか、銀行を揺さぶるんだとか言っている」「現実に公明党に変なのが揺さぶりに行ったりね、まだ行っていないけど。現にそういうのが東急ホテルに泊まってギャーギャー言っているわけですよ、山口組のヤーさん達が」「富士銀行の株主総会で大暴れするとか」

尚見「いや、だからね、率直に言うけど、シノさん（引用者注：篠塚八州のこと）の方から、この前会ったときもちょっと話があったので、僕その話も聞いてさ、あいつには聞かなかったよって言ったけどね。やっぱり何か応援できることなら、考えなくちゃいけないなって思ったしね」

正友「でもその金額が五億に止まるか、一〇億になるか、それは僕には分からんけれども」

尚見「なるほどね。分かりました。まあじゃあ」

正友「そのあとの問題ね、あの僕も」

尚見「全額じゃなくてもいいわけだな」

正友「やるだけやりますよ。ただ会社のその問題と今の流れの問題はね、別に考えてもらわないと困る。それでどうします？」

尚見「あの一遍相談したいと思ったんだけどね。どうしますかね」「要するに和戦両様の構えと言うけど、その内容どうしたらいいかということよね」

正友「会社の方はね、ちょっと僕としても非常にきつい立場になってしまったから、その分少しまた応援してもらえるのかどうか」

尚見「大体どの位ですか？」

正友「だから僕の見通しとしてはね、やっぱり五億前後位までで、一切押さえちゃいたいと思っているんですよ」「とにかくね、ろくなことはないですよ。喧嘩したら」

その日の午後二時半にも二人は電話で話している。この時、かけてきたのは山友の方だった。

午後六時、本部第一会議室で山崎尚見は協議に臨んだ。集められたのは桐ヶ谷、福島、八尋といった学会顧問弁護士だけでなく、「月刊ペン事件」でも起用した小谷野三郎、それに同じ「新橋綜合法律事務所」の中村巌、さらに猪熊重二といった外部弁護士三人も含まれていた。少し遅れて北条がその場に加わった。

まずは山崎尚見が一連の経過やマスコミの状況などを報告した。特に詳しく検討されたのは前月二十九日からの山友との面談内容や電話による会話についてだ。その日の朝に山友からの電話を受け取った桐ヶ谷は手元にあった銀行のメモ用紙に会話を書き取っていたし、山崎尚見はその日二回の電話を録音していた。午後八時頃、協議には秋谷も加わった。

集まった九人は開始から三時間後、結論を出す。もはや刑事告訴すべきというものだ。法的には十分可能だし、返り血も浴びかねないが、断固すべきとの決意をこの時、北条らは固めたのだった。

午後十時、北条、秋谷、山崎尚見の三人は幹部室に移動し、森田、辻、原田、横松昭らを加え役員会を開いた。北条が経過を報告すると他の出席者から意見はあまり出なかった。ここに反逆者・山崎正友を五億円の恐喝未遂で刑事告訴することが正式に機関決定されたのである。

翌日午前、北条は池田に会い一連の経過と役員会での決定を報告する。

「告訴やむなし」

池田はそれを追認した。

その日の午後、伊達秋雄、小谷野の両弁護士は警視庁に行き、告訴についての相談を持ち掛けている。二日後、まずは被害届を提出し、以後、この刑事手続きはむしろ三億円の既遂事案の方を軸に粛々と捜査が進められることとなる。

もっとも、一連の経過をこうやって眺めて見ると、これは本当に恐喝と呼ぶべきものだったのか、多少の疑問は残る。北条らと山崎とのやりとりは都合一年にも及ぶものだったし、弁護士まで入れて多くの者があたっての対応だった。最終的に、一九八〇年一～二月に支払われた一億三千万円あまり（税込み）については不問に付され、それ以前の数千万円も同様の扱いとなった。山崎による要求はずっと同じ調子であり、同年四月以降の三億円支払い及び五億円要求とそれ以前の境界なり違いといったものは必ずしも明瞭ではない。自らの後ろ暗さにおののくあまり、北条らは数々の謀略工作に携わった知りすぎた男を口止めするため禁断の取引に応じ、一方の度を超えた要求額吊り上げによって、それが中途で破談になったのが実相のようにも映る。

永久に癒えない傷

告訴決定後、創価学会と山崎との間では神経戦並びに宣伝戦が展開された。

一連の経緯を極めて詳細に語る内部資料「総合経過年表」によれば、山崎が刑事告訴の動きについて知ったのは、機関決定から早くも三日後のことだったとされる。毎日新聞記者の内藤から知らされたのだという。

山崎はすぐに共産党機関紙『赤旗』の下里正樹との接触を図る。後に作家の森村誠一と組んで関東軍七三一部隊による人体実験などを告発した連載記事「悪魔の飽食」を書くこととなる敏腕記者だ。山崎が「内藤一郎」の偽名で東京・九段南のフェヤーモントホテルの四四三号室をとり下里の取材を受けたのは六月十五日のことだった。その後、山崎は共産党国会議員の松本善明とも会った。「言論出版妨害問題」の発端となったNHKの討論番組に出ていた創価学会批判の急先鋒である。山崎は宮本顕治宅盗聴の一切合財を打ち明け、共産党に告訴するようけしかけ、それが無理だと分かると、民事提訴に全面協力をした。提訴は八月二十六日のことである。

この間の六月末、内藤は毎日新聞社を退社していた。先述した『月刊現代』記事を原因に会社と対立、内藤はその背後に創価学会による圧力があったと主張した。山崎は共産党だけでなく、自民党にも反学会の狼煙を上げるよう働き掛けており、内藤は同党の調査会に出席するなど、たびたび共同歩調をとるようになる。自民党では原島も講演を行った。

山崎は当然、マスコミ工作を続けた。創価学会の内情を暴露する批判記事は山のように出た。そして、ついに山崎は宮本顕治宅盗聴など自らが携わった一連の謀略工作を暴露する批判本『盗聴教団』を出すこととなる。発行されたのは十二月一日のことだ。

さらに山崎が触手を伸ばしたのが大石寺のお膝元、富士宮市の政官界だった。池田に「名誉市民」を授与した裏には不正があったとして、共産党市議に追及をけしかけたのは十二月九日のことだとされる。やがてその動きは百条委員会設置の流れとなっていく。

その地元では五年越しで「富士桜自然墓地公園」が完成の時をようやく迎えていた。十月二十五日に行われた入仏式には当然ながら会長の北条が出席したが、その場に居合わせたいまや静岡県議の日原からは山崎の悪口ばかり聞かされることとなる。

「山崎はひどい。だまされました。シーホースに融資させられ、倒産直前に必ず返すからというので手形書き換えに応じてやったら、結局7億も焦げ付かされてしまいました、その他に山崎には墓苑の件で5億円も要求されて取られている。私は山崎にこんな大きな仕事をさせてもらってありがたいと思って要求に応じて5億円出してやったのですが、結果はだまされてしまった。ほんとにひどい男です」

その日原と山崎が結託して持ち込んできた墓苑開発の工事代金は増額に増額を重ね、結局、百八十一億円超という巨額に上ることとなった。そのうち「日原造園」が参入した下請け工事代金は百四十億円をも占めていた。同社は直前、名古屋国税局の税務調査を受け、法人所得税三億円を修正申告しただけでなく、富士宮市に納めるべき特別土地保有税約二億円については無申告だったことが明らかとなっていた。乱脈の限りを尽くす同社もまた百条委員会の俎上《そじょう》に載せられることとなる。

他方でこの間、創価学会は創価学会で山崎の息の根を止めようと、様々に動いていた。中西治雄が代表を務める土産物店「千居」を使って六月二十八日にはシーホースの破産を申し立て、東京弁護士会には七月二日に懲戒処分を申し立てた。山崎を除名したのは九月六日である。その前の七月十五日には原島も除名にしている。

まさに殺るか殺られるかの攻防の果て、山崎は一九八一年一月二十四日、警視庁により逮捕される。北米中米の外遊から帰国した池田が被害者側として東京地検の事情聴取に応じたのは六日後のことだった。この時、五十三歳の池田にとって、数々の策動を弄《ろう》した山崎の裏切りは、その後を決定づける永久に癒えることのない深い傷となり、以降、心の奥底でそれは疼《うず》き続けることとなるのである。

第12章　増上慢と二人の死

「河辺メモ」七年分の流出

第六十七世法主・阿部日顕の懐刀だった河辺慈篤が毎日のようにつけていた備忘録、それが通称「河辺メモ」である。

戦前の一九二九年に福岡・北九州で生まれた河辺は不遇な生い立ちから幼くして大石寺の小僧として出家し、鈴木日恭《にっきょう》、秋山日満《にちまん》という歴代法主に仕えた。第六十世法主・阿部日開《にちかい》の息子という七歳年上の日顕とはずいぶんと毛並みが違ったものの、大石寺境内をともに走り回った幼馴染みで、その実母・妙修尼《みょうしゅうに》には実子同然に可愛がられたともされる。二十代半ばで徳島の敬台《きょうだい》寺《じ》を住職として任された河辺は一九八〇年六月、東京へと移り住んだ。新たに任じられたのは江東区東陽にある妙因寺《みょういんじ》の住職だった。

これまで創価学会側に流出した河辺メモは大きく二通りあり、いずれも青年部の機関紙『創価新報』によって報じられている。

一九九九年に報じられたものは一枚紙で縦書きである。一九七八年二月七日にその頃は教学部長だった日顕（当時は阿部信雄、メモでは「A」とされていた）と東京・内幸町の帝国ホテルで面談した際のものとみられている。「戒壇の御本尊のは《ママ》偽物である。種々方法の筆跡鑑定の結果解った」――。かなり難解な癖字で書かれたそれは、総本山・大石寺に伝わる弘安二年（一二七九年）の「戒壇本尊」に関する内容だった。鑑定に出したところ、弘安二年ではなく弘安三年（一二八〇年）に宗祖・日蓮が開祖・日興の弟子である日禅《にちぜん》に授与した別の本尊を、室町時代の法主・日時《にちじ》か日有《にちう》の頃に模写したものである可能性が高いというのが、その語るところだ。日蓮正宗が信仰の対象とする本尊が言い伝えとは異なり、後代の言わば複製物だったという話だから大事である。以前に保田妙本寺問題で見た類の話がじつは宗門中枢でも語られていたわけだ。

これに対し河辺本人はメモが自身の主観を交えたものだったとし、それがあたかも戒壇本尊が偽作《ぎさく》であったと受け取られかねない文章になってしまったとの苦しい弁明を宗務院に対し行った。それは間違いなく両者すり合わせた上での一種の芝居であり、事態の沈静化を目論んだ件の弁明はすぐさま宗内へと広く発表された。

もっとも、最近になって河辺メモの内容を補強する別の備忘録が存在することも明らかになっている。神奈川・橋本に創価学会が寄進した正継寺《しょうけいじ》の住職を務めた大橋慈譲が残したものだ。長年仕えた第五十九世法主・堀日亨《にちこう》の言葉を主に書き留めていたことから、大橋はそれを「亨師談聴聞記」と呼んでいた。問題の記述は前出の帝国ホテル面談から一年十カ月後にあたる一九七九年十二月の出来事だ。大橋が敬台寺に泊まった折、「宗門は淫祠邪教《いんしじゃきょう》だ」と叫ぶ河辺は本尊問題を正すべきだと大暴れし、日顕や元総監の早瀬日慈、さらには日慈の息子で東京の大願寺《だいがんじ》を住職として任されていた早瀬義寛（後に第六十八世法主・日如《にちにょ》）が飛んで来てようやく矛を収める一騒動があったのだという。かつて日亨は早瀬日慈や日顕に対し「本門戒壇の御本尊は偽作されたことは間違いない」と打ち明けており、河辺はそれを日顕から聞いたらしい。やはり、先述した日禅授与本尊と「筆法も字配りも、全く同じ」という。そのため、河辺の信仰心はこの時大きく揺らいでいたというわけである。

いずれにせよ、この本尊問題はこれらメモの内容が正しいのであれば宗門自体を根底から覆しかねない重大事であり、ゆえに現在も一部で根強く燻り続け、おそらくこの先決着を見ることは

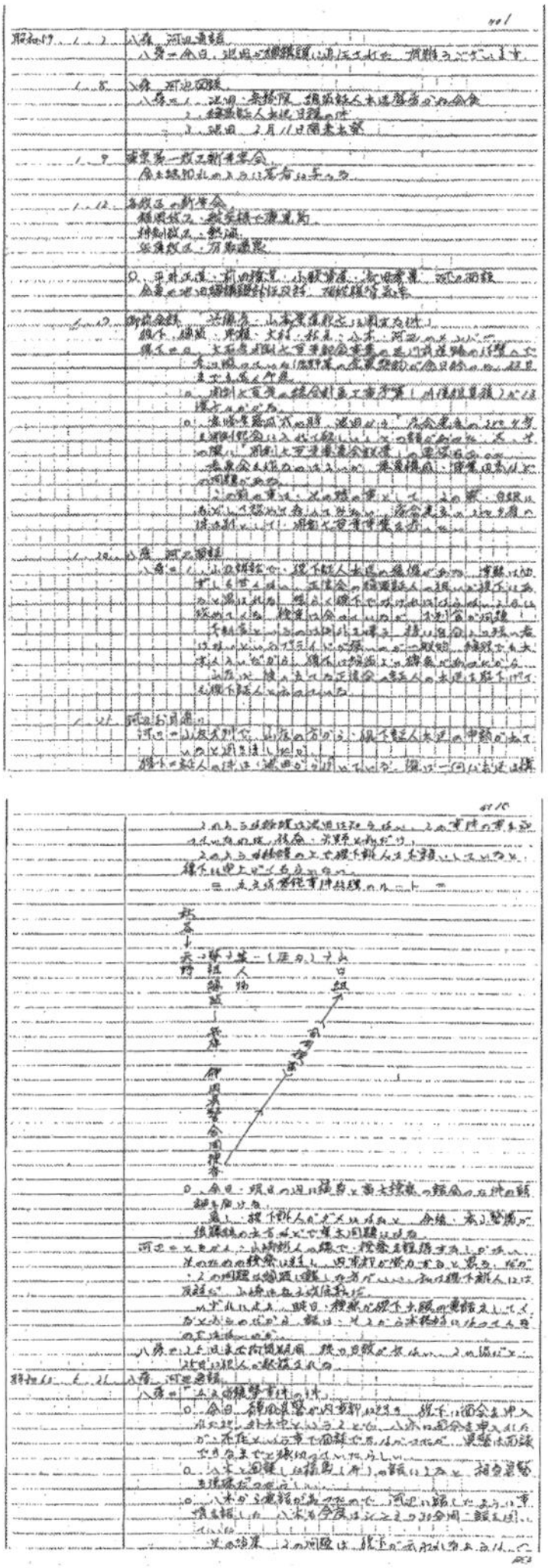

法主・日顕の側近だった河辺慈篤が記した通称「河辺メモ」

なさそうな話ではある。

さて、もう一方の河辺メモ、それは一九九四年に報じられたものだ。前に触れたとおり、これには難解な癖字が横書きでびっしりと綴られていた。『創価新報』で記事となったのは一九九〇年七月の一部内容だけだが、実際に流出したものは一九八四年から一九九〇年にかけての七年分に及んでいた（ほかに一九九一年四月の全国宗務支院長会議に関するメモが存在する）。河辺自らが意図したものとの説まであるなか、なぜ、流出したのはそれら七年分だったのか――。おそらくそこには何らかの意味があるに違いなく、その証拠に、最初の年、一九八四年は「第二次宗門戦争」の前触れと捉えるべき次のような出来事で幕を開けていたのである。

池田の〝宗教は恐ろしい〟発言

一月二十九日、創価学会は東京・八王子の「東京会館」で第九回SGI記念勤行会を催した。この日の参加者は国内外から二千三百人を数えた。

青年部長の太田昭宏ら交流団代表が抱負を語り、さらに理事長の森田一哉が話をするなか、突然割って入ってきたのは名誉会長の池田大作だった。

河辺は日頃から頻繁に創価学会の本部国際局に勤める市川厚から内部情報をとっていた。市川はワンマン化著しい池田に対し批判的な職員グループの一人だったらしい。その日のうちに市川が伝えたところとして、池田による発言は次のように記されている。

「何日も同じ話では面白くない。もっと面白い話はないのか」

そう言い放った池田は突然、西欧ルネサンス期の大科学者ガリレオ・ガリレイに降りかかった宗教裁判の話を引き、「宗門がウルサイからしょうがない」「宗教は恐ろしい」「宗教は陰険な手段で真実を曲げてきた」などと叫び、さらにこんな風に続けたという。

「私は知らないんだ。私は関係ないんだ。側近の幹部が出せと云ったから出したんだ」

池田が取り上げたのは六年前の十一月七日に行われた「お詫び登山」における宗門に対する謝罪と、四年前の四月二日付で『聖教新聞』の一面と三面で展開された池田による「恩師の二十三回忌に思う」と題された所感記事についてだった。

このうちお詫び登山に関しては前に詳しく述べたとおりだ。山崎正友による離間工作に翻弄された池田は流れに抗《あらが》えぬまま創価学会による教学上の行き過ぎを詫びるため幹部一同とともに大石寺に登山した。当時の法主・細井日達の前で池田が読み上げた原稿にも山崎は深く関わっており、創価大学で行われたその最終チェックの際、山崎から感想を問われた池田が「憤まんの中の大憤まんだ」と漏らしていたことも以前に触れたとおりである。その山崎はいまや刑事被告人であり、学会に弓を引いた退転者だ。

もう一方、「恩師の二十三回忌に思う」とはこういうものだった。掲載の前日、東京・池袋の常在寺では戸田城聖の二十三回忌追善法要が行われた。山崎が顧問弁護士の辞表提出を渋り、会長の北条浩がいら立ち始めた頃である。法要には副会長の辻武寿らが参列し、池田は行っていない。名誉会長に退き、公式行事への出席を控えていた時期だった。そのかわり、池田が『聖教新聞』に寄せたのが件の所感記事というわけである。「永遠に御法主を仏法の師と仰ぐ」「寺院、僧侶軽視を率直に反省」「一層の外護の赤誠誓い僧俗和合へ前進」――。そんな見出しが並ぶ長文の記事において池田は、かつて戸田が宗門の外護に徹していたことを讃え、一九七八年六月三十日に公表した「教学上の基本問題について」、通称「六・三〇」を規範に今後も強い絆のもと僧俗和合を押し進めていくことを誓っていた。

ところがこの日の池田はそれらを否定し、幹部が勝手にやったことであって自身は与《あずか》り知らないと言い出したのである。

「ガリレオは今、自分の主義を通すよりも法王の云うことを認めて、謝罪して、此処は生きのびなければばならないと彼は判断した」

そう言って自身をガリレオになぞらえた池田の暗に宗門を指しての批判はやむことがない。

「そのような宗教は恐ろしい」

「宗教はその権威によって正しくないことを正しいと云わせるんだ」

「そのように間違った宗教は恐ろしい」

「大聖人の仏法を広めるために学会が出現した意味がある」

「だから学会でなければダメだ」

この日、池田は中米パナマの理事長から贈り物を受け取っていた。前年に最高司令官として政権を事実上牛耳ることとなったマヌエル・ノリエガ将軍の署名入り記念写真である。そんなこともあってか、気分はいつになく高揚していたのかもしれない。

つい四週間前、池田は在家信徒の代表に返り咲いたばかりだった。五年前に辞任していた総講頭に再び任命されたのである。にもかかわらず、その裏では手の平を返すように、こうした発言に及んでいたわけで、そんな絵に描いたような面従腹背《めんじゅうふくはい》は、宗門にとって到底看過し得ない態度だった。

見透かされた〝増上慢〟

翌日、河辺は日顕にさっそく会い、この池田発言について報告を行った。『聖教新聞』は池田による講演があったことを伝えてはいたが、そこはいつものとおり、当たり障りのない内容へと慎重に整えられていた。

「テープが手に入らないだろうか」

日顕がそう言うと、我が意を得たりの河辺は発言に対する感想を率直にこう述べた。

「ともかく、ガリレオの話から坊さんがウルサイ、ウカツに話もできないと云っていることに驚いている」

日顕は「調べてくれ」「電話でもいいから報告してくれ」と河辺に対し重ねて指示を出すこととなる。

こうした厳しい態度には伏線があった。

池田は二年前の十月、三度にわたり東京地方裁判所の法廷に立っている。

最初は「月刊ペン事件」の証人尋問だった。あれから、公判は意外な経過を辿っていた。被害者である池田が証人として出廷しないまま一九七八年六月に東京地裁が編集長の隈部大蔵に下した判決は懲役十月執行猶予三年であり、翌年十二月に東京高裁もそれを支持していた。池田の女性関係に関する報道について公益性は認められないとされたのである。しかし一九八一年四月、最高裁はそれを破棄し地裁への差し戻しを決定する。社会的影響力のある人物の女性問題を報じることには公益性があると至極真っ当な判断を示したのだ。結果、池田は証言台に立たざるを得なくなる。一九八二年十月十五日、巨大宗教団体のトップを一目見ようと傍聴券を求める人々の列は千七百人近くにも及んだ。結局、北条が山崎正友を使って笹川陽平を動かし、その回避を画策したふしだらな企てはあえなく水泡に帰したわけである。

そして五日後、池田はその山崎の恐喝行為を審理する公判にも証人として出廷する。さらに一週間後にも再び証言台に立つこととなった。じつはその時、池田は宗門関係者が思わず眉をひそめるようなことを口にしていた。「恩師の二十三回忌に思う」について問われた際、「私がやった事ではない」といった趣旨の証言をしていたのである。だからこそ、この時の日顕は池田の発言に対し即座に神経を逆立たせたのである。

河辺との面会から六日後の二月五日午前、大石寺に登山した池田を迎えた日顕は「八木を書記代わりに同席させる」とまずは言い渡した。大石寺主任理事の八木信瑩を同席させたいとのいつにない日顕の発言が神経を過敏にさせたのか、その時、池田は茶碗を手に取ると震えで中味をこぼしたという。午後、池田は森田とともにもう一度、日顕と会うこととなる。もっとも、先日の発言に探りを入れたり、ましてや問い詰めるようなことを、日顕はしなかった。その場は、神奈川・平塚にある大経寺《だいきょうじ》の住職・渡邉慈済に関する他愛もないような話に終始したようだ。

池田との面会後、日顕は再び河辺と向かい合った。「宗門がウルサイ」との発言は自分を指しているに違いないとぴんと来ていたようで、日顕はこう呟いた。

「池田は最近増上慢《ぞうじょうまん》になっている。『宗門がウルサイ』などはそのいい例だ」

仏法を習う者として許されない傲慢な態度、つまりは「増上慢」に池田が堕落しているというわけである。

同月九日、日顕は総監の藤本日潤《にちじゅん》ら幹部を集めた通称「メンバー会議」を開く。

「学会の出方によっては200カ寺建立は断ってもよい。宗門は小さくなってもよい。池田は最近、増上慢になっている。ともかくこの儘放置できない」

日顕はそのように言い、強い態度を見せた。総講頭に再び任命されたことを受け、池田は新たに二百カ寺を宗門に寄進する計画を内々に伝えてきていたが、この際それを拒絶することまで日顕は考えるようになっていた。

〝防壁〟北条浩の死

その後、具体的な議論は藤本が取り仕切り、結果、方針は決定された。まず行うべきは山崎裁判での法廷証言の真意を問い質すことだった。その際、件の所感記事や、その四日後に日顕が行った説法も資料として添付し、それらとの整合性も尋ねることが決まった。前者については先述したとおりだが、後者の日顕による説法はその池田所感を受けてなされたものだった。そこにおいて日顕は、「世界広宣流布のために大いに必要な団体であり、人物である」と創価学会や池田をこれでもかと持ち上げていた。

翌十日、藤本や庶務部長となっていた早瀬義寛らは真意を問い質すべく池田と面談を行う。その時、池田の横に控える同席者は会長となっていた秋谷栄之助だった。

じつはこの間の一九八一年七月十八日、北条は「第二青葉寮」で入浴中に心臓発作を起こし五十八歳で急死していた。急遽、第五代会長に昇格したのが秋谷だった。

長年にわたって常に側近として仕え、なおかつ防壁として泥を被ってきた北条の死が持つ意味は大きかった。五つ年上で、海軍兵学校卒というずば抜けた実務能力を持つ北条を、池田は一目置くことさえあった。進言できる人間が側からいなくなったことで、会長辞任後しばらくおとなしくしていた池田の傲岸不遜《ごうがんふそん》な精神は再び首をもたげ、以前にも増してその専横ぶりは酷くなったともされる。

北条体制発足時、創価学会は分権的な組織を志向した。会長のもと、方針決定機関である総務会や教学面を主導する師範会議、会員処分を司る監正審査会などが置かれ、さらにそれぞれには実務機関として中央会議、教学研究室、中央審査会が設置された。それらトップには副会長や総務クラスの最高幹部があてられた。総務会議長は最古参の和泉覚であり、師範会議議長は同様に辻武寿、監正審査委員長は青木亨といった具合だ。中央会議議長は秋谷、中央審査委員長は中西治雄がそれぞれ務めた。また総務会を諮問する機関として参事会も設置され、その議長にはやはり最古参の小泉隆が就いている。

この機構図のどこにも名誉会長は記されていない。しかし、それゆえ、無任所であり何らの責任を負うことのない名誉会長という立場は、会則や規約といった紙の上だけのつまらない縛りなど軽々と乗り越え、実体上、何人も触れることのできない万能の地位と化していくわけである。だからこそ、日顕らが常日頃から神経を尖らせるのはひとえに池田の言動なのであった。

さて、この日、宗門側が二年前の法廷証言について問い質すと、池田は大方こんな回答に終始したようだ。

「法廷で相手側の質問が予想外の質問だったのであぁ云う証言となった」

「4月2日の所感の責任は御本尊に誓って持つ。猊下と少し認識の差があったようだ。学会は広布に前進する余り、そういう印象を与えた感があった。信仰の上から宗門主、学会従であることは当然のことだ」

宗門が主体であり、創価学会はそれにどこまでも従うという僧俗和合を、この時も池田は藤本らを前にして大まじめに強調した。

法主らを前にすると在家信徒としての従順さを装うものの、それ以外では舌を出して宗門を足蹴にし、まるで自らが唯一無二の宗教指導者かのごとく振る舞う池田の二重人格的態度は、緊張と雪解けを繰り返したかつての「第一次宗門戦争」でも見られた光景だ。そしてこの時も、池田の言いたい放題によって両者の間に走った緊張は、まるで何事もなかったかのようにすぐ緩んでいくこととなる――。

宗門内の「臨時革命政府」

一九八四年頃を境に再び創価学会と宗門との間がぎくしゃくし始めたのは、共通の敵への対処が峠を越えたことも大きかったと思われる。正信会問題がそれだった。

池田や北条らが山崎問題に忙殺されていた四年前、日顕ら宗門執行部は「正信覚醒運動」を旗印に学会批判を強める活動家僧侶たちに手を焼き始めていた。もともと日顕が学会融和派の筆頭格であったことは以前に何度も述べてきたとおりだ。そうしたなか、活動家僧侶の矛先は、学会だけでなく宗門執行部にも向けられるようになる。

一九八〇年一月二十六日、活動家僧侶たちは第四回檀徒大会を大石寺で開く。そこに出席した日顕は反学会にいきり立つ一同に向かって、たしなめるように語り掛けた。創価学会の歴史を振り返りつつ、その学会が反省を示していることを話し、宗内を司る宗務院は決して学会に片寄っているわけでなく、僧侶や信徒はその方針に従ってほしいと切に訴えたのである。

しかし、これはほとんど功を奏さなかった。翌月十八日、活動家僧侶たちは東京・自由が丘に近い妙眞寺で緊急集会を開き、そこで強硬な方針を決定する。池田は前年に名ばかりの名誉総講頭に退いていたが、それさえも辞任すべきだとし、さらに創価学会を日蓮正宗の被包括法人として取り込み、これらで宗風の刷新を推し進めようというのである。そのために来たる宗会議員選挙では過半数を獲得すべく十六人の立候補者を立てることが確認された。これは「臨時革命政府」なる穏やかではない事態を匂わせていた山崎が、裏で糸を引く動きだったともされる。

こうしたなかで『聖教新聞』に掲載されたのが池田による長文の所感記事であり、創価学会を持ち上げる日顕による説法だった。学会と宗門執行部ががっちり手を握り合う僧俗和合路線を今一度、宗内に徹底させようと試みたわけである。

その頃、組織を切り崩す活動家僧侶たちの檀徒づくりは創価学会にとってじわじわとダメージとなっていた。内部資料「総合経過年表」によると、一九七八年春頃から見られ始めた脱会届はその後徐々に増え、一九八〇年二月には一カ月で約一千世帯を数えるまでになっていた。同年四月末、それら累計は二万八千世帯を超えた。

じつは「言論出版妨害問題」以降、あれほど猛威を振るった創価学会の折伏攻勢は、高度経済成長の高揚感が失せるとともに、そのペースをがくんと落としていた。一九七〇年五月から一九八〇年四月までの十年間で増加した会員数は、七百五十万世帯から七百八十九万世帯へと、わずか三十九万世帯にとどまっていたのである。その前の十年間で組織が六倍近くに急膨張したのとは雲泥の差だった。そんななか、三万世帯近い脱会は組織にとってかなりきつい痛手と言えた。学会が公言する会員数は過去からの本尊下付数を積み上げたものだから、数字が減ることはない。しかし実際にはそこからこぼれ落ちた退転者は相当数に上っていたわけである。

六月七日、多くが注目するなか、宗会議員選挙は行われた。その結果は衝撃的なものだった。活動家僧侶側が渡辺広済や佐々木秀明ら十人の当選者を出したのに対し、日顕ら執行部側は早瀬義寛や河辺ら六人にとどまったのである。臨時革命政府の樹立が視野に入ったこの頃から活動家僧侶たちは自らを「正信会」と名乗るようになる。

直後、勢いづいた活動家僧侶のなかでも急先鋒を務める佐々木は、日顕に対し、第五回檀徒大会を総本山・大石寺で開催するよう要求を突き付けた。しかしこの時、日顕はそれをきっぱりと拒否する。以降、宗門執行部と正信会との対立はかつてないほど先鋭化することとなる。

七月四日、宗門執行部は全国教師指導会を開き、集まった一同に向かって、こう呼び掛けた。「隠れた悪人の手にのるな」と命じたのである。これは背後の山崎を暗に名指ししたものだった。さらに同月三十一日、全国の僧侶・信徒に向け院達《いんたつ》が発せられた。計画中の檀徒大会での創価学会批判を禁じ、それが予想される場合には大会自体を中止するようきつく命じたのである。

加えて、日顕は執行部人事にも手を付けた。八月十一日、海外部長をそれまでの菅野慈雲から早瀬義孔にすげ替えたのだ。二人とも日達の娘婿ではあるが、一方の菅野は先んじて日顕体制における枢要な立ち位置を確保していた。もともとの海外部長に加え庶務部長も兼務したのである。その力の源泉は何よりも山崎との親密な関係だった。が、危険なまでの近さから創価学会と活動家僧侶との間を怪しく行き来していた菅野を、じつのところ、日顕は信用していなかった。

菅野が庶務部長の座を許されたのはわずか三カ月だけだ。そして、さらにこの時、海外部長の任をも解いたのである。

日顕の厳しい態度に正信会が動じる気配はなかった。機関誌『正信会報』を創刊し、さらに院達など構わず檀徒大会の強行開催を宣言してしまう。宗会議員となった渡辺や佐々木らは池田に対し名誉総講頭とともに翌年に迫った宗祖七百遠忌の慶讃委員長をも辞任するよう勧告するなど、学会批判のトーンを上げ続けた。

山口組後藤組の百条委員会潰し

八月二十四日、宗門執行部が重ねて院達を発するなか、第五回檀徒大会は東京・九段の日本武道館で強行開催される。講演者として招かれた一人は、聖教新聞社内から内部資料を大量に持ち出してその後も山崎と共同歩調をとる元教学部長の原島嵩だった。続く十一月七日、正信会は日比谷公園に約五千人を集め、大規模集会まで開くこととなる。僧侶や檀徒に混じってそのなかには自民党議員の姿もあった。創価学会批判のシュプレヒコールを上げる彼らは国会周辺までものものしくデモ行進を行い、その社会的不正を追及すべく五十万人もの署名を集めた請願書を、首相の鈴木善幸《ぜんこう》宛てに提出した。

一九八一年が明けると、正信会の主張はますます先鋭化する。一月九日に東京・北小岩の白蓮院で開かれた集会では「創価学会の社会的不正を糾す会」が正式に発足した。そして、宗門の根本をも否定するような動きに出る。同月十一日、正信会側は日顕に通告文を送りつけた。そこには驚くべきことが書かれてあった。こともあろうに、日達からあったという血脈相承の存在を否定してしまったのである。これは日顕を正統な法主とは認めないことを意味した。それ以前、正信会は例の本尊問題についても質問状を送っていたから、もはや同じ宗派とは思えないほど、その主張は過激なものとなっていた。

こうしたなか、結果的に創価学会と日顕ら宗門執行部との結び付きは強くなる。日顕らにとってそうならざるを得ない新たな問題が持ち上がったことも大きかった。それは山崎が仕掛けた地元・富士宮市議会における百条委員会の設置だった。

刑事告訴をめぐり、自らの逮捕を免れたい山崎は、創価学会を牽制するため、共産党や自民党に接近し、マスコミに対する情報操作だけでなく、自らが名乗り出て過去に手を染めた数々の謀略工作の暴露まで行った。そうしたなか、さらに画策したのが富士宮市議会での百条委員会設置だった。池田に「名誉市民」の称号を授与していた一件を入り口に、市政と学会・大石寺、さらには地元ボス政治家の日原博も加えた四者の癒着を暴こうと共産党市議をけしかけたのである。市民の間でもそれに呼応した動きは起こり始める。住民グループの「日原造園・創価学会と市政の疑惑を正す市民会議」が結成されたのは一九八一年一月十七日のことだ。

それは山崎の逮捕後だったとは言え、市議会は三月三日、十二月議会で審議未了となっていた百条委員会の設置を可決する。

翌月一日、百条委員会は四者に対し計六十点に上る資料の提出を請求した。これに対し、創価学会と大石寺は恥も外聞もなく一致結束し徹底抗戦に打って出ることとなる。両者は十日後、市議会に対し資料提出を拒否する前代未聞の行政訴訟を提起したのである。秘密主義的な内向き体質は、学会だけでなく日顕ら宗門執行部も同じ穴の狢《むじな》だった。

こうした思わぬ抵抗に遭った百条委員会は迷走状態に陥る。九月二十二日には東京拘置所から保釈された山崎が証言のため姿を見せたものの、混乱のなか、委員会自体は流会になってしまった。

この間の七月十日から十一日にかけ、市内では不穏な事件が起きていた。前述した市民会議の幹部宅にシマヘビ八匹が投げ込まれ、別の幹部宅にも塩酸入りのフラスコが投擲《とうてき》されたのである。市民の間では四年前にあった凄惨な事件の記憶がまだ生々しく残っていた。百条委員会が追及する日原と、市内に本部を置く山口組系後藤組との間には、かねて癒着が囁かれており、勇気ある市民の一人が新聞折り込みを使い告発文書を市内に配布する一件があった。その市民が住む自宅がショベルカーに突っ込まれたのはすぐのことだ。家屋に侵入してきた実行犯は日本刀を手に持っていた。左腕と背中、さらに左頬を切りつけられた市民は全治二カ月の重傷を負う。翌日逮捕されたのは後藤組の幹部だった（その後、懲役六年の実刑判決）。そのため警察はこんどの住民グループに対するいやがらせも後藤組の仕業《しわざ》と見たが、捜査は進展していなかった。

活動家僧侶「正信会」の大量追放

こうした重苦しい空気が立ちこめるなか、結局、百条委員会は十二月十二日にあっけなく廃止されてしまう。疑惑は何ひとつ解消されないままだった。

一週間後の二十日、第七百遠忌慶讃登山の終了を奉告する法要が大石寺で行われた際、百条委員会を切り抜けた池田は、勝ち誇ったようにこう話した。

「時あたかも法灯《ほうとう》連綿たる本門戒壇の御本尊、並びに日蓮正宗の根本義たる唯受一人《ゆいじゅいちにん》の血脈を否定せんとする悪人の徒輩《とはい》が狂い、叫ぶように悪口雑言の限りを浴びせておりますが、我らは、猊下の御指南を体して、悠々とそれらを乗り越えながら、広布の誓いを果たし、もって歴史に厳と輝く青史をつくりあげたいと念願するものであります」

年が明けた一九八二年二月二日、池田は日興・日目《にちもく》両上人の第六百五十遠忌についても在家信徒を代表して奉讃《ほうさん》委員長に任命されることとなる。山崎の画策をひとまず挫《くじ》いた創価学会と宗門執行部との結束がこの時ほど高まったことはおそらくなかった。

そうしたなか、日顕は正信会問題の最終解決に乗り出す。すでに二年前の九月、急先鋒の渡辺広済や山口法興、佐々木秀明ら五人を住職から罷免した上で擯斥処分としていたが、もはや活動家僧侶たちを根こそぎ追放するしかないと決したのである。菅野憲道や児玉大光ら十一人の活動家僧侶に対し擯斥処分を下したのは二月五日のことだ。断固たる処置はこの後も続く。四月五日には二十六人、八月二十一日には四十二人、九月十六日には四十人、同月二十四日には五十四人、十月十六日には三人に処分が下り、追放者は累計で百八十人あまりにも上ることとなる。以降、宗門は創価学会が送り込む弁護団の強力な援護を受けながら縦横無尽に法的手段を駆使し、全国の末寺から活動家僧侶たちを駆逐していくこととなる。

こうして正信会問題には一応のケリがつけられた。しかし、それからしばらくして創価学会と宗門との間には、先述したとおり、またしても疑心暗鬼が渦巻き始めるのである。

「小説・聖教新聞」の衝撃

北条の急死後、名誉会長という雲上の高みから池田が再び権勢を奮《ふる》うようになるとともに、組織内部ではそれに反発する者が次第に増えていった。前出の市川もその一人だ。すでに山崎と原島が公然と弓を引いたなか、それに続く者は誰かと皆が皆を疑い、時々、その実名が噂として駆けめぐるといったことが繰り返されるようになる。

一九八三年一月十六日に正信会が小田原教会で神奈川大会を開いた際の出来事はそのひとつと言えた。住職から罷免され、擯斥処分によって日蓮正宗からも追放されたはずの佐々木が居座る小田原教会で行われたその大会には、山崎と原島も参加した。

その場で原島は協力的な内部告発者として三人の実名を挙げることとなる。中西治雄、桐村泰次、野崎至亮《よしゆき》――この三人だった。

中西はこれまでたびたび登場してきた池田の会長就任後すぐに引っ張り上げられた最高幹部の一人だ。一九六七年から一九七二年にかけての「社長会（金剛会）」ではメンバーの一人でもあった。その後の東洋物産再建問題で山崎から報告を受けていたなど、組織内では金庫番的な役割も担っていた。

他方、桐村は一九七二年に行われたイギリスの歴史家、アーノルド・トインビーと池田との対談をお膳立てした東京大学出の宗教官僚である。主に教学畑を歩み、一九七九年十一月の原島解任後に教学部長となり、この年一月六日付で教学研究室長に異動となっていた。

最後の野崎至亮も教学畑の宗教官僚だ。実弟はあの野崎勲であり、兄・至亮も同じく京都大学出だった。かつて戸田城聖が愛した「水滸会」への思い入れが強い池田は、会長就任十五周年にあたる一九七五年、男子部から精鋭メンバーを集め新たな親衛隊組織である「伸一会」を結成するが、野崎兄弟は揃ってそこに選ばれていた。直前、弟・勲は総合青年部長から神奈川県長となっていた。兄・至亮の動きが影響したのか、その後、弟・勲はかつてほど重用されなくなっていく。

原島による名指しのとおり、事実、桐村と野崎至亮はその後、反池田派職員グループの一員として河辺と連絡を密にとり、内部情報をもたらしていく。一方、中西はそのような行動にこそ出なかったものの、後に前代未聞の怪事件でその名が注目され、かねて燻り続けた噂ゆえ、その去就や動向が大いに注目されることとなる。

東京会館における記念勤行会の池田発言で幕を開けた一九八四年、それによって宗門との間に生じた一瞬の緊張が緩むと、すぐに別の問題が持ち上がった。それは創価学会組織内の疑心暗鬼をより一層惹起《じやっき》するものだった。

『週刊サンケイ』が「小説・聖教新聞」の連載を始めたのは五月中旬のことだ。執筆者は「グループS」とされた。同誌の懸賞で佳作を獲得したというその小説の主人公は「沼田太作」であり、これはどこからどう見ても池田大作がモデルだった。第四代会長の「東條豊」や第五代会長の「夏目祐之介」、反旗を翻した弁護士の「山村正一」や教学部長の「原山直」ら、ほかの登場人物も容易に実在の人物が特定できた。その手法は池田の小説『人間革命』を明らかにあてこすったものだったが、その傍若無人な復権ぶりや金満主義、数々の謀略工作など、具体的な数字も含め描写されるストーリーははるかにリアルなものだった。少なくとも、関係者はそう意識せざるを得ず、その生々しい告発に否応なく注目することとなった。

黒幕は意外な大物か

さっそく河辺は情報収集にあたる。まず電話をかけた先は北林芳典だった。

かつて山崎の配下にいた北林がその後、外郭企業の「第三文明社」を退職し、『現代宗教研究』なる会報の発行を手掛けたところまでは以前に触れた。それからの北林は裏の言論戦で身に付けた処世術では歯が立たないまったく別の仕事で生計を立てる道をなぜか選ぶ。前年六月に設立した「報恩社」が手掛けるのは葬儀ビジネスだった。

河辺が北林と初めて接触したのは五年前の夏頃だったようだ。当時、北林は筆名を用いて『第三文明』などにも創価学会擁護の記事を書いており、そこで事情に敏《さと》い河辺の目に留まったらしい。前述した伸一会で第三期メンバーに選ばれたほどの北林としては、宗門の高僧とのパイプは逆に内部情報を得る絶好の機会と映ったのかもしれない（第五期までの伸一会メンバーを紹介する『聖教新聞』の一九九八年八月十六日付記事ではどういうわけか北林の名前が除かれている）。

河辺からの電話に出た北林はちょうどその頃摑んだらしい噂を口にした。件の小説の執筆者は編集部でも編集長など限られた者しか知らず、執筆の際の情報源になっているのは聖教新聞に勤める公明党衆議院議員・二見伸明の実弟なのだという。その者が「相当の覚悟を決めて流している」らしいとも北林は話した。

三日後、河辺は例の市川に会う。やはり名前が挙がったのは二見の実弟であり、ほかにも、現在は板橋区内に住むかつて聖教新聞の中堅職員だった人物や、聖教出身の区議会議員、現役の教学部職員、それに中西や東京都議会議員である藤原行正の名前も挙げられた。グループSなる名前だけに、どうやら複数が関わっているという。

さらに四日後、市川が電話口で話した人物は意外な大物だった。グループSにはまとめ役がおり、それは福島源次郎だというのである。池田を会長辞任に追いやる原因となった九州・大牟田での不用意な発言を犯した福島はその責任をとり副会長を辞任、本部職員も退職していた。その後は外郭企業「日本図書輸送」に移り取締役となったが、そこも前年三月には辞めていた。

市川がもたらした噂はどうやら事実でなかったと見られるが、かつて「『人間革命』は現代の御書」と持ち上げ、池田本仏論の張本人だった福島の心が、この頃とうに池田から離れていたことだけは確かだった。ただ、福島が実際の行動に移るのはもう少し先のことである。

池田家世襲のための親衛隊

こうした最中、池田を苛立たせる事態が起きる。それは秋谷の入院だった。

第五代会長に任命された秋谷が信濃町の慶應義塾大学病院に入院したのは六月十三日のことである。腸閉塞の手術を受けたとされる。入院は長引き、それは一カ月以上にも及んだ。八月六日、秋谷はようやく退院するが、まだ万全ではなかったと見られる。同月二十二日、創価学会は理事長の森田と副会長の山崎尚見を当分の間、会長代行とすることを決める。

市川が河辺にもたらした情報によると、この間の池田の怒りようは凄まじく、「3ヶ月宗務が出来なければ会長交替」などと周囲には言い放っていたという。池田が最初、後任として挙げた名前は山崎だったが、後に「森田一哉でなければ不自然だ」と言ったかと思えば、「青木亨副会長だ」とも言い出す始末だった。

かつて池田が自らの会長辞任について北条ら側近に対し二度相談をし、後継体制づくりを検討させていたことは以前述べたところだ。周囲の意見に耳を傾ける姿がそこにはあった。しかし山崎正友の離間工作によって不本意に辞めさせられたとの思いが年々強くなり、全幅の信頼を寄せた北条もいなくなったこの頃の池田にとって、あれほど重かった会長ポストは思いのままに首をすげ替えることができる操り人形に過ぎなくなっていたのである。

では、肝心の後継者問題について池田はどのように考えていたのか。

その頃の反池田派職員が疑っていたのは池田家による世襲だった。確かに、池田がその布石を打っていたフシはある。学生部内に結成された「学修会」は創価大学生から優秀なメンバーを選りすぐった人材育成グループのひとつだったが、当初それは二男・城久を守り後押しするための親衛隊組織を狙ったものだったとされる。第一回総会が行われたのはこの年の一月八日で、会場となったのは信濃町の奥の院であるあの「第二別館」だったから、池田の入れ込みようが分かる。他大学の優秀な学生を集め五月に結成された「学陣会」も同様の狙いだったとされる。

池田と妻・香峯子との間には三人の男子がいた。長男・博正と三男・尊弘の顔立ちがどちらかと言えば香峯子に似ていたのに対し、一九五五年に生まれた二男・城久だけは池田似だった。その歩みもまた異なった。博正と尊弘が慶應義塾大学に進んだのに対し、城久だけは岸信介の孫にあたる安倍晋三も通った成蹊中学・成蹊高校を卒業すると、一九七三年春、創価大学法学部に第三期生として入学したのである。自宅の押し入れに暗室を作るほど写真に凝っていた城久は自治会活動でもカメラマンを買って出た。大学院に進み修士号をとった城久は一九七九年四月、そのまま創価大学職員となる。当初配属されたのは学生課で、その後、庶務課に移った。

周囲から「城ちゃん」と呼ばれた城久は若さに似合わずずいぶんと恰幅《かっぷく》が良く、鷹揚な振る舞いの一方、周りにはやけに気が利く一面もあった。そんな城久を池田は三人の息子たちのなかでも特に可愛がり、将来の後継者として期待していたとされる。この年二月から三月にかけ、池田は北米から中南米を回ったが、その際、城久も随行させていた。

その城久が胃潰瘍で東京・大塚の病院に入院したのは九月二十五日のことだった。前々日は深夜まで大学に残って働いており、その後に不調を訴え出たらしい。当初は過労程度に思われていたが、入院は長引く。

自民党へのすり寄り

そうした一方で池田は翌二十六日から東京を離れることとなる。まずは静岡・富士宮の大石寺に行き、それから関西方面に移動した。同月三十日には兵庫・西宮の甲子園球場で第四回世界平和祭が予定されていた。五十七カ国・地域から呼んだ三千二百人の海外会員も含め総勢十万人もが参加する創価学会お得意のマスゲームだ。それを観覧した池田は宿泊のため芦屋の高台にある「関西戸田記念館」に移動した。全国の会館には「恩師記念室」などの名称で池田専用の宿泊施設が次々とつくられ、それは例の第二別館の内装に似せていたともされるが、関西戸田記念館も同様で、もはや個人的な別荘のようなものだった。

深夜、そこにやって来たのは公明党委員長の竹入義勝だった。

「鈴木さんから二階堂を擁立しようという話が来ている。私は乗りたいと思う」

そう相談事を口にする竹入は二日前、中国大使館のレセプションの後、東京・築地の料亭「金田中」へとひそかに移動し、そこで前首相の鈴木善幸、それに自民党田中派の大番頭である二階堂進と密談を交わしていた。その前から竹入は鈴木と相通じ、ある構想を思い描いていた。二年前の十一月、総理大臣には鈴木の後を襲い中曽根康弘が就いていた。

「タカ派的外交姿勢などを見るにつけ中曽根氏の再選は好ましくない。二階堂さん、あんた立て」

そう切り出した竹入の横で鈴木は大きく頷いていたという。

「私はロッキード事件で灰色高官と言われ、いまさら総理総裁など考えられもしない。が、いまの中曽根政権は危険な方向に向かっている」

二階堂はそう言い、自らの擁立構想を否定することはなかった。キングメーカーの名をほしいままにしていた田中角栄の庇護のもと発足した中曽根政権は「不沈空母」なる発言も相俟って右寄りの姿勢が目立っていた。そんななか、日本中を揺るがしたロッキード事件をめぐっては前年十月、受託収賄に問われた田中に一審で実刑判決が言い渡されており、その余波がまだ収まってはいなかった。

竹入と鈴木の二階堂擁立には伏線があった。二週間あまり前、田中は静岡・函南で開かれた派閥の青年研修会で創価学会や公明党に秋波を送るような発言をしていたのだ。「私は創価学会会長時代の池田大作氏に会って話したことがある。従って危急存亡の秋《とき》には公明党は自民党と一緒になれるし、なる性質を備えた政党である」――。こんなことを言っていたのである。

じつは、池田の側でもこの頃になると、心中では自民党にすり寄ろうとしていた。例えば、その年二月、例の市川は河辺にこんな情報をもたらしていた。「池田から選挙後、自民党と連立しろと云われたが、新自由クラブが連立して公明の執行部はほっとしていた処を、又、今回、自民党連立を厳命され、執行部は困っている。いずれ田中角栄と組むことになるだろう」というのである。「創共協定」が死文化した後、公明党は社会党、民社党との社公民路線に傾き、反共産を鮮明化させた。しかし、信濃町が山崎正友の対処に追われる一九八〇年六月に行われた衆議院議員選挙において公明党は三十三議席しか取れず大敗を喫する。その後、一九八三年暮れの解散総選挙で五十八議席へと急回復を果たすが、その際、池田は自民との連立を夢想したらしい。もっとも、この時、自民は連立相手に新自由クラブを選択したわけだが、それでも池田は自民と手を組むことに拘り続けたようだ。

その夜、竹入が持ち込んだ相談に対し、池田はこう呟いたとされる。

「本当にできるかなあ」

それに対し竹入は実現に自信を見せたという。

〝後継者〟城久の急死

翌十月一日、池田は芦屋から和歌山・白浜の「関西研修道場」に移動した。次の日、当地のレジャー施設「ハマブランカ」では第五回SGI総会が開かれることとなる。

そんななか、翌三日の夕方、かねて入院中だった城久の容態はにわかに急変した。近くの癌研究会附属病院に緊急転院し、すぐに手術が行われた。

その知らせを受け、関西から東京に急遽戻ったのは母・香峯子だけだった。たまたま夕方の同じ時間帯に三島駅から新幹線で帰京した本部職員の正木正明はその慌ただしい様子を目撃することとなる。正木は城久と創価大学の同期生で、城久も携わった自治会活動で執行委員長を務めていたのが正木だった。大勢の人々が行き交う東京駅の八重洲口には信濃町が回した車が待っていた。香峯子が急ぎ乗り込むと、すぐにそれは走り去り、やがて正木の視界から消えた。

午後九時四十五分、五年前に結婚した妻とその間に生まれた一男一女を残し、城久はわずか二十九歳でこの世を去る。

息子の死に目に立ち会うことのなかった池田は、関西でその訃報を受け取ると、すぐに筆をとり次のような和歌を詠んだとされる。

安らかな
　いまはの
　　笑顔の
知らせきき
　父はたたえむ
若き王者と

その後、竹入が深く関わり池田も仄《ほの》かに期待した二階堂擁立劇はあっけなく潰えた。十月二十六日、鈴木は田中のもとを訪れ、お伺いを立てたものの、にべもなく反対されている。すでに鈴木のもとには、自派閥のホープ、宮澤喜一を次期自民党総務会長に起用するとの知らせが中曽根サイドから入っており、すでに擁立構想に対する熱は冷めていたともされる。

やがて、その年は暮れていく。池田は五十七歳になろうとしていたが、組織内で長男・博正の名が候補としてしつこく囁かれ続けるのをよそに、その後、後継者を見定め育てようとの様子はついぞ見られることがなかった。

第13章　硝煙とカネの臭い

後藤組の五之坊銃撃事件

日蓮正宗の総本山・大石寺――。その南端に位置する総門から三門へと続く参道の両側にはかつて五つの総坊が建ち並んでいた。そのひとつ、五之坊に猟銃が撃ち込まれたのは一九八五年四月五日のことだった。

三日後、法主・阿部日顕の懐刀である河辺慈篤のもとにやって来たのは創価学会でいまや山崎正友にかわるトラブル処理担当となっていた弁護士の八尋頼雄だった。反池田派職員グループが連絡を密にとっていた一方で、学会執行部の方でも日顕との非公式ルートとして河辺を当てにしていたのである。

その日の「河辺メモ」には八尋が伝えるところの要点が次のように記されている。

「本山に鉄砲を撃ち込んだ（散弾）のは後藤組と思はれる。彼等（暴力団）は各宗教界の本山（天理教・その他）の地元を取りしきり、本山と共存している。今回の場合、後藤組は山口組で相当の顔になっている処から面子の面からの仕業」

さらに八尋は今後について、主任理事である八木信瑩ら大石寺側と、登山部長の平野恵万や自身ら創価学会側が一致団結して暴力団追放を推進していきたいとの考えを示した。八木一人ではこの難局を乗り切るのは難しいと判断していたからだった。

この時、実行犯が後藤組関係者であるとの疑いが早い段階で持たれたのは、過去に類似の事件が複数あったためだ。

四年前の七月に富士宮市議会の百条委員会設置を推進していた住民グループの幹部宅にヘビや塩酸が相次ぎ投げ込まれる事件があったことは前に触れた。

その後、二年前の五月には別の事件も起きていた。大石寺から少し離れた富士宮市外神の奉天坊《ほうてんぼう》で住職ら二人がストッキングを被った二人組の男に鉄パイプで襲撃されていたのである。玄関のガラスを割って侵入した二人組を、一人は押しとどめようとし、入浴中だったもう一人は飛び出てビール瓶を投げつけ応戦した。その際、一人は右肩と大腿部に打撲を負い、もう一人はビール瓶を誤って踏み足裏に怪我を負っている。

二〇〇〇年一月一日現在とされる警察資料によれば、奉天坊襲撃事件から一週間後、静岡県警は富士宮署内に第一次作戦となる後藤組壊滅対策本部を設置するが、いずれの事件も検挙には至っていなかった。

こうした不穏な事件が相次ぐなか、五之坊銃撃事件は起きたわけである。このため事態を重く見た創価学会は実際、八尋が言うようにこの問題へと深く関わり、むしろ当の大石寺にかわって主導権さえ握ることとなる。

　静岡県警によって実行犯が逮捕されたのは六月四日のことだった。案の定、犯人は後藤組の幹部だった。四年前、地元政官界を揺るがすだけ揺るがして富士宮市議会の百条委員会は廃止となっていたが、犯人はそれを潰した成功報酬を主張して大石寺に対し要求したものの断られており、銃撃はそれに対する嫌がらせだった。

被害届の提出を拒んだ日顕

　その後の十九日、河辺は事件処理で検察と折衝を続ける八尋から電話を受ける。法主である日顕の名前で被害届を出してほしいとの検察の意向を宗門執行部につないでもらいたいとのことだった。それまで被害届は五之坊住職の名前で出されていたが、大石寺の代表、つまりは日顕によることがこの場合は望ましいというのである。

「犯人は自首して出てくるので、証人や公に出る事はない…猊下に訴人になってもらう事は好ましくない事だが此の場合やむを得ない。検察の心証もあるので」

　河辺メモには八尋の発言がそう書かれている。

　それからすぐに河辺は日顕に電話をした。しかし、受話器の向こうの様子は極めて消極的だった。

「たった一枚のガラス破損で、そこまでする必要はない」

　そう返事する日顕と同様、じつのところ、河辺も八尋の申し出には懐疑的だった。

　河辺は八尋に対し日顕の反応を伝えた。すると、八尋がこの間の経緯を打ち明けてきた。じつはその前に主任理事の八木に相談したところ、とりつく島もなく門前払いだったという。そこでなんとしても日顕本人に話をつないでもらおうと河辺に個人的な電話をかけてきたとのことだった。互いの考えは平行線を辿り、最後、八尋は「それではマズイ。私は承知できませんよ」と声を荒立てた。

翌日、河辺は八尋と会う。八尋は先の八木との電話の内容をあらためて説明してきた。八尋が「今後の警備の問題が出る」と説得を試みたところ、八木は「吾々《われわれ》で死力を尽くしてやる」と言い、日顕がこの件に関わることをひたすら拒絶していたという。その頃、大石寺周辺では右翼団体も騒ぐようになっており、不穏な空気はこれまで以上に重く垂れ込めていた。本当に寺側だけで警備ができるのか、八尋の疑問は深まるばかりだった。検察の意向を無視すれば、事件解決の筋書きがご破算になる恐れすらあった。「自首してきた者を無罪放免にしたら、後藤組の独だん場になり、ますます彼等を徒にバッコさせる事になる」——。八尋はそう言って危機感を露わにした。

それでも河辺は消極的だった。すると、八尋はこんな内輪話を打ち明けたのだった。

「この事件が此処までくるには、それなりの裏の努力がある」

そう話し始めた続きはこのようなものだ。

事件に関し創価学会では最初から大方の構図に目星がついていたらしい。そこで会長の秋谷栄之助自らが動いた。五之坊は外国からの登山者を受け入れる宿坊でもあり、問題が大きいと見たのだ。秋谷は公明党書記長の矢野絢也を通じ警視総監に働き掛けることとなる。折しも、日本各地で山口組と一和会の抗争が激化しており、警視庁は兵庫・静岡両県警と合同で一和会系組員に対する発砲殺人事件を捜査していた。それを通じ五之坊銃撃事件の犯人焙《あぶ》り出しも進めてもらったのだという。こうした政治力を使った捜査の末だっただけに、ここで当局の面子を潰してしまうのは重大な問題をこの後起こしかねないというわけだ。こうした経緯を知っているのは秋谷、矢野、八尋の三人だけで、肝心要の名誉会長、池田大作には伝えていないともいう。

今後の警察による警備を懸念する八尋に対し、河辺は相も変わらず日顕の手を煩わせることに否定的な態度を示し続けた。「検察を説得するしかない」「内事部が努力すると思う」と河辺は話し、対する八尋は「25日までの拘留期間、残の日数が少ない。この儘だと、25日に犯人が釈放される」と強い危機感を示した。翌日には検察から日顕に対し出頭要請の電話が入る見通しだった。それもあり、河辺は八尋に対し総監の藤本日潤にこの話を伝えることを勧め、門前払いとすることだけは避けた。

学会本部に鳴り響いた銃声

翌二十一日、大石寺に静岡県警の捜査員がやって来たが、応対した八木は外出中を理由に日顕へとつなぐことはしなかった。捜査員は八木に会う前、境内の輸送センターに立ち寄ったが、その際、「吾々を此処までやらしておきながら、こんなやり方はないだろう」といった趣旨の嫌みさえ口にしていたようだ。その後、八木から電話を受けた八尋は三十分にわたり懇々《こんこん》と事情を話したらしい。その結果、翌朝八時半に八尋が日顕に会えるよう手配してもらえることになったという。

八尋からそうした報告を電話で聞いた河辺は、事の重大性を理解しつつも、まだ日顕をこの件に関わらせることに疑問を感じていた。このあたり、「月刊ペン事件」で北条浩が池田の証人出廷を回避しようと裏工作にまで手を染めたのと同様、宗門においても唯授一人である法主は容易に近づけない存在であり続けなければならないと周囲は考えていた。「ともかく、明日が問題。昨日も今日も眠れない」――。そう言って、八尋はこの日の電話を切った。

翌二十二日、八尋からの電話報告を受けた河辺はメモにこう記している。「五之坊銃撃事件お陰で無事できた。後はシッカリやる」――。おそらく八尋から直接説得された日顕は被害届に名前を記すことについて了承したのだろう。その後、銃撃犯は起訴され、公判では懲役一年八月の有罪判決が下っている。

もっとも、後藤組による嫌がらせ行為はその後も続いた。

半年後の十一月十二日、東京・信濃町の「創価文化会館」に銃声が鳴り響いた。拳銃を発砲したのは後藤組傘下団体の組員三人で、その場で警視庁の警官によって逮捕されている。動機はやはり百条委員会潰しの成功報酬目当てだったとされる。

さらに翌一九八六年一月二十二日、鉄パイプによる襲撃事件がまたしても富士宮市内で発生した。午後十時半頃、自宅近くの駐車場に車を停めたところ覆面姿の二人組に襲われたのは市議の秋鹿《あきしか》博だった。書類を投げ捨てた秋鹿は頭部から血を流しながら近くの料理店に助けを求め、やっとのことで難を逃れた。六年前の十二月、秋鹿は創価学会・日原・富士宮市三者の癒着を市議会で追及し、百条委員会の設置にも動いていた。警察は後藤組による犯行と睨《にら》んだが、その後、この事件は迷宮入りする。

前述した警察資料によれば、これらの間、後藤組組長の後藤忠政《ただまさ》は公明党関係者に対し百条委員会潰しで果たした解決努力を認めるよう内容証明郵便の作成を強要し、創価学会関係者にも面会を求めたとされる。そんななか、数々の事件は発生していた。秋鹿襲撃事件の二カ月後、後藤組は大石寺周辺に持っていた土地を三十二億円あまりで売り付けようと創価学会や宗門に対し迫るようになったとされる。恐喝行為は翌一九八七年十月頃まで一年半にわたり続いた。結果、後藤組は二十億円あまりの利益を得たとされる。学会や大石寺は被害届を出さず、この件については捜査事案にすらならないまま闇に葬られた。

公明党内部からの火の手

一九八五年夏、五之坊銃撃事件が一応の解決を見た直後、池田の頭をしばし悩ませることとなったのは公明党内部で突然上がった火の手だった。

七月十五日、公明党東京都本部の役員会において、東京都議の藤原行正が幹事長と中央執行委員から下ろされるという一幕があった。八日前に行われた都議選で藤原は連続七回目となる当選を果たしたばかりだった。藤原外しとも言えるこの人事はあくまでもまだ内々のものだったため、創価学会内でも噂は徐々にしか広まらず、しばらくは多くの者が知るところではなかった。

河辺が創価学会本部職員の市川厚からそれを知らされたのは四日後のことだ。「重大問題が出来た。会った上で話したい」——。まず市川が口にしたのはそんな言葉だった。このところ、夜に帰宅すると決まって無言電話が入るという。池田に批判的な自分が内部情報の流出源と疑われてのことではないかと市川は感じ始めていた。そこで盗聴を恐れ、直接会うことを求めたわけである。

翌二十日、二人は会った。市川は公明新聞編集長の井上義久（後に衆議院議員、公明党幹事長）から聞いた話を伝えてきた。それによると、件の人事発表があった後、質疑応答に移ると、手を挙げた藤原は人事への不満を言うかと思いきや、誰もが想像すらしていなかったことを喚《わめ》き始めたのだという。

「池田は大悪人の謗法と学会を私物化した大謗法者である。そのため北条会長を殺し息子まで謗法で死なせた」

およそそんなことを口走った藤原に対し、参議院議員の大川清幸と東京都議の藤井富雄は即座に立ち上がり「ふざけるな」と怒鳴ったという。しかし、藤原はそれに怯《ひる》むことなく、さらにこう続けた。

「事実じゃないか。池田は5年後に死ぬ」

その場が騒然となったことは言うまでもない。藤原に近い衆議院議員の大久保直彦や参議院議員の多田省吾はただただ身体を震わしていたという。このハプニングにより会議はわずか十分間で打ち切られたとされる。

前代未聞の騒動は池田にも伝えられた。そして秋谷に命じたのは、衆議院議員の渡部一郎を使って藤原を懐柔することだった。

ずいぶん以前に触れたところだが、当時は下の名前を「城克」と名乗り聖教新聞記者をしていた渡部が二十六年前の一九五九年五月に結婚した相手は同僚の松島通子だった。渡部と同様、妻・通子もその後、国会に送り込まれ、二人は一時期〝おしどり議員〟などと持て囃《はや》されたものである。月刊ペン事件で池田の女性問題の相手として記事に書かれていたのも、この通子だった。若い頃、頭脳明晰な女子部隊長として目立つ存在だった通子の家族は熱心な活動家一家として知られ、姉・郁子もまた小学校教員を務めながら女子部隊長に任じられていた。その郁子が一九五五年に結婚した相手こそ、当時、外郭企業「東洋精光」（後の東洋物産）で取締役営業部長を務めつつ杉並区議の仕事もこなしていた男子部隊長の一人、藤原だった。

つまり池田は渡部に対し義兄の説得を命じたわけだが、市川が河辺に伝えた話によると、当の渡部は「都議会の事で国会の事ではないので」とこの件を巧みにかわしたらしい。

いずれにせよ、この事態を受け、河辺は公明党職員の小宮貢などを通じ藤原と接触を試みることとなる。それが実現したのは四カ月後、十一月十八日のことだった。前月末、池田は東京女子医科大学病院に入院し、その月十日に退院していた。表向きは検査入院とされたが、実際は狭心症の発作によるものともされ、関係者はこの話で持ちきりだった。

河辺と藤原との間でも最初はその件が話された。河辺が八尋から疲労によるものと聞かされていたところ、藤原は胸の激痛や糖尿病の悪化、視力の極端な衰えなど池田の病状を事細かく口にした。ただ、その真偽ははっきりしなかった。

果たして、藤原は山崎や原島嵩と同様、この先、公然と反旗を翻すのか――河辺にとってはそこが最大の関心事だったが、この日、藤原はこう話していた。

「これからの学会は秋谷の時代。秋谷以外に学会を背負える人物は今の学会に居ない。秋谷を擁立して池田を倒したい。池田は未だ宗門から独立する野望は捨てていない」

「私は宗門、学会こそ根本である。学会からどんなにイジメられようとも、宗門、学会からは離れない」

しかし、藤原はしばらく表立って動こうとはしなかった。妻・郁子の弟・淑《きよし》は聖教新聞に勤めており、同じく規《ただし》も学会幹部だった。そうした創価学会特有の血縁的しがらみが藤原を動きにくくさせていた可能性は高い。

年間二千億円の集金力と承認欲求の暴走

こうしたなか、先に動いたのは、あの福島源次郎だった。翌一九八六年四月、福島は「誡諫之《せいかんの》書《しょ》」と題した書簡をまとめ上げ、池田の自宅に送りつけるという思い切った行動に出た。寄付金集めの「財務」が過度に行われるようになっていたことを憂い、海外の著名人と無分別に対談を繰り返す池田の自己宣揚をたしなめ、組織内での独善的な振る舞いをあらためるよう諫言《かんげん》するものだった。個人崇拝を強い数億人の民を呻吟《しんぎん》させた毛沢東の晩年と重ね合わせ、身を正すよう進言したことで遠ざけられた福島が、その池田に最後会ってからは、五年の月日が流れていた。

これら諫言のうち財務に関しては、この頃の河辺メモを見ると、おおよその金額が何度か記されている。一九八四年十一月に市川が口にした翌年の目標は二千億円であり、一九八六年七月に北林芳典がもたらした情報ではその年に千五百億円から二千億円が集まっているとされた。さらに一九八八年四月に市川の同僚職員が口にした金額は、一九八五年が千八百億円、一九八六年が千三百億円、一九八七年が千五百億円、一九八八年が千八百億円というものだった。さらに創価学会は毎年正月に「広布基金」と称した寄付金集めも行うようになっており、一九八八年のそれは千五百億円に達したという。それら数字は概ね近接しているから、学会の資金力が大方その規模であったことはおそらく間違っていないだろう。

　この頃から宗門側でも創価学会による行き過ぎた寄付金集めを気にし始めていた。一九八六年七月頃、宗務院庶務部長の早瀬義寛は学会側から応対した理事長の森田一哉、副会長の山崎尚見と面談するが、その際、「『サラ金から借りて出せとか、預金を下せ』など指導してはいないか」と問い質す一幕があったとされる。それに対し森田は最初気色ばんだものの、その後に返ってきたのは「模範回答」だったという。

　他方、自己宣揚については、この間の池田はこんな具合だった。福島がその書簡で指摘していたことでもあるが、池田は一九八三年八月に「国連平和賞」を受賞していた。「言論出版妨害問題」以降、創価学会は牧口常三郎が獄死した戦時中の弾圧にこじつけて自らの原点が反戦平和運動にあるかのようなプロパガンダを大々的に展開していた。戸田城聖が一九五七年に「ことごとく死刑にすべき」と叫んだ原水爆に関する唐突な発言もその際には好都合だった。確かに、核兵器廃絶など熱心なその後の取り組みは各方面で評価されるところとなり、一九八三年二月、海外組織を束ねる創価学会インタナショナル（ＳＧＩ）は国連ＮＧＯにも認定されていた。そして、池田へと個人的栄誉が授けられたわけだが、かねてからの承認欲求はこの前後から抑えが効かなくなる。池田は次から次へと称号を求め、そのたび『聖教新聞』には、それを過剰なまでに讃え宣伝する大見出しが掲げられるようになっていた。

　さて、福島の諫言に対し、池田は案の定、返答をすることがなかった。そのかわり、直後から本部幹部会や「伸一会」といった会合の場で、池田は福島を退転者呼ばわりするようになる。山崎や原島と同じというわけだ。そこでは一緒に石田次男の名前が挙げられることもあった。件の誠諫之書を送る少し前、福島は石田と会い、意見を求めるためその原稿を渡していた。石田は一九六五年に参議院議員から身を引くと、半ば引退生活に入っていた。組織内で様々な悪口が囁かれるなか、福島もそれを信じ込んでいたが、教学に関する思索を深めるうち、ある時思い立って電話をしたのが直接会うきっかけとなった。その石田はジャーナリストの内藤国夫から取材を受けた際、誠諫之書の原稿を見せており、その内容は雑誌記事となっていた。そうした経緯もあり、池田は石田もやり玉に挙げたのだろう。

本来自らの行動を公にする考えがなかった福島は、思いがけない事態に戸惑ったが、それでもその年十二月、新たに「続誠諫之書」をしたため、やはり池田の自宅に送りつけている。この時も池田からの反応は何もなかった。

相次ぐ反逆者……海外にも反乱の芽が

それから二年が経った一九八八年春——。

創価学会の組織内では新たな退転者の名前が囁かれるようになる。

それは福岡二区選出の衆議院議員・大橋敏雄だった。一九五三年に二十七歳で入信した大橋はずっと九州で活動してきた幹部だ。東京から派遣された石田とともに九州総支部の草創期を支え、池田体制の発足から間もない一九六一年七月には理事に任じられている。その頃、池田は地方幹部を大量に取り立てており、大橋もそこに選ばれたわけだが、まだ理事の数は四十人にも満たない頃だったから出世は早かった。翌一九六二年、大橋はまず福岡県議会に送り込まれ、一九六七年からは衆議院議員として連続八回の当選を果たしていた。

河辺メモによれば、市川とその同僚職員が大橋に反乱の予兆があるとの情報をもたらしたのは四月十一日のことだった。しかも、あの藤原と共闘する動きまであるという。

あれから藤原は表立って池田批判を行うこともなく東京都議を続けていた。二年前の暮れ、創価学会はテコ入れのため総合青年部長だった太田昭宏ら数人を公明党に送り込んでいた。直後に予定されていた竹入義勝から矢野への委員長交代とともに、その狙いは藤原を押さえ込むことにあったとされる。そうしたなか、この年の夏に予定される都議選で藤原は公認されない方向となる。矢野から政界引退を申し渡されたのは三月下旬だった。市川らの情報によれば、大橋は藤原を公認しなければ大変なことになると周囲に話し、それは秋谷から池田にも伝わっているという。しかし池田の考えは変わらず、結局、公明党はちょうどその日に藤原の公認見送りを機関決定することとなる。

一カ月後の五月上旬に発売された月刊誌『文藝春秋』には大橋の寄稿が大々的に掲載された。そこには「池田大作への宣戦布告」なる物騒なタイトルがつけられていた。六月六日、大橋は藤原とともに記者会見を開き、公然と池田批判を叫ぶこととなる。

直後、大橋は金銭の不正授受や女性問題を理由に党を除名され、創価学会からも追放処分となった。公明党が現職国会議員を除名にしたのは初めてのことだ。河辺メモによると、その少し前、理事長の森田は日顕と面談した際、大橋のことを悪し様に罵っていたという。「人妻との浮気現場を相手の女の主人に発見され、学会が1千万円出して片をつけたのに、あんな事をやって不知恩《ふちおん》な奴だ」――森田はそう口走っていたらしい。

他方、藤原については除名申請が出されたものの、党は処分を見送った。この違いが何によるものかは判然としないが、創価学会の不都合な真実にどの程度通じていたかの違いによる可能性はある。大橋はあくまで信濃町から遠く離れた九州が地盤の幹部だ。対して藤原はかつて北条とともに東洋精光の経営を戸田から任されたほどの中枢幹部で、言論出版妨害問題では当事者の一人でもあった。三年前、河辺と面談した際、藤原は第六十四世法主・水谷日昇にまつわる再婚問題に関し東洋精光が裏金から五百万円を工面したことや、やはり裏金で学会活動を支えていたことなどを打ち明けていた。知りすぎた男を切ることができず当初は手懐《てなず》けようと試みる行動原理は、かつて山崎・原島問題でも見たところではある。

相次ぐ反逆者は池田の猜疑心を一層深めたに違いない。河辺メモによると、その頃は海外組織でも反乱の芽があった。インドネシアの中心者であるセノスノトは河辺を通じ大石寺との関係を創価学会抜きで直接築こうと動いていた。また、アメリカでは一九六〇年代早々から留学生として組織立ち上げに奔走した貞永昌靖が「ジョージ・M・ウイリアムス」と改名して現地に根付き中心者となっていたが、池田との関係は険悪になりつつあった。

大橋と藤原が狼煙を上げた最中に行われた本部幹部会では「退転反逆者名簿」なるものが会長の秋谷によって発表されたとされる。そこでは山崎や原島、福島といった名前が次々と読み上げられた。この後、創価学会では敵対者の「撲滅」を祈願する唱題会など常軌を逸した行事が平然と行われるようになる。それは池田の虚栄心を満足させるとともに猜疑心をしばし鎮め、何よりも組織においては相互監視による引き締めをもたらすものだった。

リクルート事件で露呈した公明党のカネ塗れ

一九八〇年代後半、日本はバブル景気に浮かれていたが、創価学会もそれと無縁ではなかった。

カネ絡みの醜聞に塗《まみ》れたのは、まず公明党議員だった。

一九八八年一月、大阪地検特捜部の捜査線上に浮かんだのは大阪府選挙区選出の参議院議員である田代富士男だった。かつて一九五〇年代後半、青年部メンバーとして傍若無人な警察批判キャンペーンで先頭に立っていた田代は、その後も関西を地盤に青年部参謀などを歴任した。池田体制の発足間もなく前出の大橋とともに三十歳で理事に抜擢され、一九六五年、参議院に送り込まれた。あの「社長会（金剛会）」に竹入や矢野とともに呼ばれたこともあり、池田の覚えはめでたかった。

田代は一九八〇年春、全国砂利石材自家用船組合連合会（全自連）と接点を持ち、毎年五百万円の献金を受け取るとともに、国会で質問を行うなどしていた。全自連が数年来の懸案事項としてきたのは自家用船の営業船への転用だ。しかし、日本内航海運組合連合会による船腹調整が立ちはだかり、それは業界が思うようには進んでいなかった。そこで全自連役員は一九八五年二月二日、大阪・心斎橋の懐石料理屋「生尾」で田代に対し運輸省に制限撤廃を促す質問主意書を国会に出すよう依頼し、実際、田代は六月十七日にそれを提出した。その間の五月七日、田代はやはり生尾において全自連役員から差し出された茶封筒入りの現金一千万円を受け取っていた。

請託を受けた上での賄賂の授受であり、それから三年後の一月十八日、田代は特捜検事の事情聴取を受けることとなる。公明党議員は組織にとっての駒に過ぎないから、その進退は池田はじめ創価学会も含めた上層部の意向であっという間に決まる。その日のうちに田代は離党、一週間後には議員辞職となった。在宅起訴されたのは一月三十一日のことである。

さらに、同様の事態は続く。

翌一九八九年五月、次に嫌疑をかけられたのは衆議院議員の池田克也（克哉）だった。苦労人の池田は言論戦を担う雑誌『潮』の編集長を任され、一九六七年に聖教新聞から分社化された外郭企業「潮出版社」では取締役となっていた。やはり社長会に時々出席を許されていたから、重用されていた口だ。一九七六年、池田は政界に送り込まれ、以来、都合四回の当選を重ねていた。

前年六月の『朝日新聞』による調査報道で火が付いたリクルート疑獄は、リクルートコスモスの未公開株が大量にばら撒かれるというこれまでにない手口もあり、大手マスコミにまで広がるという底なし沼の様相を呈していた。その年十月にリクルートの元社長室長の逮捕で幕が上がった東京地検特捜部による捜査は、年が明けると、二月に贈賄側トップの江副浩正《えぞえひろまさ》、翌三月に収賄側として元日本電信電話会長の真藤恒《しんとうひさし》、元労働事務次官の加藤孝、元文部事務次官の高石邦夫の逮捕と、まずは官界に波及することとなる。

そんななか政界捜査で真っ先に浮上したのが公明党衆議院議員の池田だった。すでに半年前、疑惑の線上に浮かんでいた池田は副書記長など公明党の役職を辞任していたが、宗門の河辺のもとへ逮捕情報がもたらされたのは四月十九日のことだった。

前年十二月、河辺は日顕から直々の要請を受け、札幌の日正寺《にっしょうじ》に赴任していた。そのため、ワンマン化著しい池田大作に不満を持つ職員グループとの接触頻度は少なくならざるを得ず、かわりに千葉・船橋にある蓮清寺《れんせいじ》で住職を務める志岐長道がその者らと会うようになっていた。池田克也にまつわる情報はその志岐が市川から仕入れた情報として伝えてきたもので、「今週中に逮捕される」という、かなり切羽詰まった内容だった。

実際に池田が東京地検特捜部によって事情聴取されたのは二週間あまり後の五月六日だ。そして、田代と同様、池田もあっという間に用済みとなった。十日後には離党し、国会議員も辞職する方向が決まる。家宅捜索を経て在宅起訴されたのは同月二十二日のことだった。

教育部の機関誌『灯台』の編集長を務めていた池田は、国会に送り込まれた後、文教族となっていた。そうしたなか、学生向け就職情報誌で急成長したリクルートと接点を持ち、たびたび接待を受け、家族ぐるみで京都旅行を世話してもらうなど関係を深める。

最初の賄賂は五年前の八月だった。就職活動学生を早期に囲い込む青田買いの横行が自社のビジネスにとって逆風になると考えたリクルートから頼まれ、その是正を促す国会質問をした見返りだ。議員会館でリクルート幹部から受け取ったのは小切手百万円である。さらに翌年六月にも小切手百万円を受領、十二月からは妻を代表取締役に仕立てていたビル管理会社「清雅」で架空のコンサルタント料を受け取るようになる。清雅は親族が持つ東京・代々木の土地に、池田が三菱銀行から一億二千万円を借りてビルを建てた際、節税目的で設立した会社だ。架空のコンサルタント料は最初の半年に二百万円、同様に次からは三百万円となった。

そして一九八六年九月末、池田は江副直々の誘いを受け、株式公開間近のリクルートコスモス株五千株を譲り受けることとなる。代金千五百万円は全額がリクルートの関連ノンバンク、ファーストファイナンスから融資された。果たせるかな、株式が公開された翌日、池田は全株を売却している。濡れ手で粟《あわ》のごとく手にした利益は千八十八万円に上った。

捜査中、池田の実弟・謙は自らの手帳に「東京地検に勝つ」などと書いていた。公明党職員の謙は金庫番的な役割を担っており、主に後援会のカネ集めを行っていた。集票面で創価学会丸抱えの公明党議員ではあったが、活動資金のやりくりは厳しかったらしい。公明党が表向き所属議員に対し企業献金を禁じていた一方、池田は落選中だった一九八一年にダイエーから月々二十万円を借名口座を通じもらい始めるなどしていた。リクルートとの癒着にはそうした背景があった。

捨て金庫事件の主役

さて、この不祥事は公明党の中枢をも直撃した。池田の離党から一夜明けた五月十七日、一年近くにわたり燻っていた金銭スキャンダルの果て、委員長の矢野が辞任へと追い込まれたのである。発端は前年六月にはじけた明電工事件だった。仕手筋としても知られる同社オーナーの中瀬古功は二十一億円という巨額の脱税により逮捕・起訴されていた。そんななか、明電工の株譲渡先に矢野の秘書や元秘書の名前があったとの疑惑が浮上し、さらに加えて、矢野が自宅で明電工役員に対し二億円を渡していたとのきな臭い話まで持ち上がっていた。矢野はそのたびごとに疑惑の払拭に努めたが、そこにリクルート疑獄が波及したことで進退はここに極まった。

これだけでも世間の創価学会・公明党に対する目は厳しくなる一方だったが、カネ絡みの醜聞はそれで終わりとはならなかった。

六月三十日、横浜市旭区内の産業廃棄物処分場で古い金庫が見つかる。重機で吊り上げたところ、意図せず重い扉が開き、なかから出てきたのはおよそ一億七千万円もの現金だった。この金庫を持ち込んだのが創価学会の外郭企業「日本図書輸送」であったことは間もなく突き止められる。

この通称「捨て金庫事件」に関し、河辺に情報をもたらしたのはあの北林だった。金庫発見から三日後のメモには北林の発言がこう記されている。「あれは時期から考へて、中西治雄がらみの問題。詳しい事は分からない。ただ最近、本部でひんぱんにトップ会談が開かれている」――。その頃すでに組織内では中西の名前が頻繁に挙がっており、捜査機関もそのことは把握していたようだ。

実際その日夜、中西は大川清幸とともに記者会見を開き、持ち主であるとの事実をあっさり認めることとなる。「小樽問答」において青年部の斥候《せっこう》を務めた大川は墨田区議、東京都議、そして参議院議員と都合二十四年間にわたる政界への派遣に終止符を打たれ、三年前からは日本図書輸送の社長を命じられていた。中西は会見で大量の現金に関し、十数年前に大石寺境内で経営していた土産物店の収益金をしまい込んで聖教新聞地下の倉庫に置き忘れていたものが誤って搬出されたなどと弁明した。中西、大川の二人は記者たちを実際に地下二階の倉庫にまで案内する念の入れようだった。

しかし、その説明を鵜呑《うの》みにする関係者は少なかった。河辺のもとにも引き続き関連情報が続々届いた。いわく、あのカネは一九八一年に中西が反乱を起こそうとした際に用意していたものので、もともとは業者からのリベートだったとの話や、一九六〇年代後半に正本堂の寄付金を集めた際に海外分がプールされていたものといった話など、様々だった。中西が余生をなげうって告発のため挙に及んだとの話や、大金をもらって事件のピエロになったなどと動機についても諸説飛び交った。その居場所についても噂は乱れ飛ぶ。東京・銀座の日航ホテルに自ら隠れていると言われたかと思えば、創価学会が箱根の研修所に匿《かくま》っているといった具合だ。そして一部の関係者は中西がこのまま公然と反旗を翻すことを恐れた。

しかし、そうした動きに中西が出ることはなかった。十月、退会届が出され、中西はそれ以上、創価学会とは関わらない道を選ぶのである。

日顕への直訴状

この間、宗門側はこうした創価学会の不祥事をじっと見守っていた。

河辺メモによれば、日顕は一九八八年春頃から再び池田に対する否定的見解を何度となく口にし始めたようだ。

四月二十四日に面談した際、「私記」として河辺はこう感想を書き留めている。

「1、猊下は池田に対し余り良い感情がない感じを受ける　2、猊下には情報が不正確に入れられている、その上、余り良い情報がない　3、これではやがて判断を誤る時がくる」

河辺は宗門が創価学会と事を構えることに否定的だった。

三カ月後の七月十一日、折からの大橋と藤原の池田批判会見に関し、河辺は日顕に対しこう話している。

「藤原、大橋問題で宗門が騒がなかったからよかった。結局、問題は金と女という事になってくる」

これに対し日顕の方は少し前のめりだった。

「その件（藤原・大橋問題）で僧侶に対し一言云っておこうと思っている」

河辺はたしなめた。

「この問題は猊下が何も云はないからいいので、宗門には関係のない事だから猊下は何も云はない方がいい」

日顕は一言、「分った」と言い、この時、すぐに持論を引っ込めている。

わずか九日後、河辺は別件でまた日顕と会う。こんどは日顕のもとにあの福島から書簡が届いたという。なかに入っていたのは例の続誡諫之書であり、日顕への直訴状だった。

「読むと問題個所が相当ある　学会では『お山は捨てても池田に追従していこう』と云っているようだ　学会に一言云はなくてはならないと思っている」

そう話す日顕を、この時も河辺は宥めた。

「池田引退の引金になったのは福島の大牟田発言にあるのでこの福島文書を証拠に学会に注意するのは感心できない。もう少し様子を見る方がよい」

そんな忠告を、日顕は「そうか」と言って、やはりこの時も素直に受け入れている。

逸る日顕を河辺がたびたび諫《いさ》めたのは、そもそも創価学会内部の反池田派職員をあまり買っていなかったからだと思われる。

三年前の五月十九日、河辺は桐村泰次、野崎至亮、市川の三人と会食をしている。その際、桐村らは全国各地の学会員が信濃町に持参する池田への献上品を受け入れる接遇係が最近できたことを取り上げるなど、池田批判を口にし続けた。話は三時間ほども続いたという。

それを一通り聞いた河辺は事後、こう書き留めている。

「3人とも反池田で、『池田追放』を力説してはいるが、彼等（＝桐村ら）自分（＝河辺）には犬の遠吠へ程度の気力しかないものを感ずる」（カッコ内は引用者）

市川らに接触したいとの意向を日顕から持ち掛けられたこともあったが、河辺はそれを止めていた。しかし、一九八八年暮れに河辺が東京から札幌に移ったことで、事情は少し変わる。日顕は宗務院海外部の中堅僧侶である関快道を反池田派職員グループとのパイプ役に起用し、その新たなルートから入る情報にしばらく重きを置くようになるのである。

かくして一九九〇年は明けることとなる。

ベルリンの壁が崩壊しビロード革命によって東欧が解放されたその頃、六十二歳となった池田大作は、ペレストロイカによりその歴史的大変動をもたらしたソビエト連邦共産党書記長ミハイル・ゴルバチョフとの会談を実現することで頭が一杯だった。二月十二日に北米指導のため日本を発った池田は現地時間十六日、ロサンゼルスのオクシデンタル石油を訪れる。その経営トップ、すでに九十歳を超えていたアーモンド・ハマーは、まだウラジーミル・レーニンの指導下にあったソ連に二十三歳で渡り、米ソ貿易で財を成した政商だった。五年前にスイス・ジュネーブで実現したアメリカ大統領ロナルド・レーガンとゴルバチョフとの歴史的会談の裏側で動いていたのもこの老紳士だ。「ドクター・ハマー」とも呼ばれたこの怪人物に取り入りさえすれば、二十世紀有数の政治指導者ゴルバチョフに会える――池田はそう考えていた。

そんな一方、日本では法主・日顕の密命を帯びた関が桐村らと取り計らい術策を講じようとしていた――。

第14章　C作戦

「ニセ本尊」大量印刷の噂

「河辺メモ」によれば、法主・阿部日顕の密命を帯びた宗務院海外部主任の関快道が創価学会の反池田派職員、桐村泰次や市川厚ら四人を呼び出し、東京都新宿区内の日本料理店でひそかに会ったのは一九九〇年二月十四日のこととされる。その場で関が桐村らに対し依頼したのは「特《とく》別《べつ》御《お》形《かた》木《ぎ》御《ご》本尊《ほんぞん》」に関する実情調査だった。

二十三年前の一九六七年一月、当時会長の池田大作は法主の細井日達に願い出て、その書写による紙幅《しふく》本尊《ほんぞん》をもらい受けていた。中堅幹部以上に配りたいというのがその理由だったらしい。「形木」というのは要するに印刷物ということだ。この後、創価学会は元の紙幅本尊を大量に印刷して配布するわけだが、ただし本尊一体一体は和紙で包み、そこに大石寺の僧侶が願主《がんしゅ》である学会員の名前を一人一人墨書することとされた。しかし、年月とともにそれはなし崩しとなり、しまいに学会は費用削減のため印刷を刑務所に発注し、勝手にばら撒き始めたとの噂がこの頃持ち上がっていた。後にその疑惑は「ニセ本尊」などと週刊誌で喧《かまびす》しく報じられることとなるが、日顕はいち早く噂を聞きつけ、関を通じ実態を探らせることとしたわけである。

さらに日顕はこれを糸口に大胆な絵を描いていた。その日、関はこうも言ったとされる。

「猊下は池田を追放するため、猊下、（総監の）藤本（日潤）と私の3人でやる（と言っている）」

（カッコ内は引用者）

その「増上慢」に耐えかね、ついに日顕は池田の追放計画に着手したということらしい。以後、関は都合七〜八回にわたり桐村らと密談を重ねることとなる。そのたびごとに相当数の録音テープや内部資料が宗門側には提供された。当初、創価学会が経本を東京近郊の刑務所に印刷発注していたところ、特別御形木御本尊に関しても発注するようになったことや、それに関与したのは北条浩、森田一哉、森田康夫、中西治雄の四人であるといった情報が、桐村らからは流されたようだ。

「市川さんが聞いたらビックリするようなある大幹部から手紙が猊下の処にきて〝池田は追放した方がいい〟という」

関は市川に対し、そんなことも言っていた。この「大幹部」が誰かまでは、河辺メモに記されていない。市川らは関の言葉にずいぶんと気を強くし、相当数に上る内部資料の提供にどうやら踏み切ったらしかった。

しかし、最後となる五月四日の会合において、関から伝えられる日顕の姿勢は突然トーンダウンしたという。ひとつには、仮に池田を追放したとしても創価学会から宗門側につく信者が二割程度しか見込まれないこと、もうひとつには、宗門側が一致団結して事に当たれそうになかったことがあった。

「信者が2割残れば充分じゃあないか。大聖人の佛法と信者を天ビンにかけるのか」

関の話を聞いた桐村はそう言って語気を荒らげたようだが、かと言って、その後、創価学会の組織内で池田追放に向け何か行動を起こす風でもなかった。これら一連の経緯を、河辺が市川から打ち明けられたのは最後の密談から十日後、五月十四日のことだった。

宗門の知らないところで特別御形木御本尊が乱発されていた話もそうなのだが、「第二次宗門戦争」へと至る道は多分に経済戦争的な側面が窺えた。

「恩師の二十三回忌に思う」との所感記事をめぐり、六年前に池田が手の平を返した一件でにわかに高まった創価学会と宗門との緊張は以前に紹介したところだが、その数カ月後、じつのところ、学会は意趣返しともとれる行動に出ていた。

宗門の収入源を断て

一九八四年の九月、創価学会で登山部長を務める平野恵万は日顕に目通りした際、予想外の申し出をしている。それは翌年二月の大石寺登山を取り止めたいというものだった。この時期の登山は寒さから事故が多く、末端の学会員からも苦情が多いというのが理由とされた。

創価学会は「月例登山」と称し観光バスなどを仕立てて学会員を大石寺に大挙送り込むことを戸田城聖の時代から行っていた。その大量動員を捌《さば》くため男子部内の選抜メンバーで結成されたのが「輸送班」であり、一九七六年にそれを引き継いだのが「創価班」である。とりわけ創価班はその後、組織内で出世を願う男子部員にとって代表的な登竜門となる。さらにその創価班から精鋭を集めて発足したのが「広宣部」だ。最初に結成されたのは総東京のうち北・板橋両区を受け持つ第九総合本部で、一九八九年頃のこととされる。「国立戒壇」をめぐる問題以降、学会の宿敵である「顕正会」（かつての「妙信講」）が地元に本部を置くことから、それへの対策が目的だった。男子部内でも副書記長といった中二階の役職が責任者に充てられた広宣部は完全に裏の組織であり、やがて活動は全国へと広がり、この後に第二次宗門戦争が激化すると謀略工作を担うこととなる。

さて、戸田時代からの学会挙げての大量登山だが、それは宗門側に多額の金銭を落とすことも意味した。正本堂に安置された「戒壇本尊」を拝むには「御開扉御供養《ごかいひごくよう》」が必要だし、境内での休憩には「食事代」を払う。そして、大抵の登山者は境内の宿坊に泊まる。学会が登山を取り止めれば、当然、それだけ宗門側の収入は減る構図だ。

平野の申し出に対し、日顕は、池田がそれを言わせているに違いないと見た。宗門に経済的打撃を与えようとの狙いを読み取ったのである。その後の連絡会議で創価学会側は、泊まりがけの団体登山を取り止めるものの個人での日帰り登山は続けてもよいと、宗門側の足下を見るような妥協案を示したが、この時、日顕はそれを断った。

「いよいよとなったら池田を総講頭から解任するため宗規の総講頭事項を削除しようと思う」

「池田の動きによっては池田・学会の処置を考へる　自分の腹は決っている　達師とは違う」

平野による申し出からまだ日が浅い九月十日に会った際の日顕の発言を、河辺はそう書き留めている。「第一次宗門戦争」の際に日和見的で優柔不断な態度に終始した「達師」、つまりは先代法主・細井日達を、かつて親学会派の筆頭だった日顕は反面教師としていた。

それから五年後の一九八九年二月、こんどは宗門が創価学会に対し牽制球を投げることとなる。消費税導入を機に、御開扉御供養を千六百円から二千三百円に、食事代を千百円から千五百円にそれぞれ値上げしたいと要請したのである。もっとも、この時、六日後に行われた日顕と池田によるトップ会談の結果、宗門側はじつにあっけなくこの要請を取り下げている。

ただ、その出来事から一年が経ったこの年、一九九〇年の三月十三日、宗門は別の項目を持ち出し、再び値上げ要請を行った。東京・向島の常泉寺で行われた創価学会との定期的な連絡会議の終了間際、それは相手が見せた油断の隙をつくかのように繰り出された。二週間後の四月一日から「御本尊下付願い《ごほんぞんかふねが》」を二千円から三千円に、「塔婆供養《とうばくよう》」を千円から二千円に値上げするとしたのである。「永代供養」もやはり二倍にするという。

これらはおそらく「自分の腹は決っている」と打ち明けた日顕が、池田の出方を見ようとしたものだったのではないか。

日顕の意図を察知したからだろう、この頃から池田の方でも宗門批判のトーンを急速に上げていくこととなる。この時期、河辺メモには様々な発言が記されている。

「猊下は御本尊を書く人」

「僧侶は葬式をする人」

そんな宗門を馬鹿にするような発言があったのは二月の甲府における指導とされる。さらに五月の本部幹部会ではこんな具合だ。

「坊さんは、供養をとって弾圧されない。いい身分だよ」

六月、池田は大石寺主任理事の八木信瑩に向かって、こう言ったらしい。

「猊下は独裁・ファッショだか（ら）注意して欲しい」（カッコ内は引用者）

さすがにこの時、八木は「それは云へない」と断ったという。

また七月に入ると、中央会議の場でこうも言っていた。河辺が記した要点は次のとおりだ。

「まだ寺へ行っている奴がいるのか」

「権威に隷属してはいけない」

「寺の墓は買うな」

「宗門と寺に関係してはいけない」

「冥加料《みょうがりょう》（塔婆他）は宗門が一方的に連絡会議で値上した。残り時間3分間で値上げした。権威で値上げした」

第二次宗門戦争

この頃、池田は頻繁に「権威」という言葉を使うようになっていた。六月十日、池田は例のアーモンド・ハマーとともに大石寺を訪れている。ただ、この時、米ソの狭間で巨万の富を築いた怪紳士はかねて希望していた法主・日顕との面談を叶えることができなかった。二人は翌日、東京・八王子の創価大学に場所を変え、ソビエト連邦の初代大統領に就任したミハイル・ゴルバチョフとの会談実現について話し合い、終了後、池田はキャンパスから飛び立つハマーが乗ったヘリコプターを見送ることとなるが、異形の政商はこの間、「本山は権威のかたまり」などと、宗門への不満を盛んに口にしていたらしい。池田が「権威！　権威！」と叫ぶようになったのはそれに触発されてのことだった。

　じつはこの間の五月下旬、池田は中国を訪問し、その際、日本政府の密使を務めていた。前年六月の天安門事件を受け西側先進国が厳しい対中姿勢を続けるなか、日本だけは北京に手を差し伸べようとしていた。焦点となっていたのは当時の首相だった竹下登が二年前に約束していた八千四百億円にも上る第三次円借款を実施するかどうかで、この時、池田は日本政府にその意向があるとの首相・海部俊樹の親書を携えていた。国務院総理の李鵬《りほう》に手渡したのは五月三十日、晩餐会の後に少人数になった際のことだった。

　この頃、池田が有頂天になっていたことは想像に難くなく、ゆえに宗門を軽んじる発言を次々と行うのもむべなるかなではあった。

　創価学会と宗門との緊張関係がにわかに高まるなか、七月十二日、会長の秋谷栄之助は宗務院庶務部長の早瀬義寛が住職を務める東京・若松町の大願寺に行く。それは、抗議を申し入れるためだった。

　その一件は十日前に起きていた。この日、東京・駒沢の宣徳寺《せんとくじ》では増改築落慶法要があった。宗務院渉外部長の秋元広学が住職を務める末寺だ。関西から上京し挨拶に立った僧侶の高野法雄は、かつて法主候補と囁かれ常泉寺の住職も務めた日深の息子だったが、その場を和ませようとしたのか、こんな趣旨の挨拶を冗談交じりにしていた。

〈この寺の増改築に対し無利子・無担保・無請求でお金を貸した。そこで担保として〝娘をもらいたい〟と言ったところ、住職から〝娘は困る。女房ならいいから持っていってくれ〟と言われた〉

秋元の方でもその冗談を受けて当意即妙《とういそくみょう》に謝辞を述べたのだという。

これらは少々脱線ぎみなよくある社交辞令と気に留める必要もなさそうな些事《さじ》だが、僧侶となるとそうもいかず、その場に居合わせた創価学会の婦人部幹部はひどく憤ったらしく、早速、北海道に滞在中の池田に告げ口をする。それで秋谷がこの日、早瀬のもとへと抗議にやって来たというわけだった。

創価学会と宗門、互いが威力偵察を繰り出し敵情を探るなか、この頃ともなると、もはや理由の如何《いかん》は問われなくなっていた。当時は、石川・七尾の是生寺《ぜしょうじ》の住職が寺院増築に供養を差し出すよう信徒に強く要請していた話も持ち上がっており、理由を探していた学会はそれにも飛びついた。

秋谷からの抗議を受けた翌日、早瀬は河辺に電話をかけ、「最近の学会は少々変だ。特（に）この三ヶ月間は」と漏らしている（カッコ内は引用者）。この日、河辺はその前に八尋頼雄からも電話を受けていた。同じ北海道にいる池田に挨拶の電話をしてもらいたいとの要請である。八尋としては緊張緩和を願ってのことだったと見られる。しかし、この時、河辺は「最近、名ヨ会長はいろいろ云っているというじゃあないの。考へさせてくれ」と言い、その要請をやんわり断った。

結局、事態は直後から急速なエスカレーションを辿る。宗門は先んじて全面戦争を覚悟した。そして、水面下でその準備に着手することとなるのである。

西片会議

七月十六日、河辺は日顕から電話を受けた。

「最近、学会池田に関する投書（郵送、登山者持参）がどんどん来る。池田は最近おかしくなった。本部幹部会で池田が『財務も供養』と指導した。財務のために〝保険解約〟〝預金下せ〟〝土地売れ〟など強要じみた指導をしている。寺行くな、塔婆供養するなと指導している」

そして日顕はこう話した。

「重大決意をしようと思っている」

三日後に宗務院と内事部の主だったメンバーを集めて会議を行う考えだという。そこで河辺にも出席の要請をしようというのが、この電話だった。次の日、創価学会との間では定例の連絡会議が開かれる予定となっており、すでに学会からは「僧侶の贅沢《ぜいたく》や虚栄心などについて言いたいことを言わせて頂く」との事前通告が入っていた。その対策のため今日のうちにも東京・西片の大石寺東京出張所で話し合いを持ちたいとも日顕は言い、河辺にそれへの参加も求めた。午後三時の御開扉を済ませ、日顕はすぐに東京へと向かうという。会議は午後六時に始められることとなった。

こうして通称「西片会議」は開かれる。

まずその場に集まったのは法主の日顕、大石寺主任理事の八木、海外部主任の関、そして河辺の四人だった。

日顕は電話にもあった四通の手紙を見せた。「池田はダメ。池田はなおらない。池田を追放すべきだ」――。八木と関からもそんな強硬な意見が出ると、日顕もそれに同調した。

翌日の連絡会議に関する打ち合わせを終えた総監の藤本、庶務部長の早瀬、渉外部長の秋元も遅れてその場に加わった。

前述したように、連絡会議では創価学会から強い抗議が申し入れられることが分かっていた。そこで日顕ら七人は、宗門からも対抗して申し入れを行うことをまずは決める。日顕に届いた手紙をもとに「財務」や「特別財務」について追及し、財務を供養と称して集めることは、十二年前に公表した「教学上の基本問題について」、通称「六・三〇」において、すでに学会側が反省し取り止めることを約束していた事柄であり、教義違反であるとあらためて申し入れようというわけだ。さらに今回は現在進行中の財務について即時中止と返金まで要求することとなった。

その場の議論はさらに強硬策の検討へと進む。関が池田追放に向け桐村とこの先連絡を取り合ってはどうかというものだ。すでにそのポストは濫発ぎみだったとはいえ、桐村は副会長の一人だった。その大幹部と取り計らって創価学会の組織内でも呼応した動きが起きることを期待したのである。しかし、これに対し河辺は強い懸念を示した。

「こんな事を現状の宗門でやったら両刃の剣となる。やるなら、先づ《ママ》宗門の綱紀を糾し、その上でやるべきだ」

この河辺の意見に合わせるように、藤本は池田批判で寄せられた手紙に関し「投書は伝聞であるので根拠に問題がある」と言い、慎重な見方を示した。

ここで日顕の姿勢は後退したとされる。七人の間で池田追放に向けた最終的な意見はまとまらず、連絡会議を挟んだ二日後の午前九時に大石寺の大奥で話し合いを再開することが決まる。

十八日、総本山・大石寺に再び七人は集まった。通称「御前会議」である。

当初は大奥での開催を予定していたが、盗聴を恐れ、結局それは大書院となり、庭園に面した障子はすべて開け放たれた。冒頭、前日に東京・向島の常泉寺で行われた連絡会議の経過が早瀬から報告される。

創価学会側からその場に現れたのは会長の秋谷と理事長の森田だったという。

「名誉会長より止められていますけれど、今日はちょっと言わせてもらいます」

そう啖呵を切るや、秋谷は事前通告どおり寺院の増改築が豪華すぎることや僧侶の派手な振舞いを批判した。「塔婆供養の啓蒙が激しい」「僧侶は金銭感覚がない」と、非難は強い調子で続いた。また、池田から伝え聞いたというこんな話まで秋谷はぶつけてきた。五年前に池田が入院した際、早瀬の実父で元総監の日慈は見舞いに来たのに、早瀬は来てくれなかったとの嫌みである。

対して、早瀬は西片会議で確認したとおり教義違反の指摘をした。すると、森田が鋭く反発した。「財務は6・30違反というのはおかしい」というわけだ。さらに森田は「ファッショ、怒りっぽい」と日顕に対する宗内での世評まで口にする。そうやって言うだけ言うと、秋谷らは「時間がありません」と言い捨て、早々に引き揚げていったという。

創価学会分離作戦

報告を終えた早瀬は池田追放を一同に諮った。そこで河辺は問わず語りにこう口にする。

「それではこの作戦はG作戦だ」

「G」とは「学会」の頭文字であるのか、その意図したところは必ずしも明瞭でないが、これに口を挟んだのは日顕だった。

「それは違う。Cだよ。ともかく21日の池田の目通り（が）山だ。もう少し池田の証拠を集めてC作戦の時を待つ」（カッコ内は引用者）

この「C」は「カット」の頭文字を意味していた。日顕の強い意思を見せつけられても、やはり河辺は慎重な姿勢を崩さなかった。

「C作戦というが、いずれはやらなくてはならない問題としても今この問題をやる事は両刃の剣を持つ事になる。やるとしてももっと分析が必要。それよりも大事な事は僧侶の綱紀自粛が必要。この作戦を実行しても返す刀でこの綱紀問題で学会にやられる」

これに対し、日顕は苛立ちを見せた。

「お前は分析、分析というが、分析して何ができると云うんだ」

河辺は自説を曲げなかった。

「いえ、綱紀を糾さなくては必ず学会からやられる。綱紀自粛の指導を教師講習会でやるべきだ」

ここで藤本が加勢した。

「私も河辺の云う通りと思う。今この問題をやれば両刃の剣となる」

河辺は創価学会の武器である日刊紙の『聖教新聞』に対抗できる手段が宗門にはないことも全面戦争をする際の懸念材料として上げた。ここまできて、日顕も少し折れることとなる。

「皆んなは、この河辺の意見に対しどう思う」

この問い掛けに六人は無言だったが、それは河辺への賛意を表していた。それを確認するように早瀬が沈黙を破った。

「私も河辺の意見の方がいいと思う」

会議は午後三時に終わった。こうして十一日後にまずは綱紀自粛を宗内へと呼び掛ける会議が開かれることが決まる。

それまでの間の二十一日午後二時、かねての予定どおり日顕は池田、秋谷、八尋を大石寺に迎え入れた。例の御前会議の後、日顕は関を呼びつけ、この日の池田との面談にどう応じるべきか意見を求めていた。最初、日顕は「あなたは私に罵詈讒謗《ばりざんぼう》をしているというが、どうか」と池田に対しはっきり言ってやりたいとの考えを示していたが、一時間半ほど話し込むうち、ひとまずはやんわりと言うことになったとされる。

その日、河辺は面談の様子について関からの情報として「取り立てて急ぐ話はなかった」と書き留めている。時間は四十～七十五分とずいぶんと幅のある情報だった。

後日のメモによると、大石寺筋の情報として、当日のやりとりをもう少し詳しく知ることができる。

日顕はまず「6・30を守るように」と、やはり十二年前に創価学会が認めた例の約束事を持ち出したようだ。それに対し池田ら三人は黙ったままだったとされる。

それから、日顕は五日前に池田から藤本にあった電話について尋ねた。

「7月16日に総監に電話したとき、学会で『猊下が横暴だ』と云った僧侶がいたそうですが、その僧侶は誰ですか」（引用者で文章を整えた）

池田はこれを強く否定する。

「総監に電話をした憶へない」

テーブルを叩きながら、そう言い放ったらしい。

事後、日顕は藤本に電話をして、このやりとりを教えた。すると、藤本は「スゴイ嘘つきですね」と驚いていたという。

対する創価学会側は後に当日の日顕による発言をこんなふうに記録している。「法主の発言を封じた。僑慢《きょうまん》だ！僑慢謗法だ！」と秋谷に対し大声で怒鳴りつけ、「あんたにもいっておきたいことがある。懲罰にかけるから！」と池田に向かって恫喝《どうかつ》したという。

いずれが真実であるかは、今となっては知る術《すべ》がない。ただ、この目通りの前後、日顕は関に指示し、御前会議で口にしたC作戦について「創価学会分離作戦（C作戦）」なる文書を作成させたと見られている。来たる八月十三日に予定されている次回連絡会議で学会側に到底受け入れ困難な要求を突き付け、引き続いての臨時宗会で宗規を改正してしまう第一・第二段階から、九月二～四日に一億二千万円をかけ全国紙四紙に「声明書」を広告掲載する第三段階まで、四枚紙のそれには具体的な作戦手順が日付入りで記されていた。

「破門するならしやがれ」

しかし、日顕と池田が面談してから四日後の七月二十五日、日顕は関に対しC作戦発動の中止を指示したとされる。関からの電話で河辺はそれを知った。同月二十九日、法華講連合会の総会に合わせ、大石寺では綱紀自粛に関する話し合いが持たれる手筈《てはず》だった。先の御前会議で日顕ら七人が合意していたものだ。その日、河辺は境内の寂日坊《じゃくにちぼう》で会議招集を待った。が、早瀬からの内線電話で、中止が急遽決まったことを知る。あらためての日取りすら未定だった。これらの間、日顕の考えは揺れ動いていたということだろう。

三十一日、河辺は日顕に電話をかけ、その後のC作戦の状況について尋ねてみた。すると、日顕はこう話すのだった。

「深く考へた結果、自分でもオドロクような考へが浮かんだ。今ここで電話では云へないがいい方法だ」

これがどんな考えだったかは、河辺メモに記されていない。おそらく河辺はそれを具体的に聞かされることがなかったと思われる。C作戦中止の件もそうだが、富士宮や東京から遠く離れ札幌にいる河辺は、日顕の懐刀であったとはいえ、すべての局面に直接関わっていたわけではなかった。極論すれば、すべてを把握していたのは日顕ただ一人であり、藤本や関、それに河辺といった側近を必要に応じ使い分けていた面が多分にあった。

ただ、情報通の河辺は事態が緊迫の度を急速に深めていくことだけはかなり詳細に把握できた。全面戦争に備える創価学会側の動きや最高幹部たちによる宗門批判の発言、それに対する宗門中枢の動きといった情報は次々と入り続けたからである。

七月二十日に信濃町が全国の会館に宛てて一斉にテレックスを送信し僧侶の素行調査を命じたとの情報を伝えてきたのは反池田派の本部職員、市川だった。ゴルフ、麻雀、パチンコ、バー、キャバレーに関する情報があれば、翌日午後三時までに報告せよという。

宗門を批判する声はそのピッチを上げていく。

同月二十六日、信濃町で行われた職員会議で秋谷はこう呼び掛けていた。

「池田先生と会員の離反を画策する者がいる。それが事実であればどんな権威がある人であっても戦わなければならない」

二日前に行われた本部幹部会で池田は先代法主の日達について「学会を庇《かば》った」と持ち上げ、暗に日顕の排斥を示唆していた。

翌八月の七日、創価学会は群馬の「はるな池田記念墓地公園」内にある「渋川平和会館」で、関東会・東京会の合同研修会を開く。その際、十日ほど前にモスクワで念願のゴルバチョフ会談を実現させていた池田は、高揚した気分に任せてか、こう言い放った。

「破門するならしやがれ。大衆は皆な私に従いてくる。トルストイも破門された。お前らは俺に従いてくるな」

終了後、秋谷は「今日一日の池田指導は他言するな」と参加者に釘を刺すのを忘れなかったともされる。

同月十八日、こんどは医師が集まるドクター部の会合における池田発言だ。

「聖職者は権威・権力で威張っている。弱い者いじめをしている。私は弱者の味方」

そんな指導に輪をかけるように、この間の十三日に行われた本部職員朝礼では森田康夫が一同に向かってこう叫んでいた。「吾々職員は宗門の権威と戦はなければならない。池田先生お一人が戦っている」――。職員皆に全面戦争の覚悟を求めたのである。

筒抜け

こうした激しい発言とともに、創価学会がその頃抱え込んだ弱みについても、河辺の耳には届き始めていた。東京国税局による税務調査がそれである。信濃町に資料調査六課の国税職員がやって来たのは六月十八日のことで、この情報はじわじわと漏れ出し、七月末には『週刊文春』

が取り上げるまでになっていた。同月二十七日、河辺は蓮清寺住職の志岐長道から電話を受け、市川からもたらされたその背後事情を聞き、こう書き記している。

「国税が学会に立入りしたのは、『中西……調査』に基づいて立入りしたものらしく、矢野絢也らの国会議員に工作させても国税は引き下るような気配はないようだ。この国税立入りの件で、昨日、職員の全体会議がありその席で、秋谷が文春の『報告書焼却』の件を取り上げて『アレはデタラメ記事』と話したが、職員は事実を知っているだけに白けていた」

税務調査は中西治雄が名乗り出た「捨て金庫事件」が発端らしかった。この十七年ぶりとなる調査はこの後、追及の手が厳しさを増し、断続的に二年近くも続くこととなる。さらにこの時点で創価学会はまだ気づいていなかったが、国税当局の手は別ルートからも迫っていた。東京国税局調査第一部が三菱商事の税務調査に入ったのはやはりその年七月のことで、ほどなく焦点に浮上したのは不自然な絵画取引だった。これが世上を賑わす大騒ぎとなるのはおよそ八カ月後のことである——。

話を宗門戦争に戻そう。

八月度の創価学会と宗門との連絡会議は結局、二十日に、この時も常泉寺で行われた。学会から出席したのは野崎勲と原田稔で、二人の態度は最初からけんか腰だった。対する宗門側は、それを買うようなことはせず、先の申し入れに対する回答として綱紀自粛に取り組むことを約束した。実際に九日後、大石寺では全国教師講習会が開かれ、日顕は集まった一同に向かい「ゴルフをやりたければ法衣をぬいでやれ。運動をするためには別のものがあるはず。厳重に考へてもらいたい。ゴルフセットは古道具屋に売れ」などと強い調子で自制を呼び掛けることとなる。

しかし、だからと言って創価学会側による宗門批判が収まることはなかった。

同月二十四日、仙台の「東北池田記念墓地公園」内にある「蔵王平和講堂」で行われた本部幹部会の席上、池田はまたも「破門されてもいい」と言いたい放題だった。さらに「日淳上人はすばらしかった」と自身が授戒を受けたかつての第六十五世法主を持ち上げ、そのかわり日顕に対しては「人を見下す。権威のかけらもない」と悪口の限りを尽くした。

それでも九月二日、大石寺では創価学会によるお得意の派手な催しが予定どおり行われることとなる。開創七百年を寿ぐ文化祭には六十七カ国・地域からの参加も含め約二千人の学会員が集まった。大客殿前広場を埋め尽くし、芸術部や青年部のメンバーを中心に所狭しと演じられるその様子を、池田も満足げに見守ることとなる。そんな一カ月に及ぶ慶祝ムードは十月十二日から十三日にかけて最高潮に達する。僧俗挙げての開創七百年慶讃大法要には、慶讃委員長を務める池田が当然のように得意満面で出席した。

まるで対立など嘘であるかのような光景が連日繰り広げられたその裏側では、しかしながら、相変わらずの情報戦が展開されていた。

九月十三日、河辺は志岐から電話を受け、こんな情報を耳にしている。

「1月、6月、7月、8月度の本幹テープが、誰か分からないが本山に送られている。池田が『破門されてもいい』とかなどがよく録音されている」

「本幹」、つまりは本部幹部会における池田ら最高幹部の発言は宗門側にほとんど筒抜けだった。

おそらく、その一因は池田が好む指導スタイルにあった。信濃町で側近くに仕える一部の幹部・職員が反発を強めた一方、組織内における池田の大衆的人気は引き続き絶大だった。そのカリスマ性の源泉のひとつが本部幹部会の全国中継だったことは間違いない。大森育ちの池田が話す言葉は下町のべらんめえ調であり、それは戸田譲りのものだったが、ユーモアを交えたざっくばらんで奔放な語り口は末端会員の心を鷲掴《わしづか》みにした。その人心掌握術を広く展開するため、かつて戸田は指導をレコード化したものだが、池田もそれに倣うこととなる。広報局によって本部幹部会の録音テープが全支部に配布されるようになったのは一九六一年七月のことだ。やがてそれは地方の会館を音声中継で結ぶようになり、一九七六年には全国同時放送となる。さらに一九八九年八月、資金力に物を言わせる学会は衛星回線まで利用し始め、全国の会館に備え付けられたパラボラアンテナは宇宙から降り注ぐ池田の一挙手一投足をリアルタイムで逐一受信するまでになっていた。

これは裏を返せば、それだけ生の情報が流出する恐れを高めたわけだが、知ってか知らずか、池田は言いたい放題を続けていた。

週刊誌を介した情報戦

この頃ともなると週刊誌は盛んに創価学会と宗門との対立を書き立てるようになる。その発信源が誰であるかを突き止めることも情報戦では当然重要だった。

じつは、七月に大石寺大書院において行われた御前会議で日顕が口にした「C作戦」なる言葉は早くも週刊誌に取り上げられ始めていた。河辺が最初に疑ったのは、関から桐村・市川を経由しマスコミへと抜けるルートだ。これには早瀬も同じ意見だった。「市川は信用できない。桐村も同様だ」と、早瀬は警戒感を剥き出しにしていたほどである。

それについて、河辺が関から意外な真相を聞かされたのは九月二十六日のことだ。創価学会の脱会者を集め宗門側が信徒名簿を作成する秘密計画がある――一部週刊誌は直前そう書いていた。〝その情報源は関であると日顕が話している〟――関本人はある人物からそんな話を聞き及ぶ。そこで前の日、関は日顕と二人きりになった機会を捉え、「御本尊に誓ってそんな事はありません」と自らの潔白を訴え出た。すると、日顕は打ち明けた。情報を流したのは自身であるというのだ。「しかしショック」と、関の受けた衝撃が尋常でなかったことは当然である。

河辺はすぐにこの話の真偽を確かめるため早瀬に電話をした。日顕の名を上げることは避けた上で関が流出源ではないとのニュアンスで河辺が話したところ、早瀬は「それでは誰がマスコミに流したのかという事になる」とただただ訝るばかりだった。

六日後、河辺は日顕と会い、直接、それとなく探りを入れた。

「関から電話があり事情は聞いているが…」

これに対し日顕はシラを切った。信徒名簿に関する情報を流したのは関か同じ海外部にいる福田毅道だと思っている旨を話し、こう続けた。

「情報を流しているのは他にもう1人いると思っている」

それが自身を指してのことだったかは分からない。その後、日顕は信徒名簿作りに関し「幼稚な策であったので直前に中止した」と述べた。マスコミに観測気球を上げた結果、そう判断したのかもしれない。

他方、当然ながら創価学会の方でも情報を流出させているモグラ叩きに必死だった。十一月十二日、市川は全体職員朝礼の後、秋谷に呼び止められていた。

「市川、造反するのか。造反するならしてみろ。池田先生に従いてくるなら一生懸命題目上げろ」

市川がかけられたのは、そんな脅しともとれる強い言葉だった。

表面上、一連の開創七百年記念事業以降、事態は比較的平穏を保っていた。十一月二十日には大石寺に池田ら最高幹部五人が登山し、日顕と予定どおり面談が行われている。

そんななか、宗門は同月三十日、東京・西片で「学会問題と今後の宗門方針」との議題設定で秘密会議を開く。これは同月の初旬には開催が決まっていたもので、その際、日顕は河辺に対し会議の目的を話していた。翌年からさらに創価学会による攻撃が予想されるため、それに備えての「陣地構築」をしたいというのがそれである。だから、この時点で日顕の頭には事態が急激に動くとの考えはなかったものと思われる。

この日、集められたのは「Fメンバー」と呼ばれた藤本、早瀬、秋元、八木の最側近四人に加え、教学部長の大村寿顕、海外部長の尾林広徳、財務部長の長倉教明、それに河辺の八人だった。人選は河辺にも相談されていたが、件の関は真っ先に外されていた。また、日顕は長男・信彰の名を候補として呟いたこともあったが、「身内すぎる」としてすぐに引っ込めていた。日顕は会議の場で二年前に公然と池田に反旗を翻した元公明党衆議院議員の大橋敏雄に近い人物から来たという手紙を読み上げた。そして、この会議は今後、毎月開いていくという。

事態が急展開を始めたのは、この直後からである。

宗門からの「お尋ね」

会議を終え、大石寺に帰山した日顕は、宗門のもとに届いたばかりの録音テープを文字に起こすよう事務方に指示する。そこには二週間前の十一月十六日に東京・巣鴨の「東京戸田記念講堂」で行われた本部幹部会における池田のスピーチが収められていた。この日も会合は全国各地の会館に衛星中継されていた。

池田は自らが山崎正友の離間工作によって会長を辞任せざるを得なくなった翌年、つまりは創価学会創立五十年にあたる一九八〇年の出来事をこう語っていた。

「五十周年、敗北の最中だ。裏切られ、たたかれ、私は会長を辞めさせられ、ね。もう宗門から散々やられ、正信会から馬鹿にされ、そいでそのうえ北条さんが『もう、お先真っ暗ですね』。『何を言うか。六十周年を見ろ。もう絢爛《けんらん》たる最高の実が、六十周年が来るから元気出せ』。会長だから、これがよ。私は名誉会長だ。『そうでしょうか』。馬鹿かー。本当にもう誰をか頼りに戦わんですよ。本当に」

おそらく隠し録りされたテープには、ほかにも池田による宗門を暗に批判する発言が随所に収められていた。

東京から札幌に戻った河辺がこのテープの存在を志岐から聞いたのは十二月二日のことだ。その前後から日顕はこれを突破口とすべく水面下で早瀬らと何度も会議を開くこととなる。

十三日、東京・向島の常泉寺で行われた連絡会議の席上、藤本は封筒に入れた「お尋ね」と題する文書を秋谷に手渡そうとした。録音テープの内容をもとに六項目にわたって池田発言の真意を問い質すものだ。そこには一連の宗門批判発言に加え、ベートーベンの交響曲第九番終楽章、つまりは「歓喜の歌」を学会員十万人でドイツ語によって合唱しようという池田のその場での思いつきを捉《つか》まえ、キリスト教礼賛の謗法ではないかとする質問まで含まれていた。

差し出された封筒の受け取りを、秋谷は拒絶した。

「このテープは福島グループが改ざんしたテープ。池田スピーチに証拠があるなら出してくれ」

福島源次郎の関係者が捏造《ねつぞう》したものに違いないとの理由である。

結局、藤本は持ち帰り、あらためてそれを郵送することとなる。信濃町に到着したのは十七日のことだ。

それまで水面下で威力偵察の応酬が行われてきた第二次宗門戦争だったが、ここに全面戦争は火蓋を切ったのである。

第15章　破門

日顕追放の野望

一九九〇年十二月十七日、「お尋ね」は信濃町に届いた。

翌日、創価学会は中央会議を開く。宗門の河辺慈篤が仕入れた情報に基づいて書き留めた例のメモによれば、席上、名誉会長の池田大作はこんなことを話したとされる。

「私は10年間イジメられてきた」

「私をよく理解する僧侶によると、現猊下は3年以内に間違いなくやめる」

「『権威』の件を学会で云うのはよいが、聖教の活字にするのは来月5日まで出すなと云っておいた」

「ベートーベンの話、キリスト教の例を引用する事は中止せよ」

すでに創価学会では『聖教新聞』を使った宗門批判キャンペーンを準備していた。この前後、聖教新聞内には野崎勲を責任者とする「特別企画室」が設置される。池田発言の最後にあったベートーベン云々はお尋ね文書にあった質問に関連してのことだと思われるが、来たるべき宗門批判ではそれに触れるなとの意味だと解される。いずれにせよ、これら発言で注目されるのは、この時点で池田が法主・阿部日顕を退座に追い込むことこそが「第二次宗門戦争」を勝利へと導くカギと見ていたらしい点だ。実際、当初、学会はそこを主軸に術策を講じていくこととなる。

他方で同じ日、その日顕は河辺とともに沖縄のホテルにいた。

「11月16日の池田指導を箇条書にした質問状を学会へ……配達証明付で送付した。恐らく返事は来ないだろう」

「河辺メモ」によれば、そう話した日顕は、創価学会で表の顔を務める会長の秋谷栄之助と、同じく裏の交渉に従事する副会長の八尋頼雄に関し「どうしようもない」と切り捨て、さらにこんなことを述べたとされる。

「学会と戦いになって末寺が生活に困るような事になったら本山が援助する」

「いずれにせよ此方の質問状が昨日今日届いているだろうから、学会の出方次第」

「学会は独立する気でいるのかも知れない。その口実をつくるものかもしれない。会館建設をドンドン作るのもそのためか」

とうとう池田追放に動いた日顕ではあったが、圧倒的な資金力を持つ創価学会を相手とする全面戦争が経済的苦境を招くことは常に念頭にあった。それだけは分かっていたものの、新たに勃発した全面戦争が一体どういう形で決着するかの見通しまではほとんど持っていなかった。

それは創価学会とて同じで、信濃町は様々なルートで宗門の考えを探ろうとする。そんななか、翌十九日に河辺のところに電話を寄越したのは、かつて山崎正友のもとで謀略活動に携わっていた北林芳典だった。

総講頭罷免

「最近いろいろ（宗門・学会）が騒がしくなってきた」

そんな風に切り出した北林は河辺の興味を引こうとし、ここ一年ほど出回っていた学会批判誌『福田』にまつわる事実関係が判明したことや、同誌の巻頭言を書いたと思われるのが宗門僧侶の高橋公純で、その実弟のジャーナリスト、段勲《だんいさお》とともに週刊誌との接触を重ねていることを持ち出した。

しかし河辺はそれに取り合おうとせず、こう言った。

「正信会問題の資料、記録の整理が終ってホットしている。この頃は生臭い事に余りタッチしたくない気持」

恐らく河辺は北林の意図を感じ取っていたのだろう。その証拠にこの時、北林はこう食い下がった。

「非常に大事な事なので寺に在宅しているのは何日か」

結局、北林は二十四日朝にあらためて河辺に電話を寄越すことになった。果たせるかな五日後、その電話が入る。

「重要な問題なので是非会いたい」

北林はそう申し出たが、河辺は「忙しいので資料、要望を書いて送ってもらいたい」と言い、応じようとはしなかった。これに対し北林は資料送付を約束しながら、例の『福田』には最高裁に上告中の山崎正友が関わっていることなどを伝え、「私が葬儀屋になったのは山友攻撃と僧俗一致のため」とも述べた。

と、ここで河辺は鎌《かま》をかけてみた。

「学会の内部情報を流しているのは誰だ」

北林ははっきりとこう述べた。

「市川だ」

その市川厚と河辺が長年接触してきたことを、情報戦に長けた北林が知らなかったはずもなく、これは狐と狸の化かし合いだった。

翌日、約束などしていなかったのに、北林は札幌の日正寺に現れた。河辺との電話を切った後、羽田で夜の便に飛び乗ったのだ。

「今日来たのはやはり面談して話した方がいいと思い自主的に来た。誰から命じられて来たものではない。現在の宗門・学会問題を心配して来た。今回の宗門・学会の問題は何がキッカケで起きたのか全く分からない。現時点では問題が大きく火を吹き、池田総講頭罷免にいきそうな感じがする。池田を罷免すれば日本の社会問題になる」

そう話す北林に対し河辺はこう答えた。

「池田は私を含めて宗門・猊下に対し聖教で様々に誹謗中傷している。かつての『恩師の23回忌に思う』の反省を忘れたのかね。若《も》し池田が反省を忘れて、今のように誹謗中傷すれば再犯という事になる。僧侶の世界では再犯は許されない」

北林はこう応じた。

「そうなんです。池田はいろいろ云っている。今、池田を押さへられるのは池田夫人以外誰もいない」

河辺メモによると、そんなやりとりの後、北林は絶句したとされる。

後年、北林はこの時あった一連の経過をブログに書き記しているが、そもそも河辺への接触を図ったのは創価学会の幹部から要請されてのことであり、面談後すぐに帰京するとそのまま信濃町に直行しその幹部に面談記録を渡したのだという。

この間の二十三日、創価学会は例のお尋ね文書に正面から回答することなく、かわりに連絡会議での話し合い解決を求め、さらにこれまでの日顕らによる発言の真意などを尋ねる九項目の質問を並べた「お伺い」を宗門に対し送付していた。

二十七日、このお伺いをゼロ回答とみなした宗門執行部は臨時宗会を招集、宗規を改定し、終身制としていた総講頭を五年の任期制に変更した。北林が懸念を口にしていたとおり、これにより池田は自動的に総講頭を罷免されたのである。

謀略通信『地湧』の宗門攻撃

こうして明けた一九九一年、元旦から日蓮正宗の末寺には『地湧』なるファクス通信が届き始める。発行元は「日蓮正宗自由通信同盟」なる聞き慣れない団体であり、著者は「不破優」なる人物とされた。言ってみれば出所不明の怪文書だが、今日、これが北林による謀略工作だったことは、衆目が一致するところだ。ついこの間まで宗門の高僧と長年にわたる接触を続け二重スパイもどきの情報戦を行っていたかと思いきや、手慣れた裏の言論戦を早くも展開し始めたのである。『地涌』が連日書き立てたのは、日顕はじめ僧侶にまつわるじつに詳細な数々の醜聞暴露であり、開き直ったかのような悪口雑言だった。

「宗務院の不当な措置に抗議／総講頭、大講頭の資格喪失に関し／仏法の民主の精神に徹した世界宗教に」

続く四日、『聖教新聞』は池田が言っていたよりも一日前倒しで宗門批判キャンペーンを始める。一面左下の隅に毎日掲載される「寸鉄」は池田による生の声と組織内で受け止められているコラムだが、そこにはこう記されていた。

「宗務院が一方的に総講頭の資格を剝奪。／民主の時代逆行の暗黒に世間も唖然。／『批判』すれば信徒処分と。不敬罪思わせる言論封圧。大仏法の慈悲どこに。」

この後、『聖教新聞』には各地各層の幹部らによる「抗議書」や「質問書」が連日載り、最初は遠慮がちだった宗門への批判は徐々に感情剝き出しの悪口三昧へと転じていく。互いに押したり引いたりの駆け引きが水面下で長期にわたって行われた「第一次宗門戦争」と異なり、創価学会は最初から一般学会員にとっても分かりやすい派手な空中戦に打って出たのである。

二十万人も脱会すればいい

これらに対し宗門側はさらに強硬な態度に出た。まずは二日、例年のように年始の挨拶で大石寺にやって来た会長の秋谷と理事長の森田一哉を冷淡に追い返したのが手始めだ。この時、宗門は二人を「目通り適わぬ身」と一顧だにせず撥ね付けた。

さらに三月に入ると、創価学会に対し「月例登山」を中止するよう宗門は通知する。七月一日を境に、学会員は所属寺院に「添書」を申請し、それを持参しなければ登山を認めないとの方式にあらためるとしたのだ。

続いて、海外布教の新たな方針も決めた。それまで日蓮正宗では創価学会インタナショナル(SGI)が一手に海外での組織化を担っていたが、その方式を廃止したのである。宗門が海外で檀徒作りに直接乗り出そうというわけだ。

これらは国内外において宗門が創価学会員に対し公然と脱会を促す動きに出たことを意味した。学会は国内外の会員数を約一千万人と公称していたが、宗門側は実質百五十万～二百万人と踏んでいた。「学会から二十万人がくればよい」——。この頃、日顕は周囲にそう話していたとされる。

四月十九日、大石寺で全国宗務支院長会議が開かれた。

「昨今の宗門・学会の時局問題に対して、皆さんのご苦労を推察し、ご苦労様と申し上げたい」

河辺メモによれば、日顕はまずそう挨拶し、このように続けたという。

「総監名で池田氏の信仰の誤りについて反省を求めてきたが、今日に至っても何も云って来ない。これは裏をかへせば、学会独自の立場に立っていくという証左だ。宗門と立場を異にしてきた事で残念な事だ」

「脱会者の数にこだはらず、宗祖の正義を伝へていく事が大切」

「今後、宗門と学会はどうなるか分からないが、もう学会は是正できなくなってきた。その意味からも頑張っていこう」

「特に最近は青年部による暴力事件が起っているが、これに対し、寺族が恐怖感を持ってきているが、一歩も退く事なく正義を訴へていく事」

福岡の開信寺《かいしんじ》では法華講の女性信徒が創価学会の青年部メンバーに暴力を振るわれ肋骨《ろっこつ》を骨折し入院していた。

日顕の呼び掛けは続く。

「脱会信徒には温かい救済の手をさしのべて頂きたい。冷たい扱いをしないように、今後広宣流布の母体となる人であるから」

「この宗門の難局こそ、今こそ僧侶の真価と力を見せる時である」

法主直々の決意を聞いた参加者からは例の怪文書『地湧』に関する質問も飛んだ。これに対しては総監の藤本日潤がまずは答えた。

「地湧は出所不明だから、出所不明、電話もないから仕方がない」

抗議のしようもないというわけだ。

別の参加者からは「中外日報が引用している」と懸念の声が上がる。京都に本社を置く老舗宗教専門紙『中外日報』は『地湧』の記事を何度か取り上げていた。じつのところ、すでにその頃、『中外日報』は資金力に物を言わせる創価学会によって首根っこを押さえられていたのである。

「地湧はいろんな人が見ている。吾々は平然としていた方がいい。あへて相手にする事はない。良識者もいるはず。変な事をやればやるほど学会は軽視される。私は中外は読まない」

発言者の懸念に対し、日顕はそう答えた。この後、宗門は五年にもわたってほぼ連日、『地湧』による批判に晒されることとなる。

ルノワール絵画取引、三十六億円の闇

第二次宗門戦争の勃発後、創価学会の末端会員の間でまず問題になったのは葬儀だった。宗門の各寺院と対立関係に陥った以上、僧侶に来てもらうことはできない。そこで、在家信徒である学会員自らが出家僧にかわって導師を務める「友人葬」や「学会葬」が早くも二月頃から苦し紛れに始まっていた。そうした受け皿となったのは、北林が一念発起して設立した「報恩社」であり、池田による鶴の一声で二十年あまり前にできた「富士白蓮社」だった。

そんななか、信濃町の中枢では宗門戦争だけに集中するわけにもいかない事情が持ち上がる。三月三十日付の『朝日新聞』にでかでかと掲載されたルノワール絵画取引をめぐる疑惑報道がその発端だった。前章で触れた東京国税局による三菱商事に対する税務調査で浮上したのが、この疑惑だ。わずか二幅の絵画をめぐり三十六億円というバブル期ならではの巨額取引が行われ、そのうち十五億円の流れが不透明だったのである。

創価学会でこの取引に関わっていたのは八尋だった。印象派の巨匠ルノワールによる「浴後の女」と「読書する女」の二点に関し、八尋がそれら購入を持ち掛けられたのは三年前の暮れ頃のことと見られる。

すでにこの取引話には何人もの人間が間に入っていた。そもそも絵画の売り手は「アート・フランス」なる東京・南青山の画廊だったが、帝国ホテル地下一階に店舗を構えていた美術工芸品販売会社「立花」を実質経営する四十代後半の女はそれを聞きつけると、知人である名古屋の「六合ホーム」の社長に売り先探しを依頼、すぐにそれは取引先である「ゴールドアンドクレーン」

の代表に取り次がれ、さらに「スペースコミュニケーションズ」なる会社で副社長を務める四十代半ばの男に伝わった。どうやら最後の人物は創価学会員で、立花の実質経営者は最初からその資金力を噂されていた学会を売り先のターゲットにしていたのかもしれない。

ゴールドアンドクレーン代表から絵画の説明を受けるなどした八尋は翌一九八九年三月中旬、三十六億円での購入に合意する。ただし、創価学会が直接の買い手とはならず、まずは三菱商事が代理購入することとなった。ルノワール絵画そのものは東京・八王子所在の学会外郭団体「東京富士美術館」で保管し、一年半後に学会か、または、その指定する第三者があらためて購入することとされた。

同月二十八日、東京・内幸町にある帝国ホテルの一室に関係者は集まる。売り手のアート・フランス社長、取引仲介者である立花を実質経営する女、口利き役のゴールドアンドクレーン代表とスペースコミュニケーションズ副社長、買い手の三菱商事社員二人、絵画を保管する東京富士美術館の職員、そして最終的に絵画を買い受ける創価学会から八尋の計八人である。その日、三菱商事が購入代金として用意したのは額面一億円、持参人払いの無横線小切手三十六枚だった。

東京国税局調査第一部の税務調査で真っ先にこの取引が目に留まったのは、その不自然さからだ。三菱商事でこれを担当していたのは建築物の開発プロジェクトなどを普段請け負っていた開発建設部だった。しかも帳簿上の売り手は外国人とされていた。そして何にも増して、その支払い方法がおかしかった。税務調査の結果、小切手二十一枚はアート・フランスに買い入れ代金として渡っていたことが判明するが、残り十五枚を実際に誰が現金化したかは不明だった。そのうち三枚は取引二日後に三菱銀行へと持ち込まれ現金化されていたが、その際の裏書人「青木重光」が実際には架空の人物であるなど一連の経緯はじつに怪しいものだった。

調査第一部の最初の担当官が異動前に突き止めたのは概ねそのあたりまでで、この段階で『朝日新聞』のスクープ記事となる。反面調査の広がりから税務調査の噂を聞きつけたのだろう、じつはその少し前から、八尋は取引を持ち込んだ四十代半ばの創価学会員に対し関係者が一度集まって話し合いを持ちたいと要請していた。『朝日新聞』記事が出る直前には「取引の経緯について創価学会内外に説明しないとならない時期が来た」とも話していたとされる。しかし、ほかの口利き役二人や立花の実質経営者はそれに応じようとしなかった。

破門通告書

記事が出た日の夕方、創価学会側はようやく口利き役だったゴールドアンドクレーンの代表と会うことができた。その際、八尋とともに面会に臨んだ同僚弁護士の福島啓充は冒頭、こんな趣旨のことを口走った。

〈八尋は冷静な判断能力を失っているから取引の経緯について説明してほしい〉

どうやら、新聞のすっぱ抜きによって八尋は一時恐慌をきたしていたらしい。

後に刑事事件ともなりおおよそが判明するのだが、持参人払いの無横線小切手という異例の支払い方法を要請していたのは立花の実質経営者で、アート・フランスからの買い値と三菱商事への売り値の両方を知っていたのもこの女だけだった。最初から仲介手数料を脱税する考えだったのである。十五枚の小切手は口利き役らも含め関係者で山分けにされていた（事件捜査によっても、最後残った三枚については譲渡先を突き止められなかった）。立花の女はその者らに対し収入を公にしないことや、換金時に偽名を使うことを求めていた。前出の「青木重光」はゴールドアンドクレーンの代表による偽名だ。

四十代半ばの創価学会員は受け取った翌月に「青山勝」の偽名で小切手二通を現金化していたが、税務申告については迷うところがあったらしく、それを立花の女に伝えたことがあった。すると女からは「申告するならただじゃ済まない。こっちには前科者がごろごろしている」と凄まれたとされる。女は普段から「自分は右翼の超大物に可愛がられている。広域暴力団の親分等と昵懇《じっこん》なのよ」などと吹聴していた。結局その恐怖心もあり口利き役の学会員は税務申告をしなかったわけだが、こうした話はおそらく八尋にも伝わっていたに違いない。取引の闇の深さにおののき、そんな最中に不意を衝かれる記事が出たことで、八尋は我を失ったのではないか。

いずれにせよ、これまで宗門との交渉役を担い続けてきた八尋がこの頃はこんな調子だったから、創価学会としては攻勢に出られない。七月下旬、学会は和泉覚ら古参幹部四人の連名で話し合い解決を求める書簡を宗門の長老である能化《のうけ》七人宛てに送るなどしたが、事態打開の道は閉ざされたままだった。

そうこうするうち、十一月八日に宗門から信濃町に届いたのは「解散勧告書」だ。これに対し、秋谷らは記者会見を開き、宗門の措置が不当であることを広く世間に訴えたが、もはやどうにもならなかった。そして、続く二十九日、ついに創価学会は「破門通告書」を受け取ることとなる。

翌日、池田が開かせたのは「創価ルネサンス大勝利記念」と銘打った幹部会だった。会場となった東京・千駄ヶ谷の「国際友好会館」から全国の会館へと、やはりこの時もそれは衛星中継された。

「一、本日は、緊急の〝祝賀の集い〟があるというので（爆笑）、私も出席させていただいた（大拍手）」

池田は余裕綽々《しゃくしゃく》といった風情でおよそ一時間に及ぶこととなる大演説を始めた。「魂の独立記念日」――。この日、池田は晴れがましくもそう宣言した。

とはいえ、創価学会がそれを境に宗門からきっぱり離れたかというと、決してそうではなかった。池田が執拗に試みたのは日顕の追放である。法主さえ変われば宗門は正常化し、学会の思うようになるとの考えからだ。十二月二十七日に大石寺へと送りつけた「阿部日顕法主退座要求書」に記された署名は、じつに千六百万人あまりという途方もない数に上った。学会においては数こそが力であり、何人もそれに屈するはずとの思い上がりがあったことは想像に難くない。受け取りが拒否された学会は「催告書」を重ねて送ったが、宗門の態度は頑なだった。

創価学会は日顕を包囲すべく宗門僧侶の切り崩しも進めた。東京・立川の長栄寺《ちょうえいじ》で住職を務める工藤玄英ら六カ寺の僧侶七人が日顕宛てに「諫暁《かんぎょう》の書」を送りつけて離脱を宣言したのは一九九二年二月二日である。彼らは「日蓮正宗改革同盟」を結成し、全国の僧侶に賛同を呼び掛けていく。

北海道・夕張の興隆寺《こうりゅうじ》、秋田・鹿角《かづの》の妙貫寺《みょうかんじ》、栃木・小山の浄圓寺、神奈川・平塚の大経寺――。離脱寺院は二十カ寺あまりを数えた。また、河辺が住職を務める札幌の日正寺から一人が飛び出すなど、各地の寺院を離山する若手僧侶も十数人に上った。彼らは三月末に「日蓮正宗青年僧侶改革同盟」を名乗ることとなる。さらに六月中旬には宗内の匿名僧侶数名が日顕に対し退座を求める「声明書」を突然公表する。彼らが名乗ったのは「日蓮正宗憂宗護法同盟」だった。

大石寺への右翼街宣、銃撃、火炎瓶投擲

他方でこうした間、大石寺ではまたしても不穏な事件が相次いでいた。周辺で右翼団体による街宣活動が激しくなったのは創価学会に対し解散勧告書と破門通告書が発出された一九九一年十一月のことだ。

年が明けた正月早々の二日、「新生政経研究会」を名乗る政治団体の街宣車はついに境内にまで侵入し、警備にあたっていた信徒に暴行を加えることとなる。さらに同じ月の十六日、こんどは「武士の会」なる右翼団体がやって来て、「法華講員の店」との看板を掲げた境内の売店に対し「看板をすぐにはずせ、店を焼き払うぞ」などと暴言を吐き、営業を妨害する事態も起きる。

かたや、大石寺が様々な業務に雇用する従業員のなかには突如、労働組合を結成する動きが出始めた。そうして結成された「富士宮ヒューマンユニオン」が声高に叫んだのは、労働条件の改善といった労組としてごく当たり前の要求だけでなく、創価学会からの離脱を強要する言動を中止せよというかなり異質な要求だった。四月五日の正午過ぎには同労組の組合員十数人と大石寺側が雇った警備員とが境内で揉み合う乱闘騒ぎまで起きている。

その日の夜午後七時十分頃、しんと静まりかえっていた境内で銃声が轟いた。今回狙われたのは妙遠坊《みょうおんぼう》だった。窓ガラス五枚には七カ所の弾痕が空き、近くには二十二口径の薬莢《やっきょう》六個が落ちていた。同じ時間帯、たまたま通りかかったタクシー運転手は、エンジンをかけたまま停車中の白っぽい乗用車から紺の作業着に軍手をはめた中肉中背の不審な男が降りるのを目撃していた。一週間ほど前、日顕のもとには三十八口径の実弾が入った脅迫文が届いていた。

事件後、警察は大石寺関連事犯対策本部を新たに設置する。しかし、それでも不審事件は続いた。五月十七日、警備員が宿舎とする奉天寮に投げ込まれたのは火炎瓶だった。

これら事件のうち右翼の街宣活動に絡んだ境内侵入事件については会長ら団体関係者が後に警察によって検挙されている。一連の街宣活動は一九九二年暮れまで続くこととなるが、前にも紹介した二〇〇〇年一月一日現在とされる警察資料は背景についてこう記している。

「右翼は、いずれも創価学会の依頼を受けたと推察される後藤組がバックとなっているものと認められる」

少なくとも警察は当時、一連の事件をそう分析していた。銃撃など強行犯事件についてはその後も検挙には至っていない。

五千万円の抱き込み工作

日顕の退座を何としても実現したい創価学会が拘ったのは例の「C作戦」だった。独善的な法主の策謀によって学会が被害者として嵌められたとの経緯を明らかにできれば、退座に持ち込めるとの読みがあったのである。

二年前から断続的に行われてきた東京国税局による税務調査が一段落し創価学会が態勢を整えたのは奉天寮に火炎瓶が投げ込まれた頃だったが、その四カ月後にあたる九月二十八日、青年部長の正木正明はSGI事務局の職員である久野健に対しひそかに秘密工作を指示する。宗務院海外部で書記を務めていた福田毅道を抱き込んでC作戦にまつわる一連の経緯を聞き出せというものだった。

創価学会が宗門によるC作戦の存在を明確に把握したのは遅くとも池田の総講頭罷免の直後、前年一月二日のことだった。この日、SGI事務局の久野宛てに「私信」と題するファクスが入った。送ってきたのは福田だ。二人が面識を持ったのは約一年前と日が浅かったが、二度の海外出張で行動を共にするなどそれなりに親しい関係にあった。宗門の僧侶にありながら福田は創価大学の一期生だった。件のファクスは宗門と学会との対立を憂慮してのことらしく、そこには「昨年七月末に頓挫したC作戦」とか「七～八月のC作戦の中止のために」などと書かれており、そうした策謀があったことだけはこの時、学会の知るところとなる。ただし、一連の経緯など詳細は分からないままだった。

この前後、創価学会は関快道が作成者とされる「創価学会分離作戦（C作戦）」と題する例の内部資料も入手したらしい（北林のブログによれば、北林自身がその文書を入手したのは河辺と札幌で面談した直後の一九九〇年十二月二十六日夜のことで、翌二十七日には信濃町の幹部に手渡したという）。解散勧告書の後の記者会見で秋谷は文書そのものを公表し、自らの正当性を示す動かぬ証拠として強調していた。しかし、それでも宗門側はC作戦の存在を否定し続けていた。そこで正木は経緯に詳しいはずの福田を取り込もうと考えたわけである。何しろ、関が作成した作戦原稿をワープロ打ちしたのは福田だと言われていたのである。

先述した正木による指示の四日後、久野は福田に電話をかけ、面会の約束を取り付けた。例のファクスをめぐり、先走った行為を問題視された福田は謹慎処分を命じられていた。ただ、それは四カ月で解かれ、この年四月から福田は滋賀・彦根にある本地寺《ほんちじ》の住職を任されていた。

電話の翌日、さっそく東京から彦根入りした久野は午後二時頃、本地寺に着くと、案内された庫裡《くり》で福田と話し込んだ。

「年内に阿部を退座させ、創価学会との対立状態に決着をつけたいと考えている。信徒の中にはC作戦が本当にあったのか疑っている人が多い。本当にC作戦があったのだとしたら本山から離脱する僧侶も沢山いるようだ。ファックスでC作戦があると発言したのはあなたなのだから、決着をつけるときもあなたが発言すべきではないのか」

そう説得を試みる久野に対し、福田はどうして自分が宗門から離脱しなければならないのかと反論した。二人の話し合いは午後四時過ぎまで続いたが、福田の消極的な姿勢は変わらなかった。

午後七時四十分、久野が宿泊する彦根観光ホテルに福田がやって来て、二人はレストランで再び話し合いを持った。午後十時には久野が泊まる二〇五号室に場所を変え、さらに二人は話し合いを続けることとなる。この時、福田から離脱の見返りについて聞かれた久野は五千万円という金額を提示する。正木と八尋に会うことも、久野は求めた。しかし日付が変わる頃まで続いた説得にも結局、福田は首を縦に振らなかった。直後、久野は正木に電話を入れ、ひとまずこの日の経過を報告した。

『創価新報』の河辺メモ暴露

翌朝八時頃、久野は福田から電話を受ける。『聖教新聞』を見せたいという。その日、紙面の片隅にはC作戦のことが出ていた。説得工作に行き詰まっていた久野は未明の一報に続きこの時も正木に報告の電話を入れた。彦根入りを控え正木はすでに京都に滞在中だった。久野の報告を受けた正木はすぐ八尋に協力要請の電話をする。知らせを受けて飛んできた八尋と正木が京都で合流したのは午後五時頃のことで、二人はすぐ彦根へと向かった。

午後七時、久野はホテルから電話をかけ、福田を呼び出した。一時間半ほどにわたった午前中の面談でも福田は八尋に会うことを渋っていた。そこで八尋が久野から電話を代わると、さすがに福田も折れた。福田がホテルに再び現れたのは三十分後のことだった。久野は二〇五号室へと導き、そこで八尋とともに二人がかりで説得を試みた。別室では正木が待機している。

その場で主に話したのは八尋だった。創価学会と宗門との対立の原因は日顕の特異な性格にあり、学会が日蓮正宗から独立することはなく、将来のためには日顕が退座して学会寄りの新法主を誕生させせなければならない――。八尋が強調したのはそのような点だった。そして、そのためにも福田がC作戦の真相を公表することが重要なのだという。

八尋と久野による説得工作はこの日も日付が変わる深夜まで続いたが、福田は依然応じようとはしなかった。「五〇〇〇万円までなら出せるんだけどなあ」と呟く久野の横で八尋がそれを否定するような素振りを見せることはなかった。

翌五日の午前十時頃、久野はさらに福田をホテルに呼び出した。この時は八尋に代わって正木が加わり久野とともに説得を試みた。その日の『創価新報』にはC作戦にまつわる記事が大きく出ていた。それを見せながら、正木と久野は二時間あまりにわたって説得を試みたが、それでも福田が首を縦に振ることはなかった。

二日後の七日、東京のSGI事務局に「私信」と題した一通のファクスが届く。それは福田から送信されたもので、そこには二度と学会関係者とは会わないとの最終回答が記されていた。

説得工作に失敗した創価学会は二週間後、福田による前述のファクスを暴露し、C作戦の立案者が関であるとする記事を『創価新報』に掲載する。これに対し福田は「離脱勧誘始末記」や「創価学会幹部三名による離脱勧誘の件」といったこの間の執拗な抱き込み工作を告発する文書を作成し、宗門の末寺や学会の会館にばら撒いた。翌月中旬に大石寺で開かれた全国教師指導会の場でも、福田は各地から集まった六百数十人の僧侶を前に一連の内幕を赤裸々にぶちまけている。

おそらくこの頃から信濃町は日顕を退座に追い込んで宗門との関係を修復するというシナリオを諦めたものとみられる。

『創価新報』はこの間、東京・八雲の地下プール付き豪邸の建築計画や、一九六三年にあったというアメリカ・シアトルでの買春問題、さらには一九八六年に東京・赤坂の料亭での芸者を入れた宴席の問題といった日顕個人にターゲットを絞った批判報道を大々的に展開していた。

そうしたところ、一九九二年十一月頃、突如として方針を変える。宗内の信徒団体「妙観講《みょうかんこう》」に対する攻撃記事を新たに開始し戦線を広げたのだ。長野県佐久の企業経営者であり一九七〇年代半ばの一時期に創価学会員でもあった大草一男《おおくさかずお》が率いる妙観講は、宗門側の尖兵よろしく機関紙をばら撒くなどして盛んに学会批判を展開していたが、当初、学会はそれに対する反撃を控えていた。妙観講の動きは日顕の意向を汲んでのものと見られたものの、そうであったにせよ、法華講信徒団体への攻撃解禁は宗門全体を敵に回すことへの大きな一歩とみなしうるものだったからだろう。が、ついにそこへと踏み込んだのである。

翌一九九三年九月、創価学会は総務会を開き、会員に対し今後下付していく新たな本尊を決める。それは宗門から離脱していた栃木・小山の浄圓寺が所蔵する江戸時代の第二十六世法主・日寛《にちかん》が書写した文字曼荼羅だった。「特別御形木御本尊」をはじめ、それまで学会が本部に安置したり学会員に配布してきたのは、いずれも当時の法主が「戒壇本尊」をもとに書写したものだ。中興の祖とも謳われる日寛の書写による本尊の下付は、事ここに至り、学会が宗門と完全に決別することを意味した。池田はとうとう帰らざる河を渡ったのである。

「池田さんは独創性があるから、一宗一派を立てればよい」――。

かつて山崎を通じ伝えられた細井日達の言葉は、十四年の月日を経て思いがけずも現実のものとなったわけだ。

「スクープ『C作戦』はやっぱり実在した!!　克明な極秘会議メモ明るみに」

一九九四年元日付の『創価新報』は入手した河辺メモをもとにC作戦が日顕による謀略であったことを二面と三面のすべてを使って仰々しく書き立てることとなる。しかし、それは当初の狙いを実現させるには、もはや遅きに失していた。

政教一致批判の噴出

第二次宗門戦争の泥仕合がいまだ続くなか、創価学会は新たな問題への対処にも追われることとなる。その一因はこの間に起こった政界の地殻変動にあった。

一九九三年八月、かねてからの政治不信の高まりを受け、首相の宮澤喜一は衆議院解散に追い込まれ、自民党は総選挙で歴史的な大敗を喫する。非自民・非共産を掲げる野党各党は日本新党代表の細川護熙《もりひろ》を首班に立て連立政権樹立に動いた。そこには公明党も加わった。発足した新内閣には委員長の石田幸四郎が総務庁長官に就任するなど公明党から四人が入閣することとなる。

下野した自民党内に「憲法二十条を考える会」を名乗る議員グループが発足したのは翌年二月

のことだ。信教の自由とともに政教分離を定めた日本国憲法の条項を掲げるこの勉強会の会長に就任したのは亀井静香だった。続く五月、これを母体に「信教の精神性と尊厳と自由を確立する各界懇談会」、通称「四月会」が誕生する。政治評論家の俵孝太郎を代表幹事とするこの団体には仏教系や神道系の新興宗教団体も参加した。そうして展開されたのは反創価学会キャンペーンだ。いまや学会は公明党を通じ連立政権の一翼を担う存在であり、亀井ら自民党の切れ者は細川政権の急所をそこに見たのである。

すでに国会の場では自民党議員から政教一致の疑いなどをめぐって追及が相次いでなされていた。

例えば、前年十月二十七日の衆議院逓信委員会で矢面に立たされたのは郵政大臣に任命された神崎武法である。質問に立った自民党の森英介がしつこく問い質したのは二十三年前の行動だった。焦点となったのは一九七〇年（昭和四十五年）の四月十九日である。

「……大石寺にいらっしゃったかどうか。古い話ですから今御記憶にあるかどうかわかりませんけれども、……」

森の質問に神崎が答える。

「大石寺には行っておりません。ただ、私は昭和四十五年五月五日に東京で結婚式を挙げておりまして、当時は福岡地検の小倉支部に勤務をいたしておりまして……四月ころ確かに一回上京して結納をして、学会本部の方にごあいさつに伺った。家内と伺いましたけれども、池田会長が箱根の方にいらっしゃるということで、私だけ箱根にごあいさつに行って、そのまま九州に帰った、こういうことはございます。……」

東大法学部に通う学生部メンバーとして、公明党を批判する政治評論を「言いがかり」と口を極めて難じていた神崎が検事となったことは前に紹介したが、その頃は事件処理の多さで知られる小倉勤務となっていた。問題の四月十九日は「言論出版妨害問題」で窮地に陥った池田が総会向け原稿を「箱根研修所」で最終検討した日である。そのことはかなり以前に触れたところだ。

森はそこに切り込む。

「……あるそこの場にいた方に伺いますと、その会というのは法学研究会の集まり、特別研究班というのですか、……そこでは池田大作氏の謝罪演説の原稿の検討が行われたと……事実と違いますでしょうか」

神崎が答える。

「四月十九日であったかどうか、私は記憶いたしておりません。……総会の内容について検討をしていたことは十分あると思います。……趣旨は、……結婚の前のごあいさつに寄らしていただいた、それでごあいさつをして帰った、こういうことでございます」

このはぐらかすような回答に森が納得するはずもなく、公務員が宗教活動に関与する是非など、続けていくつかの質問をした最後、こう言い放った。

「……ここで議院証言法に基づきまして山崎正友氏を証人として喚問することを委員長に要求いたします」

前にあった「あるそこの場にいた方」というのは山崎のことであり、じつのところ、すでに森は山崎と会っていた。一九九一年一月に最高裁で実刑三年が確定し黒羽《くろばね》刑務所に収監された山崎は、この年、一九九三年の四月に仮釈放され娑婆に戻っていた。自民党内で始まった勉強会「民主政治研究会」において、山崎は何度も講師を務めている。自民による公明党・創価学会追及で情報源となっていたのは山崎であり、さらにはそれに近いジャーナリストの内藤国夫らだった。

池田大作の組閣介入疑惑

この時の国会質疑では出なかったが、一九八二年三月に法務省刑事局を退職し翌年十二月の総選挙で政界に送り込まれた神崎は、検事時代の一九七八年に池田の親衛隊組織である「伸一会」に選抜されていた。その年八月十四日から十六日にかけ鹿児島の「霧島研修所」で第三期の結成式は行われており、内部資料の「総合経過年表」にはそれに関し「3期つくる（神崎・福島入る）」と簡潔に記されている。「福島」はその後に八尋とともに弁護士グループの要となる福島啓充であり、実際、伸一会の歴代メンバーを紹介する一九九八年八月十六日付『聖教新聞』には第三期七十人のなかに福島の名前が見られる。だが、そこに神崎の名前はない。これは前に触れた北林と同じく、創価学会にとってその掲載が不都合と判断されたからだろう。政教一致批判をかわす上で、国会議員が伸一会メンバーであったことは伏せたかったに違いない。

ことほどさように創価学会にとっては、国会の場でほじくられたくないことは山ほどあり、迷惑以外の何物でもなかった。これは大々的に警察批判キャンペーンを行うなど折伏一辺倒で世間の評判など露ほども顧みなかった戸田城聖時代の反動とも言え、それゆえ学会は対外イメージの修正を図るとともに水面下で謀略工作を行うという二重人格性を深めてきた。宗門戦争で見られたように、とりわけ池田の言動は裏（＝組織内での放言など）と表（＝編集の手が入った聖教新聞記事など）の乖離が激しく、それなどは学会にとって最も触れられたくないものだった。

四月会発足後の五月二十四日の衆議院予算委員会で質問に立ったのは創価学会批判の急先鋒である亀井だ。連立政権からは社会党が離脱しており、その崩壊は始まっていた。首班も細川から新生党の羽田孜《はたつとむ》へと早くも交代していた。亀井が学会批判のトーンを上げるのは当然だった。

「……このたびの連立の組閣人事、また、昨年度の組閣人事について、池田大作氏から具体的な御指示がありましたか、あるいは具体的な協議をされましたか、簡単にお答え願いたい」

亀井からそう問われ、答弁に立ったのは公明党委員長で総務庁長官の石田である。

「公明党の人事はまさに公明党でやっておるわけでございまして、池田先生から御指示があったとか、そういうようなことはございません。……」

国会の場でも石田は池田のことを「先生」と呼び続けていた。石田は兄・次男に遅れること三年、明治大学を卒業した一九五三年に入信した。就職したのは実兄が編集人を務めていた聖教新聞で、配属されたのは広告局だ。兄が冷遇された一方、石田は池田体制下において一足飛びの出世を果たす。一九六一年に三十一歳で理事となり、翌年には男子部長に取り立てられた。そして副理事長だった一九六七年一月、衆議院へと送り込まれる。総務並びに青年部長へと昇格したのはその三カ月後で、当時は創価学会と公明党との間に境目など設けられていなかった。明電工スキャンダルで辞任した矢野絢也の後釜として委員長になったのは一九八九年である。

池田の覚えめでたい石田の答弁に苛立った亀井はこう続けた。

「昨年の八月八日、これは連立政権の組閣される前であります。前日ですね。第六十八回の本部幹部会におきまして池田大作名誉会長が、組閣前ですよ、公明党の大臣のポストが、労働大臣、総務庁長官、郵政大臣、これを強く示唆した発言をしておる……なお、このときに池田名誉会長は、あしたぐらいデエジンが、大臣じゃなくて、まあなまりがあるのか知りませんが、デエジンがどんどん誕生する、これは創価学会幹部皆さんの部下だということをはっきりと言っておられるのですね。……こうした幹部会における組閣前の池田会長の言動からして、先ほど長官がおっしゃったように、一切そういう指示なり協議はしておらぬとおっしゃるということは、私はどう考えたって納得いかない。もう一度答弁をお願いします」

石田はマスコミの予測記事をもとにした発言ではないかなどと答えたが、承服しかねる亀井は件の本部幹部会の録音テープに関し声紋鑑定を行うことまで求めた。

この後の六月末、非自民連立政権は完全に瓦解《がかい》し、社会党と新党さきがけと手を組んだ自民党は政権に復帰する。長年対立してきた社会党の村山富市を首班に担ぐという離れ業だった。十二月、これに対抗すべく旧連立政権各党は糾合して新進党の結成に動いた。これに伴い公明党は解党し、一部の参議院議員が「公明」に残った以外ほとんどの国会議員が新党に合流した。最初の国政選挙となった一九九五年七月の参議院議員選挙、新進党は改選議席数を大きく上回る四十議席を獲得し、非自民勢力として再び勢いを取り戻すこととなる。

「新進党＝創価学会」せん滅キャンペーン

この時、比例区から新進党候補として初当選した一人が福本潤一だ。正本堂が着工された年に十九歳で入信した福本はかつて「東京大学法華経研究会」のメンバーで、その時は福島源次郎の指導を受けた。大学教員の道に進み愛媛大学で助教授を務めていたところ、白羽の矢が立ったのだ。その福本によれば、創価学会系の議員は当選後そろって信濃町詣でをしたのだという。指導役は第一庶務室長の長谷川重夫だった。池田に対するごますりだけで出世したと陰口を叩かれることも多い人物だ。福本ら一行が本部に着くと、まずは仏間で勤行が始まったらしい。その後、議員は毎月の本部幹部会への出席も命じられた。ただし、政教一致批判を招かぬよう、いつも用意されたのは中継カメラに映り込まない後方の席だ。公明党解党後も変わらず、創価学会は新進党に対し関わり続けていた。

この年、池田もサリン攻撃の対象となったオウム真理教事件を受け、国会もまた宗教問題が話題の中心となった。勢いを増す新進党を封じ込めるため、その機を捉えた自民党は容赦なく創価学会批判を強めた。主戦場となったのは参議院宗教法人特別委員会だ。十一月二十七日、質疑に立った尾辻秀久は最後、池田と秋谷の参考人招致を求めた。

すると翌日夜、参議院会館は騒然となる。委員長室での理事懇談会を終え、関係者が部屋を出ようとしたところ、参議院平成会（新進党と公明による院内会派）と衆議院新進党の議員ら百人以上が押し掛けて、五時間半にもわたって委員長らを半ば監禁状態にしたのである。

翌二十九日以降、参議院委員会室の傍聴席は新進党とその関係者によって事実上占拠され、議場に向かってヤジや怒号が飛んだ。この異様な雰囲気のなか、結局、池田の参考人招致は見送られ、十二月一日、秋谷のみを国会の場に呼ぶことが決まる。

四日、参考人として証言席についた秋谷の答弁はそつがなかった。例の「デエジン発言」に関し問われると、こんな具合だった。

「新聞の掲載になった内容を池田名誉会長は話したことでありまして、党から何か事前に連絡があったとか、その人事について相談があったとか、そういうことでは全くございません。これも大変な誤解を生んで、あたかも名誉会長が閣僚名簿に関与したかのような話が流されておりますけれども、これは全く事実に反することでございます」

ただ、これで創価学会が難局を乗り切ったかというと、そうではなかった。一カ月も経たない一九九六年一月二日、自民党は機関紙『自由新報』を使い、「シリーズ新進党＝創価学会ウォッチング」と題し批判キャンペーンを始めたからである。「民主主義を脅かす〝政教一致〟」「奇怪な池田氏の走狗集団」――。そんな見出しが掲げられた連載記事をかわるがわる執筆したのは、四月会の俵であり、長年の批判者である内藤だった。

一月中旬、地方議員が集まる全国青年議員連盟が研修会の講師に招いたのは、「池田は5年後に死ぬ」とかつて公明党の会合で吠《ほ》えた藤原行正である。およそ百五十人が集まったこの会合の開催を要請したのは組織広報本部長の亀井であり、幹事長代理の野中広務だった。

「池田の目標は日本中の権力、権威、カネをわがものにして天下を盗（と）ることにある。そのために自分の言葉を日本の憲法にしようとしている」

「次期衆院選では自民党は攻めて攻めて攻め抜いて、学会をせん滅するしかない。戦いの前線にある皆さん方のいっそうの奮起をお願いしたい」

もはや自民党応援団長となった藤原の熱弁は一時間半に及んだ。「創価学会とオウムは同じ体質」と、後日、『自由新報』はその模様を書き立てた。

全面降伏

その後も自民党は役員連絡会で「政教分離法」の議員提案を決めたり、宗教問題ワーキングチームを立ち上げたりと、攻撃の手を緩めようとはしなかった。この年十月に初めて小選挙区比例代表制のもとで行われた総選挙において新進党はわずかながら議席を減らすこととなる。他方ですでに二月の京都市長選以降、創価学会は水面下で新進党から距離を取り始め、自民党にすり寄ろうとしていた。旧公明党議員が党内に「公友会」を立ち上げ分離独立を窺うなか、一九九七年暮れに新進党は解党を決め、年が明けた一月、創価学会系の議員は新党平和並びに黎明クラブへと移った。そして、その年十一月までにそれらは地方議員が主体となっていた「公明」に合流を果たし、四年ぶりに公明党が再結成されることとなった。

この間の四月二十八日、自民党機関紙『自由新報』は四面の四段全部を使って異例の記事を掲載していた。二週間前、創価学会からは抗議文が寄せられていた。それは、例の批判キャンペーンの連載記事に関し撤回と謝罪を求めるものだ。とりわけ問題とされたのは、北海道・函館の女性学会員が自らを被害者として池田によるレイプを告発していた問題が無批判に取り上げられていた点だった。『自由新報』は信濃町から届いた抗議文全文とともに、与謝野《よさの》馨《かおる》広報本部長名で「遺憾の意」を表明するコメントを掲載した。

この日をもって自民党による創価学会批判キャンペーンは撃ち方やめとなった。それは翌年十月の自民党と公明党との連立政権発足へと至る水面下での動きがもはや止めようのない奔流となっていたことを意味する。もっとも、その実態は一連の攻撃に耐えかねた学会が自民党に対しあっけなく白旗を掲げたということでもあった。

この頃には、第二次宗門戦争も収束に向かいつつあった。

顕正会対策のため結成された「広宣部」はその後、宗門戦争へと投入され、各地で寺院への潜入や僧侶の尾行、怪文書のばら撒きといった謀略工作を展開していた。自民党から攻撃を受けるなか、一九九六年一月から二月にかけ亀井を批判する怪文書が東京や神奈川、広島で大量にばら撒かれるという一件があった。発行元とされた「21世紀へ行動する会」は元公明党東京都議の関係先だったが、これも広宣部の仕業と見て間違いない。

対宗門の謀略工作には各地の会館警備にあたる「牙城会《がじょうかい》」の精鋭メンバーを集めた「言論企画部」も投入された。池田が全国各地に移動をする際に身辺警備を担う「金城会《きんじょうかい》」のメンバーも同様だ。一九九八年三月に日顕が宿泊先とする高松市内のホテル客室で盗聴器二台が発見された一件は、金城会メンバーによる謀略活動だったと今日見られている。

あれほど連日のように寺院へとばら撒かれていた北林の『地湧』は一九九六年二月にぱったりと止まっていた。そして二〇〇〇年暮れ、聖教新聞内で宗門批判を担っていた野崎率いる特別企画室は解散が決まる。

この間の一九九八年春、大石寺にその威容を誇っていた正本堂は無残に解体されていた。それは宗門の側として戦争に一区切りをつける一大儀式だったと言える。

その頃、池田のもっぱらの関心は組織内に向かい始めていた。七十歳を過ぎた今、その心中にふつふつと煮えたぎるのは、あれほど重用した山崎の離間工作によって自らが会長辞任に追い込まれたことに対する癒やされることのない恨みであり、それとともに渦巻くどうしようもない猜疑心だった。師子身中の虫を叩き出すことに、カリスマ指導者の心は囚われていた。

第16章　竹入・矢野攻撃、そして最後の日々

竹入批判キャンペーンの異様

「竹入義勝の謀略と欺瞞」
「公明支持者への背信行為」
「自慢話や事実の歪曲」
「良心に恥じないのか」
「『腐敗と戦う気概を』と言うが／本人自身にカネをめぐるウワサ」

公明党の再結成を控えていた一九九八年九月二十八日、機関紙『公明新聞』に突如としてこんな大見出しの数々が躍った。この一大批判キャンペーンが攻撃の対象としたのは、あろうことか、身内であるはずの元委員長・竹入だった。

直接のきっかけは、その前の八月二十六日から九月十八日にかけ、『朝日新聞』紙上で十二回にわたり連載された「秘話　55年体制のはざまで」と題する竹入の回顧録だった。「言論出版妨害問題」の舞台裏や民社党との合流交渉、社公民路線の実相、二階堂擁立劇の内幕、対中国外交における水面下のやりとりなど、二十年近くにわたって公明党トップであり続けた元政治家が、引退から八年の歳月を経て口を開いた内容は、それなりに生々しかった。

そんななか、肝心要《かなめ》の創価学会との関係について、竹入はこう語っていた。

「政治家になって学会との調整に八割以上のエネルギーをとられた。公明党・創価学会の関係は環状線で互いに結ばれているのではなく、一方的に発射される放射線関係でしかなかったように思う」

確かに暴露的な指摘ではあるが、好意的に捉えたとしても、これは表向き政教分離を宣言し役職の兼務をなくした言論問題以降を指してのことに限定される。頭越しに秘密交渉が行われた「創共協定」を、創価学会から一方的に伝えられた出来事などがその一例なのだろう。言論問題以降、根を同じくする学会と公明党ではあったが、時に両者間には遠心力が働くようになっていた。

ただ、よくよく考えて見れば、もともと創価学会と公明党とは世間に向かって堂々と隊列を組む様を誇示していたわけで、竹入自らが何ら隠し立てすることなく学会の総務なり正本堂建設委員会の委員なりに任じられながら同時に党の委員長を務めていたのである。それは「一方通行の『放射線』関係」どころか、言論出版妨害問題以後も含めいつ何時も、その本質においては、強固な一体関係以外の何物でもなかった。

いずれにせよ、この竹入回顧録に対し、公明党は激しい反発を見せた。副委員長経験者の多田省吾や渡部一郎、黒柳明といった長老議員をインタビューに引っ張り出して竹入批判のキャンペーンを展開、回顧録のいちいちについて反論を加え、さらにそれは人格攻撃にまで及んだのである。

東京・恵比寿の自宅屋上にある数百万円の盆栽や軽井沢の少々立派すぎる別荘を写真付きで暴いて蓄財疑惑を告発したかと思えば、二十四年前の京都市長選の時にあったいわゆる「二千万円菓子折り事件」を蒸し返して、じつは買収に応じていたなどと、竹入にまつわるスキャンダルをこれでもかと書き立てた。そこでは例の「陸軍航空士官学校卒」との学歴もやり玉にあがった。該当する五十九期生の卒業名簿千六百人を調べ上げるなどして学歴詐称と断じたのである。「検証　竹入疑惑」と題したそんな〝調査報道〟は政党機関紙としてまったくの異例であり、その後も延々と続いた批判記事はどこからどう見ても異様なものだった。

日中国交正常化という地雷

この批判キャンペーンでひとつ目に留まるのは中国外交に関する公明党側の指摘だ。「党の成果を自分の手柄に／日中友好は党全体で推進」回顧録で示された竹入の関わりようは「自己宣伝」だというのである。政治家が手柄話を誇大に自慢することは常にある話だが、公明党はなぜかこの時それを許さず、しかも拘り続けた。これは記事を子細に読むと背景事情が自ずと浮かび上がって来る。前出の多田はインタビューのなかでこう語っていた。

「私たち当時の公明党議員にとっては、六八年九月八日に、党の創立者である池田大作名誉会長（当時、会長）が、創価学会学生部総会で行った日中国交正常化への提言に非常に感銘し、われわれの友人の議員たちも、それに励みを得て国交回復に頑張ったのです」（一九九八年九月二十八日付）

「それは第一次訪中のときのことです。中国側は会談の折々に『創価学会の池田会長のおかげで、皆さんをお迎えすることができた』との話を出していた。ところが竹入君は、池田名誉会長の尽力については、まるで口にしない」（同九月三十日付）

この時、竹入批判の前面に進み出たのは公明党であったが、当然、その後ろには創価学会が控えており、さらには四十年近くにわたってその頂点に君臨し続ける池田がいた。

一九八五年十月に東京女子医科大学に入院した一件以来、海外や地方での激励活動に忙しい池田が会務に関し具体的な指示を与える場面は減っていったと言われる。晩年はその傾向が顕著だったという。

一九九八年十二月、組織内で『天鼓』なる怪文書が突然ばら撒かれる騒ぎがあった。飲料メーカーとの癒着などをとりあげ、副会長の浅見茂を批判するものだ。浅見は一九八二年に太田昭宏の後任として男子部長に取り立てられ、四年後に青年部長になるなど、その後も台頭が目覚ましかった大幹部である。政治面では新進党路線の推進者だったとされる。その浅見に対する怪文書騒ぎは翌年七月まで計十五回にも及び、これは自民との連立路線に舵《かじ》を切る際に生じた内部抗争とも今日では見られているが、どうであれ、池田による現場指導が隅々まで行き渡っていれば、このような事態はまず考えにくいものだ。

晩年の池田は名誉会長という高みから時折下々に対し啓示を与えるがごとき存在となっていた。本部幹部会などでの言いたい放題はそれこそ言いっ放しのものだったが、下々はそれを表裏から深読みし、それぞれの解釈を自らの持ち場に落とし込んでいた。竹入攻撃に関し池田が直接指示を与えていたとの証拠は今のところ見つかっていない。が、その啓示なしに組織挙げての大量動員などはありえない。それは最晩年の毛沢東が社会の混乱など構うことなく紅衛兵《こうえいへい》をけしかけて自らの権力掌握を図った様と酷似し、かつて福島源次郎が面と向かってそうならないことを進言した老いて醜い指導者の姿だった。

二十年越しの恨み節

一九九九年四月二十七日、『聖教新聞』にその記事は掲載された。筆者は「法悟空」、つまりは池田である。「随筆　新・人間革命」と題された不定期連載は七十九回目を数えていたが、その日の題名は「嵐の『4・24』」とされていた。

「一九七九年（昭和五十四年）の四月二十四日——。／この日、私は、十九年間にわたって務めた、創価学会第三代会長を退き、名誉会長となった。／全国の、いや、全世界の同志は、その発表に、愕然として声をのんだ。／その背後には、悪辣なる宗門の権力があり、その宗門と結託した反逆の退転者たちの、ありとあらゆる学会攻撃があった。／なかんずく、私を破壊させようとした、言語に絶する謀略と弾圧であった。／正義から転落した、その敗北者たちは、今でも、その逆恨みをはらさんと、卑劣な策略を続けている。これはご存じの通りである」

「退転者」や「敗北者」が山崎正友や原島嵩を指すことは明らかだが、むしろこの記事の主題はこの後に記された会長辞任に至る経緯に関してのくだりである。

「ある日、最高幹部たちに、私は聞いた。／『私が辞めれば、事態は収まるんだな』／沈痛な空気が流れた。／やがて、誰かが口を開いた。／「時の流れは逆らえません」／沈黙が凍りついた。／わが胸に、痛みが走った。／──たとえ皆が反対しても、自分が頭を下げて混乱が収まるのなら、それでいい。／実際、私の会長辞任は、避けられないことかもしれない。／また、激しい攻防戦のなかで、皆が神経をすり減らして、必死に闘ってきたこともわかっている。／しかし、時流とはなんだ！／問題は、その奥底の微妙な一念ではないか。／そこには、学会を死守しようという闘魂も、いかなる時代になっても、私とともに戦おうという気概も感じられなかった。／宗門は、学会の宗教法人を解散させるという魂胆をもって、戦いを挑んできた。／それを推進したのは、あの悪名高き弁護士たちである。／それを知ってか知らずか、幹部たちは、宗門と退転・反逆者の策略に、完全に虜になってしまったのである。／情けなく、また、私はあきれ果てた。／……ただ状況に押し流されてしまうのなら、一体、学会精神は、どこにあるのか！」

この記事が掲載された頃も、前年秋に始まった竹入批判は続いていた。公明党が再結成された全国大会において、党は竹入について永久追放に値する反逆行為を働いたと宣言している。前年暮れに出た雑誌『第三文明』で「忘恩の兄・竹入義勝を叱る！」と題された批判記事を書いたのは実弟の央迪だった。この間、竹入本人は沈黙を保ち、その後も同じだった。

池田はこの怨念を込めた記事に際し、第一庶務室の職員に一九七九年当時の資料を大量に集めさせ、原稿やゲラには何度も手を入れたとされる。自らの辞任について二十年も経ってからその恨みをあからさまにしたことは、信濃町はじめ組織内に多大な恐怖心を植え付けた。恨みの対象は公然と反旗を翻した退転者だけではなかった。むしろ池田の怨念はこの頃、自らの会長辞任に対し身を挺することなく、なすがままに任せていた当時の最高幹部たちに向かっていた。実際、公明党のトップまで務めた人間に対し、かつてない批判キャンペーンを展開していたのだから、それはなおさらだった。

二〇〇四年三月に野崎勲が六十一歳で死去すると、池田はある会合の場での指導において山崎や原島、藤原行正らと並ぶ退転者の列にその野崎も加えたとされる。

やがて会合の場では会長の秋谷栄之助や事務総長の原田稔も生け贄《いにえ》になっていく。池田は大声で叱責したかと思えば、時に土下座まで強要した。この頃ともなると、組織内で最も重要な教えは「師弟不二」となっていた。弟子は師匠をどこまでも守り抜かねばならない。それを実践して戸田城聖を守り抜いたのが池田であり、その池田は自らを守り抜くことが下々の使命であるとひたすらに求め続けた。その原点こそが会長辞任に追いやられた「嵐の四・二四」だった。

第二の〝生け贄〟

二〇〇五年四月二十八日――。

『聖教新聞』にまたも毒々しい見出しが並ぶこととなる。

「公明党元委員長の矢野氏が謝罪／〝私の間違いでした〟〝当時は心理的におかしかった〟」

それら見出しが掲げられたのは、いつも四面で展開されていた座談会と称する記事においてだ。会長や青年部長といった大幹部が口を極めて宗門の僧侶らを罵ったそこで今回、突然の悪罵《あくば》を投げつけられたのは、またも身内であるはずの矢野絢也だった。戸田が健在だったかつてに比べると随分その書きぶりがおとなしくなった『聖教新聞』ではあったが、この座談会記事だけは別だった。感情剝き出しの発言が溢れかえり、下品な言葉遣いもお構いなしだ。そして、会長や青年部長ら大幹部のものとされるそれら悪罵の数々が、実際には池田のものであることを、もはや保身に凝り固まった信濃町の宗教官僚たちは神経質なほどまでに十分理解していた。

矢野批判が展開されたこの日の座談会は「常勝関西記念」と題する続き物の第一回となっていた。出席者とされた青年部長の杉山保《たもつ》、男子部長の弓谷照彦、関西青年部長の森井昌義らがまず発したのは、こんな公明党議員批判だった。

「それにしても、議員は支持者に当選させていただいたんだ。とくに公明党の議員！　絶対に思い上がるな！　傲慢になるな！」

「池田先生が全魂を込めて築いてくださった関西だ。その関西から『恩知らず』を出すなど言語道断だ。どれほど支持者が無念か。皆が悲しむか」

「戸田先生も、指導されています。『同志を裏切り、学会を裏切り、支持した皆さんを裏切って、増長して、本当の正しい道、政治家の道を踏み外していく。そういう人間がいたら、叩き出していけ』と、それは厳しく仰っておられたそうです」

言論問題を機とする表向きの政教分離などどこ吹く風で、あくまで公明党は創価学会の従属機関に過ぎなかった。そして、その矛先は政界引退後に政治評論家となっていた矢野へと向かう。批判の対象とされたのは政界引退後の矢野が十年以上前に書いた月刊誌『文藝春秋』における手記だった。一九九三年十月号から翌年八月号にかけ、それらは計七回にわたっていた。

「弓谷　……この中に、われわれ青年部としては断じて見すごせない間違いが、いくつもあった。

森井　その通りだ。たとえば矢野氏は、これまで〝公明党と学会は政教一致でも何でもない〟と明言してきた。

ところが、この手記には〝学会と公明党は政教一致といわれても致し方ない部分があ る〟等とあった。

竹村　なぜだ！　矛盾しているじゃないか。

塩田　結局、この文言が引き金となって、何人もの国会議員が国会で学会を誹謗し、あろうことか『喚問、喚問』と大騒ぎする事態になった。

熊谷　ふざけるな！　完全に宗教弾圧じゃないか」

それらに続き、座談会記事では矢野が手記について謝罪したことが語られる。「これまた当然の処置だ。デマを野放しにしておいたら、どんどんウソが広がっていくだけだ」――。その日の記事はそんな勝ち誇ったような発言で締め括られた。そして、翌日の紙面でも「〝忘恩の輩の末路を見よ〟」と戸田の言葉を引き、矢野批判は展開されることとなる。

じつのところ、これら座談会記事に先立ち、水面下で矢野攻撃が始まったのは、八日前、四月二十日のことだった。その日の午後七時半、矢野は総関西を所管する西口良三と藤原武の両副会長に呼び出され、信濃町から少しだけ離れた東京・左門町の「戸田記念国際会館」に出向いた。

「青年部が怒っている」

「矢野を除名せよとの要求が来ている」

「青年部は跳ね上がっている。矢野の命も危ない」

西口と藤原から、矢野はそんな警告を聞かされる。

この後、矢野に対する組織的攻撃をめぐっては複数の裁判が双方から提起されることとなるが、そこにおいて創価学会側は事の発端をその年初め頃の出来事だとしている。関西青年部の有志が関西広布五十周年に合わせ歴史検証ビデオの制作に着手したのがそれだ。そこで問題として浮上したのが、関西青年部を足場に大阪府議会議員を経て一九六七年に衆議院へと送り込まれた矢野が政界引退後に書いた件の手記だったという。四月六日、総関西トップの西口と関西青年部長の森井は上京すると、会長の秋谷、副会長の長谷川重夫、総東京長の谷川佳樹《たにがわよしき》、青年部長の杉山、男子部長の弓谷とともに問題に関する打ち合わせを行い、それが二十日夜の呼び出しにつながったのだとされる。

もっとも、このストーリーによれば、池田の直接の関与はなかったことになっているが、どうひっくり返ってもそれを鵜呑みにはしづらい。竹入の時と同様、絶対権力者である池田が関知することなく、これほどの大物に対し組織挙げての批判を行うことなどありえないからだ。攻撃がどれほど執拗かつ凄まじいものであったかを、我々はこれから追々見ていくこととなる。

恩知らずは畜生の所業

さて、警告を与えた西口と藤原は用意していた紙片を矢野に示した。そこには謝罪文の文案が記されていた。これに対し矢野は当然のごとくしばし躊躇《ちゅうちょ》した。

政界引退後、矢野は創価学会と疎遠になっていたらしく、再び行き来が生まれたのは四年前の四月に執り行われた母・菊枝の葬儀がきっかけだ。この時、秋谷の指示によって導師に派遣されて来たのは山崎尚見だった。

その後、矢野は秋谷と連携して山崎正友に関する批判記事などをペンネームで書くようになる。二〇〇一年十一月号から翌年十月号にかけて『第三文明』で展開された「シリーズ闇を切る」と題した連載がそれと見られる。この時、筆者名は「斉藤正男」、その肩書はフリージャーナリストとされていた。山崎が阿部日顕に出したという手紙など、その都度、多くの機密資料が渉外部の重川利昭を通じ提供されていたようだ。

結局、矢野は西口らから要求された謝罪文を書くことに同意する。

翌日、矢野は再び戸田記念国際会館に出向いた。この時、「お詫びと決意」と記された謝罪文は、便箋九枚にわたってびっしりとしたためられていた。

「二十日、西口、藤原両副会長にお会いし、益々とご指導頂きました。その中で私が文芸春秋誌で記述しました内容につき、間違いや不適切な文面があり学会や池田先生に多くのご迷惑をお掛けしたことにつきご指摘がありました。私は文春記事以後、このことにつき再三、反省をし、お詫びの気持でいましたが、改めて深くお詫びを申し上げます。私は無名の一青年であったものを、池田先生に引き上げていただき、同志のご支援で公明党の議員、幹部として身に余る人生を与えて頂きました。ひとえに池田先生の御恩であると痛切に感謝いたしています。この御恩は生涯忘れることはいたしません。……」

これが前述した『聖教新聞』の座談会記事へとつながるわけだが、矢野攻撃はそれでは収まらなかった。

謝罪文提出の数日後、矢野は秋谷から電話を受ける。

「カサブランカへこの連休行くというが都議選中だ。やめろ。婦人部が大騒ぎしている」

西口らに謝罪文を提出した次の日、矢野の妻は創価学会の会合に参加し、その終了後、かつて婦人部長を務めた同年輩の八矢弓子（例の社長会に出席していた創造社社長・八矢英世の妻）らと歓談した折に海外旅行に出掛ける旨を話していた。どうやら、それが秋谷に伝わったらしかった。矢野は観光ではなく仕事で行くことや、すでに先方も予定を組んでいること、さらに二カ月先の都議選の応援には必ず行くことなどを話し、理解を求めた。しかし、秋谷は納得しなかった。

「仕事は分かるがムードがあって大問題になる。だから君のためだ。海外旅行をやめてくれ」

それに対し、矢野は重ねて理解を求めた。最後、秋谷が「それでは予定表を出してくれ」と言い、その場はどうにか収まった。

矢野が妻とともに予定どおり海外へと旅立ったのは、まさに『聖教新聞』に批判記事が掲載された二十八日のことだ。しかし、すぐに旅先で帰国要請の電話が入る。かけてきたのはオーストラリアに住む長男の清城からだった。そのもとに信濃町の長谷川から言付けを要請する電話が入っていたからだ。

しばらく置いてからの五月二日、矢野は長谷川に対し折り返しの電話をかけた。電話口の声は切迫していた。

「青年部が強硬だ。事態を収めるため、帰国日である5月14日に青年部と会ってほしい」

九日、『聖教新聞』にはまたしても批判記事が載る。

「公明党矢野元委員長が海外!?」

「行動で示せ！　口先だけの『謝罪』は要らぬ」

「〝恩知らずは畜生の所業〟」

「我々は『口先』だけなら絶対に許さない。本当に詫びる気持ちがあるなら、行動と結果で示してもらいたい」

批判のトーンは上がっていた。

この日、矢野は旅行先から三回目となる電話を長谷川にかけた。言われたのは前と同じ要請だ。ただ、そこには重大なメッセージが加えられていた。

「14日夜、青年部に会ってほしい。Pから涙の出るような伝言がある。お土産買った方がいい。青年部はきつく言うが我慢してくれ」

長谷川が口にした「P」とは池田を指す信濃町での隠語だ。ときに「CP」と言われることもあり、同様に「C1」は長男・博正、「C2」、あるいは亡くなった二男・城久を勘定に加える場合の「C3」は三男・尊弘を意味する。ここで暗に池田の名前が出されたことにより、矢野は事態の深刻度をますます認識せざるを得なくなったに違いない。

「まるでリンチつるし上げ」

十四日午後六時過ぎ、成田空港で帰国便から降り立った矢野夫妻を手荒く出迎えたのは創価学会の青年部メンバー十人ほどだった。矢野は容赦なくカメラのフラッシュを浴びせられた。まるでさらし者である。

そのまま例の戸田記念国際会館に直行すると、玄関には長谷川が立っていた。

「売り言葉に買い言葉にならないよう気をつけて下さい」と注意点を話す長谷川は、こう続けた。「池田先生より何とか収めたらどうか、長谷川、間に入れ（と言われた）」――そんな話だった。そして、「池田先生は心配している」と、そのまま受け取るのが難しい意味深長な言葉を最後かけてきた。

「それはありがとうございます」

そう返事をした矢野は「些少なお土産です」と言い、池田のために買ってきた一ダースほどのネクタイを差し出した。

午後八時半頃、矢野は二階の応接室に通される。テーブルの正面に座るのは谷川で、その両脇を弓谷と森井が固め、テーブル左手には杉山、そして右手には青年部主事の丹治《たんじ》正弘と、計五人が矢野を取り囲むように陣取っていた。

その場で谷川らは矢野に対し政治評論家の筆を折るよう求め、その旨を約束させる謝罪文まで用意していた。話の途中で谷川らは不意に矢野の家族について持ち出した。

「で一方、本当に矢野さんが学会員として一緒にやっていきたいというお気持ちをお持ちであれば、息子さんもがんばっておられるし、まあ森井君も、おー」

まるで事前に打ち合わせていたように、谷川はそう言って、森井を促した。

「伸ちゃん、同級生です」

森井が口にしたのは矢野の長男・清城の妻・伸子の名だった。以前にも触れたとおり、創価学会という組織の特徴は血縁だけでなく創価大学・創価学園における先輩後輩など縦横斜めにひどく絡み合った複雑な人間関係にある。谷川らはそこを攻めてきたわけである。

杉山が言葉を継いだ。

「だからこそ、やはり、そのー、矢野さんがきちっと決着をつけて」

そこに谷川がかぶせる。

「ただですね、やっぱこれは奥様も息子さんも、矢野さんの奥さんであり、矢野さんの息子さんなんですよ」

「ですから、矢野さんがどうされるってことで、それはみんなこれはもう、避けられないですよ。これは」

その後、森井はこうも言っている。

「いや、でも、本当にね、矢野さん言ったとおりにされないと、僕は伸ちゃんがかわいそうです。子供もかわいそう。僕ら関西青年部、当時、みんなどう思っているかっていうのはやっぱりこの時に反逆者だったと思ってるわけです」

面談は一時間半近くに及んだ。最後、「学会の御恩を仇で返す真似はいたしません」などとあらかじめ書かれた謝罪文への署名を了承し、新宿区内の自宅に帰り着いた後、矢野は普段から備忘録としていた衆議院手帳にこうメモを残した。

「息子たちのことも　おどす…」

遠回しで遠慮がちな言いぶりながらじわじわと追い詰められた末、家族の名前を持ち出され、攻撃の手がそちらに向かう可能性を暗に示されたことで、矢野がそれを脅しと感じたのは当然だった。手帳には土下座を二回求められ、それを断ったことや、除名の話が出たことも記された。人命にかかわるような話も出たようだが、それはその場で取り消されたらしい。そして、矢野はこう書き記すこととなる。「まるでリンチつるし上げ」――。矢野が受けたのは集団が寄って集《たか》っての査問と呼ぶべきものだった。

衆議院手帳二十七冊分の極秘メモ

翌日から矢野の自宅には無言電話が入り始め、面識のない人物が突然訪れて面会を求めるようになる。

そうしたなか、午後四時二十分に玄関のインターホンが鳴った。

「黒柳です。伏木と大川も一緒です。聖教新聞を見て心配してやってきました」

通話口に出たのは公明党で参議院議員をかつて務めた黒柳明だった。同様に元衆議院議員の伏木和雄と、元参議院議員の大川清幸もすぐ横にいるという。

黒柳は一九五四年に二十三歳で入信し、早稲田大学文学部卒との学歴を買われてか、機関誌『大白蓮華』の編集部に採用された。二十代後半で編集主任に抜擢《ばってき》されたかたわら、青年部では参謀や調査局長を務め、池田体制発足間もなくの一九六一年に理事へと取り立てられている。参議院に送り込まれたのはそれから四年後のことで、一九九五年まで務めた。翌年、新進党から衆議院選挙に出て落選したのを機に政界引退となり、その後は学会で参与の肩書を与えられていた。他方、伏木は都立化学工業高校を出た後の一九五一年に入信し、青年部参謀などを経て、まずは一九六三年に神奈川県議会へと送り込まれた。その四年後に参議院へと転じ、政界引退となったのは一九九三年のことだ。大川についてはこれまで触れてきたとおりで、一九八六年まで参議院議員を務めた後は外郭企業「日本図書輸送」の社長に任じられ、そこも一九九三年にはお役御免となっていた。

この時、黒柳七十三歳、伏木七十六歳、大川七十九歳であり、それら老いる一方の高齢者が三人連れだって、事前の約束もあえてすることなく、七十三歳の矢野が余生を送る自宅を突然訪ねたという構図である。黒柳ら三人と矢野との連絡はこの間の十数年、まったく途絶えていた。

玄関から上がり込んだ黒柳ら三人を応接間に導いた矢野は、前日にあった成田空港での一件などを軽口も交えて話し、その場を和ませようとした。「ああ、そうです、そんなことが」などと、それに対し生返事をしていた大川だが、その機会を窺っていたかのように、この日の本題をこう切り出した。

「伏木さんが今もうむずむずして一番言いたいのは、要するに、あの文藝春秋の極秘メモですよ」

三人の関心事は『文藝春秋』の手記のもととなった矢野のメモだった。

「はっきり青年部との約束が評論活動も今後やらないというようなことを大前提でおっしゃったとなれば、そんなものがあったんじゃ先々心配だな」

大川はそうも言った。

三人と矢野の間でメモをめぐる遠回しな話が続いた後、黒柳が核心に迫ろうとする。

「今のね、矢野さんの言葉尻、取るわけじゃありませんが。青年部も、に対しても、今後、まあ行動で示していくと、ね。ま、青年部は私は分かりません、ね、行動で示していくと、だから要するにテレビにしたって、発言していることは決して公明党の悪口を言ってるわけでもないんですよ。ただああいうところは公共のあれですから。ただ、もう委員長（引用者注：矢野のこと）が、評論家の肩書きで、テレビに出ると、これ自体が、学会員の方、よく知ってるとおりね、え、それ自体は批判がこうあった。と同じようにですね、今おっしゃった、そのメモってのは伏木さんが一番よく知ってるんですよ。要するに、そうすると極端に言うと、27冊の衆議院手帳にいろいろ書いてあると。極端に言うと」

これに続いて、大川らは矢野に対し手帳を差し出すよう要求したとされる。対する矢野はプライバシーも書き込まれていることから要求を拒否した。すると大川らは「それを渡さないと皆怒り狂って何が起こるか分からない」と言い、「渡さないなら覚悟はできていますね」とも凄んだとされる。

そこで矢野は自身で処分すると申し出た。

「僕がね、一人でね、えー燃やしたとか燃やさんとかってなことはね、えー、え、言えば済む話です。私が『ある』とこうやって、もって申し上げた。あんた方が立ち会ってね、処分するならしていいよということで僕は言ってるんです」

しかし、大川らはあくまで手帳そのものをここで差し出すよう要求する。

「矢野さんが本当に青年部とか西口さんときちんと大前提約束したんなら、今後のことはまたお家のことだとか、ご家族にもいろいろ関わりがあることだから、僕らは先のことを考えりゃあ、あくまで『膨大なメモ』ってやつは、燃やしちゃうとかなんとかじゃあなくて、……差し出がましいけど、一時、僕らが、ほかじゃ差し障りがあるから、僕らOBの仲間で一時お預かりしちゃって、時が来るまでは抱いてるかと。そういうね」

そこに伏木がこんな件を持ち出す。

「神奈川だって大光会をやったときに、がーって出たよ」

「大光会」とは公明党の議員OBが集まる会のことで、そこでもすでに矢野批判が出ているというのだ。黒柳がそこで畳み掛ける。

「大光会の意見っていうのは決して大光会だけの意見じゃないですよ。学会の意見でもあるんですよね。皆組織に入ってますから。そうなるとね、要するに、今更のようだけども、あのタイトルと張出しにあった膨大な資料だと、整理するのも大変だと、極秘メモだというようなことがね。要するにまたこの次書くんじゃなかろうか、これをネタにして何かやるんじゃなかろうかという、当然、やっぱり疑心暗鬼はみんなあるわけですよ。……ですから、……燃やせばいいじゃないですか、ということだけじゃだめなんですよ」

そこに、伏木が相槌を打つ。

「燃やしゃいいってことじゃなくてね」

そして、大川はこう促すのだった。

「だから、もしあれだったら、封印して、僕らが矢野さんから預かってもいいよ。開けて見る必要ないんだから」

　これに対し、矢野はなおも抵抗した。

「私が処分すると。処分の方法は考えようと。こう言っていたということにして理解して下さい。僕は約束は守りますから」

　そうした間、黒柳は応接間から出て行き、玄関ホールで何者かと携帯電話で話をしていた。

「ええ、今やっている最中です」

「はい、絶対に取ります」

「打合わせどおりにやっています」

　どうやら、大川ら三人の背後にはこの日の工作を取り仕切っている上の人間がいるらしかった。

　最後、根負けした矢野は三人に対し手帳を預けることに同意した。ただ、それらの多くは貸金庫に預けてあり、手元にあるのは一部だけだった。

「預かります。僕がね」

　そう言った伏木は引き渡しの期日を一週間後の五月二十二日とすることを求めた。矢野が党本部に持参することも伏木は提案したが、結局、その日の午後一時に三人が矢野の自宅をあらためて訪問することで話は落ち着く。そうやって、三人が引き揚げていったのは、午後五時四十分頃のことだった。

家探し

　ところが、それから一時間も経たない午後六時半頃、三人は踵《きびす》を返し戻ってきた。

「実はねえ、３人で帰って。あのお約束したんですよね。ところが、あのう、今日たまたま、党側の方にね。あの帰りますすと。あのさ」

大川がもじもじして続きを言いにくそうにしていると、伏木が助け船を出した。

「藤井」

それを受けて大川が「藤井さんと、それから」とさらなる助け船を求めると、伏木がまた名前を挙げる。

「大久保」

どうやら、先ほど黒柳が玄関ホールでこそこそと電話をしていた先は藤井富雄と大久保直彦ということらしかった。以前に触れたとおり、一九五五年に練馬区議会へと送り込まれた藤井はそれを二期務めた後、東京都議会議員に転じ、その頃は十一回もの当選回数を重ね「都議会のドン」との異名をとるまでになっていた。この八年前には何者かによって時限式爆発物が自宅に仕掛けられ、鉄製の門扉が破損するという物騒な事件の被害に遭っていた。他方、こちらも以前触れた大久保は、その優秀さを買われて衆議院議員となった後、一九九二年に参議院へと転じ、七年前にはそれも終えていた。矢野が公明党の委員長だった当時、書記長として支えていたのは大久保だった。

大川が続ける。

「大久保さんがいて。で、３人で行って、そりゃ矢野さんの気持ちも分かるけどね。ちゃんと作業場も見た方がいいし、そのう、今あるならあるだけの資料でも持ってくるなり、それから、貸金庫というのはどこの貸金庫かはっきりしてこなきゃ、お前ら何やって来たんだって、今言われて。そりゃあ、もう、言われりゃそうかと」

「で、また3人で来ました。なんていうか、むしろ、怒られちゃって、笑われちゃって」

三人が来た理由を察した矢野はこう事情を話した。

「ある弁護士さんに預けてあるんですよ」

大川はしつこかった。

「だけどあれですな、弁護士さんとこ疑うわけじゃないけど、預かって、うちの党本部で僕らが預からせてもらえば一番安全だけどな。変な言い方だけど、ね」

黒柳は手元にある分だけでもすぐに差し出すよう求めた。「なんでそんなに焦るのか」と矢野が訝ると、またもや、黒柳は「それを寄こせ」と凄んだとされる。両者の間ではしばらく押し問答が続いた。だが、最後、矢野は身の危険を感じ、要求に屈することとなる。矢野は手元に置いていた二〇〇二年から二〇〇四年までの三年分の手帳を茶封筒に入れると、それを伏木らに手渡した。残る二十四冊は実際のところ知り合いの司法書士に預けてあったが、それも引き渡すことで話は落ち着く。

と、ここで三人は家探しさせてもらおうと矢野に求めた。持ち出したのは大川だ。

「こんなに遅く夜悪いけどさ、せっかく来たんだから、矢野さんの作業所、見学させて」

これに黒柳も合わせた。

「そうそう、西口さんから3階の事務所を1回、見学して来いって言われてさ」

矢野は返事に困ったが、大川や黒柳はそれに構うことなく口々に要求した。

「いや何かそこに資料や書類があって、事務所になってるから、それ見たろって。ああ、こっちですか。じゃあ、そのこっちの事務所を……」

「言われてそれ、もお、3階にも事務所があるから、見て来い、見て来い、見て来い、って言われてね」

この厚かましい申し出に対し矢野はやけになってこう返すしかなかった。

「どうぞ、ご覧頂いて結構ですよ」

「どうぞ見てください。3階から2階から」

矢野は家中を案内した。どうやら三人は件の手帳以外に資料がないか探す気らしい。「国税問題」と記された資料を見つけた伏木が尋ねた。

「その国税問題っていうのはね、これはあの、うー、国税のうー、い、い、いつの国税だか分かる？」

矢野が「1回、2回」「墓石のやつ」などと答えるうちに、黒柳が資料に記された日付を読み上げる。

「平成2年、平成2年12月23日」

以前に触れた東京国税局による税務調査である。それに矢野が関与していたことも紹介した。

矢野が資料の概略を説明する。

「……これはわし、あの、死ぬまで墓場まで持っていこうと思ってね、おったぐらい重要ですから、それだけは含んどいてください。で、それは、これは書類ですわ。この間交換した。ここにね、くどいくらい、その間のやりとりが手帳に入ってますねん。あの、毎日のような、な、やりとりがある。で、相手の名刺も入ってます。係官の。で、本部へ来た時の状況も。私が立ち会いましたから、あの、書いてあります。それから、毎日、へっ、それこそ、まあ、あのう、私が言うのも、八尋さんと秋谷さんと私は毎日の電話でやりとりしてます。ただ、でも、あのう、細かいことは書いてません。あのう、ポイントだけしか書いてません。ただ敵さんの言い分は報告せないかんから、やっぱ書いてると、そういうことです。そのう、秋谷さんの言い分とかそんなことは『それとはこれはちょっと、あのー、なんとかせい』とか言うような感じですね」

午後八時頃に矢野の自宅を辞去した三人がこの後、党本部に急行して家探しで得た情報を藤井や大久保に伝えたことはほぼ間違いない。この間、情報を吸い上げていた藤井はそれを党代表の神崎武法へと報告していた。

組織を挙げての手帳持ち去り

翌十六日、『聖教新聞』にはまたしても矢野批判記事が載る。

「矢野絢也公明党元委員長が心から謝罪／『文藝春秋手記（93・94年に掲載）は間違いでした』『創価学会員に心からお詫びします』」

その一方で矢野のもとには伏木から催促の電話が入った。司法書士に預けてある手帳の引き渡しは十八日水曜日とされていた。「水曜は忙しいので明日火曜日にしてくれ」と話す伏木に対し、「こっちは先方に連絡しているところだ。そっちの都合だけ言うな」と矢野はすぐに応じるのは難しいと答えた。それでも伏木の要求はしつこく、矢野は翌十七日に前倒しすることを飲んだ。

次の日の夜八時頃、大川、黒柳、伏木の三人はやって来た。

「いや、これね。話し合い、今後のことも信義をもってきちんとやってもらえないと俺もね。役目つとまんねえからさ」

大川はそう言うと、矢野が用意していた段ボール二箱の中身を確認した。すると、一九九六年から一九九九年、四年分の手帳が抜けていた。

「昨日、僕が手許にある引出、調べてこれだけ探してきたんだから、あとも、どっかにあるかもわからへん」

そう答えた矢野は「誠意をもって探す」と約束した。ひとまずそれで収まると、段ボール箱をガムテープで密封しようとした黒柳が、矢野の妻に立ち会ってもらうことを求めた。この一件を妻に話していなかった矢野は抵抗したが、大川と伏木も加わった三人がかりで要求されると、またしても屈することとなる。矢野は妻を部屋に呼び入れた。黒柳らは『文藝春秋』記事で矢野がもらった読者賞の記念品も放り込み、段ボールをガムテープで封印した。

この時、矢野は手元に念書二通を用意していた。資料が厳重に保管されることを両者で確認するためのものだ。残る手帳については一週間後に引き渡されるものとされた。

と、ここで黒柳らは「もしこれ以外に残っていたら重大なことになる」などと言い、またしても家探しを要求した。しつこく迫られたことで、またも矢野は了承せざるを得なくなる。一階から三階まで、矢野は三人を案内した。家探しが一段落したのは午後十時二十分頃のことだ。

結局、残りの手帳四冊の引き渡しは五月三十日にずれ込んだ。三人がやって来たのは午後一時頃のことだ。

「ところでね、矢野さんね。こないだのと今日のこれとで、全部お出しになるって言っていたので僕らもこれで信頼しますが。あのう、文春のはじめの方を見るとね、『資料とメモ、膨大で我ながら驚いた』って、驚きになっているから、矢野さん自身が驚きになるなら、こないだのところで、ほんまに膨大な資料全部なんかと思うんですけどね」

大川はまだ資料があるのではないかと、矢野に訊いた。黒柳と伏木も同じ調子で問い詰める。「ほんだら、先祖代々からの全部お持ちになりますか、そんなら。それは言い過ぎじゃありませんか」と矢野は反発し、途中、警察を呼ぼうと受話器を取った。それを急いで立ち上がり制止したのは黒柳だったとされる。しかし、この時も矢野は「何度でも、何でもどうぞ」と最後は要求に屈した。

三回目の家探しとなるこの時、三人の捜索はこれまで以上に執拗だった。二階の書斎では本棚が詳細に調べられ、三階の物置では掛け軸や段ボール箱の中身を確認し、寝室ではすべての引き出しが開けられた。途中、帰宅した矢野の妻が自室で着替え中のところ、それを知らずに矢野が開けたため、伏木らが覗き見るハプニングまで生じている。家中を見て回った後、三人が矢野宅から引き揚げたのは午後三時頃のことだった。

大川ら三人が矢野の自宅を訪れたのは、その日が最後だ。訪問は都合四回ということになる。そのすべてにおいて、伏木は胸元にICレコーダーをしのばせており、矢野との会話を隠し取りしていた。それを借りたのは国会議員時代の公設秘書からだった。伏木の引退後、その者は農水官僚から公明党衆議院議員となった上田勇の政策秘書となっていた。

同じように、戸田記念国際会館で矢野が吊し上げられた面談も、谷川らによって隠し取りされていた。それら録音データはすぐに本部の若手職員によって夜を徹し反訳されることとなる。矢野攻撃はまさしく組織を総動員してのものだった。

手帳返還訴訟の結末

矢野に対する批判記事はその後も『聖教新聞』で断続的に掲載された。やがて青年部の機関紙『創価新報』や公明党機関紙『公明新聞』もそれに加わることとなる。

ただ、竹入と違い、この時、矢野は反撃に出る道を選択した。有名弁護士を雇い、すでに秋谷の依頼で送付済みだった「恩義を感じることと政教分離は矛盾しない」と題する原稿の掲載・引用禁止を求める通知書を作成したのは七月上旬のことだった。同月下旬に『週刊現代』が手帳持ち去りの一件を報じると、伏木ら三人は発行元の講談社だけでなく、記事中の記述にこじつけて矢野まで訴えた。そこで矢野は手帳の返還を求め、反訴のような形で伏木ら三人に対し裁判を提起することとなる。

こうした一方、創価学会の組織内において矢野攻撃の熱が急速に冷めるような出来事が起きる。戸田記念国際会館での吊し上げにも加わっていた男子部長の弓谷が女性問題を理由にその任を解かれたのである。組織内で発表されたのは七月二十日のことだった。創価学園出身の弓谷は東京大学に合格しながらそれを蹴って創価大学に進むという、学会としては究極ともいえる純粋培養の秀才だった。そのため池田の期待も高かったとされる。

それでも紙面での矢野批判は続き、自宅周辺では尾行まで行われた。翌二〇〇六年五月、こうした動きに合わせるかのように、公明党は八年前から批判を続けていた竹入に対し二十年も前の出来事を持ち出して裁判を起こす。党資金を使って三越本店で高額の指輪を買っていたとの訴えだったが、重要証人が創価大学出身の三越従業員というこの裁判は旗色が悪く、次第に尻すぼみとなっていく。加えて、矢野裁判の方は学会にとってさらに不都合な展開を辿っていた。伏木らは矢野宅における隠し取りの録音データを提訴から二年近くも経った段階で証拠提出したが、一審はそれで僅かながら勝訴となったものの、二審においては脅迫的言辞を編集で取り除いた証拠改竄《かいざん》の可能性を裁判官から指摘され、逆転敗訴となったのである。二〇〇九年九月、伏木ら三人による上告は不受理となり、手帳は矢野のもとへと返還されることとなる。

側近たちへの怨念だけが残った

この間の二〇〇六年十一月、第五代会長の秋谷は事実上更迭となり、第六代会長には原田が就任していた。

池田は本部幹部会などの場で相変わらず自身の会長辞任を恨めしく語り続けていた。例えば、二〇〇九年四月に信濃町の「創価文化会館」で行われた全国代表協議会ではこんな具合だった。

「今から30年前の昭和54年（１９７９年）5月3日――。私は、八王子の創価大学で〝会長辞任の本部総会〟を終えた後、学会本部へは戻らずに、そのまま神奈川文化会館へと向かった。当時、学会は隆々たる発展を遂げていた。いわば〝絶頂期〟であり、これからが本当の総仕上げという大事な時期であった。その時に、非道な迫害の嵐の中で、第3代会長を辞めざるを得なくなったのである……私が第3代会長を辞任した背景には、学会の発展を妬《ねた》み、私を陥れんとする宗門や反逆者たちの醜い謀略があった……本気になって学会のため、正義のために戦う人間はいないのか。真実の味方はいないのか――。あまりにも情けない無残な姿であった。本当に、人間の心ほど恐ろしいものはない……少しでも長生きをして、もう一度、本当の学会をつくり、未来に残すので、その思いで立ち上がり、ここまで頑張ってきた……皆さんには、真実の歴史を知っておいてもらいたいのだ……これまで、どれほど多くの忘恩の輩が出たことか」

これは『聖教新聞』記事によるものだから、例のように、池田が語ったそのままが文字に起こされたものではないに違いない。

これとは別の会合に出た者によれば、池田の原田に対する振る舞いは例えば以下のごとくであった。

池田「誰だ、悪いのは？」
原田「北条、野崎、和泉、辻、山崎……」
池田「山崎って誰だ？」
原田「尚見です」
池田「もっと悪いやつがいるだろう」
原田「正友、原島です」
池田「そうだ。竹入、矢野もそうだ。秋谷にも言っとけ。北条死にました、会長になってすぐに。山崎正友も死にました。80億ですよ。5億5千万とって。原島も死にました。みんな仏罰です。全部勝ちました。ねっ」

下獄後も自民党などに情報を吹き込んでいた山崎正友は二〇〇八年十二月二十九日に死去していた。それと行動を共にしていた原島が亡くなったのはその五カ月前、七月六日のことだ。池田が口にする「80億」が何を指すのかは不明だが、「5億5千万」は以前に見たように、その強請によって創価学会が山崎に渡したカネのことだろう。
このやりとりを見ると、この頃の池田は、すでに鬼籍に入っていた北条浩や野崎、和泉覚、さらに存命中の辻武寿、山崎尚見についても「悪いやつ」と罵り、怨念の対象にしていたらしい。なぜなら、原田がそれら名前を挙げても否定していないからだ。加えてこの時、池田は秋谷の名も挙げている。これら六人は池田が会長辞任を諾った一九七九年四月五日の「立川文化会館」における首脳会議の出席者だった。あの場面で師弟不二を貫徹できなかった側近たちに対する池田の怨念は齢を重ねるにつれ押さえようもなく心中で煮えたぎっていた。あれほど身を挺して池田を守った北条すら仏罰が下った末の急死であると、この時の池田は仏教者としてこれ以上ない悪罵を投げつけたのである。竹入と矢野についてはつい今し方見てきたとおりである。
そして、二〇一〇年という年がやって来る。誰よりも長生きすることに執着を見せていた池田は一月二日、八十二歳となった。
この年、池田は年初から名誉学術称号を山のように受賞する。
一月十五日　アメリカ　グアム・コミュニティーカレッジ　名誉教授
同月二十七日　中国　安徽《あんき》理工大学　名誉教授
二月二十四日　ウズベキスタン　ウズベキスタン科学アカデミー芸術学研究所　名誉博士

同月二十七日　中国　西安外事学院　名誉教授
三月十日　中国　広東商学院　名誉教授
同月十六日　ベネズエラ　アラグア・ビセンテナリア大学　名誉教育学博士・名誉教授
同月二十一日　中国　西安交通大学　名誉教授
同月二十六日　フィリピン　ラモン・マグサイサイ工科大学　創立百周年名誉教授
四月二日　アルメニア　エレバン国立芸術アカデミー　名誉博士
同月五日　中国　四川省社会科学院　名誉教授
同月十五日　中国　新疆《しんきょう》医科大学　名誉教授
　　　　　中国　広西芸術学院　終身名誉教授
同月二十日　中国　紹興文理学院　名誉教授
五月四日　カナダ　ラバル大学　名誉教育学博士

続く五月十三日は木曜日だった。新時代第四十回本部幹部会は午後から東京・千駄ヶ谷の「創価国際友好会館」で行われた。この時の「新時代」なる名称がそうなのだが、いわゆる本幹など重要会合には池田の思いつきによる冠名がつくようになっていた。とは言うものの、そこにさしたる意味はない。この日、本幹に引き続いて行われたのは中国・清華大学の名誉教授称号授与式であり、わざわざ簡字体で書かれた深紅の横断幕のもと、池田は晴れがましくもそれを手にした。

翌日付の『聖教新聞』は当然ながらその〝大ニュース〟を一面全てをぶち抜いて報じることとなる。

「中国最高峰の世界的名門／池田名誉会長／清華大学『名誉教授』に／顧学長が来日し授与／中国の程大使が祝辞／中日友好に絶大な貢献／平和と人類の幸福へ行動」

五段分を使ってでかでかと掲げられた写真に納まる池田の表情はどことなく生気に欠け、目も虚ろに見える。

それから十日ほどが経った夜、池田は信濃町の「第二別館」において、おそらく脳梗塞により、突然倒れることとなる。

六月三日、この時の本部幹部会が行われたのも創価国際友好会館だった。しかし、その場に池田の姿はない。

原田は冒頭こう語り始めた。

前夜、この日の本部幹部会について池田からこんな指導があったのだという。

「明日の本部幹部会については弟子の君たちが団結してしっかりやりなさい。皆が創価学会のすべての責任を担って戦う時が来ているのである。学会の将来にとって今が一番大事な時である」

「ゆえに私を頼るのではなく君たちが全責任をもってやる時代である。私はこれからも君たちを見守っているから安心して総力を挙げて広宣流布を推進しなさい」

本当に池田がこのように話したのかはいささか眉唾だが、結果的にこれが半世紀にもわたって巨大宗教団体を率いたカリスマ指導者による事実上の遺言となった。

エピローグ

『聖教新聞』に載った三年ぶりの近影

「原田っー！」

二〇一三年八月上旬、避暑地として名高い軽井沢にある「長野研修道場」の一室――。待ち構えていた池田大作は会長の原田稔が入って来るなり、そう一喝したとされる。

この時、池田は一週間ほどを長野研修道場で過ごしたと見られている。原田だけでなく副会長で本部機構の事務総長を務める谷川佳樹、今なお弁護士グループの頂点に立つやはり副会長の八尋頼雄ら主だった最高幹部たちが当時そこに滞在していた。池田はそれら一人一人を部屋に呼び入れ、指示を与えていたとも言われている。

この間、近隣の飲食店などには池田の身辺警護を担う「金城会」のメンバーと思しき男性が物々しく出入りしていた。ある日、後部座席を黒いスモークで覆った国産高級ワゴン車の車列が施設を後にすると、その者らもいなくなり、あたりはいつものように静けさを取り戻したという。かつてベンツで移動していた池田だが、この頃は車高のあるワゴン車が使われるようになっていた。乗り降りに難渋するようになっていたからだろう。

その後の八月十日、『聖教新聞』は長野研修道場内で行われた勤行で導師を務める池田の写真を掲載する。白い薄手の長袖を着て椅子に座る池田は前を見据えて数珠《じゅず》とともに両手を合わせ、その左隣では同じように夫人の香峯子が合掌している。後ろに控える十人ほどの中年男女は現地の地方幹部と思われる。

三年前の五月に倒れてからまったく見られることのなかった池田の近影は、前年八月やその年七月に続くものだったが、それらはいずれも少人数での集まりに限られていた。ただ、長野研修道場での出来事は久々に伝わった池田の生々しい動静であり、一部の者は復活の日が近いのではと少なからず興奮した。

しかし、それはある種の手応えを伴いつつ組織内を駆け巡った池田の動きとしてほぼ最後のものとなる。この年の秋、創価学会はかつての本部建物だった「創価文化会館」を取り壊した跡地に工事を進めていた新たな総本部ビルの竣工を控えていた。本来それは二区画先の「第二別館」なども含めた壮大な建て替え計画となるはずだったようだが、一部地権者の同意が得られず、泣く泣く規模を縮小したともされている。それが現在の「広宣流布大誓堂」である。

その完成とともに、かねてから噂されていた「日蓮世界宗」の立宗を、池田自らが劇的に宣言するのではないかとの淡い期待は、この後急速に萎むこととなる。確かに、十一月五日に行われた落慶入仏式に池田は導師として出席を果たしてはいた。だが、その後ろで手を合わせる面々は原田や長谷川重夫ら大幹部十人ほどに限られ、翌日付の『聖教新聞』には小さな写真が一枚きり載っただけで、とてもではないが全学会員の心を震わせるような歴史的一コマとは言えなかった。

やがて池田の近影が掲載される機会も減っていく。一緒に写る人数も減り、夫人の香峯子と二人して無表情に座ったままの写真や、長野研修道場でカメラに視線を送ることもなくカートに乗せられた写真など、むしろ健康状態が思わしくないと感じさせるものばかりだった。二〇一九年十月に掲載されたものに至っては、東京電力病院跡地に完成したばかりの「世界聖教会館」を訪れたものの、香峯子と二人でモニターを見つめる様子を遠目に切り取った写真であり、もはや本人の表情など判別不能という、老いゆく者の黄昏《たそがれ》しか感じさせないじつに寂しげな写真だった。

それでもこの間、不可思議と言うべきか、以前からの仕組みからすれば当然とみなすべきなのか、池田の手によるものと喧伝される小説『新・人間革命』はその連載が二〇一八年九月八日まで続いたし、各種会合では池田による激励メッセージや和歌、漢詩が鳴り物入りで披露された。ロシアによるウクライナ侵攻が懸念されるなか出されたものなど長文の提言も何度か公にされている。原田ら大幹部が決まって強調したのは池田の「お元気な様子」だ。そして一般学会員は会合で流される往事の映像に歓喜した。

日蓮仏法よりも票集め

池田が突然いなくなった創価学会は否応なく集団指導体制に移行せざるを得なかった。「先生のご真情をうかがうにつけてももはや甘えは許されません。弟子が今こそ決然と総立ちする時であります」――。事実上の遺言となった池田のメッセージを披露した二〇一〇年六月の本部幹部会で原田は一同に向かってそう発破をかけたものの、その後、むしろ明確になったのは、当の原田も含め、池田に代わるような後継者が組織内にまったく見当たらないという慄然《りつぜん》たる現実だった。

広宣流布大誓堂の完成直前、首脳部は宗門問題に対する最終決着とも言うべき行動に関し内々に検討を始めた。大石寺に安置される「戒壇の大御本尊」と決別し独自の本尊を打ち立て、国内外の組織を一体的に貫く「会憲《かいけん》」を制定しようとしたのである。その帰結こそが日蓮世界宗の旗揚げであり、じつのところ、それは一九九一年に日蓮正宗から破門された後ひそかに商標登録までされていたものだった。

これを積極的に進めようとしたのは集団指導体制のなかでも会長の原田や事務総長の谷川、弁護士グループトップの八尋、それに会長から最高指導会議議長に回っていた秋谷栄之助の四人であったとされる。しかし、戒壇本尊との決別は過去の池田による発言との整合性などから教学部の幹部が慎重な態度を示した。それでも原田らが強行しようとするのを見てか、内情を暴露する通称「教学部レポート」が流出する事態となった。

結局、組織内の調整はつかず、本尊の定義を見直す会則変更も、世界宗教化を目指す会憲の制定も、広宣流布大誓堂の完成には間に合わなかった。その後も内部告発文書の流出に見舞われた会則変更がようやく実施されたのは翌二〇一四年十一月であり、会憲制定はさらに三年後の二〇一七年のことだった。

もっとも、かつて学会員総出であれほどありがたがった戒壇本尊と決別し、一九五一年に戸田城聖が時の法主である水谷日昇から授与された「創価学会常住御本尊」を今後は根本の信仰対象とするとの教義変更について、それが教団にとっての重大事であると受け止めた一般学会員はごく少数だったとされる。宗門からの破門後、日蓮仏法に対する理解や関心はそれほどまでに低下していた。一般学会員がもっぱらありがたがるのは過去における池田の言動だ。

その昔、一般学会員にとって最も重きをなす信仰行為は間違いなく総本山・大石寺への登山であり、そこの正本堂に安置された戒壇本尊を拝むことであった。宗門からの破門を経て、いまやそれに代わるものは選挙活動となった。公明党のための票集めは、それが〝池田先生がつくった政党〟だからである。

選挙のたびごと、信濃町から派遣された職員は選挙区にぴったりと張り付き、候補者事務所の近くに設置される「企画室」と称する裏選対には「活動家」と呼ばれる熱心な学会員が昼夜問わず忙しく出入りする。全学会員の氏名や住所を網羅する「統監カード」をもとに選挙区の全有権者をリストアップした「ZU台帳」がまずは作られ、そこから票固めが始まる。その最初は「内部有権者」を意味する「NU」で、それを固めた後は家族内の未入会者である「GU」、つまりは「外部有権者」に働き掛け投票の確約をとりつける。よく知られる「友人票」、すなわち「F」は言ってみれば活動の盛り上がりを測るバロメーターのようなもので、低い歩留まりは承知の上、とりわけ中高年の女性活動家が熱心に取り組むF取り報告は景気づけにもってこいらしい。それら数字は日々取りまとめられ、信濃町に集約される。そして、期日前投票の時期ともなると、活動家は自家用車を駆って高齢学会員を投票所まで送迎する「連れ出し」に勤しむこととなる。こうして積み上げられるのが学会票であり、今日の学会員はこうした緻密な選挙活動に国政選挙から地方選挙まで年がら年中投入され続けている。

本部職員三千人の大企業並み待遇

以前に指摘したことだが、創価学会は一九五〇年代半ばから一九六〇年代にかけ急速に勢力を拡大するなか、有名大学出身者を大量に採用して本部機構を作り上げてきた。かつて戸田城聖にしろ池田にしろ幹部はそれぞれが生計の手段としてめいめいの職業に就いていたものだが、八十三歳の原田はじめ今日の幹部は学会活動しか知らない新卒採用の本部職員ばかりだ。なかには谷川のように社会の空気を吸った者もいるにはいるが、谷川が東京大学を出て三菱商事で働いた期間はわずか二年に限られる。

それらプロパー職員たちには早くから世間並みの社会保障が約束されてきた。自前の健保である「創聖健康保険組合」が設立されたのは一九六六年であり、年金受給を手厚くするための「創聖厚生年金基金」（代行返上により現在は「創聖企業年金基金」）が作られたのは一九七三年のことである。

当初、信心に燃える本部職員たちがもらう給与の水準は低かったとされるが、おそらく一九八〇年代以降に急上昇を始め、今日では大企業並みだ。創聖健康保険組合が関東信越厚生局に提出した収入支出計算書及び事業報告書（二〇二二年度）によれば、職員（年度末三千四十一人、平均年齢四十三・九四歳）の平均標準報酬月額は四十一万八千六百二十五円であり、男性職員（同二千二百五十一人、同四十六・八六歳）に限れば四十五万七百五十八円である。これに加えボーナスが支給される。総標準賞与額は四十八億九千七百二十一万円であり、これを基に計算すると、一人当たり約百六十一万円だ。役職につく男性職員の年収は大抵一千万円を超えるというのがもっぱらの噂である。

そんな高給取りたちの老後にとって一助となる創聖企業年金基金が同様に提出した事業及び決算に関する報告書によれば、二〇二二年度、千九百六件に対し給付された老齢年金の総額は二十七億三百四十万円だった。一件あたり約百四十二万円である。繰り返しになるが、これは基礎年金と厚生年金に上乗せされる分だから、大過なく勤め上げた男性職員OBが受け取る年金総額はこの二倍を軽く超えるはずだ。それだけ手厚い給付をこなしつつ、日本国債から外国株、オルタナティブ投資にまで及ぶ基金の運用資産額は二〇二二年度時点で六百億円にまで積み上がっている。

だから、創価学会の本部職員は昭和的な片働き世帯がほとんどだとされる。〝社内結婚〟も多いようだが、女性職員は結婚とともに〝寿退社〟することが長年にわたり不文律となってきたらしい。それだからこそ、本部職員の妻は専業主婦として縁の下の力持ちである婦人部（二〇二一年から女子部と統合され女性部）の活動に没頭できるわけである。戦後の再建期に活躍し国会議員だけでなく学会総務にまでなった柏原ヤスのように、女性の活躍が思い起こされがちな創価学会だが、それはある種のまやかしである。過去、意思決定に関わるような役職に登用された女性はほとんどいないに等しい。北条浩が第四代会長となった一九七九年四月、その妻で総合婦人部長を務める北条弘子ら十人を、学会は一挙に総務へと引き上げたことがあったが、これは極々例外的な人事だった。今日、三百人近くいると言われる副会長に女性は一人もいない。

そのおびただしい数が物語るように、本部職員の多くは信濃町の寮住まいだ。池田や北条をはじめ歴代の大幹部が古くからそうしてきたようにである。長谷川や谷川といった最高幹部が寝起きする信濃町の最奥部にある「第一南元寮」は今日、本部職員にとって一種のステータスシンボルであるらしい。

池田不在でも盤石な官僚組織

かつて創価学会は折伏の団体を自任していたが、その肝心要の組織拡大は今日ほとんど停滞している。もはや新たに会員となるのは世帯内の二世・三世に限られる。その者らは物心つかないうちに祖父母や両親によって会員にさせられたのがほとんどだ。例えば、現在六十八歳の谷川にしても、日蓮正宗に入信したのは五歳の年のことである。

こうしたなか、創価学会員の家庭にとって子弟が歩むべき理想的な道は、非常に内向きなものとなる。すなわち、有名大学に進んでそのまま学会本部職員として就職する道だ。系列教育機関として幼稚園から大学まで用意されているから、そこに学べばなおさらよい。そうすれば、安定して高い生活水準が望め、老後も安泰しているから万々歳だ。他方、学会本部から見てもそんな純粋培養された二世・三世職員は反逆の恐れがないばかりか、いつ何時も黙って組織の命に従い動いてくれることが期待できるので文句なしである。

今日における信濃町の強固な宗教官僚機構はそうやって形成されてきた。そして、薄墨色の衣に純白の袈裟《けさ》を纏《まと》った宗門の出家僧侶たちと決別した一九九〇年代以降、背広に身を包んだ没個性的な宗教官僚たちによる組織支配は一層貫徹されることとなる。前述した三百人近くいる副会長のほとんどは本部職員であり、「民間」と呼ばれるそれ以外はほぼ皆無だ。

池田の不在がほぼ確定的となった二〇一三年暮れから二〇一五年秋にかけ、信濃町では権力闘争まがいのことがあった。結果、執行部の実権を握る原田、谷川、八尋らに不満を持つとされる理事長の正木正明や副会長の梶岡誓といった創価大学出身者を主体とする一群の幹部たちは閑職に追いやられた。その間には次期会長が有力視された谷川の強力な後ろ盾である八尋に関し蓄財を告発する文書が流出するなど、それなりの暗闘があったようだ。確かに、正木らはどちらかと言えば池田絶対主義者であり原田や谷川は必ずしもそうでないと言えたが、この派閥争いが明確に路線闘争であったかと言うと、首を傾げざるを得ない。つまりはその程度の争いに過ぎなかったわけで、それが証拠にこの間に組織は微動だに揺るがなかった。

その後、谷川は新たに設けられた主任副会長となったものの失速し、かわりに原田は後釜の理事長である同年輩の長谷川を重用、つれて北条の娘婿にあたるやはり主任副会長の萩本直樹が存在感を増したとされる。とはいえ、それもすでに枠組みが形作られた官僚機構内での出世競争といった趣が強く、何かが変わる予感はまったくない。もともと日蓮正宗は独善的傾向が強く異論を許さない体質だが、その思考をしっかりと受け継ぐ創価学会はより同質的な集団志向だ。信濃町の官僚機構は日々、リアルからバーチャルまであらゆる空間を監視して末端不満分子の洗い出しに勤しんでおり、それを見つけるや査問や訴訟での叩き出しに明け暮れている。

総じて言えるのは、あれほど権勢を誇った池田が不在となった後も創価学会はさほど揺らぐことがなかったということだ。それは強固な宗教官僚による組織統制の賜物とみなしてよい。ただ、そこは官僚ゆえ、現状の仕組みを大過なく動かすことには長けている一方で、かつて戸田や池田がなしえたような警察さえ敵に回す戦闘的折伏や、言葉も文化も異なる海外での布教といった大胆不敵なことはできない。外に向かっての折伏が停滞し、会員の高齢化や長期的な組織減退が見通された時、彼らが志向したのは静かなるリストラである。

三代会長のアーカイブ事業

じつはそれはかなり以前からのことだ。例えば、こんな内部資料がある。法人改革推進本部事務局が作成した「法人改革について」と題するそれは用紙二枚にまとめられた簡潔な研修資料で、日付は二〇〇八年五月二十七日とされている。

それによれば「第二次宗門戦争」が収束に向かい、公明党と自民党との連携方針が決まった一九九九年、早くも創価学会は退潮期に入ったことを悟っていた。その年、本部機構は「法人改革プログラム」なるものを始動させ、業務改善委員会事務局によって、各職員が受け持つ業務量の把握作業を進めたらしい。結果、導き出された方針は、第一期となる一九九九年からの四年間で退職者の補充を七割にとどめることにより二百二十人の自然減を達成し、さらに第二期である二〇〇三年からの六年間で二百八十人を追加削減するとのリストラ策だった。

それに続く第三期は二〇一〇年までの三年計画として設定されたが、第二期と同程度の職員削減が見込めるという。それとともに打ち出されたのは組織・広宣・広報・編集といった直接系事業部門への「リソースシフト（人員異動）」であった。その看板施策となるべきものはアーカイブ事業である。これは前著『創価学会秘史』でも紹介したところだが、要は、様々なコンテンツを収集・整理して多岐にわたって会員サービスメニューを充実させていくというもので、これこそが、大人数で長時間にわたって取り囲み「邪宗」の信者を「破折」するかつてのやり方に代わる「現代の広宣流布」というわけである。その中心に据えられるのは、日蓮・日興以来、血脈相承によって脈々と受け継がれた大石寺法主の神聖性を纏った教えではなく、牧口常三郎、戸田城聖、池田大作という三代にわたる「永遠の指導者」が俗世で残したあえて大衆性を誇示するかのような数々の事蹟だ。これら一連の構想を指南したのが外資系コンサルティング会社のアクセンチュアであったことも前著で紹介したところである。

件の内部資料の末尾には、二〇〇三年六月三十日に行われた全国業務量調査説明会に寄せられたという和歌が記されている。

「広宣の　業務の機関で　舵とりし　君の名指揮　勝利を頼まむ」

組織の論理からすれば、これはその場で池田によるものと紹介されたはずだが、毎度お馴染みのごとく実際のところについては別の可能性も考えられるところではある。ただ、いずれにせよ、その最晩年、池田が自ら育て上げた組織の中枢に見ていたものは、すでにそんな官僚的思考ばかりが充満する閉塞感極まりない光景だったということだ。それを打破できる後継者を、猜疑心に凝り固まった池田は育てることがなかった。最後倒れる瞬間まで拘り続けたのは自らの傷心を癒やす名誉称号のコレクションだ。

誰よりも長生きすることに執着を見せた池田は、それから十三年あまりを生き続けた。その間の二〇一二年四月、戦時中からの最古参幹部だった辻武寿は世を去り、同様に一時は会長候補に名を挙げられていた山崎尚見も二〇一八年四月に死去している。二人が例の「悪いやつ」に含まれていたことは以前触れたとおりだ。そして二〇一九年九月、宿敵の阿部日顕もこの世を去る。それらを見届けた池田はその時どう思ったのか——。我々にそれを知るよすがを与えないまま、九十五歳となった本人は二〇二三年十一月十五日、信濃町の片隅でひっそりと冥界へと旅立った。

無残に放置された百基の墓石

東京都八王子市の西郊に「高尾墓園」はある。近くに昭和天皇が眠る武蔵野陵が広がっているなど、一帯はさながら霊園の密集地帯だ。

敷地約一万坪に七千五百区画の墓石が立ち並ぶこの墓園を、創価学会が日蓮正宗に寄進したのは、池田が会長に就任してから三年後、一九六三年のことだった。

墓園開きが行われた三月三十日土曜は朝から快晴だったという。午後一時、法主・細井日達の読経により式典は始まった。参集した学会員は約二千人で、当然そこには三十五歳の池田もいた。一斉に唱題した後、まず挨拶に立ったのは副理事長の秋谷だ。続いてやはり副理事長の柏原が「きょうはほんとうにうれしいですね」と少し場違いな言葉から始めると場内ではどっと笑いが沸き起こった。理事長の原島宏治はこの頃の創価学会らしく、こう述べている。「こんなりっぱな墓園ができて、邪宗の坊主が見たら、さぞかしびっくりするだろうと思う」――。そう言うや、原島は聴衆から盛大な喝采を浴びた。

そして、池田が演台に上がる。

「皆さん、こんにちは。皆さん方は〝どんな会長がくるか〟と期待をかけておられたと思いますが、このとおりでございますから、どうかひとつ……。皆さん方のなかには〝あんなちっぽけな貧相な会長ではたよりない〟と。〝思ったよりもたいしたことはなかった〟と。〝期待はずれである〟とお考えの方もたくさんあると思いますが、私は私なりに大御本尊様に、大聖人様は一切衆上のことを大慈大悲の心をもってお救いくださっておりますが、私は一青年の信者であります。

せめても創価学会員だけは、指一本さささせないように、安穏に、無事に暮らしていただきたいということだけを願っておりますから、これでお許しをいただきたいと思います。（拍手）」

そう始めた挨拶で、池田は終盤、こう語っている。

「それで、私がもしか、それはやがてはとうぜん死にます。そのときには、先日も理事室と話したのですけれども、牧口先生、戸田先生はこれは特別であります。……だが、第三代から以降は、とくに皆さん方ぜんぶと、同じようなお墓にしたい。何百年も生きたいですけれども、百年も生きる人はおりませんね。八十年か、六十年か。何百年も生きたくても、そうはいきませんよ。……私は皆さん方の代表である、せめて理事室、または大幹部ぐらいまでは、いっしょに最後はお墓を並べたいと、それもぜんぶ同じ墓。会長だからどうだ、理事室だからどうだ、支部長だからどうだという差別は絶対にしてはいけない。ぜんぶ平等に、広宣流布にりっぱに死んでいって、ゆっくり寝ようではないかといい残してあるのですけれども、いいでしょ、これで。（拍手）」

（引用者で一部字句を補った）

その言葉どおり、墓園の第七区には、池田はじめ当時の大幹部たちの墓石がおよそ百基立ち並んでいる。小高い丘の上に建立された牧口と戸田の墓石を見上げるように、最前列の真ん中が池田の墓である。その右手には原島、辻、小泉隆、和泉覚、柏原、白木薫次、塚本清（素山）、森田悌二、神尾武雄と続き、左手には北条浩、秋谷城永（栄之助）、龍年光、鈴木一弘、吉田顕之助、多田省吾、中西治雄、星野義雄と並んでいる。

しかし、それらはまったくと言っていいほど手入れされていない。手向《たむ》けられた生花はどこにも見当たらず、大半の墓石は長年の風雨に晒されて表面の凹凸が露わになり、碑銘も半ば崩れてしまっている。この殺伐とした光景はここ第七区に限らない。敷地全体にわたってそうなのである。それはこの墓園が宗門と創価学会とが互いに織りなした波乱の歴史に翻弄されてきたからである。

墓園の維持管理のため菩提となる常修寺《じょうしゅうじ》は一九七三年に開設された。ところがその後、住職の西本暁道は反創価学会を叫ぶ活動家僧侶グループに加わり、正信会へと移る。擯斥処分を受けたのは一九八二年のことだ。しかし、その後も西本は常修寺に居座った。そこで宗門は墓園の入り口近くに事務所を開設することとし、それまでの兼任住職ではなく、新たに専任住職を派遣することとなる。それはずっと後、一九九九年のことで、その頃には創価学会を破門してからすでに八年もの歳月が流れていた。この間、学会から離れ正信会や宗門についた信徒の数は少なく、よって高尾墓園に立ち並ぶ墓のほとんどは数十年にもわたり無残に放置されることとなった。

池田はじめ大幹部たちの墓のなかで墓参者が残した塔婆が供えられているのは原島と中西のものくらいに限られる。原島の二男・嵩はその後、池田に弓を引き、中西はバブル最中の捨て金庫事件後に退会し、やがて地元の白蓮院で再び授戒を受けたとされる。じつは、秋谷と龍の間にあったはずの墓石に至っては根こそぎ撤去されている。学会に対する遺恨の激しさが窺われる光景だが、当時の序列に照らすと、それは石田次男あたりだろうか。

生前の池田はやたらと「栄光」や「勝利」、さらには「前進」とか「勝ち抜く」といった勇ましい言葉を好んだ。しかしながら、戦いに明け暮れた強者どもの夢の跡は、半世紀あまりを経た今日、この組織の行く末を暗示するかのように、悄然《しょうぜん》としてモノクロームの世界に沈みゆこうとしている。

あとがき

見知らぬ番号から着信があったのは、土曜の午後、私鉄駅の商業施設内にあるファストフード店に下の娘を連れて入ろうとした時のことだ。着信記録を見ると、二〇二三年十一月十八日の午後三時三十六分のことである。相手は全国紙の記者だった。池田大作名誉会長の死を、私が知ったのはその時のことである。迂闊なことに、すでにインターネットの速報からは一時間ほど経っているという。

故人の「功罪」を問われ、それから二十分あまり、下の娘に待ちぼうけを強いたまま縷々《るる》話した。「選挙には熱心だが、政策には無関心」と陰口を叩かれる学会票という大きな塊がキャスティングボートを握り、この国の行く末をともすれば左右しかねない今日の政治情況を、結果的に招いたことなど、どちらかと言えば「罪」について多くを話したが、まとめられたコメントは角が取れ、さらに編集の手を経て当たり障りのないものになっていた。全国紙とはそんなものだろうと、こちらも取り立てて拘るようなことはしなかった。

〈先を越されたな〉――。一報を聞いた時の、それが正直な感想だ。じつは、本書に本格的に取り組み始めたのは少し前、その年九月のことだった。例の「総合経過年表」と「河辺メモ」を入手したのは二〇一八年春に前著『創価学会秘史』を上梓《じょうし》して間もなくのことで、後者についてはなぜか複数ルートからもたらされた。それから数年、〝日銭仕事〟の傍ら、時間を見つけてはこつこつと資料を読み込み年表形式のメモなどにまとめていく作業を続けた。関連資料に当たっていくと、それまで見落としていた事柄が重要だったりするなど、それは終わりが見えない苦行の感さえあった。そんな作業を続けていたものの、一冊の本にまとめられる確信があったわけではない。しかしある日の深夜、虫の知らせなのか、不意に強迫観念まがいの何かに襲われ、ほかの取材はそっちのけで作業のピッチを早めたのだった。こういう場合、本人の存命中に間に合わせることがある種の礼儀かとも思うが、その点は若干の心残りである。

数少ない資料を探し出すことに精力を傾けた前著と異なり、本書は週刊誌記事から関係者たちの手記、果ては対立勢力のプロパガンダまでと、膨大な量の文献から信頼に足るものを見極めることがまずは重要だった。それぞれにバイアスがかかった色つきの言説が乱れ飛んでいるのが、一九七〇年代以降の創価学会をめぐるメディア情況だったからだ。『盗聴教団』をはじめいわゆる退転者たちの出版物も当然目を通しているが、執筆にあたってはそこに掲載・引用された客観性が担保された資料・記述に限り参考とした。

カギ括弧で引用した登場人物の発言についてはすべて典拠資料を示せるが、本書の性格上それらいちいちを列挙することは煩雑に過ぎるため避けた。様々な引用にあたっては旧字体を改めるなど、読みやすさを考慮した部分がある。例えば、総合経過年表中、「山崎正友」は一貫して「Y」と表記されているが氏名に改めた。人物名などの旧字体も人口に膾炙《かいしゃ》したものに概ね改めている。例えば、「北条浩」の本名はおそらく「北條」で、初期の『聖教新聞』や一部の一次資料でも「北條」となっているが、すべて「北条」で統一した。創価学会関係者はとかく改名好きで、その点悩まされたが、これについては本文中、出来事当時のものを採用するよう心がけた。

なお、本書では煩雑さを避けるため敬称の一切を略させていただいた。最後に、これまで十数年来、取材に協力していただいた方々にこの場を借りて厚く御礼を申し上げたい。

二〇二四年十一月　　高橋篤史

年号（西暦）	創価学会関係	宗門その他の動き
昭和3年（1928年）	1月2日　池田大作が生まれる 6月　牧口常三郎が日蓮正宗に入信（その後、戸田城聖も入信）	3月15日　三・一五事件で共産党関係者が特高警察によって大量に検挙される
昭和5年（1930年）	11月　牧口が『創価教育学体系』第1巻を上梓（発行日は18日＝創価学会の創立日）	
昭和6年（1931年）		9月18日　満州事変
昭和10年（1935年）	7月　戸田が経営する日本小学館の雑誌『新教材集録』を『新教』と改題し創価教育学会の機関誌とする	
昭和12年（1937年）		7月7日　盧溝橋事件、日中戦争始まる
昭和16年（1941年）	7月　機関紙『価値創造』を発刊	12月8日　日本軍が真珠湾を攻撃
昭和17年（1942年）	春　池田が萩中国民学校を卒業して新潟鐵工所で働き始める	6月　日本軍がミッドウェー海戦で敗北
昭和18年（1943年）	7月6日　創価教育学会関係者に対する特高警察による一斉検挙が始まる（組織は自然消滅）	2月　日本軍がガダルカナル島から撤退
昭和19年（1944年）	11月18日　牧口が巣鴨拘置所で獄死	7月　絶対国防圏のサイパン島が陥落
昭和20年（1945年）	7月3日　戸田が出獄	8月15日　玉音放送
昭和21年（1946年）	2～3月　戸田のもとに柏原ヤス、矢島周平、原島宏治、小泉隆、辻武寿らが集まり始める 5月1日　創価学会が戦後最初の幹部会を開く 6月1日　機関紙『価値創造』を復刊	1月25日　秋山日満が第63世法主に登座 5月3日　極東国際軍事裁判が始まる

	6月22日　青年部が結成式を行う	8月12日　経済安定本部が設置される
昭和22年（1947年）	8月24日　池田が入信する	1月15日　水谷日昇が第64世法主に登座
昭和24年（1949年）	1月3日　池田が日本正学館で働き始める	
	7月10日　機関誌『大白蓮華』を発刊	7月　下山事件、三鷹事件
	12月　経営不振の日本正学館から社員が東京建設信用組合に移る	10月1日　国共内戦の結果、北京に中華人民共和国が樹立される
昭和25年（1950年）	8月22日　東京建設信用組合が大蔵省から業務停止命令を受ける	6月25日　朝鮮戦争が始まる
	10月　大蔵商事が設立される	
昭和26年（1951年）	4月20日　機関紙『聖教新聞』を発刊	
	5月3日　戸田が第2代会長に就任	9月8日　サンフランシスコ講和条約
	12月　東大生の渡辺一郎が学内で仏教研究会の募集ビラを掲示（東京大学法華経研究会の始まり）	10月　共産党が武装闘争路線を採択
昭和27年（1952年）	2月9日　池田が青年部情報参謀に任命される	
	4月27日　大石寺境内で狸祭り事件が起きる	4月28日　日本が主権を回復
	5月3日　池田と白木かねが結婚式を行う	6月1日　日中民間貿易協定が結ばれる
	9月8日　宗教法人創価学会の設立登記	
昭和28年（1953年）	1月2日　池田が男子第一部隊長に任命される	
	4月　東洋精光（後に東洋物産）が設立される	7月27日　朝鮮戦争が休戦
	11月13日　本部を西神田から信濃町に移転	
昭和29年（1954年）	4月1日　池田が青年部参謀室長に任命される	

9月　水滸会が第1回野外訓練を行う 12月13日　池田が渉外部長に任命される		
3月11日　小樽問答が行われる 4月24日　小泉が東京都議、森田悌二が横浜市議に当選（政治進出の始まり）	昭和30年（1955年）	7月　共産党が武装闘争路線を放棄 10月13日　社会党右派と左派が再統一 11月15日　自由党と日本民主党が合流し自由民主党が結成される（保守合同）
7月10日　辻、北条儁八、白木義一郎が参議院議員に当選	昭和31年（1956年）	3月2日　堀米日淳が第65世法主に登座
7月1〜2日　炭労問題をめぐり札幌と夕張で大会を行う 7月3日　池田が公選法違反容疑で大阪府警に逮捕される 7月17日　池田が保釈され、中之島公会堂での大会に参加 9月8日　戸田が青年部体育大会で原水爆に関する発言を行う	昭和32年（1957年）	7月　第1回パグウォッシュ会議 8月3日　浅井甚兵衛が妙信講を結成
3月16日　青年部が大石寺に大規模登山（岸信介首相の出席は直前で中止） 4月2日　戸田が急死する 4月20日　戸田の創価学会葬が青山葬儀所で行われ25万人が参加 6月30日　池田が総務に就任	昭和33年（1958年）	5月2日　長崎国旗事件 8月1日　宮本顕治が共産党書記長に就任
6月30日　池田、北条浩、森田一哉、龍年光が理事に就任	昭和34年（1959年）	11月15日　細井日達が第66世法主に登座
5月3日　池田が第3代会長に就任	昭和35年（1960年）	1月24日　民主社会党（民社党）が結成される

	10月　池田ら一行が北米・南米を訪問する	6月15日　安保闘争の国会前デモで東大生が死亡
昭和36年（1961年）	11月17日　公明政治連盟が結成される	
昭和37年（1962年）	1月25日　池田が大阪事件で無罪判決を受ける	11月9日　日中LT貿易の覚書が締結される
昭和39年（1964年）	11月　池田が『政治と宗教』を上梓する 11月17日　公明党が結成される	10月　東京オリンピックが開催される
昭和40年（1965年）	1月1日　小説『人間革命』の連載開始 10月　正本堂供養が行われ350億円が集まる	
昭和41年（1966年）	7月　秋谷城永ら青年部幹部が中共政府側の孫平化らと初めて会う	4月　日中共産党の路線対立が表面化 5月　中華人民共和国で文化大革命が始まる
昭和42年（1967年）	1月29日　初の衆議院選挙で25人が当選する 6月25日　第1回社長会が行われる 10月4日　批判書『これが創価学会だ』に対し出版禁止の仮処分を申し立てる（山崎正友が代理人の一人）	4月16日　東京都知事選で革新系の美濃部亮吉が当選する
昭和43年（1968年）	1月　新宗連との和解により『これが創価学会だ』が回収される 4月　創価学園を開校する 7月　新宿替え玉投票事件 9月8日　池田が日中関係について学生部総会で講演する	5月27日　日大全共闘が結成される

5月27日　山崎が新たな学生運動展開のため神田淡路町に山崎法学研究所分室を開設（実態は創価学会学生部機関紙局の拠点） 6月24日　学生部が大学立法粉砕全国連絡協議会（全協）を結成する 9月　批判書『創価学会を斬る』をめぐり藤原行正らが著者や版元に圧力をかける	昭和44年（1969年）	1月18日　東大安田講堂事件 3～9月　中ソ国境紛争
1月　言論出版妨害問題に関し批判が高まる 3月3日　池田が仲介者を通じ西村栄一民社党委員長と接触を図る 5月3日　池田が総会で言論問題を謝罪 5月5日　池田が社長会で会長辞任を示唆 5月下旬～7月9日　山崎が廣野輝夫らに命じ宮本共産党書記長の自宅を盗聴 7月7日　竹入義勝公明党委員長と西村民社委員長が初会談	昭和45年（1970年）	6月　70年安保闘争が激化
4月　創価大学を開学する	昭和46年（1971年）	4月27日　西村が死去
春　東洋物産が産業サービスを介し冷凍食品の仕入れを始める 7～8月　竹入が中国を訪問し周恩来と会談、帰国後にメモを首相の田中角栄に渡す 9月　秋谷栄之助、山崎、原島嵩が浅井親子と7回にわたり会談 10月　正本堂が完成する	昭和47年（1972年）	3月　社会党系の植松義忠が富士宮市長に就任する 7月6日　細井日達と妙信講の浅井甚兵衛・昭衛親子が会談 9月　反学会グループが保田妙本寺に出入りを始める 9月29日　田中が訪中し日中共同声明が発表される
1月　山崎が北林芳典を保田妙本寺に潜入させ情報収集にあたる	昭和48年（1973年）	

	4月　山崎が日本宗教放送協会を買収し立正佼成会の分断工作を始める 6月　廃道問題が起こり、山崎が北林・竹岡誠治を派遣し富士宮問題に関与し始める	
昭和49年（1974年）	3月5日　外神土地問題で富士宮市に2億円の融資を決定 5月10日　北条が日達批判の報告書をまとめる 5月29日～6月16日　池田が初めての訪中 7月16日　志村栄一文芸部長が松本清張から池田・宮本共産委員長会談を提案される 8月　墓苑経営に乗り出すことを決定 9月　池田が初めてのソ連訪問 12月29日　池田が松本宅で宮本と会談	8月12日　宗門が妙信講に対し解散処分を下す
昭和50年（1975年）	8月20日　池田が壮年部全国代表者集会で創共協定に関し言及する（協定は事実上の死文化へ） 10月　北条、山崎らが東洋物産再建問題を協議 10月15日　一ノ竹土地を予定地に富士宮墓苑計画が決定する	6月16日　山崎が山下商事名義で大石寺から一ノ竹土地の払い下げを受ける
昭和51年（1976年）	3月9日　山崎が報告書「月刊ペン問題について」をまとめる（その後は問題から外される） 5月　山崎による北条への情報操作が始まる 5月21日　月刊ペン記事めぐり編集長の隈部大蔵が逮捕される 10月15日　北条が月刊ペン裁判で池田の証人出廷を検事から要請される（その後、池田出廷回避のため山崎を起用）	7月27日　ロッキード事件で田中前首相が逮捕される 11月下旬　山崎がシーホースの経営権を譲り受ける 12月　活動家僧侶・菅野憲道の学会批判論文が『富士学報』に掲載される

1月15日　池田が「仏教史観を語る」とのテーマで講演（「52年路線」が表面化、第1次宗門戦争激化へ） 2～4月　北条が山崎に月刊ペン裁判の工作資金3000万円（笹川陽平への依頼用）を渡す 6月26日　池田が銚子指導中に辞任を示唆 9月5日　池田の会長勇退問題が打ち切りとなる 12月4日　池田が日達に対し御寛恕を願い出る	昭和52年（1977年）	1月20日　菅野が詫び状を学会本部に持参する（学会側が受け取ったのは27日） 4月14日　宗門が妙信講に対する裁判を取り下げて和解する
2月13日　池田が山崎を叱責し総務辞任を勧告する 5月8日　北条が山崎に対し宗門との仲介役を依頼 6月30日　聖教新聞に「教学上の基本問題について」を掲載する 9月14日　活動家僧侶との若手会談で模刻本尊の存在を認める 11月7日　池田ら幹部がお詫び登山を行う	昭和53年（1978年）	1月19日　日達が反学会の活動家僧侶グループと面談、山崎作成の「ある信者からの手紙」を明らかにする 2月22日　宗門が時事懇談会を開き、「学会と手を切るか否か」のアンケート方針を撤回 5月23日　山崎が日達を笹川記念会館内のクリニックに連れて行く
3月6日　福島源次郎が福岡・大牟田で宗門軽視の発言 4月5日　池田が立川文化会館の首脳会議で辞任を表明する 4月24日　池田が「七つの鐘、終了にあたって」の所感を公表、会長辞任及び名誉会長就任が決定（後任会長に北条） 5月30日　シナノ企画が山崎に3000万円を支払う	昭和54年（1979年）	3月31日　法華講連合会が池田に対する総講頭辞任勧告を決議 7月22日　日達が死去、阿部日顕が第67世法主に登座

	9月21日　原島が内部資料を大量に持ち出す 10月18日　原島が資料持ち出しを認める 11月30日　シナノ企画が山崎に計2000万円を支払う 12月3日　池田が山崎に2000万円を渡す 12月21・27日　墓苑会計から山崎に計1000万円が支払われる	9月25日　山崎が日顕から叱責され出入り禁止となる
昭和55年（1980年）	1月21日　墓苑会計・創価学園から山崎に計2050万円（手取り）が支払われる 1月25日　北条ら最高幹部が山崎への金銭支払いを容認する（後に手取り1億円と決まる） 3月2日　池田が山崎に会い、40万～50万円入りの財布を渡す 4月22日　緊急首脳会議で山崎への3億円支払いを決定（後に恐喝事件となる） 6月3日　桐ヶ谷章が山崎から5億円支払いの要請を受ける（後に恐喝未遂事件となる） 6月4日　首脳会議で山崎告訴を決定	6月7日　宗会選挙の結果、活動家僧侶が過半数を獲得する 7月4日　活動家僧侶が正信会を結成
昭和56年（1981年）	1月24日　山崎が警視庁に逮捕される 7月18日　北条が急死、秋谷が会長に就任する	3月3日　富士宮市議会が百条委員会を設置 12月12日　富士宮市百条委員会が廃止される
昭和57年（1982年）	10月15日　月刊ペン裁判で池田が証人出廷	2～10月　宗門が正信会系僧侶に対し大量の擯斥処分を下す
昭和58年（1983年）	8月8日　池田が国連平和賞を受賞	12月27日　自民党が新自由クラブと連立政権を組む
昭和59年（1984年）	1月29日　池田がSGI記念勤行会で宗門を暗に批判する発言	

6〜8月　秋谷が入院する 10月3日　池田の二男・城久が急死		4月27日　浅井甚兵衛が死去
11月12日　本部文化会館が後藤組系組員に銃撃される	昭和60年（1985年）	4月5日　大石寺・五之坊が銃撃される 11月　ジュネーブでレーガン・ゴルバチョフ会談
1月31日　公明党の田代富士男前国会議員が砂利船汚職事件で起訴される 6月6日　藤原行正と大橋敏雄が池田批判の記者会見を開く	昭和63年（1988年）	
3月28日　八尋頼雄らがルノワール絵画取引で集まり、小切手36億円の授受 5月17日　矢野絢也が明電工疑惑で公明党委員長を辞任する 5月22日　公明党の池田克也前国会議員がリクルート事件で起訴される 6月30日　捨て金庫事件	平成元年（1989年）	6月4日　中国天安門事件 11月　ビロード革命、ベルリンの壁崩壊
5月30日　中国訪問中の池田が海部俊樹首相からの親書を国務院総理の李鵬に手渡す 7月17日　秋谷らが連絡会議で宗門を批判 7月27日　池田がモスクワでゴルバチョフと会談 11月16日　池田が宗門批判の発言 12月17日　宗門から「お尋ね」が届く 12月27日　池田が法華講総講頭を罷免される	平成2年（1990年）	7月16日　日顕、河辺慈篤らが西片会議を開く 7月18日　日顕らが御前会議を開く

1月4日　『聖教新聞』で宗門批判キャンペーンを始める 11月29日　宗門から「破門通告書」が届く	平成3年（1991年）	1月　山崎の実刑3年が確定、収監される 3月30日　『朝日新聞』がルノワール絵画取引に関する疑惑を報道 11月　大石寺に対する街宣活動が始まる
10月　八尋、正木正明らが宗門の福田毅道に対し抱き込み工作	平成4年（1992年）	4月5日　大石寺妙遠坊が銃撃される 5月17日　大石寺奉天寮に火炎瓶が投げ込まれる
8月9日　公明党も加わり細川連立政権が発足 9月7日　浄圓寺所蔵の日寛書写本尊の会員への下付を決定	平成5年（1993年）	4月　山崎が仮釈放される
4月28日　羽田孜連立内閣が発足 12月10日　旧公明党議員も合流し新進党が結成	平成6年（1994年）	5月　「四月会」が発足 6月30日　自社さ政権が発足
12月4日　秋谷が参議院宗教法人特別委員会に参考人招致される	平成7年（1995年）	3月20日　地下鉄サリン事件
	平成8年（1996年）	11月7日　小選挙区制による初の総選挙の結果、自民党単独政権が発足
9月28日　『公明新聞』が竹入批判キャンペーンを始める 11月7日　新進党解党に伴い新・公明党が結成される 12月　怪文書『天鼓』がばらまかれ浅見茂副会長を批判	平成10年（1998年）	6月23日　正本堂解体工事が始まる 8月26日～9月18日　『朝日新聞』が竹入回顧録を連載
10月5日　自自公連立政権が発足（後に自由党は離脱）	平成11年（1999年）	1月14日　自自連立政権が発足

暮れ頃　宗門批判キャンペーンを行ってきた特別企画室を解散	平成12年（2000年）	
3月14日　野崎勲が死去	平成16年（2004年）	
4月20日　西口良三、藤原武が戸田記念国際会館に矢野を呼び出す 4月28日　『聖教新聞』が矢野批判キャンペーンを始める 5月15日　大川清幸ら国会議員OB3人が矢野宅を突然訪問し家探しを行う	平成17年（2005年）	12月16日　日顕の隠居に伴い早瀬日如（義寛）が第68世法主に登座
11月9日　会長が秋谷から原田稔に交代	平成18年（2006年）	
	平成20年（2008年）	7月6日　原島が死去 12月29日　山崎が死去
3月27日　矢野裁判において東京高裁で逆転敗訴判決を受ける 9月16日　総選挙大敗で自民・公明が下野する	平成21年（2009年）	
5月下旬　池田が倒れる？	平成22年（2010年）	
12月26日　自公連立政権が再び発足	平成24年（2012年）	
11月　戒壇本尊から決別する会則改正	平成26年（2014年）	
9月8日　『新・人間革命』の連載が終了	平成30年（2018年）	
	令和元年（2019年）	9月20日　日顕が死去
11月15日　池田が死去	令和5年（2023年）	10月16日　浅井昭衛が死去

主要参考文献

＊旧字体は新字体に、巻号等は算用数字に適宜改めた

【創価教育学会・創価学会及び公明党の機関紙誌・関連雑誌】

●『新教』（改題後『教育改造』、日本小学館）●『価値創造』（戦前版、創価教育学会〈第1～2号〉・大道書房〈第3～9号〉）●『大善生活実証録　創価教育学会第四・五回総会報告　研究資料』（創価教育学会編、2004年〈原誌は1942年〉）●『価値創造』（戦後版、創価学会）●『大白蓮華』（創価学会・聖教新聞社）●『聖教新聞』（聖教新聞社）●『創価新報』（創価新報刊行会）●『文化創造』（文化創造刊行委員会）●『第三文明』（第三文明社）●『潮』（潮出版社）●『公明』（公明機関紙局）●『公明新聞』（公明党機関紙委員会）

【創価学会関係者発行の雑誌等】

●『小学生日本』（改題後『小国民日本』・再改題後『少国民日本』、日本小学館〈改題前〉・小国民日本社〈改題後〉・少国民日本社〈再改題後〉）●『現代宗教研究』（現代宗教研究センター）●『現代政治』（新政治思想研究所〈第1号〉・現代政治研究所〈第2号以降〉）●『宗教評論』（日本宗教放送協会）●『新社会情報パック』（新社会研究所）●『ルビー』（大道書院）●『若桜　池田城久君追悼文集』（若桜編集委員会、1985年、非売品）

【一般刊行物】

●『愛する者へ　神山茂夫獄中記録』神山茂夫（飯塚書店、1963年）●『池田大作「権力者」の構造』溝口敦（講談社、2005年）●『池田大作と暴力団　独占スクープと内部資料が明かす創価学会ヤミの裏面史＋跡目争いの行方！』西岡研介ほか（宝島社、2012年）●『小樽問答誌』小樽問答誌刊行会編（小樽問答誌刊行会、1955年）●『小樽問答誌　増訂版』創価学会教学部編（小樽問答誌刊行会、1962年）●『華族大観』西邑木一編（華族大観刊行会、1939年）●『共・創会談記』山下文男（新日本出版社、1980年）●『金融年鑑　昭和25・6年版』金融通信社編（金融通信社、1950年）●『「月刊ペン」事件の内幕』丸山実（幸洋出版、1982年）●『黒い鶴の犯罪　第2部』「赤旗」特捜班（新日本出版社、1981年）●『公明党の素顔　この巨大な信者集団への疑問』内藤国夫（エール出版社、1969年）●『これが創価学会だ　元学会幹部たちの告白』植村左内編著（あゆみ出版社、1970年）●『これが創価学会だ　元学会幹部43人の告白』植村左内編著（しなの出版、1967年）●『裁判記録　創価学会の電話盗聴』日本共産党中央委員会出版局編（日本共産党中央委員会出版局、1990年）●『時事懇談会記録　宗内覚醒のいぶき』菅野憲道編集代表（渡辺広済、1990年）●『社長会全記録　人間・池田大作の野望』「継命」編集部編著（継命新聞社、1983年）●『正信覚醒運動

の歩み』『正信覚醒運動の歩み』出版委員会編著（継命新聞社、1981年）●『新心理学講座（第4）宗教と信仰の心理学』（河出書房、1956年）●『巣立ちの日々　池田大作の蒲田時代と43人の同級生たち』平林猛（読売新聞社、1977年）●『政治と宗教』池田大作（鳳書院、1964年）●『創価学会』小平芳平（鳳書院、1962年）●『創価学会・公明党スキャンダル・ウォッチング　これでもあなたは信じますか』内藤国夫（日新報道、1989年）●『創価学会三代会長年譜　下巻（一）・（二）』三代会長年譜編纂委員会編（創価学会、2011年）●『創価学会長戸田城聖巳下団員　暴行事件の顛末　履刻版』小笠原慈聞（興門資料刊行会、2003年）●『創価学会に強くなろう　政治と宗教を理解するために』塚本三郎（名南経済振興会、1969年）●『創価学会の真実　崩壊した山崎、隈部らの策略』野崎勲（毎日新聞社、1983年）●『創価学会四十年史』創価学会四十年史編纂委員会編（創価学会、1970年）●『続・戦後日本知識人の発言軌跡』石原萠記（自由社、2009年）●『訴訟された創価学会』松本勝彌（現代ブレーン社、1973年）●『蘇生への選択　敬愛した師をなぜ偽物と破折するのか』福島源次郎（鷹書房、1990年）●『第三の全学連　「新学同」という巨大な学生組織』津山巌（全貌社、1969年）●『中日友好随想録［上］』孫平化（日本経済新聞出版社、2012年）●『塚本總業株式会社五十年史』塚本総業株式会社（塚本總業、2012年）●『塚本総業株式会社二十五年史』塚本総業株式会社（塚本総業、1982年）●『盗聴教団　元創価学会顧問弁護士の証言』山崎正友（晩聲社、1980年）●『西村栄一伝　激動の生涯』中村菊男・高橋正則編著（富士社会教育センター、1980年）●『日中交渉秘録　田川日記　14年の証言』田川誠一（毎日新聞社、1973年）●『日本共産党史　私の証言』日本出版センター編（日本出版センター、1970年）●『日本国の研究』猪瀬直樹（文藝春秋、1997年）●『〝吹けば飛ぶ男〟の奮戦記　古参代議士が見た創価学会』大橋敏雄（人間の科学社、1990年）●『富士の法統』大日蓮出版編（大日蓮出版、2005年）●『変質した創価学会　現創価学会大幹部の告発』蓮悟空（六芸書房、1972年）●『蘭は幽山にあり　元自民党総裁二階堂進聞書』二階堂進述・馬場周一郎著（西日本新聞社、1998年）●『乱脈経理　創価学会vs.国税庁の暗闘ドキュメント』矢野絢也（講談社、2011年）●『若き日の手記・獄中記』戸田城聖（青蛾書房、1970年）●『私の履歴書』池田大作（日本経済新聞社、1975年）

【雑誌記事】

●「『新しい日本を考える会』結成の趣旨と国民への訴え」（『革新』1976年8月号、民社党本部教宣局）●「『新しい日本を考える会』の動向」（『現代の眼』1976年5月号、現代評論社）●「池田大作『女のスキャンダル』を暴いた毎日新聞内藤国夫記者の退社」（『週刊文春』1980年7月10日号、文藝春秋）●「池田大作にもあった『リンチ事件』」（『週刊文春』1977年9月1日号、文藝春秋）●「池田大作は『ニセ本尊』を売っていた」内藤国夫（『週刊文春』1990年5月10日号、文藝春秋）●「池田大作名誉会長復権にうごめく怪情報」内藤国夫（『月刊現代』1980年7月号、講談社）●「美しい花を咲かせるための根っこになろう　創価学会会長池田大作氏と有吉佐和子さんの対談」（『主婦の友』1966年7月号、主婦の友社）●「『共創会談』記　第一部『共創協定』への日々」山下文男（『文化評論』1980年3月号、新日本出版社）●「銀座の一角で戦後史の『影』を生きた謎の実業家・塚本素山の死」（『週刊読売』1982年4月25日号、読売新聞社）●「顕正会〈1〉日蓮正宗妙信講の新宗教化の過程」（『現代宗教研究』1999年3月、日蓮宗宗務院）●「次男急逝で『世襲』の夢破れた池田大作」内藤国夫（『諸君！』1984年12月号、文藝春秋）●「宗教と政治理念」池田大作（『中央公論』1963年5月号、中央公論新社）●「小説・聖教新聞」グループS（『週刊サンケイ』1984年5月24日号～8月23・30日号、扶桑社）●「戦争と貧困はなくせるか　松本清張対談　池田大作」（『文藝春秋』1968年2月号、文藝春秋）●「創価学会&公明党のタブー『矢野絢也元公明党委員長極秘メモ』100冊が持ち去られた！」（『週刊現代』2005年8月6日号、講談社）●「創価学会をめぐる社会的諸動向と『言論の自由』の問題点」梅原正紀（『現代宗教研究所所報』1970年3月、日蓮宗宗務院）●「創価学会と日蓮宗の『小樽問答』再現記録」伊藤立教（『現代宗教研究』2006年3月、日蓮宗宗務院）●「創価学会に入った国税のメス」段勲（『週刊文春』1990年8月2日号、文藝春秋）●「塚本素山は黒幕ぶりっ子」高野孟（『文藝春秋』1982年7月号、文藝春秋）●「『次の次』と噂された池田大作（名誉会長）二男の『突然の死』」窪田悦郎（『週刊朝日』1984年10月19日号、朝日新聞出版）●「戸田城聖会長にきく　創価学会のハラのなか」佐木秋夫（『大世界』1957年9月号、世界仏教協会）●「戸田城聖という男　宗教法人『創価学会』の支配者」（『週刊朝日』1956年7月29日号、朝日新聞社）●「日本一大企業へのプログラムを実行する男　塚本総業社長塚本清氏の経営戦略」玉木義豊（『新日本経済』1961年10月号、新日本経済社）●「日本宗教放送協会の醜態を衝く」千代田正司（『大世界』1955年7月号、世界仏教協会）●「人間探求　脚光をあびる二十面相総長・松前重義」高島桂一構成（『新評』1976年5月号、新評社）●「本誌独占　藤原弘達氏『極秘テープ』の全貌」（『週刊朝日』1970年3月20日号、朝日新聞社）

【紀要論文】

●「講演　創立者池田先生の人間主義対話」高村忠成（『通信教育部論集』第14号、創価大学通信教育部学会、2011年）●「周総理と池田先生　会見前後の知られざる秘話（創価教育センター主催講演会（1））」三津木俊幸（『創価教育研究』第1号、創価大学創価教育研究センター、2002年）●「戸田城聖と学生　東大法華経研究会50周年記念」篠原誠（『創価教育研究』第2号、創価大学創価教育研究センター、2003年）●「日本宗教放送協会が実施した世論調査『靖国神社問題と世論の動向』について」藤沢秀雄（『長崎大学教養部紀要人文科学篇』第17号、長崎大学教養部、1977年）

【判例誌・裁判記録】

●最高裁昭和55年（あ）第273号〈月刊ペン事件上告審判決〉（『判例時報』第1000号）●東京地裁昭和56年（わ）第288号〈創価学会恐喝事件第一審判決〉（『判例時報』第1160号）●大阪地裁昭和62年（わ）第4573号〈砂利船汚職事件・田代富士男元参議院議員第一審判決〉（『判例タイムズ』第838号）●東京地裁平成元年（わ）第1048号〈リクルート事件・池田克也元衆議院議員第一審判決〉（『判例タイムズ』第880号）●東京地裁平成5年特（わ）第1338号〈ルノワール絵画関連法人税法違反事件判決〉（『税務訴訟資料』第202号）●東京地裁平成5年特（わ）第1334号〈ルノワール絵画関連法人税法違反事件判決〉（『税務訴訟資料』第203号）●東京地裁平成5年特（わ）第1337号〈ルノワール絵画関連所得税法違反事件判決〉（『税務訴訟資料』第204号）●最高裁平成7年（あ）第701号・東京高裁平成6年（う）第556号・東京地裁平成5年特（わ）第1336号〈ルノワール絵画関連所得税法違反事件判決〉（『税務訴訟資料』第212号）●東京高裁平成6年（う）第409号・東京地裁平成5年特（わ）第1335号〈ルノワール絵画関連所得税法違反事件判決〉（『税務訴訟資料』第219号）●東京地裁平成8年（行ウ）第180号〈ルノワール絵画関連民事事件〉●東京高裁平成12年（ネ）第2224号・東京地裁平成4年（ワ）第22637号〈創価学会幹部vs日蓮正宗僧侶名誉毀損事件〉●最高裁平成21年（受）第1164号・東京高裁平成20年（ネ）第650号・東京地裁平成17年（ワ）第15151号等〈矢野絢也元公明党委員長関連民事事件〉●東京地裁平成20年（ワ）第12487号〈矢野絢也元公明党委員長関連民事事件〉●東京高裁平成23年（ネ）第1131号・東京地裁平成20年（ワ）第13385号〈矢野絢也元公明党委員長関連民事事件〉●東京高裁平成20年（ネ）第1990号・東京地裁平成18年（ワ）第10347号〈竹入義勝元公明党委員長関連民事事件〉

【逐次刊行物等】

●『特高月報　複製版』（原誌・内務省警保局、政経出版社、1973年）●『帝国銀行・会社要録』（帝国興信所）●『朝日新聞』（朝日新聞東京本社・大阪本社）●『毎日新聞』（毎日新聞大阪本社）●『読売新聞』（読売新聞東京本社・大阪本社）●『サンケイ新聞』（産業経済新聞大阪本社）●『日本経済新聞』（日本経済新聞社）●『静岡新聞』（静岡新聞社）●『赤旗』（日本共産党中央委員会）●『自由新報』（自由民主党本部）●『自由の砦　創価学会による被害者の会機関紙』（『自由の砦』編集局）●『創価学会機密文書（その一）』活動僧侶有志（発行者不明、1979年）●『6・30　11・7を理解する為に』佐野知道編（栄光寺、1979年、非売品）●「国会会議録検索システム」（国立国会図書館）

著者略歴

高橋篤史（たかはし・あつし）

1968年愛知県生まれ。93年早稲田大学教育学部卒業。日刊工業新聞社を経て、98年から東洋経済新報社記者。2009年に同社退社。現在はフリーランスのジャーナリストとして『FACTA』『文藝春秋』などに寄稿。著書に『創価学会秘史』『亀裂　創業家の悲劇』（ともに講談社）など。

写真提供：朝日新聞社

DTP：G-clef

創価学会秘録

池田大作と謀略と裏切りの半世紀

2024年12月11日　第1刷発行

著者　高橋篤史

発行人　関川誠

発行所　株式会社宝島社
〒102-8388
東京都千代田区一番町25番地
電話　営業　03-3234-4621
編集　03-3239-0927
https://tkj.jp

印刷・製本　中央精版印刷株式会社

PRINTED IN JAPAN　ISBN 978-4-299-05943-7